普通高等教育“十二五”规划教材
卓越农林人才教育培养试点项目教材

企业管理学

赵良庆　主编

中国农业大学出版社
·北京·

内容简介

本书内容共分为十章，其中第一章是企业和企业管理概述，第二章是企业文化与企业社会责任，第三至十章依次为有关企业的战略管理、人力资源管理、财务管理、物流与供应链管理、生产管理、质量管理、营销管理和技术管理。每章中均附有引例、知识链接、复习思考题和案例分析，以帮助读者更好地理解和掌握章节内容。

图书在版编目(CIP)数据

企业管理学/赵良庆主编. —北京：中国农业大学出版社，2015.8(2019.1 重印)
ISBN 978-7-5655-1326-8

Ⅰ.①企… Ⅱ.①赵… Ⅲ.①企业管理 Ⅳ.①F270

中国版本图书馆 CIP 数据核字(2015)第 160363 号

书　　名　企业管理学
作　　者　赵良庆　主编

策划编辑　姚慧敏　王笃利　　**责任编辑**　冯雪梅
封面设计　郑　川　　**责任校对**　王晓凤
出版发行　中国农业大学出版社
社　　址　北京市海淀区圆明园西路 2 号　　**邮政编码**　100193
电　　话　发行部 010-62818525,8625　　读者服务部 010-62732336
编辑部 010-62732617,2618　　出　版　部 010-62733440
网　　址　http://www.cau.edu.cn/caup　　**E-mail** cbsszs @ cau.edu.cn
经　　销　新华书店
印　　刷　涿州市星河印刷有限公司
版　　次　2015 年 8 月第 1 版　2019 年 1 月第 2 次印刷
规　　格　787×1092　16 开本　19 印张　470 千字
定　　价　40.00 元

编写人员

主　　编　赵良庆（安徽农业大学）

副 主 编　朱　静（安徽农业大学）
　　　　　田　涛（安徽农业大学）

参编人员　丁　静（安徽农业大学）
　　　　　王　磊（安徽农业大学）
　　　　　李玮玮（安徽工商职业学院）
　　　　　柏　玲（安徽农业大学）
　　　　　俞　飞（安徽农业大学）

前　言

当前我国社会经济发展正发生着巨大的变化，经济总量已跃居世界第二位，全面建成小康社会指日可待。从长期发展的角度看，我国正处于从经济大国迈向经济强国的动力转换时期。在此背景下，中国企业的发展既面临机遇，同时也面临着一系列的挑战。例如，如何通过工业和现代服务业的融合发展，提升企业发展的“广度”；如何通过工业与互联网的深度融合，提升企业发展的“新度”；如何通过技术创新和产业转型升级，提升企业发展的“高度”；如何通过商业模式创新，提升企业发展的“深度”，等等。总之，要在激烈的市场竞争中求生存、谋发展，企业管理的水平高低将起着举足轻重的作用。因此，不管对于企业管理者来说，还是对于未来走向社会的当代大学生而言，具备必要的企业管理理论和方法都是至关重要的。

本书主要作为高等院校相关专业企业管理学课程的教科书，也可以供学习、研究和应用企业管理学的有关管理、科研和技术人员参考。企业管理学是一门研究企业的特征和规律、理论和方法的学科。本书充分考虑到各专业大学生学习企业管理学的基础和需求，教材内容力求做到基础化、全面化、精炼化和系统化，注重企业管理的实践性。为此，教材编写组尝试运用图解的方式来介绍企业管理的概念、原理和方法，大量的图表和案例等形式的应用，不仅简化了学生的阅读量，同时使各种企业管理方法和流程更为直观、可操作性更强。

本书内容共分为十章，其中第一章是有关企业和企业管理的概述，第二章是企业文化与企业社会责任，第三至十章依次为企业战略管理、企业人力资源管理、企业财务管理、企业物流与供应链管理、企业生产管理、企业质量管理、企业营销管理和企业技术管理。每章中均附有引例、知识链接、复习思考题和案例分析，以帮助读者更好地理解和掌握章节内容。

本书是全体作者共同努力的成果。具体编写分工如下：赵良庆负责编写第一章和第二章的部分内容；丁静负责编写第三章；朱静负责编写第四章并参与第二章部分内容的编写；李玮玮负责编写第五章；王磊负责编写第六章；田涛负责编写第七章和第八章；柏玲负责编写第九章；俞飞负责编写第十章。田涛在本书编写过程中做了大量的联络和协调工作。

本书在编写过程中，得到了中国农业大学出版社和安徽农业大学的支持和帮助，在此表示真诚的感谢。

本书参考了大量的文献，汲取了众多有价值的素材和宝贵经验，在此向有关作者致以衷心的感谢。我们尽可能地列出这些文献出处，但难免存在疏漏，为此我们深表歉意。

由于编者水平有限，书中难免存在缺点错误，敬请广大读者批评指正。

编　者

2015 年 5 月

目　录

第一章　企业和企业管理

【引例】马云和阿里巴巴

作为中国互联网企业领袖级人物，马云的阿里巴巴和马云本人都对中国商业模式创新产生了重大的影响，而马云在建立董事会制度、培养接班人和权利控制分配等方面独特的管理思维，为互联网行业甚至商业领域提供了重要的参照范本。虽然马云也遭到转移支付宝股权及阿里巴巴"欺诈门"等事件负面影响，但丝毫未影响其坚定的商业信念。

温家宝曾评价马云是一个有理想的人，拥有一个不屈的灵魂。而两次荣获中国经济年度人物的马云通过网上平台，创造了 1 000 万个创业机会，每天有超过 1 亿人登录消费，而且帮助许多亚洲企业走上全球化之路。2013 年 10 月，全国工商联 60 华诞之际，《中国工商》杂志、华商韬略编辑委员会、中华工商联合会联合发起《民营力量璀璨中国梦想——100 位对民族产业贡献卓著的民营功勋企业家》荣誉报道活动，彰显民营经济及民营企业家的民族成就与国家贡献，马云作为互联网产业的旗帜人物，获"对民族产业贡献卓著的民营功勋企业家"荣誉。

第一节　企业和企业系统

一、企业的基本概念

（一）企业定义

企业一般是指以营利为目的，运用各种生产要素（如土地、劳动力、资本、技术等），向市场提供商品或服务，实行自主经营、自负盈亏、独立核算的具有法人资格的社会经济组织。

企业是社会生产和服务的基本经营单位，是市场经济的微观主体。作为一个企业，具有以下基本特征：

1. 企业必须是一个经济组织　经济组织最重要标志，就是从事经济活动，包括生产、服务等。企业的这一特征，把它与其他社会组织如行政、事业单位区别开来。

2. 企业必须是营利性的经济组织　企业作为一个经济组织通过生产并向市场提供适合消费者需要的商品和服务，来获取合理的利润。

3. 企业必须是自主经营的组织　在市场经济条件下，企业拥有独立的经营自主权，自主经营、自负盈亏。

4. 企业必须是具有法人资格的经济组织　企业必须依照法定程序设立，并独立行使法定权力和承担法律责任。也就是说，企业作为经济法人，其合法利益受到法律保护，并直接承担经营活动中的法律责任。

企业是国民经济的细胞。国民经济是一个整体的概念，从构成上看，它既包括各个经济部门、经济地区，也包括社会再生产的各个环节。但是从最基本的构成来看，企业则是构成国民经济的最基本单位。从一定意义上讲，一个国家国民经济的发展状况，主要取决于它的基本构成细胞——企业的发展状况。在市场经济条件下，企业是市场的主体，是社会发展生产力的直接承担者，它是国家经济发展、技术进步的主导力量。企业是社会财富的主要创造者，在创造社会就业、提供税收等方面发挥根本作用。所以发展国民经济，增加社会财富，提高人民的生活水平，最根本的就是要发展企业、壮大企业，促进企业的可持续发展。

【知识链接】1-1　什么是企业

"为了了解什么是一个企业，我们必须从企业的目的开始。企业的目的必须在企业本身之外。事实上，企业的目的必须在社会之中，因为企业是社会的一种器官。企业的目的只有一种适当的定义：创造顾客。"

"顾客是一个企业的基础，并使它能继续存在。只有顾客才能提供就业。正是为了满足顾客的要求和需要，社会才会把物质生产资源托付给企业。"

摘自：彼得·德鲁克《管理、责任、实践》

（二）企业的产生和发展

从资源配置的方式看，企业是作为降低市场交易费用的资源配置形式而出现的。根据美国经济学家科斯的理论，企业的存在是为了节约市场交易费用。交易费用是运用市场价格机制的成本，包括获取市场信息、交易谈判以及履行合同成本等。在商品经济发展初期，无论是原始的物物交换，还是以货币为媒介的商品交换，由于市场狭小，交易费用几乎不存在。这时的商品生产，一般以家庭为单位。但随着商品经济的发展，市场规模的扩大，生产者在了解有关价格信息、市场谈判、签订合同等方面的成本显著增加。这时，生产者采用把生产要素集合在一个经济单位中的生产方式，用内部管理来取代部分市场交易，以降低交易费用。这便是企业产生的经济学原因。

一些西方经济学家认为，企业作为生产的一种组织形式，在一定程度上是对市场的一种替代。可以设想两种极端的情况。在一种极端的情况下，每一种生产都由一个单独的个人来完成，如一个人制造一辆汽车。这样，这个人就要和很多的中间产品的供应商进行交易，而且，还要和自己的产品的需求者进行交易。在这种情况下，所有的交易都通过市场在很多的个人之间进行。在另一种极端的情况下，经济中所有的生产都在一个庞大的企业内部进行，如完整的汽车在这个企业内部被生产出来，不需要通过市场进行任何的中间产品的交易。由此可见，同一笔交易，既可以通过市场的组织形式来进行，也可以通过企业的组织形式来进行。企业之所以存在，或者说，企业和市场之所以同时并存，是因为有的交易在企业内部进行成本更小，而有的交易在市场进行成本更小。

随着生产力的发展、社会的进步，企业形式也得到不断发展与完善。企业的演进主要经历工场手工业时期、工厂制时期和现代企业时期 3 个阶段，见图 1-1。

二、企业类型

法律对不同类别的企业在设立的条件和程序、内部组织机构等方面有具体的要求，如我国《公司法》、《合资企业法》、《中外合作经营企业法》、《中外合资企业法》、《外资企业法》、《个人独资企业法》等法律及有关法规对不同类别企业都有相关规定。

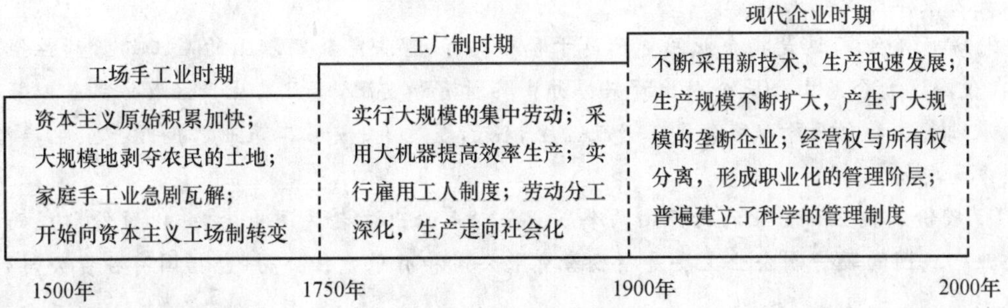

图 1-1　企业演进三阶段

一般来说，企业种类的确定一般有两个标准，即学理标准和法定标准。学理标准是研究企业和企业法的学者们根据企业的客观情况以及企业的法定标准对企业类型所做的理论上的解释与分类。这种分类没有法律上的约束力和强制性，但学理上的解释对企业法的制定与实施有着指导和参考作用。法定标准是根据企业法规定所确认和划分的企业类型。法定的企业种类具有法律的约束力和强制性。但因企业的类型不同，法律对不同种类企业规定的具体内容与程序上的要求也有很大区别。

按照投资方式及投资者对企业承担责任形式的不同，企业法定分类的基本形态主要是个人独资企业、合伙企业和公司。法律对这 3 种企业划分的内涵基本作了概括，即企业的资本构成、企业的责任形式和企业在法律上的地位。从我国的立法实践来看，我们基本上按所有制形式安排企业立法，划分企业类型。随着社会主义市场经济体制逐步建立，企业改革的进一步深化，我国也将把独资企业、合伙企业和公司作为我国企业的基本法定分类。我国已颁布《公司法》、《合伙企业法》和《个人独资企业法》。我国法定分类主要有：个人独资企业、合伙企业、公司。

个人独资企业，是由个人出资兴办，完全自个人所有和控制的企业。它是自然人企业，出资者承担无限责任。

合伙企业，是由两个或两个以上的个人共同出资，联合经营，并归合伙人共同所有的企业。它承担的也是无限责任。

公司，一般是由两人或两人以上集资联合组成的法人企业。我国新修订的《公司法》规定，一个自然人或法人股东可以投资组建一人公司。中国公司制企业实行有限责任制度。

【知识链接】1-2　企业的类型

在我国还可以按照经济类型对企业进行分类。这是我国对企业进行法定分类的基本做法。根据宪法和有关法律规定，我国目前有国有经济、集体所有制经济、私营经济、联营经济、股份制经济、涉外经济（包括外商投资、中外合资及港、澳、台投资经济）等经济类型，相应我国企业立法的模式也是按经济类型来安排，从而形成了按经济类型来确定企业法定种类的特殊情况。它们是：

1. 国有企业　这是指企业的全部财产属于国家，由国家出资兴办的企业。国有企业的范围包括中央和地方各级国家机关、事业单位和社会团体使用国有资产投资所举办的企业。

2. 集体所有制企业　这是指一定范围内的劳动群众出资举办的企业。它包括城乡劳动者使用集体资本投资兴办的企业以及部分个人通过集资自愿放弃所有权并依法经工商行政机关认定为集体所有制的企业。

3. 私营企业　这是指企业的资产属于私人所有，有法定数额以上的雇工的营利性经济组织，在我国这类企业由公民个人出资兴办并由其所有和支配，而且其生产经营方式是以雇佣劳动为基础。这类企业原以经营第三产业为主，现已涉足第一、第二产业，向科技型、生产型、外向型方向发展。

4. 股份制企业　企业的财产由两个或两个以上的出资者共同出资，并以股份形式而构成的企业。我国的股份制企业主要是指股份有限公司和有限责任公司（包括国有独资公司）两种组织形式。

5. 联营企业　这是指企业之间或者企业、事业单位之间联营，组成新的经济实体；具备法人条件的联营企业，独立承担民事责任；不具备法人条件的，由联营各方按照出资比例或者协议的约定，以各自所有的或者经营管理的财产承担民事责任的企业。如果按照法律规定或者协议的约定负连带责任的，则要承担连带责任。

6. 外商投资企业　这类企业包括中外合营者在中国境内经过中国政府批准成立的，中外合营者共同投资、共同经营、共享利润、共担风险的中外合资企业；也包括由外国企业、其他经济组织按照平等互利的原则，按我国法律以合作协议约定双方权利和义务，经中国有关机关批准而设立的中外合作经营企业；还包括依照中国法律在中国境内设立的，全部资本由外国企业、其他经济组织或个人单独投资、独立经营、自负盈亏的外资企业。

7. 港、澳、台投资企业　这是指港、澳、台投资者依照中华人民共和国有关涉外经济法律、法规的规定，以合资、合作或独资形式在大陆举办的企业。在法律适用上，均以中华人民共和国涉外经济法律、法规为依据，在经济类型上它是不同于涉外投资的经济类型。

8. 股份合作企业　这是指一种以资本联合和劳动联合相结合作为其成立、运作基础的经济组织，它把资本与劳动力这两个生产力的基本要素有效地结合起来，具有股份制企业与合作制企业优点的新兴的企业组织形式。

除了上述法定标准分类外，根据学理标准，按照主要生产要素的不同划分，可将企业分为劳动密集型企业、资本密集型性企业和知识密集型企业等；按照行业、部门的不同，可将企业分为工业企业、商业企业、农业企业、交通运输企业、建筑安装企业、邮电企业、金融企业和其他服务型企业等；依照企业规模大小，企业可分为大型企业、中型企业、小型企业和微型企业等。

三、企业系统

所谓系统，通常是指由若干个相互联系、相互作用的要素所组成的具体特定结构和功能的有机整体。系统种类很多，按其生成方式一般可以分为两大类，一类是自然系统，另一类是人造系统。任何一个人造系统都具有集合性、关联性、目的性和环境适应性等特征。企业是一种人造系统，它具有人造系统的一切基本特征。

当今企业越来越成为一个复杂的系统，它是由许多基本要素结合而成的。因此要了解企业系统，就应该分析一下企业系统的基本构成要素。一般来讲，企业为了从事生产和服务经营等活动，以达到企业经营目标，就必须拥有从事生产产品、提供服务所需要的人力、物力、财力以及达成这些要素相互结合协调互动的各种信息。所以，企业系统简单而言主要就是由人、物、财和信息四大要素构成的。

1. 人 是指包括工人、管理人员、工程技术人员在内的企业全体员工。人是企业各项经营活动的主体，它在企业系统诸要素中，是最活跃、最积极并起决定性作用的一个要素。一个企业的经营状况和经营绩效在很大程度上取决于企业员工的数量、结构、素质和工作积极性等。因此，任何企业都应通过各种方式不断提升员工的自身素质和调动员工工作积极性。

2. 物 是指企业系统中的各种劳动资料和劳动对象。包括土地、自然资源、建筑物、机器设备、工具和各种原辅材料等。这一要素是企业从事生产经营活动必不可少的客观条件和物质基础，其数量、质量和技术水准对企业的经营状况和经营绩效会产生很大影响。

3. 财 即资金，是企业系统中财产物资价值的货币表现。企业的各项生产经营活动都必须以一定数量的资金为支撑，没有足够量的资金，企业的各项业务活动就难以正常有效地开展。实际上从价值形态来看，企业系统的整个生产经营活动过程就是资金的运动过程。资金的投入规模、周转速度及投资结构等决定着企业系统的运行效果，制约着企业的经济效益。

4. 信息 是指经过加工处理之后的对企业生产经营活动过程的各要素及各运行环节产生影响的数据资料。包括各种数据、指令、指标、标准、定额、报表、图纸、工艺规程、情报及规章制度等。现代企业无时无刻都离不开信息，信息已成为企业除物质资源以外的又一重要且不可或缺的组成部分。可以说，哪里有生产经营活动，哪里就必然产生信息；哪里有管理活动，哪里就必然需要信息。所以信息已成为构成现代企业系统的一个基本要素。信息的全面性、及时性、准确性、共享性，影响甚至决定着一个企业系统的正常有效运行。

上述四大基本要素，虽然在形态及性质上有着很大差异，但它们在企业系统合理有序的运行过程中，相互依赖、相互作用、紧密结合，形成了一个有机整体，共同一致地服务于企业的经营目标。

从系统观点出发，一个企业系统的运行过程，可抽象为一个从投入到产出的转换过程，即企业系统在输入人、财、物和信息的要素后，经过各种生产和管理活动转换，输出市场所需要的各种产品、服务及增值的资金等。其系统运行模型可由图 1-2 表示。

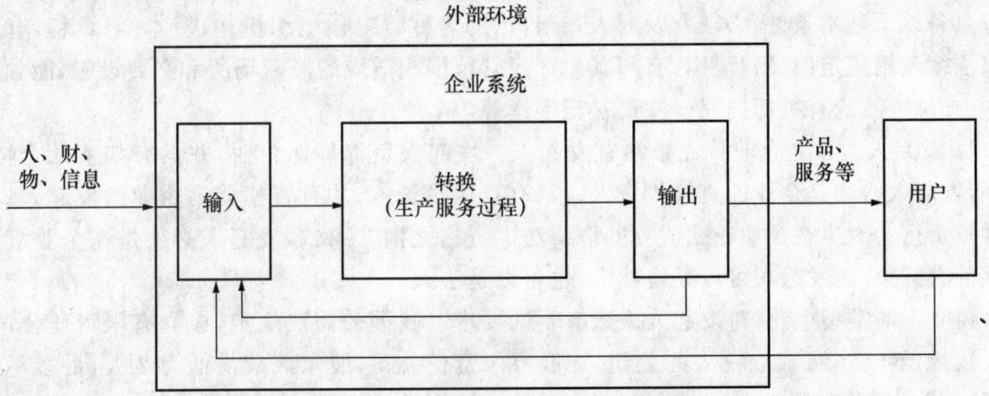

图 1-2 企业系统运行模型

第二节 企业的设立与变更

一、企业的设立

(一)企业设立的概念

企业设立,是指依据国家法律,通过法定程序,以某种特定方式组成一个完整的企业组织的过程和行为。企业设立行为,包含了经济和法律的双重含义。从经济意义上说,是指企业的创办人,通过人力、物力、财力等生产经营要素的筹集和组织,形成企业具备生产经营能力的过程;从法律意义上说,则是指企业的创办人依照法律程序取得合法生产经营资格的行为。对法人企业而言,就是取得法人资格。所谓法人(juridical person),是指具有民事权利能力和民事行为能力,依法独立享有民事权利和承担民事责任的组织。

法人企业是指具有法人资格的企业。它一般有多个投资主体出资,依照法定程序设立,有自己独立的法人财产,并以自己的财产独立享有民事权利和承担民事责任。在法人企业中,最主要的形式是股份有限公司和有限责任公司。

与法人企业相对应的是自然人企业,自然人企业的主要形式是个人独资企业和合伙人企业。

法人企业是在自然人企业的基础上发展起来的,从自然人企业到法人企业是社会化大生产和市场经济发展的必然结果。由于法人企业筹资能力强,经营风险低,且具有完善的财产制度和组织制度,因而得到迅速发展,成为目前世界各国普遍采用的企业形式。

设立企业必须向主管机关提出申请。这里的设立登记机构是指负责受理登记申请、核发营业执照、赋予企业法人资格的专门机构。对于企业登记的主管机关,世界各国的规定不尽相同,如德国、日本等国由地方法院办理企业登记,美国、英国等国规定由行政机关办理。我国的做法与美英等国相同,企业登记主管机关是各级工商行政管理局。

(二)企业设立的条件

对不同企业,其设立的条件各有区别,但就主要内容而言则大致相同。一般来说,企业设立应具备以下基本条件:必须有发起人,有自己的名称、住所、组织机构、资本金、章程,有符合国家法律政策规定的经营范围,有与其生产经营范围相适应的经营场所和必要设施,能独立经营,并在国家政府有关部门完成注册登记手续等。

1. 发起人 设立企业首先必须有发起人。发起人负责筹建企业,并具有如下几个特征:第一,发起人必须是企业的直接投资人。只有直接投资人,才有资格成为企业的发起人,而且这种投资行为发生在企业正式成立并取得法人资格之前。第二,发起人必须是在企业章程上签字的人。第三,发起人可以是自然人,也可以是法人。

设立不同类型企业,对发起人人数有不同要求。我国公司法规定,成立有限责任公司,股东人数最低 1 人,可成立一人的公司;一般有限责任公司,股东人数最低为 2 人,最多不超过 50 人。设立股份有限公司,发起人应为 2～200 人,其中半数以上须在中国境内有住所。有限责任公司和股份有限公司出资人,对公司均承担有限责任。对合伙企业,合伙企业法规定,要有两个以上合伙人,并且都依法承担无限责任。

在中国公司法中，对有限责任公司的股东人数上限做出了限定，而对其他各类公司只有最低人数的限制。这是因为有限责任公司不同于股份有限公司，其经营状况具有非公开性，反映其经营状况的财务报告不向社会公开，社会公众不易监督，而且公司只承担有限责任，对债权人的保护没有无限责任公司那样充分，也没有像股份有限公司那样透明。所以，一方面为使公司内部易于协调、控制，有利于公司经营；另一方面也为充分保护债权人的利益，在公司股东人数上做出了上述限制。

2. 企业名称　如同自然人有姓名一样，企业必须有自己的名称。企业名称一般由4部分组成：第一部分是具体名称（字号）。第二部分是企业的组织形式，如标明是有限责任公司，还是股份有限公司。第三部分是经营种类，企业名称应当反映其所属行业和经营特点。第四部分是企业所在地名称。如安徽江淮汽车股份有限公司、淮南矿业有限责任公司等。

企业名称是其经营活动的重要标志，一旦经登记机关核准，便在规定范围内享用专用权，受法律保护。对于个人独资企业和合伙企业，由于其应对企业债务承担无限连带责任，因此在企业名称中不得使用“有限”或者“有限责任”等字样。

3. 企业住所　企业与自然人一样，在法律上具有人格。自然人有住所，企业从事生产经营活动也应有其固定住所。企业住所既是企业经济活动的地点，也是企业法人承担责任的前提。只有具备了固定的地址，发生经济纠纷时，才能找到责任人，并要求其承担法律责任，也便于与其他企业进行经济往来。

与企业住所概念相关联的另一个概念，是企业的生产经营场所。企业从事生产经营活动，其场所可能不知一个，但在登记机关登记的住所只能有一个。一般是其主要生产经营地点或法人机关所在地。

4. 注册资本　企业是从事商品生产经营活动的经济实体，必须拥有与其生产经营活动相适应的资本，才能保证其正常运行。因此，从企业设立时起，就要拥有一定数量的资本，这就是企业的注册资本。所谓注册资本，是指在登记机关登记的资本总额。注册资本是企业设立的最基本条件，是其承担权利义务的物质基础，也是对债权人利益的基本保障。企业责任能力和范围的大小直接取决于企业资本的大小。企业注册资本的数额，应该和其生产经营范围相适应。

在中国公司法中，对有限责任公司和股份有限公司注册资本的最低限额做出明确规定，对于出资方式，公司法中也做出了具体规定。出资人可以用货币出资；也可以用实物、知识产权、土地使用权等可以用货币估价并依法转让的非货币资产作价出资。但是，法律、行政法规规定不得作为出资的资产除外。对作为出资的非货币财产，要由有关部门核实资产并评估作价，避免高估或低估其价值。而且，有限责任公司全体股东的货币出资金额，不得低于其注册资本的30%；股份有限公司发起人的出资方式，等同于对有责任公司的规定。

5. 企业章程　企业章程，是发起人全体同意并依法订立的，用来确定企业法人的开办宗旨、组织原则、内外关系和经营活动基本规则，明确企业法人权利和义务的书面文件。企业章程，必须按照法律、法规的要求制定。企业章程是企业最主要的法律文件，是企业成员必须遵守的行为规范。它有利于保护出资人的合法权益，也便于国家对其进行监督。它一经订立，对企业、股东和以后进入企业的人员都具有约束力。

一般来说，企业章程应包括下列主要内容：①名称和住所；②经营范围和经营方式；③注册资本额及其来源；④组织机构及其产生办法、职权和议事规则；⑤法定代表人的产生程序和职权范围;⑥财务管理制度;⑦解散程序;⑧章程修改程序;⑨其他。

对于合伙企业,我国合伙企业法规定,其设立是必须具备由全体合伙人协商同意的书面合伙协议。

二、企业的变更

企业在其生产经营过程中,出于各种原因,可能会对企业的某一事项或若干事项做出新的调整和改变,比如,变更企业名称、地址、法定代表人、注册资本额,调整企业经营范围,改变企业经营方式和财产关系等。这种在不中断企业法人地位情况下对企业组织所进行的调整和变动,叫作企业的变更。

企业变更的方式很多,如企业合并、分立,企业类型的改变、规模扩展、营业转让等,其中合并和分立是最重要、最常见的方式。

(一)企业的合并

企业合并,是指两个或两个以上的企业,依据法律规定,经过一系列法律程序变为一个企业的行为。在不同情况下,企业合并的动机可能各不相同,但合并的目的大致有两个:一是为了扩大生产经营规模,降低成本,增强企业的竞争实力,提高经济效益;二是在企业无力经营情况下,为了避免破产而给股东和债权人带来损失。

1. 合并的方式 根据参与合并的企业是否全部解散,企业合并可非为两类:新设合并和吸收合并。

新设合并也成为创立合并,是指参与合并的企业全部解散,另外成立一个新企业的合并。这种合并形式中,由于原有企业不再存续,其法人资格也就不复存在。合并后的新企业依法取得法人资格后,承受解散企业的权利和义务。

吸收合并是指参与合并的企业中,有一个企业存续,其他企业解散,由存续企业承受解散企业的权利和义务的合并。在这类合并中,存续企业仍然保留原有的名称,而且承接其他被吸收企业的财产和债务。被吸收企业从此不复存在。

2. 合并兼并 企业兼并,是通过资产的有偿转让而使若干个企业合为一体。企业兼并一般有两种形式:购买式兼并和控股式兼并。购买式兼并,是企业法人通过购买或承担债权债务等方式,取得其企业财产权,并取消被购买企业法人资格的方式;控股式兼并是指购买其他企业的足以取得控股地位的股票,使后者成为前者的子公司的方式。可见,公司兼并与公司合并之间是一种交叉关系。购买式兼并的实质是合并中的吸收合并;控股式兼并中被兼并方的法人资格并不消失,所以它不属于公司合并的范畴。而公司合并中的新设合并,合并各方的法人资格归于消失,所以它又不属于企业兼并的范畴。

(二)企业的分立

或者出于企业经营的需要,或者为了扩大资本的控制范围,或者在某些特定情况下,为了回避法律限制等原因,企业会进行分立。企业分立,是指一个企业依据法律规定,经过一系列法律程序,分成两个或两个以上企业的行为。通过分立,将某一企业的部分财产、权利和义务转移到新成立的企业。

企业分立的方式主要有两种,一种叫存续分立,另一种叫解散分立。

所谓存续分立又叫派生分立,是指一个企业仅仅用其一部分财产或经营项目分立出去另设一个或若干个新企业的行为。企业分立后，新企业可依法取得法人资格，原企业也继续保留法人资格。这种分立的特点是：原企业只是分离出部分财产和业务归入新企业，原企业的主体资格仍然存在。但由于分立后，原企业的注册资本要减少，所以应当依法办理有关减资手续，进行变更登记等。

所谓解散分立又叫新设分立，是指将企业全部资产分别归入两个或两个以上的新设企业中的行为。分立的原有企业解散，新企业可依法取得法人资格。这种分立形式的特点是：第一，解散分立所设立的只能是与原企业同类的企业，企业性质不能改变；第二，原企业必须将所有资产及相关债权债务关系全部分割转移到新企业中去。

三、企业的终止

企业的终止，也叫作企业的解散，是指企业法人停止生产经营活动，清理组织、财产，并依法取消法人资格的一系列行为。

（一）企业终止的原因

企业终止的原因有很多，大致可以归为两大类：一类是由企业自身行为而决定的终止，叫作自行解散；另一类是由有关权力机关强制决定终止，叫作强制解散。

造成企业自行解散的原因主要有：

①由于企业法人存续期届满或企业章程所规定的其他解散事由已发生。

②由于企业最高权力机构做出企业终止的决议。

③企业合并或分立，这里主要是指新设合并或新设分立。

④其他法定自行解散的原因，比如，企业有达不到法律要求的事项，则企业应依法自行解散。

造成企业强制解散的原因主要有：

①企业破产解散。

②政府主管机关命令或法院裁决解散。

（二）企业的破产

对于一个企业来说，如果它作为债务人而不能清偿到期债务，为了保护多数人的利益，就可以依照法律程序对其债权债务进行强制处理，使债权人得到公平满足，并解散该企业，这就是企业的破产。

1. 企业破产的原因　导致企业破产的原因主要有下列两类：

(1)企业因经营不善，财务困难，资金周转受阻而出现严重亏损。如果企业因为经营管理不善而无法维持正常的生产经营状态，使得企业长期亏损，又没有能力恢复，继续经营下去将会造成更大损失时，就应当主动申请破产，以防止企业财产减少。这对企业和债权人都是有利的。

(2)企业不能清偿到期的负债。如果企业不能清偿到期负债，也应该破产。这里的“不能清偿”有 3 种具体情况：

①企业债务总额超过资产总额，其全部财产已不足以清偿其全部债务，即“资不抵债”。

②企业作为债务人长期不能支付到期债务，即“支付不能”。

③企业作为债务人已经停止支付到期债务，即“停止支付”。

第一种情况是企业的真正破产,后两种情况尽管企业并非资不抵债,但由于企业处于清偿不能状态,所以也是法律意义上的破产。

实行企业破产制度有着十分重要的现实意义:其一,它有利于经济结构调整和社会经济秩序稳定;其二,它有利于公平地保护全体债权人利益;其三,它有利于债务人从债务纠葛中解脱出来。

2. 企业破产的界限 企业不能清偿到期债务就应当破产,但如何判定企业的清偿状态,则有着严格的法律界线,即破产界限。

法院宣告企业破产应由法定的标准和理由,我国法律规定的破产界限是清偿不能,即企业对于已经到清偿期限的债务,处于全面的、长期的不能清偿的状态。

清偿不能,必须具备以下几个要素,缺一不可:

(1)欠缺清偿能力。对已到清偿期限的债务欠缺清偿能力,并且债权人已请求履行债务。

(2)全面欠缺清偿能力。这是指企业对其全部或主要部分债务不能清偿。

(3)长期地欠缺清偿能力。这是指债务不能清偿的状态是持续性的。企业一时的筹资困难不能视为清偿不能。

3. 企业破产的程序 企业破产,要经过法定程序确定和宣告,即必须程序合法。并非只要具备破产条件,达到破产界限,就可自行宣告破产。破产的主要程序是:

(1)申请破产。企业不能清偿到期债务,债务人和债权人都可以申请破产。

(2)和解与整顿。和解与整顿是企业破产的必经程序。和解是在债权人申请破产的情况下,由债务人与全体债权人就企业整顿和延期清偿债务或者减少债务数额达成的和解协议,从而终止破产程序的一种救济制度。整顿是债务人为履行其与债权人达成的和解协议,在法院监督和主管部门主持下,采取恢复生产经营,最终清偿债务,免遭破产的一种救济制度。整顿是在和解的基础上进行的,而和解又以整顿方案为前提。如果双方或多方达成和解协议,整顿成功,破产程序即告终止;如果整顿未能成功,则宣告破产。

(3)破产宣告。法院一旦裁定企业破产,就应予以宣告,并依法组成清算组,对公司进行破产清算。

(4)破产清算。企业宣告破产,破产清算程序即行开始,法院成立清算组,接管破产企业。破产企业的债务人和财产持有人应向清算组清偿债务或交付财产。清算组在有关当事人参与下,对破产企业的财产进行保管、清理、估价,并依法提出分配方案,报请法院裁定后执行。

(5)注销登记。破产清算完毕后,由清算组提请法院结束破产程序,并向破产企业原登记机关办理注销登记。此时,破产企业解散,企业法人地位终止,债权人未得到清偿的债权也不再清偿。

(三)清算

企业一旦解散,就应该立即停止一切生产经营活动,其法人资格随之终止。但是企业解散时,其法人资格不是自行丧失的,还必须履行一定的法律程序,这种终止企业法律关系,取消被解散企业法人资格的必要程序,就叫作清算。通过清算,查清企业财产,核实企业债权债务,处理解散企业的剩余财产,终结企业现有的各种法律关系,才能使被解散的企业完全丧失法人资格。

清算的形式可分为普通清算和特别清算。普通清算是指在没有法院监督的情况下所进行的清算,企业在一般情况下都采用这种形式。但是,当普通清算产生显著障碍,或企业有资不抵债之嫌时，就必须采用另一种清算形式——特别清算。特别清算自始至终都置于法院的严格监督、管理之下，必要时法院可以实行强制处分。

总之，符合法律规定条件，并严格依照法定程序完成清算任务，方能最终宣告企业生命的终结。

第三节　企业基本制度

企业制度，通常是指以企业产权产权制度为基础和核心，包括企业组织制度和管理制度在内的各种制度的总称。因此，构成企业制度的基本内容就包括企业产权制度、企业组织制度和企业管理制度 3 个部分。

一、企业产权制度

企业产权制度是以产权为依托，对企业财产关系进行合理有效配置的制度性安排。它以法律制度的形式对企业财产在占有、使用、收益和处分过程中所形成的各类产权主体的地位、权责及相互关系加以规范。对企业来说，合理的产权制度能够清晰地界定各个产权主体及其权能，从而能够建立有效的激励和约束机制，保障企业资产合理运行。

对于传统的个人业主制企业和合伙企业来说，产权是不明晰的，个人业主和合伙人承担无限经济责任，不利于企业的成长壮大。随着企业大规模生产和大规模销售的结合，加上企业的多元化经营的迅速发展，所有权和经营权开始逐步分离的公司制企业就成为市场经济中的最重要组成部分。公司制企业有着明确的企业产权主体和界限，其要求是建立出资者所有权和企业法人财产权相分离的产权制度，形成企业资产的终极所有权归属投资者，出资者（包括国家在内）投资形成的全部法人财产权归属企业的格局，从而使企业真正成为独立享有民事权利、承担民事责任的法人经济体。

产权制度是现代企业制度的核心内容。公司制企业实现了所有权和经营权的分离，并将过去笼统的财产权细分为股权（终极所有权）、占有权、经营权（使用权）、收益权、处置权等五项权能，其中，股权（终极所有权或称出资者所有权）归股东所有；以占有权和使用权为主，构成为法人财产权。这种产权制度设立在企业方面是建立企业法人制度，在出资者方面是形成有限责任制度。它的实质是建立出资者所有权和企业法人财产权相分离的产权配置格局。按照现代企业产权制度要求，当股东投资形成企业资产后，它就将原来的企业资产分解为企业现时营运中的资产和以股份为主的虚拟资产。其中对企业现实营运中的资产占有、使用和处置权利，交由企业法人掌握，由此形成法人财产权。这是在公司取得法人资格的同时，获得的一项所有权权能。股东作为原始所有者则仅仅保留了对资产的价值形态，即以股份为主的虚拟资产占有的权利，由此形成出资者所有权。这种产权配置实际上也就意味着，公司资产不论是谁投资的，一旦形成和投入运营，其支配权就归属了企业法人，并由企业法人实行统一的经营管理。出资者不能随意抽回投资，也不能以个人身份直接支配其投入的资本，只能作为企业法人组织的一分子，通过法定程序，间接参与企业财产控制、分享企业收益或承担有限责任。

这种产权制度规范了出资者（股东）与企业法人之间、企业法人与债权人之间权益关系的准则，保证了企业真正做到自主经营、自负盈亏，使得企业对市场经济的发展有了更强的适应力。

【知识链接】1-3　分粥故事的启示

对权力制约的问题一直是令人头疼的难题。有7个人组成了一个小团体共同生活，其中每个人都是平凡而平等的，他们都想用非暴力的方式，通过制定制度来解决每天的吃饭问题：即如何在没有称量用具和有刻度的容器的情况下分食一锅粥。大家试验了不同的方法，发挥了聪明才智、多次博弈形成了日益完善的制度。大体说来主要有以下几种：

方法一：拟定一个人负责分粥事宜。很快大家就发现，这个人为自己分的粥最多，于是又换了一个人，总是主持分粥的人碗里的粥最多最好。由此我们可以看到：绝对的权力导致绝对腐败。

方法二：大家轮流主持分粥，每人一天。这样等于承认了个人有为自己多分粥的权力，同时也给予了每个人为自己多分的机会。虽然看起来平等了，但是每个人在一周中只有一天吃得饱，而且有剩余的6天都要饥饿难挨。于是我们又可得到结论：绝对权力导致了资源浪费。

方法三：大家选举一个信得过的人主持分粥。开始这品德尚属上乘的人还能基本公平，但不久他就开始为自己和溜须拍马的人多分。不能放任其堕落和风气败坏，还得寻找新思路。

方法四：选举一个分粥委员会和一个监督委员会，形成监督和制约。公平基本上做到了，可是由于监督委员会常提出多种议案，分粥委员会又据理力争，等达成共识时，粥早就凉了。

方法五：每个人轮流值日分粥，但是分粥的那个人要最后一个领粥。令人惊奇的是，在这个制度下，7只碗里的粥每次都是一样多，就像用科学仪器量过一样。每个主持分粥的人都认识到，如果7只碗里的粥不相同，他确定无疑将享有那份最少的。

同样是7个人，不同的分配制度，就会有不同的风气。所以一个公司如果有不好的工作习气，一定是机制问题。如何制定这样一个制度，是每个管理者需要考虑的。

二、企业组织制度

企业组织制度是企业组织形式的制度安排，它规定着企业内部的分工协调形式和权责分配及相互制约关系。对大多数公司制企业来说，其组织制度就是在企业法人制度基础上形成的法人治理结构。

公司制企业在长期的市场经济发展中，为了满足自身的发展需要而逐步建立起来的一套较为完整的组织制度，形成了较为有效的法人治理结构。以股份公司为例，其公司决策、执行和监督体制在公司法规中都有比较详细的规定。通常情况下，它的治理结构包括股东大会、董事会、监事会，以及总经理等高级职员等。股东大会是公司的最高权力机构，董事会是公司常设的决策机构。监事会是对董事会及整个公司的经营活动进行监督的机构。总经理是在董事会领导下，全面负责公司的日常经营活动。这种法人治理结构实际上包括两个组成部分：一是纵向授权领导体制。它是由股东通过投票选举产生董事会和监事会，其中董事会代表企业法人从事经营决策；董事会再聘任总经理和其他高级职员，组成在董事会领导下的执行机构，在董事会授权范围内经营企业。二是股东会、董事会和监事会“三会”制衡结构。在法人治理结构中，股东会、董事会和监事会及经理人员各自的权、责、利都有明确的划分和界定，构成了四位一体的企业领导制度和经营制度。

(1)股东大会是公司的最高权力机构,董事会是公司常设的决策机构,而监事会是总体监督机构。各负其责,相互制衡。

(2)股东大会有任免董事会、监事会成员的权力;董事会有任免总经理和其他高级管理人员的权力;总经理有任免各职能部门负责人的权力。

(3)股东大会批准股利分配方案;董事会审议股利分配方案;总经理拟制股利分配方案,监事会核对股利分配方案。

(4)股东大会决定资本增减,公司合并、分立和解散;董事会根据股东大会决议,做出实施决策;总经理作具体的筹划、安排并负责落实;监事会监督各级决策及实施是否违法和违背公司章程。

三、企业管理制度

企业管理制度是对企业日常管理活动的制度安排。它由一整套企业管理活动方式、标准和原则等组成,如企业的劳动人事制度、财务会计制度和薪酬分配制度,等等。企业管理制度是企业管理工作的基础。

企业要在激烈的市场竞争中立足和发展,就必须不断提高自身经营管理水平。因此,科学规范的现代企业管理制度,也是实现现代企业制度不可或缺的重要组成部分。现代企业管理制度的基本体系,是由企业经营愿景和理念、企业目标和战略、企业管理组织以及各业务职能领域活动的规定等组成。

企业的经营愿景和理念是企业管理制度的最高层次。在企业经营愿景、理念的指导下,确定企业的战略目标,形成企业的战略方案,并同时建立起适应战略要求的有效组织结构。公司的经营目标和战略,还要通过各种具体业务活动来实现,这些业务活动可分为市场研究、开发和生产制造、财务、人力资源等几大职能领域。企业管理层通过对这几大领域活动的计划、组织、协调和控制,就可以把握日常的经营活动,保证企业战略的有效实施和经营目标的实现。

企业各职能领域的管理活动,有其特定的内容、原则、程序和方法。将职能领域的管理行为科学化和规范化,就会形成各具特色的日常管理制度,这是实现企业目标与战略的基础和保证。

第四节　企业管理原理

一、企业管理的基本概念

管理是因为人类有目的的集体活动的需要而产生,它广泛地存在于现实社会经济的各项活动之中。凡是由两人以上组成的,有一定活动目的的集体活动都离不开管理,所以管理是一切有组织的活动必不可少的内容。就一个企业而言,管理是企业任何经营活动中最重要的任务和内容。

企业管理,就是从市场需求出发,为了实现预期的目标,对企业的生产经营进行以人为中心、以协调为本质的计划、组织、领导和控制等活动。

企业管理的上述定义包含以下几个方面的含义。

1. 市场需求是企业管理的出发点 由于市场直接反映了社会生产和人民生活的实际需要,因而确定市场需求、满足消费者需要成为一切企业从事生产经营活动的出发点。这也是检验企业管理工作绩效的根本标准。因为市场是企业赖以生存的基础,企业管理则是以满足市场需求为中心而展开的活动。

在经济尚不发达的情况下,社会需求变化不大,企业管理的核心任务是提高效率、降低生产成本,从而在历史上形成了"以生产为中心"的经营管理思想。随着生产发展和市场竞争的加剧,消费者的选择性不断扩大,日渐形成买方市场。这就迫使企业开始采用不同方法进行推销和广告宣传,动员和劝诱消费者购买其产品。这种销售导向的立足点是对已生产出的产品加强销售。经过销售导向阶段,企业更多地了解市场的需求,逐渐认识到生产必须适应消费者的需要,满足市场要求,要不断研究市场,引导消费,从而形成现代企业管理的市场导向观念。

2. 企业管理是一种有明确目标的活动 每一个企业都有自己的使命和目标,目标是企业各项管理活动的所指向的终点,是企业奋力争取达到的希望所在。

一般来说,企业目标是依据企业生产经营宗旨而提出的在一定时限内所要取得的预期成果。它或是一种产品,或是一项利润指标等。尽管不同企业或同一企业在不同时期有不同目标的追求,但有一点是共同的,这就是追求效益。也就是说,企业通过管理要以尽可能少的投入来实现尽可能多的产出,获取最佳经济效益和社会效益,并保持企业的竞争力。这不仅是企业管理的一种追求,更是一个企业组织基业长青的秘密所在。

3. 企业管理必须以人为中心 企业从事生产经营活动以实现其预期目标,必须使用各种资源作为投入。在所有资源要素中,人是最重要最活跃的经营资源,在整个企业生产力系统中,人是最能动的一个要素,因为一切其他要素只有通过人才能加以开发利用。所以人在企业所有生产要素中处于主体地位。

在现代企业管理中,必须把人力资源放在首要位置,只有注重人力资源开发利用,调动人的积极性,通过人的有效劳动才能实现企业的预期目标。

4. 企业管理本质任务是协调活动 协调活动贯穿于企业管理的各个环节和各种活动过程之中。因此,有人甚至提出:管理就是协调。它包括协调企业内部和外部的各种关系,使其构筑起良好的配合关系,以便更有效地实现企业经营目标。

对内协调包括人与人的协调和人与其他生产要素的协调,而更多的是人与人之间的协调。具体来讲,又分为纵向协调和横向协调。前者是指上下级之间活动的协调,后者则指同级或各部门之间的协调,这也通常是企业内部更重要、更困难的一种协调。对外协调是指企业在生产经营活动中与外部供应单位、用户,以及包括政府在内的其他相关社会关系之间的活动的协调。企业管理究其本质,就是不断地搞好内、外部的协调,保证企业生产经营活动按预期目标顺利进行。

为了做好各种协调工作,就必须通过计划、组织、领导和控制活动来进行,既要合理地组织生产力,保证生产经营系统正常运行,又要通过各种职能,不断调整生产关系,使之符合生产力快速发展的要求,进而促进生产力的健康发展。

企业管理是企业生产经营活动不可分割的组成部分,与生产经营活动的各个部分、各个环节紧密相连,由此构成了企业管理的具体内容,如战略管理、人力资源管理、财务管理、生产管理等。这些内容将在本书的其他章节具体讲述。

二、企业管理的性质

企业管理，从它的最基本意义上来看，一是组织生产经营活动；二是指挥、监督生产经营活动。它具有同生产力、社会化大生产相联系的自然属性，以及同生产关系、社会制度相联系的社会属性，这就是通常所说的管理二重性。从企业管理活动过程的要求来看，既要遵循管理过程中各项管理规律的科学性要求，又要体现灵活协调的艺术性要求，这就是企业管理所具有的科学性和艺术性。同时随着技术环境的变化，企业管理是不断变革的，从而体现出持续不断的创新性特征。

1. 企业管理的二重性　依据马克思主义观点，企业管理的性质是二重的。一方面，它是由分工协作的集体劳动所引起的，是社会劳动过程的一般要求，是有效组织共同劳动所必需的，其表现为劳动过程实施管理活动的普遍形式，由此形成企业管理的自然属性。就这方面来讲，它主要取决于生产力发展水平和劳动社会化发育程度，而与生产关系性质、社会制度没有直接的关系。另一方面，企业管理又是在一定生产关系、特定的社会制度条件下进行的，必然体现出生产资料占有者指挥劳动、监督劳动的意志，执行着维护和巩固生产关系、实现特定生产目的的职能，由此形成企业管理的社会属性。

2. 企业管理的科学性和艺术性　人们在从事企业管理的长期实践活动中，逐步归纳总结出一系列反映企业管理活动过程中客观规律的管理理论和方法。人们利用这些理论和方法来指导企业管理实践，又以管理活动的结果来衡量管理过程中所使用的理论和方法是否正确，是否行之有效，从而使企业管理的科学理论和方法在实践中得到不断的验证和丰富。因此，说企业管理是一门科学，即是指它以反映企业管理客观规律的管理理论和方法为指导，有一套分析问题、解决问题的科学方法论。

企业管理的艺术性则是强调其实践性，没有实践即无所谓艺术。也就是说，在企业管理实践中，面对复杂多变环境，仅凭书本上的管理理论教条，照搬照抄原理和方法是不能保证其成功的。管理人员必须在企业管理实践中发挥积极性、主动性和创造性，因地制宜、因时制宜地将管理理论与具体管理活动相结合才能取得管理的实效。所以，企业管理的艺术性，就是强调企业管理活动除了要掌握一定的理论和方法外，还要具体情况具体分析，灵活运用这些理论和方法的技巧和诀窍。

企业管理既是一门科学，又是一门艺术，是科学和艺术的有机结合体。认识企业管理这一特性，对于学习企业管理和从事企业管理工作的人来说十分重要，它既要求我们注重企业管理基本理论和方法的学习，又不要忽视在实践中的灵活运用。这一点，常常是企业管理获得成功的一项重要保证。

3. 企业管理的创新性　企业管理是一门操作性、实践性十分鲜明的学科，新的理论指导新的实践，新的实践又推动新的理论产生，如此循环往复，新理论新实践不断涌现。

从企业管理发展的历史来看，随着社会的发展和技术的进步，西方发达国家企业管理上大体上经历了早期管理实践、管理理论萌芽、古典管理理论、行为科学理论和管理理论丛林 5 个阶段，见图 1-3。

其中，管理理论丛林阶段的各种管理理论和管理学派对当代企业管理影响重大，各学派的主要观点及代表人物见表 1-1。

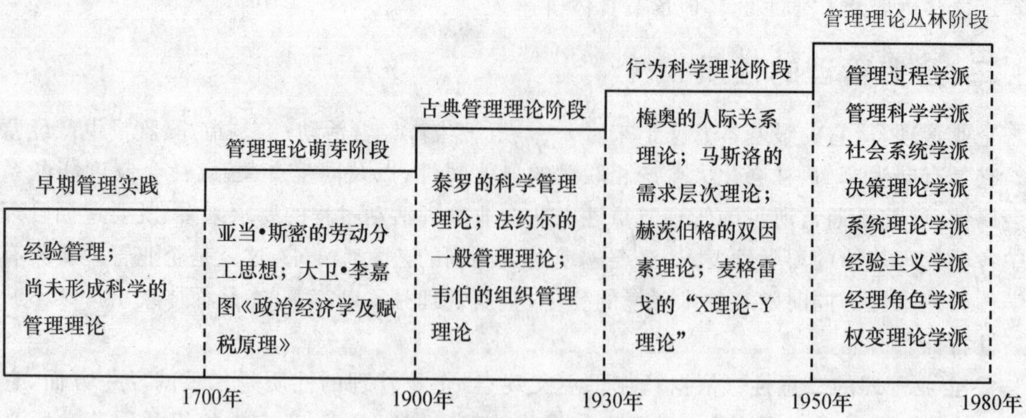

图 1-3　企业管理演进 5 阶段

表 1-1　各管理学派代表人物及主要观点

管理学派	代表人物	主要观点
管理过程学派	哈罗德·孔茨 (Harold Koontz)	◆将管理职能分为计划、组织、人事、领导和控制五项 ◆协调是管理的本质
管理科学学派	埃尔伍德·斯潘塞·伯法 (Elwood Spencer Buffa)	◆运用数学、统计学的方法和电子计算机的技术 ◆通过计划和控制以解决企业中生产与经营问题的理论 ◆目标是探求最有效的工作方法或最优方案
社会系统学派	切斯特·巴纳德 (Chester I. Barnard)	◆从社会学的角度来分析各种组织 ◆将组织看作是一种社会系统，是一种人的相互关系的协作体系，是社会大系统中的一部分，受到社会环境各方面因素的影响
决策理论学派	赫伯特·西蒙 (Herbert A. Smion)	◆管理过程就是决策的过程，管理的核心就是决策 ◆有限理性的人代替有绝对理性的人 ◆“满意原则”代替“最优原则”
系统理论学派	弗里蒙特·卡斯特 (Fremont E. Kast)	◆将企业作为一个有机整体，把各项管理业务看成相互联系的网络的一种管理学派 ◆重视对组织结构和模式的分析 ◆应用一般系统理论的范畴、原理，全面分析和研究企业和其他组织的管理活动和管理过程，并建立起系统模型
经验主义学派	彼得·德鲁克 (Peter F. Drucker)	◆重点分析成功管理者实际管理的经验 ◆概括、总结出成功经验中具有的共性东西，然后使之系统化，合理化，据此向管理人员提供实际建议
经理角色学派	亨利·明茨伯格 (Henry Mintzberg)	◆针对经理工作的特点及其所担任的角色等问题，如能有意识地采取各种措施，将有助于提高经理的工作成效
权变理论学派	弗雷德·卢桑斯 (Fred Luthans)	◆企业管理要根据企业所处的内部条件和外部环境来决定其管理手段和管理方法，即要按照不同的情景、不同的企业类型、不同的目标和价值，采取不同的管理手段和管理方法

在当今世界信息化、网络化、知识化、全球化的推动下，技术进步日新月异，企业管理在管理思想、管理原则、经营目标、经营战略及生产系统企业组织等方面形成众多的创新和发展。我们说，在一定的生产技术条件下，企业管理对提高企业经济效益，起着决定性作用。企业的发展，要求不断地将现代科学技术成果应用于生产经营之中，以提高生产力水平。而企业管理的形式和方法，也总是随着生产经营技术进步而不断变革创新的。同时技术进步又需要有效的管理来保障。管理搞不好，什么先进的技术也不能发挥应有的作用。管理和技术是决定一个现代企业生存和发展的两个“车轮”，缺一不可。这一疑点已被包括我国在内的许多国家企业发展经验所证明。

三、企业管理职能

（一）计划职能

计划在企业管理所有职能中居于首要地位。因为计划工作既为企业确定生产经营活动的目标，又为如何实现这些目标拟定行动方案。管理人员正是在计划指导下，从事组织、领导和控制工作，以实现计划确立的企业预期目标。

1. 计划工作的任务和内容 计划工作的任务，就是根据市场的需要以及企业自身能力，确定企业在一定时期的工作目标，通过计划的编制、执行和检查，协调和合理安排企业各种生产经营活动，有效地利用企业资源，以取得最佳的经济效益。

可以将企业计划工作任务简单地概括为6个方面的具体内容，即做什么(What)？为什么做(Why)？何时做(When)？何地做(Where)？谁去做(Who)？怎样做(How)？简称“5W1H”。具体含义如下：

(1)做什么：要明确计划工作的具体任务和要求，明确每一个时期的中心任务和工作重点。如，企业生产计划的任务主要是确定生产何种规格的产品，生产多少，合理安排生产投入和产出的数量，以及生产进度，在保证按期、按质和按量完成订货合同的前提下，使得资源得以最有效地配置。

(2)为什么做：要明确企业的宗旨、目标和战略。实践证明，计划工作人员对此了解得越清楚，认识得越深刻，就越有助于他们在计划工作中发挥主动性和创造性。

(3)何时做：规定企业计划中各项工作的开始时间和完成的进度，以便进行有效的监督和控制。

(4)何地做：规定企业计划实施的地点或场所，了解计划实施的环境条件和限制，以便合理安排计划实施的空间组织和布局。

(5)谁去做：计划不仅要明确规定目标、任务、地点、进度，还应规定由哪个负责。

(6)怎样做：制定实现计划的措施，以及相应的政策和规则，对资源进行合理配置，对人力、生产能力进行平衡，对各种派生计划进行综合平衡等。

此外，一个完整的计划还应包括控制标准和考核指标的制定，也就是告诉实施计划的部门或人员，做成什么样，达到什么标准才算是真正完成计划。

根据不同标准可以对企业计划进行不同分类。企业计划按计划期的长度可分为中长期计划、年度计划及作业计划；按业务内容可分为生产、销售、人事、财务、技术开发等方面的计划；按执行计划的范围又可分为企业计划、车间计划、职能部门计划等。

2. 计划工作的原则 制订企业各种计划应注意下列原则：

(1)预见性。企业通常处于一种不断变化的动态环境之中,因此必须正确地预测企业将要面临的新形势和新情况,从而事先加以规划,提出相应的对策。

(2)统一性。计划工作要有全局观点,企业内各部门在执行计划职能过程中,必须上下一致,协调统一,相互衔接,以确保企业总体目标的完成。

(3)科学性。计划工作要遵循科学规律,编制计划要按照一定的步骤进行,计划工作中所利用的信息资料要依照科学的方法获得。

(4)可行性。计划是规定未来一段时间要做的工作。针对不同企业的不同情况,这些工作必须是切实可行的。为了克服主观盲目性,计划工作必须做必要的可行性研究。

(5)应变性。企业的生产经营活动往往是复杂的,由于内部和外部某些因素的变化,总会存在这样或那样的不确定因素,因此,计划工作要有应变性。计划工作的应变性表现在制订计划时可以拟定多种计划指标方案,以及多条保证计划指标实现的有效应对措施。

(二)组织职能

1. 企业组织工作的内容和任务 企业组织工作的内容和任务可归纳为以下几个重要方面:

(1)根据企业目标,设计和建立一套企业组织机构的职位系统。把企业的各种业务活动按企业的目标进行分类组合,建立相应的部门,并根据工作量将必要数量从事同类工作的人员集合在同一部门内,即设计出组织结构并配备相应的人员。

(2)为各部门及其主管人员规定职权和职责。规定部门主管人员与上下级的关系,配备合适的人选担任主管职位,授予执行职务的责任和权力。

(3)规定企业组织机构部门之间的相互联系,明确它们之间的协调原则和方法。

(4)组织工作过程可以用组织系统图和职务说明书加以描述。组织系统图描述的是一个组织内部的各种机构(包括层次和部门)以及其中的职位和相互关系。而职务说明书则是详细规定各个职务的职权和职责,以及与其相关的上下左右关系。

2. 组织工作的原则 设计和建立合理的企业组织结构,其目的是为了更有效地实现企业预期目标。怎样通过企业组织工作所设计、建立并维持的组织结构及其形式更好地促进企业目标的实现,一般来说,有效的组织工作应遵循下列基本原则。

(1)目标的统一性。企业组织结构的设计和组织形式的选择必须有利于目标的实现。企业目标同组织结构之间是目的和手段的关系,衡量组织设计的优劣,要以是否有利于实现企业目标作为最终评价标准。组织中的每一个部分都应该与企业既定目标相关联,即每一个机构都要用自己的分目标来支持企业总目标的实现。为此,企业层层目标分解,机构层层建立起来,直至每一个人都了解自己在总目标的实现过程中自己所承担的使命和任务。这样建立起来的企业组织机构才是一个有机整体,才能为保证企业目标的实现奠定组织基础。

(2)专业化分工与协作。现代企业的管理,工作量大,专业性强,因此需要设置不同的专业部门,以提高技术工作及管理工作的水平和效率。同时,正因为分工细,因此更需要加强部门之间的协作与配合,只有既讲分工又讲协作,才能步调一致地实现企业的整体目标。

(3)统一指挥。企业的各级机构以及任何个人必须服从一个上级的命令和指挥,只有这样,才能保证行政命令和生产经营指挥的集中统一,避免多头领导和"政出多门",使企业最高管理部门的决策得以贯彻执行。

(4)有效的管理幅度。所谓有效管理幅度,是指一名主管人员能直接有效地领导下属人数。由于受知识、经验、实践、精力和条件等因素的限制，一名主管人员能够直接地、有效地领导下级人数总是有限的，超过了这个限度，就会降低管理的效率。管理幅度究竟多大是根据企业或岗位的性质以及自身的能力决定的。

(5)责权利的一致性。责任、权力和利益应该三位一体，不能有责无权、无利，或有权有利而无责，也不能有责、有权而无利，或责权利不对等。责权利的一致性是企业组织设计是必须遵循的原则。科学的组织结构在设计每一个岗位时，都应该将其责任、权力和利益形成规范，使无论什么人，只要担任该项工作就得有所遵从。

(6)集权与分权相结合。为了保证有效的管理，必须实行集权与分权相结合的领导体制。集权有利于保证企业生产经营活动的统一领导，统一指挥，有利于各种资源的集中合理分配使用，有利于形成合力办大事。分权则有利于调动下属积极性、主动性和创造性，有利于下属根据实际情况迅速而正确地做出决策，也有利于高层领导摆脱大量日常领导工作，集中精力抓大事。因此，集权与分权是矛盾的统一，完全集权不行，完全分权也不行，要把二者有效结合起来。当然，在具体的企业里，哪些权力应该集中？哪些权力应该分散？集中与分散各应达到什么程度？对此，应该取决于不同的情况，包括企业所处的发展阶段、时机、环境等，没有一个完全一样的模式。

(7)稳定性与适应性相结合。组织结构及其形式一旦形成，要有相对的稳定性，不要总是轻易变动，但又必须随企业内外部条件变化，根据企业经营目标做出相应调整。一般来说，组织越稳定，效率也越高。组织机构的每次重新划分，都会给企业正常运行带来一定的不利影响。因此，组织结构不宜频繁调整，应保持相对稳定。但是，不仅企业自身是在发展变化之中，而且企业赖以生存的外部环境也在不断变化，当企业组织效率低下，无法适应各种企业内部和外部变化或危及生存时，调整与变革就是不可避免的了。

(8)执行机构与监督机构分设。现代企业制度要求企业组织中必须有一套监督系统，上到对董事会的监督，下到对生产现场的安全监督、质量监督和环境监督等。为保证监督工作的严肃性和公正性，监督机构应该与执行机构分开，单独设置，不能搞自我监督，因为自我监督往往是靠不住的。

(9)精干高效。任何企业的组织结构形式，都必须将精干高效原则放在重要地位。在保证企业目标完成、管理有效的前提下，组织结构越简单，管理层次和工作人员越少，工作效率就越高。

(10)均衡性。企业中同一级机构人员之间的工作量、职责、职权等应大致平衡，不宜偏多或偏少。苦乐不均、忙闲不均等都会影响工作效率和员工的积极性。

(三)领导职能

1. 领导工作的概念　在企业管理工作中，领导工作的职能是联结计划工作、组织工作以及控制工作等各个管理职能的纽带。如同乐队需要指挥一样，任何一个组织都需要领导。从企业的实践来看，领导工作是对企业内每个员工和群体员工的行为进行引导和施加影响的过程。其目的在于使个体和群体能够自觉并有信心地为实现企业目标而努力。一般来说，领导工作包括 3 个必不可少的要素：领导者、被领导者，以及所处的客观环境。因此，领导工作可用以下数学函数形式表示：

$$领导工作 = f(领导者，被领导者，客观环境)$$

也就是说，领导工作是在一定的环境下，领导者与被领导者之间的一种相互作用过程。因此，领导职能就表现为对人的管理，即研究和协调人与人的关系。

2. 领导工作的作用 从企业管理的过程来看，领导工作的作用表现在以下几个方面：

(1)保证企业经营目标的实现。企业中的各项工作，需要靠人来完成。而人们对企业目标的理解，往往是有差异的。领导工作的作用就在于引导企业中的全体员工有效地理解和认同企业愿景、目标和文化，使全体员工对企业的发展充满信心，通过领导工作有效地协调企业中各部门各层级员工的活动，使全体员工步调一致地为企业目标的实现而努力。

(2)调动员工的积极性。由于主观上的原因，或是客观条件的限制，企业中的员工不一定都能以持续的热情与信心努力去工作。因此，需要领导工作去激发他们的工作动机，从而让企业保持活力。企业对外需要信誉，对内需要士气，企业领导工作重要作用就表现在调动全体员工的积极性，使其以高昂的士气和最大的努力，自觉地为企业做出贡献。这是企业领导工作的核心任务。

(3)协调个人目标与企业目标。领导工作就是不断地帮助全体员工理解企业目标，让每个员工了解自己在企业中的作用，对企业所承担的责任，让其明白个人与企业是紧密地联系在一起的，而不是一个旁观者，从而使他们能够自觉地服从于企业目标。同时，领导者应该关心每一位员工，在实现企业目标的同时，尽可能满足员工的合理所求，从而使员工对企业产生自然的信赖感情，为加快实现企业目标更加勤奋自觉地工作。这种将个人目标与企业目标有机地结合起来，正是领导作用的体现。

总而言之，在企业管理中，领导工作的作用表现为充分调动全体员工的积极性和创造性，将员工的个人目标与企业经营目标有地结合在一起，形成人人为企业目标的实现而努力的生动活泼局面。

3. 领导工作的原理 同其他管理职能一样，领导工作也有规律可循。一般来说，可以概括如下：

(1)目标导向原理。使员工充分理解企业目标和自己的任务，是领导工作的重要组成部分。这一工作越有效，就越能使企业员工了解企业目标，明确自己的职责，从而为实现企业目标做出的贡献也越大。

(2)协调目标原理。个人目标若能与企业目标取得协调一致，人们的行为和企业所追求的目标就会趋向统一，从而更易于实现企业目标。

(3)命令一致性原理。主管人员在下达各种命令越是一致，员工在执行命令中发生的矛盾就会越小，领导与被领导双方对最终成果的责任感也就越大。

(4)直接管理原理。主管人员同下级直接接触越多，所掌握的各种情况就会越准确，从而领导工作就更加有效。

(5)沟通联络原理。主管人员与下级之间越是有效地、准确地、及时地沟通联络，整个企业就会成为一个真正的整体，从而增加企业组织的凝聚力。

(6)激励原理。主管人员越是能够了解下级的需求和愿望，并适时给予合理的满足，就越能调动下级的积极性，使之能为实现企业目标自觉做出贡献。

(四)控制职能

1. 控制工作的作用 企业是一个开放的动态系统，其生产经营活动受市场环境和内部条件所制约。企业各项计划和经营目标是在对未来市场预测的基础上制定的，而实际情况与预测不可能完全一致。因此，在执行计划过程中，不可避免地出现这种或那种偏离计划情况的发生，为了保证企业目标的实现或调整其目标，需要采取必要的措施，纠正偏差，这就是控制，见图 1-4。

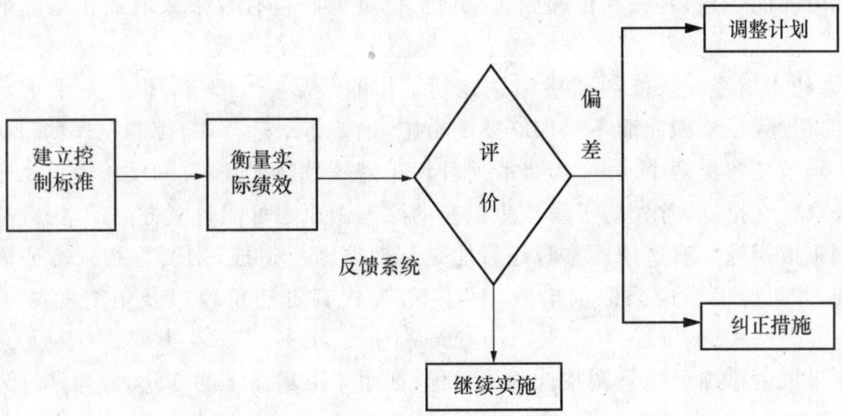

图 1-4　控制过程

要理解控制工作的作用，必须把它放在与计划工作的联系中加以说明。控制工作是指根据原定的计划标准，经常地对实际生产经营所取得的结果进行对照，以便及时发现偏差，查明原因，采取措施，加以调整，以保证计划目标的实现。如果说企业管理的计划只能是谋求一个一致完整的而又彼此衔接的计划方案，那么管理控制工作则使企业的生产、库存、质量、成本、营销和财务活动按计划进行。在多数情况下，控制工作既是一个管理过程的终结，又是一个新的管理过程的开始。控制的目的在于通过纠正措施，使企业稳步地实现预期目标。但是在更多的情况下，纠正措施可能涉及需要重新拟定目标，修订计划，调整组织机构，并对领导方式做出重大改变等。这实际上是开始了一个新的管理过程。从这个意义上讲，控制工作不仅是实现计划的保证，而且可以积极地影响计划。

必须明白，控制职能是每一位管理人员的基本职责。制定标准的工作可以由计划人员来做，收集信息、分析偏差和造成偏差的原因可以有财务人员、统计人员、销售人员来完成，或者由企业管理信息系统来自动生成，但是采取纠正措施的职责，必须有管理人员来完成，因为他们掌握着管理的职权，承担着实现企业目标和计划的主要责任。

2. 控制工作的原理　基本的控制过程分为 3 个步骤，即确立标准；根据标准评定活动成效；采取纠正措施。

(1)确立标准。管理控制过程的第一步就是确立具体标准。这里所说的标准，是指评定成效的尺度，它是从整个计划方案中选出对工作成效进行评价的关键指标。最理想的标准是以考核的目标作为标准，但更多的情况则是需要将某个计划目标分解为一系列的标准。例如，将利润目标分解为产量、销售额、制造成本、销售费用等。此外，工作程序以及各种定额也是一种标准。

作为控制标准不仅仅是计划指标，控制工作贯穿在企业各项活动中，既要包括对生产过程的控制，也包括对职能部门工作质量的控制。确立的控制标准，应当定量化，即使是定性的管理目标，也要尽可能利用一些间接地辅助指标使其量化。

(2)评定活动成效。如果有了合理的标准，又有能确切评定下属人员实际工作情况的手段，那么对实际执行情况进行评价就会容易得多。事实上，任何评定企业管理成效的问题，在确立标准时就已经部分地得到解决。也就是说，通过制定可考核的标准，同时也就将计量的单位、计算的方法、统计的口径等确定下来。因此，对于评定成效而言，主要问题是如何及时地收集适用的和可靠的信息，并将其传递到对某项工作负责而且有权来采取纠正措施的主管人员手中。

(3)采取纠正措施。采取纠正措施是控制工作的最后一个环节，也是一个重要的行动环节。因为如果仅仅了解偏差而不采取必要的措施，偏差将永远存在，控制工作的目标也就不能实现。这一环节要解决两个问题，即采取何种纠正措施，措施的制订和实施由谁来负责。

决定采取什么措施，首先要了解产生偏差的原因。原因可能是多方面的，因此应更具不同的原因分别采取措施。有些原因本身还可能是其他原因所造成，则要寻找根本原因。只有找到根本原因，才可能确定应采取的措施，对症下药，找到责任单位以及负责实施纠正措施的单位。

有时候采取的措施可能是调整计划或目标，如由于市场需求的变化，原生产计划已不能适应，此时就需要调整生产计划。有些措施可能涉及组织结构或人员的调整，或者实行新的管理办法，即所谓组织性措施。

3. 控制工作的类型　根据控制时机的不同可将控制工作分为3种类型：即事前控制、事中控制、事后控制。

(1)事前控制。事前控制是在事件发生前就采取措施，防止可能发生的与标准相比的偏差。做好事前控制可增大生产经营活动实际效果与计划相符的可能性。

企业在生产管理中的事前控制可以理解为在生产过程开始前的控制，其控制的内容是多方面的。例如原材料进厂时的质量检查，可以防止由于原材料不合格而在生产中形成大量废品；检查工艺装备的情况，可防止由于工艺装备的故障而影响生产等。

(2)事中控制。又叫现场控制，是对正在进行的工作的监督，保证按规定的计划执行。它是一种主要为一线管理人员所采用的控制方法。管理人员通过深入现场亲自监督检查、指导和控制下属人员的活动，它包括的内容有：向下级指示恰当的工作方法和工作过程；监督下级的工作以保证计划目标的实现；发现不合标准的偏差时，立即采取纠正措施。

在计划实施过程中，大量的管理控制工作，尤其是一线的管理控制工作，都是属于这一类型。因此，现场控制是控制工作的基础，一个主管人员的管理水平常常会通过这种工作表现出来。

(4)事后控制。事后控制与事中控制相比，是在工作告一段落后，将结果信息反馈到某一部门，与事先设定标准进行比较，并对产生的偏差原因进行分析，采取措施，使最后结果与规定的目标相一致。如产品质量检验是在一批零件加工完成以后送到质检部门进行，检验结果如发现有废品，则有质检部门通知生产部门，采取相关措施。

本章小结

本章重点介绍企业的概念及其分类、企业系统构成要素、企业的设立、变更及破产程序，对以公司为代表的现代企业基本制度进行概述，并对企业管理的基本职能计划、组织、领导和控制等进行概括性分析。通过本章学习，要求对企业、企业管理形成较为全面的基本认知，为后续各章学习和研究打下基础。

复习思考题

1. 什么是企业？它有哪些基本特征？
2. 简述企业分类标志及分类。
3. 企业系统基本构成要素有哪些？
4. 简述企业设立的基本方式。
5. 简述企业制度的基本内容。
6. 简述企业管理的基本职能。

【案例分析】柳传志演讲：怎样当一个好总裁①

联想的管理法则听上去非常简单，但实际贯彻起来却对管理者有着相当高的要求。

总裁在企业里一般都要做两件事，第一个是制定战略，并设计实行战略的战术步骤。第二是带好员工队伍，让你的队伍有能力按照这个战略目标去实施。这两件事做好了，企业就能向好处发展。但在做这两件事情之前，还有一件更重要的事要办，就是建班子。企业必须要有一个好的领导班子，否则你把事情布置下去之后，后面的人未必照你的意思去做。有了好的班子才能群策群力，同时对第一把手也就有了制约。没有一个好的班子就制定不了好的战略，就带不好队伍，所以领导班子实际上是第一位的。联想把以上这些总结为管理的3个要素：建班子，定战略和带队伍。

一、建班子

战略要靠班子来制定，队伍要靠班子来带，所以建班子是三要素中第一位的，班子不和，什么事都做不成。班子没建好有两种情况：第一种是"1+1<1"，就是一个班子做事还不如一把手一个人做好。主要原因是无原则纠纷和产生宗派。第二种是"1+1<2"，就是有了这个班子之后确实比你一个人强了，但是远没有达到它应该发挥的能力。这主要是班子成员的积极性没有完全调动起来。怎么才能调动起来？积极性太高了以后怎样防止互相碰撞？

如何防止班子产生宗派和无原则纠纷？

这并不难，核心就是解决第一把手是不是把企业的利益放在第一位的问题。如果你主动自律，严格要求自己，就可以非常光明磊落地把一切问题放在桌面上来谈，就可以对有可能产生宗派的苗头，有可能产生无原则纠纷的苗头大胆地批评。联想为了防止这种事情，采取了一些听起来很土的措施。例如我们不允许自己的子女进公司，以免形成一种管不了的力量。比如有一年春节家里人聚会，我一个姑姑就揶揄我，说她的孩子大学毕业之后想进联想还要考试，但是他们班的同学就是走后门进去的。我回去一了解，不但是，还有好几个。我发了火，逢会就讲，并进行了处理。

为了抑制无原则的纠纷，我们有一个规定，第一把手和第二把手或第三把手之间发生此类纠纷的时候，如果这个部门的工作业绩还可以，就无条件地调走第二把手，但对第一把手给予

① 案例源自柳传志在北大国际MBA高级经理班的演讲，引用时有删减。

警告——换了人再出现这种情况说明你一定有问题，要提出制裁。这样一个大家就会非常小心。

如何实现“1＋1＞2”？

第一必须让班子成员明白他和整个战局的关系，还要讲清这件事情做好会怎么样，做不好会有什么后果，这对他的积极性就有了初步的调动。第二是凭什么说你做好了或做坏了，凭什么给你这种奖励或惩罚。如果这是规定好的，不是人为临时定的，积极性就会得到更大程度的调动。第三是这个规则应是被承认的，是班子研究过的，这时积极性会得到更充分的调动。联想高层的班子是主发动机，下面各层的班子都是小发动机，而不是一些没有动力的齿轮。上上下下都在动，而且动得非常的协调，感觉就非常好了。

建班子的三大难题：

第一个是进了班子后不称职怎么把他请出去。解决这个难题要注意两点，一是班子里进来的所有人要德才兼备，以德为主。这个极其重要，否则你就很难理直气壮地把不称职的人请出去。高层领导的德，就是要以企业利益为最高利益。第二是话要放在桌面上讲。第一次他有事情做得不合适，就要对他提出批评。关着门两个人说也是放在桌面上讲，不能心里明白不跟他说。第二次说了还不能改就要公开批评。第三次再犯就撤换他。这样他还能有什么意见？话能不能放在桌面上讲，是一个班子团结和保持正气的关键。第一把手若真的把企业利益放在第一位了，就没有什么话不能公开说的。

第二个是重大问题有不同意见，两边的比例还差不多，怎么办？方法是先谈原则，第一把手先底下一个一个地谈话，不要谈具体的事，谈有关此事的最高原则。比如制定工资问题，要先谈定工资是为了什么，是为了某些人之间的公平，还是为了让企业更好地发展？到底哪个先哪个后？把大原则定下来以后，再一步步定小原则，再谈到具体问题，就好解决了。一把手用权要谨慎，当和下属意见不一致时，如果我对这个事也没把握，他很振振有词，那就照他的办，但事情办完后要进行总结。做好了我要回想一下当时我是怎么想的，他应该受到表扬。做不好他也要说个道理。如果把事想清楚了，认为真正对的事情，就下决心，不必多做讨论。如果几次事都做得很正确，大家今后就容易同意你了。我们公司里也有投票表决的制度，但还没用过，事情都是这么解决的，没有什么过不去的。

第三个是如何提高班子成员的素质。企业刚办，人员素质不高怎么办？这时第一把手注意要先集中后民主。就是我定规则大家做，取得别人的信任以后，逐渐提高素质，替换班子成员，一步一步实现由班子指挥。一把手工作方式有3种：指令性方式，指导性方式和参与性方式。到了指导性的时候，下面就都是发动机了。联想现在是处于指导性和指令性之间，要一步步来。如果你接手是一个大公司，文化背景，员工素质都很好，就不是这样了。

建班子的另一个重要点是：第一把手看重企业的长远利益，要长期办下去，所以要形成一种规则，形成一种议事的方法。美国花旗银行的董事长3年前跟我讲：“对我的考核应该是看我退休以后花旗银行的股票价值，如果我退休5年后还很好，才说明我做得不错。”这话对我有极大的启发，我马上要退休了，也应接受这个考核标准。

二、定战略

制定战略的实质是确定目标，然后是怎么达到这个目标，怎么分解它。中远期目标太远，我们要分阶段做。

联想有个五步法：

第一步是确定公司远景。我们自己提出的口号是:联想要成为长期的,有规模的高科技企业。短期行为的事我们不做,非高科技企业里的事我们不做——我是指现在联想的上市公司,而不是控股公司。

第二步是确定立中远期发展战略目标。公司目标的长短各有不同,我们认为现在的联想充其量只能制定5年的远景规划。因为计算机领域的一些核心技术还掌握在别人手里,我们只是跟风,制订不了更长的计划。

第三步是制定发展战略的总体路线。这是制定战略比较重要的部分,有很多具体步骤:①制定前的调查和分析。首先是外部的调查分析——世界和地区的政治,经济方面的调查分析,本行业的状况和前景的分析。②内部资源能力的审视,包括形成价值链各个环节的分析;核心业务流程的分析;核心竞争力的分析等。③竞争对手的分析和比较。分析竞争对手的战略,实际情况等等。调查分析之后就是制定路线。

第四步是确定当年的战略目标(总部和各子公司的),并分解成具体战略步骤操作实施。

第五步是检查调整,达到目标。

以联想制定并实现的1996年到2000年的5条路线为例,第一条是坚持信息产业领域内要多元化发展。我们定了一个长期发展的远景以后,首先要做的事情都是能使我们长本事的事情。1993—1995年,中国掀起来房地产的风潮,当时几乎所有的公司都往里钻。我们几次开会,分析以后认为坚决不能做这个事情。一次有可能做好,两次以后很可能栽下去了,除非对它进行了专门的研究,而我们主要研究的是高科技方面的事情。即使做一次挣了钱,但不长本事,干脆就不做这件事情。后来有几家中关村著名的大公司在房地产上栽了大跟头,引起了很多的矛盾,联想则避开了灾难。

第二条是国际国内同时发展,以国内市场为主。1993年中国的计算机行业受到了极大的冲击,几家老的计算机企业长城、浪潮、东海、联想被打得溃不成军,一塌糊涂。联想成立十几年来没有完不成任务的,那一年就没完成,我也急得大病一场,在医院住了3个月。这时候我们进行了认真的分析,到底中国的计算机能不能跟外国打这一仗,打不了干脆做代理。资金优势。管理优势、技术优势、人才优势全是人家的,我们的优势就是本土优势。于是我们重新整合了队伍把以前整个的架构打乱,研究怎么去体现这个优势,并选择了一个最有能力的年轻人杨元庆来担任这个部门的负责人。1994年以后,联想在计算机方面的营业额和产量基本上每年以100%的速度增长;到1996年开始占据中国第一位。中国大陆有这么大的保底市场,为什么不在中国打好这场国际战争呢?以国内市场为主的问题是2000年联想做到30亿美元,2005年的目标是100亿美元,中间这70亿美元用什么东西来填补呢?一是把某一个领域的产品做到精专、纵深,向世界性发展。二是拓宽本土市场。产品不仅是PC,还有接入端的其他设备,网络设备,然后从产品品牌发展到信息服务领域。

第三条是走贸、工、技的道路。这一条外边争议很大,我们受到了不少的批评,一些有科学背景的老院士认为我们不重视技术。其实我们是非不为也,实不能也。不做贸易怎么生存,哪有钱来发展?通过贸易我们还学会了市场推广,企业管理等。

第四条是积极发展产品技术,以此为基础逼近核心技术。掌握了核心技术,利润就不是3%、5%,像毛巾拧水一样了,目标就在对岸,但我们过不了河,所以我这个战略路线里面强调的全是一些造桥和过河的方法。

第五条就是以充分利用股市集资作为实现2000年中期目标的融资手段。

制定了5条路线，接下来就是实施步骤。就是把长期目标分拆成今年要定什么目标，这个季度要定什么目标，为了实现这个目标要做哪些铺垫工作。1996年联想翻身，PC机连续4次大幅度降价，远远甩开了国外的企业，抢占了市场份额，变成了中国市场价格的领导，我们选了价格作为突破口，是因为其他方面很难超过别人。电脑最主要的成本是在几个重要部件上——CPU、硬盘、存储器。由于技术的不断发展，这三块每年都会大幅度降价，联想1995年大亏，实际上也是库存积压的问题。我们详细分析了影响库存的原因，研究怎么缩短订货周期、生产周期，怎么使得销售流畅，怎么扩大市场；把这些一个一个进行演练，演练成功了就对外宣布降价。战术步骤是要进行演习的。

调整更重要，很少有定的目标一下就能达到的，一定要调整。我们在制定战略的时候，前面好像是草地、泥潭、要小心翼翼、反复琢磨、仔细观察，然后轻手轻脚地在上面走。走实了，是黄土地了，撒腿就跑。制定的过程是非常小心的过程。动起来要快，调整是动起来以后的事。

联想的战略总则是"以稳为主，稳中求快"。这是我的性格特点和我下面用的人的性格特点决定的，不一定其他公司也这样办。大胆创新完全是可以的，我是想办长期性的公司，一次冒险能过，以后还能过吗？一开始我是很冒险的，后来变成了这样一个风格，不一定是好的风格，但我们是这样做的。

三、带队伍

带队伍要做好3件事：一是如何充分调动员工的积极性；二是如何提高员工能力；三是如何使机器有序、协调、效率高，这些就是组织，架构和规章制度要解决的事。

说到做到，要从规章制度上体现出来。联想以前有一个天条，就是不许谋取额外利益，为此我们进行了坚决斗争，使得公司保持了一个良好的风气。从1990年到现在共有5个年轻人被送到了检察院。几万块钱算什么？但在联想就是不行，发现了就要往检察院送。送去之后的第二件事就是尽力帮他减刑，因为法律规定贪污几万就是好几年，我们也可惜。联想还有一个小的规定，就是开会迟到要罚站。你迟到了，就站一分钟，所有人把会停下来，像默哀一样，非常难受。不管什么原因，请假除外。难度在于怎么把这个规定保持了这么多年。这是1989年制定的，头一次罚站的是我的一个老上级，但还是让他站了一分钟。我自己也被罚了3次，才3次，是很了不起了，我参加了那么多会议，天灾人祸的事情很多。

激励方面的核心是把员工的发展方向和追求与企业的目标融合在一起，这是我们最高的愿望。如果大家没有一个共同的利益，每个人都以己为本，就不成一个企业了。这一点我们叫入模子，不管是什么样的人进入到联想，都要熔化在这个模子里。你可以改造这个模子，比如说我们有些地方做得不好，大家提了以后我们可以修改，但进来之后就要按这个做。

最后就是领军人物和骨干队伍的培养，这是最重要的。第一把手有点像阿拉伯数字的"1"，后面跟一个0就是10，跟两个0就是100，三个0就是1 000。这些"0"虽然也很重要，但没有前面的"1"就什么都没有。我们对领军人物有"德""才"两点要求。"德"就是要把企业的利益放在最高地位；"才"就是一定是个学习型的人。要善于总结，善于学习，善于把理论的东西拿去实践，善于把实践加以总结。企业里有的人工作积极性很高，但却没法重用，因为他总是把自己做的八分事看成十分，把别人做的八分事看成六分，这也是不善于总结。企业要不停地开各种研讨会，办各种各样的沙龙，让大家总结出规律性的东西，这一点极其重要。联想经常开这种研讨会，定下一个主讲人，而后小组讨论，每个小组都要派人上来讲对问题的看法。

最后作一个总结，做总裁第一要知道企业管理，企业外部环境总体是怎么回事，粗细都要能够讲清楚，粗了1小时，甚至5分钟就能谈出来，细了能谈一天，能写一本书。第二是你自己和你手下的人是什么样的要清楚。第三是要明白你想要什么样的人做这些事，这些人够不够格，理想的人选是什么样的。第四是怎么培养这样的人。明白事，明白人，明白怎么把你身边的人变成这样的人，差不多就是个好总裁了。

思考题：结合实际，谈谈如何领导好一个企业？

第二章　企业文化与企业社会责任

【引例】华为的企业文化

中国华为公司经过艰苦创业，建立了良好的组织体系和技术网络，市场覆盖全球。在企业发展过程中，华为一直坚持以"爱祖国、爱人民、爱公司"为主导的企业文化，作为全球通信产业巨头之一，华为不仅在经济领域取得了巨大发展，而且形成了强有力的企业文化：①坚持民族文化、政治文化企业化。华为人认为，企业文化离不开民族文化与政治文化，华为把实现先辈的繁荣梦想，民族的振兴希望，时代的革新精神，作为华为人义不容辞的责任，铸造华为人的品格。坚持宏伟抱负的牵引原则、实事求是的科学原则和艰苦奋斗的工作原则，使政治文化、经济文化、民族文化与企业文化融为一体。②坚持双重利益驱动。华为人坚持为祖国昌盛、为民族振兴、为家庭幸福而努力奋斗的双重利益驱动原则。③坚持同甘共苦、荣辱与共。团结协作、集体奋斗是华为企业文化之魂。成功是集体努力的结果，失败是集体的责任，不将成绩归于个人，也不把失败视为个人的责任，一切都由集体来共担。

第一节　企业文化

一、企业文化的兴起

企业文化作为一种新的企业管理理论，其产生背景主要来自战后日本企业的迅速崛起和美国管理学界的深刻反思。通过美日两国的典型企业案例的对比研究，美国企业管理学者发现两国企业发展的差距主要体现在管理理念及管理方式上的差异，其实质则是反映了两种不同类型的企业文化上的差异。美国企业一直尊崇有加的是理性主义管理模式，在企业管理中强调"硬"的方面，即注重指标、定额、制度等明确的控制手段来实施科学、理性的管理，强调企业生产中的设备、技术等"硬件"，强调管理行为中明确、直接、简洁、量化的一面，以物质装备和生产技术决定一切，而对企业中生产的主体——人的作用并没有放到重要位置。日本企业则不但注重上述这些"硬"的方面，而且尤为注重企业管理中那些"软"的方面，特别重视人在企业生产中的作用。在各种管理行为的实施中，注重协调企业中的人际关系，建立为本企业全体员工所共同接受的价值观念，强化企业文化对职工的凝聚力。日本企业努力在企业中培育一种富有感情色彩的文化氛围，将企业的每一位成员，都作为有思想、有感情的人来看待，尊重其人格，充分发挥人的创造力，增强每个成员为实现企业目标而需要通力合作精神，使企业的每一成员感受到一种精神支柱的存在，一种文化氛围的存在，从而在思想上、行为规范上都归属企业，自觉为企业做出自己的贡献。

日本企业取得成功经验的深层原因在于日本企业在管理实践中打破西方单纯注重理性的管理理论模式，把企业作为一个文化实体实施管理，在于其在借助欧美发达国家先进管理理论的基础上，紧密联系本国实际，着力实现管理创新，逐渐形成了自己独有的以人为中心、以文化为导向的企业文化。其正因为如此，美国学者开始纷纷关注日本管理模式，研究企业文化现象。1979年,美国学者埃兹拉·沃尔格出版《日本名列第一》一书,紧接着1981—1982年美国管理界连续出版了专门研究企业文化的论著:《Z理论——美国企业怎样迎接日本的挑战》、《日本企业管理艺术》、《企业文化——现代企业的精神支柱》、《成功之路——美国最佳管理企业的经验》。这4部著作以其崭新的思想、独到的见解、精辟的论述和丰富的例证,令人信服地提出企业文化这一理论体系,标志着企业文化理论的诞生,开启了企业管理理论的一个新阶段。

企业文化理论的出现有其历史的必然性:一是由于生产力的迅速发展,信息技术的普及应用,企业的管理规则也发生了深刻变化,劳动工具的变化要求管理思想观念的更新;二是人的智力因素对经济发展的贡献比重快速增加,脑力劳动者人数迅猛增长,相应地,企业管理者也不能再把这些高素质的员工视作机器,而是要给员工以感情尊重、理智尊重;三是随着生活水平和质量的提高,人的需求满足层次不断提升,企业必须适应这一新情况,从而制定出适合现代人生活方式的管理方法,这一点与“社会人”在管理界的提出有相同的现实基础;四是竞争加剧,企业为了在竞争中取胜,在提高劳动效率的同时,员工的生产积极性与创造性在劳动中显得越来越重要,企业必须提出符合需要的价值观念,如创新、服务、信誉等;五是企业规模的扩大、跨国公司的出现,成千上万的员工,甚至来自不同国家、不同民族的人在一个公司工作,需要统一思想、统一观念、统一行为。

二、企业文化的定义

关于企业文化,国内外学者有各种不同定义,但从各种解释中可以发现,对于企业文化的内涵,就其主要内容来看,大家都认可在企业的生产经营管理中,存在着大量的非经济因素,亦即文化因素。作为企业经营管理者,应该不仅仅限于采用传统的经济手段和技术性的措施来实施企业管理,还要注重用文化的手段来建立一种全新的管理模式。例如用优秀的价值观来指导员工的行为,用独具特色的经营理念来弘扬企业的宗旨,用良好的行为规范来保持企业的运行秩序,用全新的企业形象来提高企业的知名度和市场占有率,等等。

结合企业文化的各种定义,我们认为企业文化是企业在长期的生产经营实践中,所创造的和逐步形成的,并为企业全体员工所认同和遵循的,具有本企业特色的精神和某些物化的精神。它包括价值观念、经营理念、企业精神、行为准则,以及蕴含在企业制度、企业形象、企业产品之中的文化特色。

理解企业文化需要注意以下几个方面:

第一,企业文化必定具有时代背景和多样化特点。企业文化是一种管理实践。管理学家彼得·德鲁克明确指出:“管理,应以文化为基础。”管理虽然是一门系统化的学科体系,但它并非一种超乎价值的科学,作为一种社会职能,它需要根植于一种社会文化,一种价值传统,一种社会制度之中。在不同的年代、不同的国家、不同的企业中,管理具备不同的观念和风格。

第二,企业文化须要有达成共识的要素。文化是合作的产物,企业新提出的东西,如果没有达成共识,就不能称之为文化,只能说是将来有可能成为文化的文化种子。企业文化代表企业共同的价值判断和价值取向,即多数员工的共识。

第三,企业文化是一种重视人、以人为中心的企业管理方式。它彻底摒弃那种忽视人、以物为中心的企业管理方式,强调要把企业建成一种人人都具有社会使命感和责任感的命运共同体。

三、企业文化的特征

(一)历史性

历史性是一切社会事物的最基本属性之一。企业在一定的时空条件下产生、生存与发展,企业的各种现象本身就是当时社会政治、经济、文化的折射或反映。同时,企业本身也是创造历史的重要载体。经济基础决定上层建筑,企业的经营与政治活动、文化现象的联系千丝万缕,挥之不去。可以说,企业文化是历史的产物,必定带有历史的烙印,折射出大到一个时代,一个国家的一定时期,或者一个民族、一个地域,小到一个地方区域的经济与文化特征。反过来,企业文化一旦形成,也在改造着企业所处的环境,因为企业毕竟是走在时代前列的社会生活中最活跃的社会组织,信息交融与思想变革首先从企业发生。

(二)人本性

企业文化关注的核心,在于对企业中人的因素的管理与激发,虽然如此做的终极目标在于企业价值的顺利实现,但这并不妨碍企业以开发人的潜能为切入点的管理模式为企业带来的巨大张力。当最基本的生存需求得到满足,人们需要满足交流的需要、给予的需要、被尊重的需要、个人价值实现的需要,等等。一个人一生中最宝贵、历时最长的时间与空间都是用于职业生涯的,所以,企业的成长与发展需求与个人的成长与发展需求在企业文化这个层面达到了完美的契合。企业文化是一种以人为本的文化,着力于以文化因素去挖掘企业的潜力,尊重和重视人的因素在企业发展中的作用。企业文化是一种以人为本的文化,最本质的内容,就是强调人的理想、道德、价值观、行为规范在企业管理中的核心作用,强调在企业管理中要理解人,尊重人,关心人。注重人的全面发展,用愿景鼓舞人,用精神凝聚人,用机制激励人,用环境培育人。

(三)动态性

一个企业的企业文化一旦形成,就具有在一定时期之内的相对稳定性。但随着企业的发展以及企业生存环境的变化,企业文化也会随之发生改变。一个优秀企业的文化体系建成之后,应该显示其对外部因素以及新生文化因子强大的吸收力,形成动态开放的系统。伴随着企业经营管理实践的发展以及企业内外部环境的变化,必然会引起企业观念的更新充实,从而推动企业文化的变革、创新和发展。创新既是时代的呼唤,又是企业文化自身的内在要求。优秀的企业文化往往在继承中创新,随着企业环境和国内外市场的变化而改革发展,引导大家追求卓越,追求成效,追求创新。

(四)非强制性

企业文化强调文化上的认同,强调人的自主意识和自觉性,运用信念、精神和道德等无形力量,在员工心目中建立起非强制性的自我约束的思想、心理界限,在尊重个人的情感的基础上,引导人们为实现组织共同价值观念进行自我控制、自我约束,这是一种强有力的无形控制和内化控制。可见,企业文化与传统管理对人的调节方式不同,传统管理主要是外在的、硬性的制度调节,企业文化主要是内在的文化自律与软性的文化引导。

（五）有机性

企业文化是一个整体有机系统，企业文化的各个构成要素以一定的结构形式排列，各个要素相对独立，各司其职。同时，企业文化又是一个系统工程，是一个严密有序的有机结合体，由企业内互相联相联系、互相依赖、互相作用的不同层次、不同部分结合而成。企业文化既然以企业价值实现为最终目标，那么就不可能不涉及企业的战略规划；既然以人为本，那么就不可能不涉及人力资源开发；既然是一种管理方法，那么就不可能不涉及企业的管理制度……可以说，企业文化今天之所以被管理界推崇备至，与它的广泛渗透性是直接关联的。

第二节 企业文化的内容与功能

一、企业文化的内容

从企业文化的内容结构来看，企业文化可分为显性和隐形两大类。所谓显性文化，是指那些以精神的物化产品和精神性行为为表现形式的，人们通过直观的视觉器官能够感受到的，又符合企业文化实质的内容。它包括视觉文化（标识文化）、行为文化等。所谓隐性文化，是指隐藏在显性内容背后，直接表现为精神活动，直接具有文化特质，直接影响企业的生产经营管理的精神文化。

从企业文化的层次结构来看，企业文化内容又可分为表层文化、中层文化和深层文化。如图 2-1 所示。

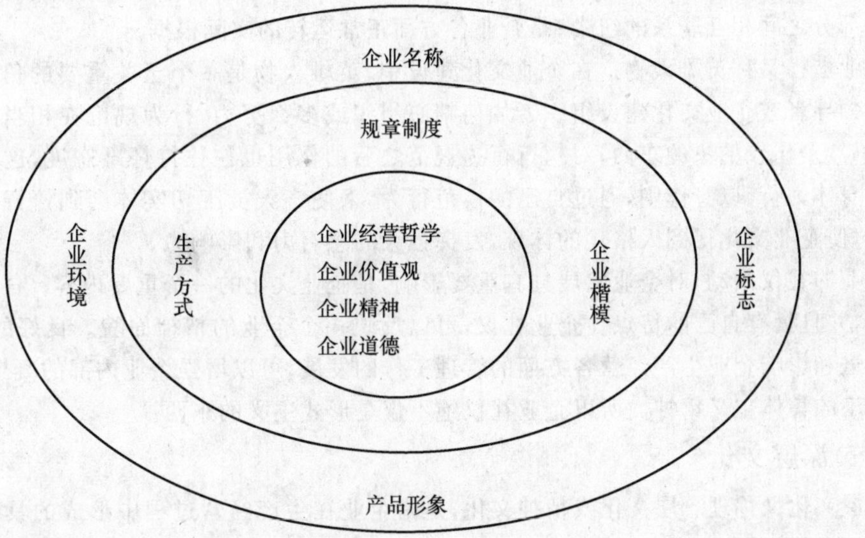

图 2-1 企业文化的内容

（一）表层文化

表层文化又称物质层文化，这是一种以物质为基本形态的显示在表层的企业文化。它将企业所创造的文化品位、文化理念，通过企业的物质设施和产品的造型、商标、包装等表达出来，以其直观形象，而被人们所感知。这种视觉文化往往会让人产生“首因效应”，成为社会公众对一个企业进行总体评价的起点和首要因素。视觉，是人们获取外部信息的主要渠道，研究表明，人们接受外界刺激所获得的信息83%来自视觉器官，而且视觉器官所归集的信息，在人的记忆库中具有较高的回忆值。

这种视觉文化对一个企业来说，是通过一个完整的有机显示系统来表达的，主要包括企业的名称、企业的标志、产品的包装、建筑装饰和企业的环境等。

（二）中层文化

中层文化，又称行为层文化或制度层文化。它是指在一个企业中，从高层领导到一线工人，其言行举止中所包含、所反映的企业为文化内涵；从企业的生产、经营等集体行为，到职工个人行为所反映的文化特质；企业为了保证实现目标和良好行为而形成的制度与规范等。企业制度是个显在的文化元素，它不仅包括企业内的硬性规定，同时还包括员工们在实际工作中养成的行为习惯、方式、准则等等固定化的行为模式。文化，直接影响着人的行为规范，每个人在社会中生存和活动，都必须使自己的行为符合社会规范，获得其所处环境的文化认同。企业行为文化所包括的主要内容有：规章制度、企业楷模、礼仪活动等。

规章制度是指企业内部管理的标准化、专业化和规范化的制度与实践，以及通过严格的规章制度保证命令的严肃性，即绝对服从和行为的严格规范。制度问题带有根本性、全局性、稳定性和长期性特点。一个企业的经营宗旨、管理风格、目标追求等，都需要制度来加以保证，而在众多的制度背后，往往不难发现该企业的文化风格。企业文化对员工行为的导向和制约作用，主要也是通过制度和行为规范来体现的。制度是实现企业经营目标的根本保障；是调节企业内部各种关系的基本准则；是组织企业生产经营，规范企业行为的基本程序和方法；是企业内部各部分之间相互联系的纽带；是企业各方面正常运转的实际根据。

企业楷模又称英雄人物。在企业文化建设中，英雄人物是一个至关重要的角色。因为无论企业领导者或企业文化建设组织者如何精心组织或多么努力，行为规范在相当一部分员工看来，仍然是比较抽象的东西，对执行行为规范之后的作用也往往持怀疑态度，这时就需要英雄人物身体力行、以身作则，通过自己的模范行为，来使广大员工切实体会到执行行为规范的重要性，使企业文化得到人格化的体现，发挥强大的感召力和影响力。

企业的礼仪活动，对企业发展具有重要影响，是企业文化的一个重要内容。任何企业都有其礼仪，并且具有自己的特点。企业礼仪，可以反映一个企业的精神面貌。良好的企业礼仪，可以促进和影响企业生产经营各方面的管理工作的发展，可以增强企业内部的凝聚力，还可以增强员工的集体主义精神。所以企业礼仪绝不仅是形式主义的东西。

（三）深层文化

深层文化又称理念层文化或精神文化，是指企业在生产经营过程中形成的具有企业特征的文化观念和意识形态，是企业文化的精髓。企业精神文化位于企业文化系统的核心，是企业文化建设的灵魂，影响和决定企业文化的导向和发展。企业精神文化源于企业长期的生产经营活动和文化学习之中，深深地植根于企业员工的心里，以特定的价值取向规范了企业以及员工对行为意义上的认识体系，以共同的价值观和理想信念凝聚了企业员工认同的群体意识。大凡成功的企业，无不具有优秀的企业精神文化。

企业精神文化主要包括企业经营哲学、企业价值观、企业精神、企业道德等。

企业经营哲学，是指企业在生产经营活动中提升的世界观和方法论，是企业在处理内部和外部关系中形成的意识形态和文化现象，它是指导企业行为的基础。一个企业在激烈的市场竞争环境中，面临着各种矛盾和多种选择，要求企业有一个科学的世界观和方法论来决定自己的行为。企业经营哲学往往反映在企业的愿景和经营宗旨之中，其主要功能是决定企业生产经营的行为导向，确定企业自身在社会中的地位和使命，引导和激励企业全体员工为企业的共同目标共同奋斗。正如美国管理学界所指出的，企业经营哲学与企业经营的因果关系，就像火车头与车厢一样，企业经营哲学在企业文化中所占比例不多，却是推动这列火车前进的动力。因此，企业经营哲学对企业经营有至关重要的作用。

企业的价值观，是指企业员工对企业存在的意义、经营目的、经营宗旨的价值评价和为之追求的群体意识，是企业全体职工共同的价值准则。每个企业都有自己的价值追求，价值观念决定着企业的追求行为。只有在共同的价值准则基础上才能产生企业正确的价值目标。有了正确的价值目标才会有奋力追求价值目标的行为，企业才有希望。因此，企业价值观决定着员工行为的取向，关系企业的生死存亡。

企业精神是指企业基于自身特定的性质、任务、宗旨、时代要求和发展方向，并经过精心培养而形成的企业员工的精神风貌。企业价值观是企业精神的思想基础，企业精神则是企业价值观的直接体现。企业精神要通过企业全体职工有意识的实践活动体现出来。因此，它又是企业职工观念意识和进取心理的外化。企业精神通常用一些既富于哲理，又简洁明快的语言予以表达，便于职工铭记在心，时刻用于激励自己，也便于对外宣传，容易在人们脑海里形成印象，从而在社会上形成个性鲜明的企业形象。如王府井百货大楼的“一团火”精神，就是用大楼人的光和热去照亮、温暖每一颗心，其实质就是奉献服务。

企业道德是指调整该企业与其他企业之间、企业与消费者之间、企业内部职工之间关系的行为规范的总和。它是从伦理关系的角度，以善与恶、公与私、荣与辱、诚实与虚伪等道德范畴为标准来评价和规范企业。企业必须以德生存和发展，企业道德是企业生产中必须共同遵守的道德准则和伦理规范体系，它与法律规范和制度规范不同，不具有那样的强制性和约束力，但具有积极的示范效应和强烈的感染力，当被人们认可和接受后具有自我约束的力量。因此，它具有更广泛的适应性，是约束企业和职工行为的重要手段。中国老字号同仁堂药店之所以300多年长盛不衰，在于它把中华民族优秀的传统美德融于企业的生产经营过程之中，形成了具有行业特色的职业道德，即“济世养身、精益求精、童叟无欺、一视同仁”。

二、企业文化的构成要素

(一)经营目标与和价值观

企业的价值观是在多年的经营活动中逐步形成的，当企业的价值观一旦形成后，员工们就将其直接体现在自己的具体行动中，成为他们自身价值体系的一部分。

(二)文化礼仪和仪式

礼仪和仪式是组织文化的重要表征，是指构成一个特别事件并经常以有益于观众的形式运作的精心设计、周详计划的活动。这些活动是强化特定的价值观、分享重要的理念、在人与人之间建立一条纽带，塑造并祝贺那些使重要信念和行为具体化的英雄们的特殊机会。经常在企业中使用的仪式有4种类型。如表2-1所示。

表 2-1 企业礼仪的类型及其社会效果

礼仪类型	实例	预期效果
进阶	入职及基本训练	社会角色和地位的转化
增进	年终颁奖晚会	增加社会认同感
复兴	企业发展活动	改善组织功能
整合	春节晚会	产生对企业的认同感

(三)英雄人物

作为企业的杰出代表,英雄人物被赋予了超乎常人的经营智慧和能力,成为企业文化的旗帜,其一举一动、思想行为乃至语言被企业信奉为至理名言,其本人也被赋予了企业行动的评判,具有裁决他人行动的权威。

(四)故事

每个企业都有自己的故事。故事的内容大多是与企业的创业者、重大经营事件联系在一起的。通过适当的故事表达可以起到一般思想工作所无法取代的作用,同时也可以为贯彻企业有关措施提供一定的解释和支持。

(五)语言

语言作为企业文化的一个载体,不同于一般意义上的交流语言。指的是企业内部广泛存在的各种隐语、口号、标语和其他特殊用语等。这些语言,既可以口头相传,也可见诸书面材料。大多数具有强势文化的企业,都有很多富有特色的语言。

三、企业文化的功能

研究企业文化的美国学者在《寻求优势》一书中指出:“一个伟大的组织能够长久生存下来,最主要的条件并非结构形式或管理技能,而是我们称之为信念的那种精神力量,以及这种信念对于组织全体成员所具有的感召力。”企业文化就是建立在这些精神力量的基础之上。企业文化作为一种独特的文化力,是无形的,又是能动的,在企业生产经营活动中所产生的影响力较之于技术、市场、产品更深刻、更全面、更持久。概括地说,企业文化在企业生产经营活动中的主要功能有以下几个方面:

(一)导向功能

企业文化价值导向功能是指企业文化能将企业员工的价值取向以及行为取向引导到实现企业所确定的目标上来。企业目标代表着企业发展的方向,没有正确的目标就等于迷失了方向。优秀的企业文化会引导企业从实际出发,以科学的态度去制定企业的发展方向和目标,这种目标一定具有可行性和科学性。企业员工就是在这一目标的指导下从事生产经营活动。

企业文化的导向功能,与传统管理中单纯强调硬性的纪律或制度有所不同,它强调通过企业文化的塑造来引导企业员工的行为,使员工在一种文化的潜移默化中接受共同的价值观念,调整自己的原有价值和行为取向,自觉地把企业目标与个人目标有机地结合起来,实现企业目标和个人目标的双向最大化。

（二）激励功能

企业文化的激励功能是指激发和调动员工的主动性、积极性、创造性，确保企业目标实现的心理引导过程，是企业文化所具有的使企业员工内心产生一种高昂情绪和发奋进取精神的效应。它主要是通过员工对企业文化的认同，激励员工自觉为企业做出奉献。企业文化的核心内容是尊重人，以人为本，在这种尊重人、重视人的价值观指导下的企业文化氛围中，人们受到的激励是传统激励方法所不能比拟的。

从管理心理学来看，影响人的行为和效率的心理因素，主要是动机、需要、态度、情绪和情感等，其中人的物质和精神需要是最重要的因素。人的需要是多层次的，理想、信念等才是人的最高层次需要。倡导和建设企业文化的过程，正是帮助企业员工寻求工作价值和意义，建立行为的社会动机和文化动机，从而全方位调动积极性的过程。与此同时，企业文化能够在员工的心理行为中持久发挥作用，可以避免传统激励方法所引起的各种企业行为的短期化和非集体主义性的不良后果，使企业的行为趋向合理，使员工的行为和企业要求相一致。

（三）约束功能

企业文化的约束功能是指企业文化对员工的思想和行为具有约束和规范的作用，企业文化的约束功能主要是通过制度文化和道德规范而发生作用的。企业文化建设既要经过长期的培育，形成一些成文的规章制度，并为广大员工认同为“硬性”约束；又要更加强调的是不成文的“软约束”，即靠一种传统、一种风气、一种环境来规范员工的行为，通过员工的思想和行为起到来自心理的、自我约束的控制作用。

企业为了进行正常的生产经营管理，必须制定出一系列的管理制度，这些制度虽然是企业最基本的价值观和行为规范的一种反映，但由于它所涉及的方面毕竟有限，而且一旦形成制度以后，就很难随时修改，因而便很少能顾及人的复杂的实际情况和多种需要，很难焕发出企业员工的主动性和积极性。因此，企业文化更注重企业管理中的精神、价值、传统等“软性”因素，注重用这些因素来对员工行为进行“软约束”。

（四）凝聚功能

企业文化的凝聚功能是指当一种文化价值观被员工认同之后，就会成为一种黏合剂，将企业员工紧密地团结起来，使他们目标明确协调一致，从而产生一种巨大的向心力和凝聚力。企业文化的核心部分是企业全体员工共同创造的一种精神文化，它包括的价值观、企业精神、群体意识、道德规范、行为准则等内容，应该说与企业和员工的前途和命运息息相关，因而对企业员工形成一种强大的吸引力，使员工在认同本企业文化之后，乐于发挥自己的聪明才智，为企业的发展贡献自己的力量。

现代系统论指出，组织起来的集体具有比分散的个体之和大得多的力量，即整体大于部分之和。通过企业文化建设，可以充分发挥系统优势，增强企业的凝聚力和向心力。企业文化是以人为主体的，也就是强调尊重人、爱护人、关心人。这样就自认会使企业员工对自己企业的生存和发展具有强烈的责任感和使命感，自觉地将自己的思想、情感、行为与整个企业的前途命运联系在一起，为企业尽责尽力，使企业最大限度地发挥出整体功能。

（五）辐射功能

企业文化具有很强的辐射功能。这种辐射体现在两个方面：一是对企业内部的辐射。企业的价值观念体系、经营管理模式无时无刻不影响着企业员工的行为，无论是领导的变动或是员工的更替，都难以消除企业文化的固有力量所产生的影响。二是对企业外部的辐射。从中外企业成功的案例来看，一个企业的文化一旦形成较为固定的模式，一旦各方面都较为成熟，不仅对本企业产生深刻影响，而且也会通过各种渠道，传播到企业的外部，对企业所在社区、行业乃至社会产生一定的影响。企业文化会通过其产品、服务、人员的行为等多种渠道给社会公众产生影响

企业文化对内对外辐射的过程，其实也是企业塑造形象的过程。一个文化建设很好的企业，必然在通过向外界辐射的过程中树立起企业在社会公众中的良好形象，给社会公众留下美好印象。

企业文化的多项功能，彼此并非互不影响而独立地发挥作用，而是同时、综合地在发挥其功效。企业文化的多种功能结合在一起就会产生巨大的社会力量，优秀的企业文化通过综合发挥作用就会使企业再生产、流通、研发等多方面提高水平，提高企业的综合竞争力，使企业在竞争日趋激烈的环境中立于不败之地。

第三节　企业文化建设

企业文化建设是企业所进行的一种有目的、有计划地培育具有自己特色的企业文化的活动和过程。具体来说，就是挖掘、提炼一套符合企业实际、有利于企业生存和发展的价值观系统，并在企业内部采用各种行之有效的途径和方法，使这一系统得到企业员工的认同和接受，形成企业共有的价值观，并成为全体员工的行为准则和价值判断标准。

一、企业文化建设的影响因素

企业文化建设的影响因素如表 2-2 所示。

表 2-2　企业文化建设的影响因素

影响因素	基本内容
民族文化因素	处于亚文化地位的企业文化植根于民族文化的土壤中，使得企业的价值观念、行为准则、道德规范等无不不打上民族文化的深深烙印
制度文化因素	包括政治制度和经济制度。所有企业都必须重视充分发挥社会主义制度的优势，建立具有中国特色的企业文化
外来文化因素	引进技术和资金，同时会带来文化的交流与渗透，经受外来文化影响。企业要有选择地加以吸收、消化有利因素，警惕、拒绝或抵制不利的文化因素
企业传统因素	企业文化的形成过程也是企业传统的发育过程，企业文化的发展过程在很大程度上就是企业传统去粗取精、扬善抑恶的过程。因此，企业传统是形成企业文化的重要因素
个人文化因素	企业文化是企业全体员工在长期的生产经营活动中培育形成并共同遵守的最高目标、价值标准、基本信念及行为规范，因此企业员工队伍的思想素质、文化素质和技术素质直接影响和制约着企业文化的层次和水平
行业文化因素	各个行业在管理模式和要求上存在很大差异，企业文化也必然有差异

续表2-2

影响因素	基本内容
企业发展阶段因素	企业处于不同的发展阶段，决定了它的不同特点，进而影响到企业文化。企业从导入期、成长期，发展到成熟期，再到衰退期，便完成了一个循环过程。在这个过程中，企业会积累一些优秀的文化传统，也会不断摒弃一些不良风气
地域文化因素	地域性差异客观存在，无论国家与国家，还是同一国家的不同地区，都存在很大差异；由于不同地域有着不同的地理、历史、政治、经济和人文环境，必然产生文化差异

二、企业文化建设的基本原则

优秀的企业文化建设，可以为企业的长远发展提供精神动力的支持，不断提升企业软实力，增强企业的竞争力。而企业文化建设是一个因时间、空间、所属行业以及企业自身条件而异的纷繁复杂的系统工程。要建设好企业文化，应当遵循以下基本原则：

（一）时代性原则

时代性是一切社会事物的基本属性，任何企业都是在特定的时空条件下产生、生存和发展的，可以说，企业文化建设，必定带有时代的烙印，优秀的企业文化是对时代的客观反映和真实体现。时代文化是企业文化产生和存在的一个重要前提，它对企业文化有着根本的影响。很难想象在落后的商品条件下，能够产生高度发达的市场经济条件下才能产生的企业文化。同样，也只有正确地反映时代的企业文化，才能正确地指导企业的经营活动，引导企业与时俱进地向前发展。

（二）人本性原则

文化以人群为载体，人是文化生成的第一要素。企业文化中的人不仅仅是指企业家、管理者，应该包括企业的全体职工。企业文化建设中要强调关心人、尊重人、理解人和信任人。企业团体意识的形成，首先是企业的全体成员有共同的价值观念，有一致的奋斗目标，才能形成向心力，才能成为一个具有战斗力的整体。

（三）独特性原则

特色是企业文化建设的本质所在。文化本来就是在本身组织发展的历史过程中形成的。每个企业都有自己的历史传统和经营特点，企业文化建设要充分利用这一点，建设具有自己特色的文化，使自己的文化具备独特性、难以模仿性和不可替代性，只有这样才能在企业之林中独树一帜，才有竞争的优势。

（四）继承性原则

企业文化建设一方面应该是在传统文化的基础上进行增值开发，否则企业文化就会失去存在的基础，也就没有生命力。增值开发就是对传统文化进行借鉴，去其糟粕，取其精华。一个优秀的企业在建设自己的企业文化时，总是十分重视利用传统的优秀文化元素。另一方面企业文化建设必须从世界优秀文化中吸取营养，一个优秀企业应当具有国际视野和战略眼光。

（五）创新性原则

创新可以为企业文化注入活力，提升企业文化建设水平。要通过创新企业文化，促进企业不断发展。企业文化创新的关键是对企业旧的经营哲学、管理理念等进行创新，让企业文化建设迈上一个新台阶，作为市场竞争主体，企业应具备与现代市场经济相适应的能力，企业文化建设也应反映市场经济不断变化的新要求，适应经济发展的新常态。市场竞争形成了新的竞争理念和模式，在企业文化建设过程中，必须充分理解这种理念和模式，以确保企业持续健康发展。

三、企业文化建设的内容

（一）企业精神文化的设计

企业文化建设的核心是企业精神文化的设计，也就是理念层的设计，制度层和物质层需要依据理念层的指导。

1. 核心价值观设计 企业核心价值观也称共同信念或信仰，它是大家都认同的对人、对事、对物的价值判断标准。美国的管理学家彼得斯和沃特曼指出："我们研究的所有优秀公司都很清楚它们主张什么，它们所要建立和要形成的便是一种企业价值标准。"企业价值观可以是一条，也可以是一个谱系。有些企业把价值观表达成"××观"，如"义利观"、"学习观"等。学习型组织是未来组织的发展方向，企业只有不断创新，才能在市场竞争中处于不败地位，在企业价值观设计中，需要表达在未来竞争中的这种素质要求，因此，许多企业把"强学力行"作为企业的核心价值观。

【知识链接】2-1 学习型组织

学习型组织（learning organization），美国学者彼得·圣吉（Peter M. Senge）在《第五项修炼》一书中提出此管理观念，企业应建立学习型组织，其含义为面临变动剧烈的外在环境，组织应力求精简、扁平化、弹性化、终生学习、不断自我组织再造，以维持竞争力。它是关于组织的概念和雇员作用的一种态度或理念，是用一种新的思维方式对组织的思考。在学习型组织中，每个人都要参与识别和解决问题，使组织能够进行不断的尝试，改善和提高它的能力。

2. 企业精神设计 企业精神是企业为实现共同愿景必须具有的群体精神风貌，这种精神常用"某某精神"或英雄人物来表达。在不同的环境、条件和背景下，每个企业所形成的企业精神也不尽相同。然而，作为一种优秀的企业文化，不论企业的具体精神气质和文化倾向如何，都应体现企业目标与共同价值观，都应包括时代精神、弘扬正气和开拓创新精神、爱岗敬业和团结协作精神。比如，北京公交"一心为乘客，服务最光荣"的精神，就是服务标兵李素丽的形象概括，它对所有员工的行为具有潜移默化的影响。

3. 企业哲学设计 企业哲学是对企业发展动力的哲学思考，表明企业靠什么安身立命.一般表达成"××哲学"，然后进行解释。企业哲学设计过程，反映的是对企业动力的思考过程。对企业而言，一要考虑企业哲学的来源，即企业家本身的世界观、人生观和价值观，以及企业英雄模范人物和优秀群体体现出来的世界观、价值观；二要充分考虑未来企业缺乏什么，较好地反映出企业未来发展的要求。

4. 企业经营理念设计 企业经营理念设计是企业对经营活动的基本思考，通常表现为"××第一。"、"以××为××"等形式。企业经营理念的设计，实际上是一系列选择的排序问题，比如，生产型企业要强调成本意识、安全意识、效率意识、质量意识等形式。经营理念的设计，必须从企业战略出发，是生产导向、技术导向，还是市场导向，直接影响着企业的进一步发展。需要注意的是，通过企业家对企业未来的判断，经营理念要突出重点，有所侧重才能有所提高、什么都强调的结果是什么都难提高。

（二）制度层建设

建立企业规章制度体系，最根本的目的是要实现科学化的管理，充分利用企业的资源来实现企业效率和效益的提升，这就要求必须首先保证科学性，而企业规章制度无论其具体内容针对哪一方面，说到底都是针对人，那么管理思想中就必须体现“以人为本”的理念。因此，企业规章制度建设必须同时遵守以下 6 项原则：

1. 企业理念充分传达的原则　符合企业核心价值观、体现企业理念的目标和要求是制定企业规章制度要遵守的第一原则。通常要做到：第一，符合国家法律；第二，符合社会道德；第三，充分体现“以人为本”的管理思想。

2. 分清制度主次的原则　一般来说，应该首先制定那些涉及面最广、对企业运行最为重要的主要制度，然后以这些主要制度为主要枝干，把其他次要的制度或带有补充规定性质的制度添加到枝干上。按照这一原则制定出来的企业规章制度，系统性强，结构清晰，主次得当，而且不容易出现遗漏，即不容易出现制度约束不到的“盲点”和“死角”。

3. 相互兼顾、整体协调的原则　企业规章制度中的各项制度，都对应着某方面工作或某些岗位的工作，使得企业里每名员工各司其职、每项工作有条不紊地进行，以促成企业目标的实现。

4. 刚柔相济、宽严有度的原则　设计制度应该力求严格，保证足够的刚性。这是管理科学的一个重要体现。但是，企业的生产经营管理实践经常受到外部干扰和内部各种因素的影响，为了保持制度体系的有效性，保证企业的高效有序运转，又必然要求企业的管理制度、责任制度以及特殊制度要充分考虑对未来一些变化具备一定的弹性。因此、企业制度具有一定的弹性、保持适当灵活，是制度生命力的体现。

5. 条理清楚、简明实用的原则　坚持这　原则，主要体现在下述 3 个层次：

（1）宏观层次——在企业整个制度体系结构合理的前提下，尽量做到每项制度都具有明确的针对性和界限清楚的适用范围。泛泛而谈、试图面面俱到的企业制度往往最缺乏针对性，也最没有实用价值。

（2）中观层次——每项制度都应力求条理化，做到结构严谨、逻辑性强。

（3）微观层次——每一条制度都要做到用词规范、句式简洁、表达清楚，要尽量避免不必要的修饰。

（三）物质层建设

1. 企业内外环境改善　企业内外环境包括企业容貌、劳动环境和生活娱乐设施等。

企业容貌是企业文明的标志和象征，从厂房的建筑造型、色彩装饰到空间结构布局，从环境整洁到各种物品的井然有序，都反映出一个企业的管理水平和风格。劳动环境包括办公室布置、生产线顺序、色彩、照明等，优化的环境可以提高劳动效率，保证劳动安全，还能够提高劳动兴趣，激发员工对企业的热爱。生活娱乐设施包括体育设施、图书馆、食堂、培训中心等。美化企业员工的生活娱乐环境，能够使职工感到大家庭的温暖和谐，增强企业凝聚力。

2. 提高企业产品文化内涵　企业文化的载体产品，通常被理解为具有价值和使用价值的物品，然而产品结构及产品外观的美学成分，又使产品体现出企业的文化特色。产品文化的内容涉及面很广，包括实质层、形式层和扩展层；产品造型、包装、商标；产品开发和创新能力；产品生产和消费对生态与环境的影响等。提高产品文化内涵，就是要是产品管理的每一项具体活动都形成一种相对稳定的、富有魅力又颇具特色的个性文化，以使企业的顾客和消费者只要接触和使用到企业的某种产品，就会产生一系列美好的联想，获得一种发自内心的愉快和舒适。

企业产品个性文化能否形成，一方面涉及企业的常规经营管理，另一方面又涉及组织经营的战略规划和战略管理。产品质量是企业的生命线；产品价格、品种、造型、包装、品牌是企业生产经营的基本；产品的开发创新、生命周期对企业经营未来发展产生影响；产品的成本控制、产品结构和系列直接影响企业的日常经营活动。事实上，坚持和维护企业已有的优良产品文化，并不断把它发扬光大，这是企业经营得以成功并立于不败之地的基本条件之一。

四、企业文化建设的路径

企业文化是一种管理实践。在企业文化建设中通常的实施步骤为：

(一)建立企业文化实施机构

1. 企业领导挂帅 “伟大的机构不是管理出来的，而是领导出来的。”这是IBM前总裁郭士纳在《谁说大象不能跳舞》中说的一句话。这句话切实揭示了企业文化的真谛：优秀的企业文化不是管理之功，而是领导之功。领导挂帅，就是要建立强有力的领导体制，通过广泛宣传和有效培训，在企业中达成共识，营造文化建设的氛围。

2. 纳入正常职能管理 企业的日常管理工作实际上就是在职责范围内按制度和规范进行工作沟通、协调与合作。企业文化是推动日常管理的润滑剂，管理过程中的沟通交流、控制和协调、考核评价等都是一个文化的构筑过程。

3. 建立传播网络 企业文化建设需要理由可能的媒介建立起企业文化的传播网络。通过网络把企业的价值观、愿景、精神、道德等企业文化要素传达到企业的全体员工，辐射到整个企业。

4. 拨出专项资金 企业文化建设需要有培训费用、宣传费用、文娱活动费用、部门建设费用等。

5. 营造建设氛围 通过营造鼓励创新、民主、学习、竞争等氛围，在企业中达成对企业文化建设的认同。

(二)科学制订建设计划

制订企业文化建设计划，首先要确定企业文化的实施流程，了解企业文化实施的主要步骤。一般而言，企业文化实施过程应包括对现有文化的分析与诊断、文化设计、文化导入、实施变革、制度化、评估和反思等关键环节。企业可以根据自己的实际情况，增长或减少相关步骤，制订自己的实施流程图，作为制订计划的一份蓝图。

(三)实施价值观工程

价值观工程引导员工反省企业的价值观及有其决定的经营理念、管理方式和行为模式。从企业发展战略要求出发，理解企业提倡的价值理念，最终自觉维护，这需要一个过程，可以从以下3个方面着手：

第一，企业愿景的宣传与实施；第二，企业价值观、企业精神、经营理念等的宣传、教育；第三，企业道德、企业风气的形成与调整。企业可以通过《企业文化指导手册》的编写、员工培训等手段，组织员工讨论、学习，尽量使价值观工程具体化和形象化。

（四）开展行为工程

行为工程是指通过强化外在行为规范（如《员工行为规范》等各种规范），使价值观外化为员工的工作作风和行为，巩固观念更新的成果。

（五）实施凝聚力工程

在企业文化的实施过程中，不能把员工看作是被动接受的客体，而是企业文化建设的主体，通过各种形式吸引、组织员工参与到企业文化建设中去，是企业文化凝聚力工程的关键。凝聚力工程是实施企业文化的重要环节，主要包括以下内容：一是健全民主集中制，创造良好工作环境，鼓励员工发表自己的意见，创造民主气氛；二是开展文化活动。文化活动能够加深人们之间的了解，增进友谊，形成情感互动，形成和谐友善、充满亲情的人际关系，是企业成为员工温馨、快乐的家园；三是宣传英雄模范人物。发挥先进典型的核心、纽带、激励作用；四是领导以身作则，身先士卒，落实企业文化要求，实践企业文化理念，为各级管理者和广大员工做出表率，成为大家效仿的对象；四是规范奖惩措施，使信奉并实践企业文化的人得到奖励，违背企业文化的人受到惩罚。

（六）实施企业形象工程

企业形象是指企业在核心价值观的指引下，为了适合消费者和社会大众的发展，按照自己的一定标准和要求，运用企业标志、创意策划、广告宣传和公共关系等，把企业经营理念，通过自身行为和各种传达方式表现出来，使消费者和社会大众对企业形象有完好的评价与认同，并对企业有一个整体的看法和美好的印象。企业形象工程包括领导形象、员工形象、产品形象、服务形象等。

（七）进行企业文化建设考核

企业文化的实施，有必要通过硬性措施来推进，考核就是手段之一。通过考核可以让员工尽快改变，适应新的企业文化要求，可以明确奖惩对象，可以表明企业文化变革的决心。通过考核措施，可以达到约束行为、规范理念的作用。企业文化考核一方面要制度化，即由突击性工作转变为日常工作；另一方面要联系企业实际进行考核。

第四节 企业社会责任

一、企业社会责任的产生和发展

企业社会责任概念是在商业伦理基础上逐步发展起来的。在古代的商业活动中，就有“童叟无欺”、“买卖公平”、“诚实守信”等基本道德要求。直到20世纪20年代以前，由于企业规模较小，企业的社会责任多是自发的，是社会伦理道德在商业行为中的折射和反映，是企业家意识到自己和社会关系后自发的道德自律，它体现的往往是企业家的一种精神信仰，认为企业在赚取利润的同时，也应回报社会和公众。有的企业家乐善好施，多以慈善捐助的形式回报社会。

随着经济的发展，社会的物质积累达到一定程度，教育水平与文明程度不断提升，大众消费观念和社会价值观念都发生了变化，人们对生活的质量要求更高，其社会关注意识逐渐增强。社会对企业的关注开始由产品的数量转向产品质量、安全、环境、职业健康和劳动保障等多个方面，社会开始对企业有了除经济效益之外的更多期望。越来越多的人开始对企业生产经营活动造成的各种负外部性表现日益不满，人们意识到要保护人类赖以生存的环境，保护自身利益以及子孙后代的长远利益，社会舆论开始抨击企业对自身利益无度追求而造成的各种社会问题。

在企业社会责任发展初期，劳工运动、消费者保护和环保运动是推动企业社会责任的三股主要力量。这一系列运动相互呼应，代表着许多新的价值观和发展观，也成为企业社会责任发展的核心内容。到了 20 世纪 60 年代，企业社会责任已经普遍为公众、政府和企业所关注，各种具有操作意义的有关企业社会责任的准则和守则开始形成。政府开始采取措施，制定相关法律规范和标准，并在社会上大力提倡企业道德，创造了良好的法治环境，起到了强化企业社会责任意识的作用。在政府和民众的推动下，企业社会责任开始由社会期待转变成法律的要求，企业社会责任进入了制度化的发展时期。与此同时，企业涉及的社会责任的领域愈加宽广，企业社会责任的范围进一步扩大，已经包括教育、社会福利、公共健康、社会公平、消除贫困、抵制腐败、维护人权等诸多方面。今天企业社会责任渐渐成为企业、社会和政府的共识。企业不仅仅是市场微观主体，也是社会的基本组织细胞，除了参与市场经济活动之外，更应融入社会，在社会的健康和可持续发展中承担起应有的社会责任。

回顾 20 世纪，企业社会责任理论经历了一个从商业伦理脱胎、发展为企业家的社会责任，再发展为企业的社会责任，最后到利益相关者理论和企业社会责任理论等发展阶段。企业社会责任的实践则经历了从企业家或企业慈善，到保护消费者等企业利益相关者的各种运动，企业在生产经营实践中不断融入利益相关者管理的技巧和实践，企业利益相关者的利益得到了更多维护和保障。同时企业社会责任投资开始得到重视，因此推动了企业用数据或会计方法对企业社会责任的记录和维护，许多企业开始定期发布本企业的社会责任年度报告。

二、企业社会责任的定义

企业社会责任发展历程中面临的难题之一是它所包含内容、涵盖的范围一直没有得到清晰的界定。没有一个统一的定义，不同的人可能对企业社会责任就有不同的理解。有人认为企业社会责任就是将股东的价值最大化，也有人认为企业对其生产经营活动在过去、现在和未来可能产生的影响的所有利益相关者都负有道德责任。然而，对企业社会责任的内涵和外延进行确定，给它一个清晰的定义，一直是企业社会责任研究者孜孜以求的。

在众多的研究企业社会责任中，卡罗尔（Archic B. Carroll）给予企业社会责任的定义是 1979 年提出的“企业社会绩效三维概念模型”，见图 2-2。它将企业社会责任、企业社会议题和企业社会回应策略构建了一个三维空间，第一维度的企业社会责任来自于卡罗尔对企业社会责任的定义，即企业社会责任包括社会对企业在经济、法律、伦理和资源方面的期望，所以企业社会责任包括经济责任、法律责任、伦理责任和自愿责任。这 4 个责任的权重按经济责任到自愿责任由高到低递减。第二维度为企业社会议题，具体的社会议题会因企业、行业和时代而异。第三维度是企业社会回应策略，是有关企业回应社会责任或社会问题时的理念和战略表现。卡罗尔的三维概念模型，是企业社会责任研究的重大进展，影响深远。

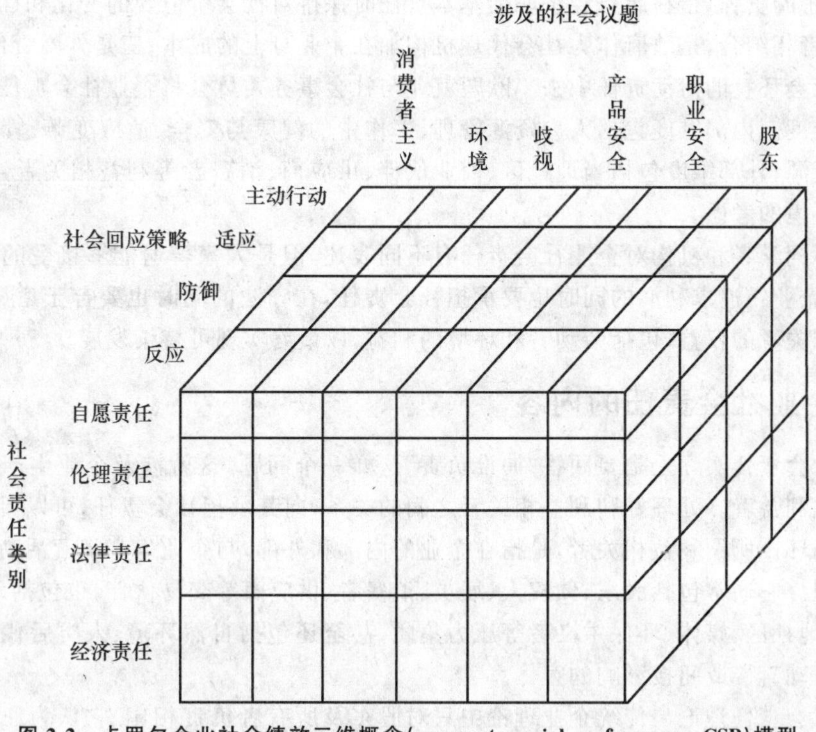

图 2-2　卡罗尔企业社会绩效三维概念(corporate social performance,CSP)模型

企业社会责任定义研究的另一个重要贡献来自于利益相关者理论。利益相关者理论产生于 20 世纪 60 年代,发展于 70 年代,并于 80 年代达到高潮。1984 年,弗里曼(Edwar Freeman)在其著作《战略管理——利益相关者方法》中,对利益相关者给出一个广义的定义,他把“那些能够影响企业目标实现,或者会被企业实现目标的过程所影响的任何个体和群体”都称为“利益相关者”。这个定义首先把利益相关者的范围从决定企业生存的群体扩大到影响企业目标实现的个人和群体,再将其范畴扩大至企业在实现目标过程中可能会影响到的个体和群体,因此被称为是一个广义的定义。社区、环境、政府等都被视为利益相关者,弗里曼的定义解答了企业经营活动应该承担的社会责任对象问题,也是人们对企业的性质和使命有了新的认识。根据利益相关者理论,企业的利益不仅仅是股东的利益,也是相关利益者如消费者、员工、社区和政府等利益的集合。企业的发展越来越依赖于员工所拥有的知识、能力及承担的义务,企业与供应商、消费者、投资者等其他利益相关方的相互依存关系也越来越紧密。利益相关者理论将企业社会责任进一步扩展为满足所有利益相关者的需求,成为 21 世纪企业社会责任研究的重要理论基础。

除了学术界的定义外,很多国际组织也对企业社会责任给出自己的定义。世界银行对企业社会责任的定义是:企业和雇员、雇员的家庭、当地社区以及更大范围的社会一起努力,以对企业和社会发展都有利的方式改善他们的生活质量,是企业对可持续发展做出贡献的承诺。企业与关键利益相关者的关系、价值观、遵纪守法以及尊重人、社区和环境有关的政策和实践的集合,是企业为改善利益相关者的生活质量而贡献于可持续发展的一种承诺,它描述了企业在一切经营活动中要对所有利益相关者负责的义务。美国经济发展委员会提出企业社会责任就如同 3 个同心圆:一是内圈责任,指企业有效履行经济职能的最基本责任,包括产品、经济增长等;二是中圈责任,指在履行经济职能基本责任时保持对社会价值观的变化和社会问题的敏感,并将两者相结合,是政府作为社会代理机构加在企业身上的成本;三是外圈责任,指积极投入到改善社会环境的活动责任中去。欧盟就业与社会事务委员会将企业社会责任分成内部和外部两个维度。内部维度包括人力资源管理、工作中的健康与安全、适应变革、管理环境的影响与自然资源;外部维度包括当地社区、商业伙伴、供应商、消费者等利益相关者,以及人权和对全球化环境的考虑。

尽管不同学者和机构对企业社会责任有不同表述,但是大家普遍能够接受的企业社会责任定义是:企业在追求利润的同时也要承担社会责任,在守法的同时也要合于道德规范,维护企业利益相关者的权益,包括劳动者和环境的利益,以最终实现可持续发展。

三、企业社会责任的内容

企业社会责任实际上是要回答"向谁负责"这样一个问题,这就涉及企业生产经营活动过程中的相关利益者。处理好和利益相关者之间的关系,向其承担社会责任,可以促进企业发展实现良性循环。所谓利益相关者,是指在企业的内部和外部,与企业生产经营活动相互关联的个人或组织。它通常包括股东、债权人、雇员、消费者、供应商等交易伙伴,也包括政府部门、本地居民、当地社区、媒体、环保主义者等压力集团,甚至还包括自然环境、人类后代等受到企业生产经营活动直接或间接影响的客体。

企业社会责任理论与传统企业理论中只对股东及所有者负责相比,它认为任何一个企业的发展都离不开利益相关者的投入和参与,企业追求的是利益相关者的整体利益,而不仅仅是某个主体的利益。企业发展的前景有赖于管理层对相关利益者不断变化的期望的满足程度,管理者必须从利益相关者的角度来看待企业,必须以社会道德伦理规范为依据,认真处理好与利益相关者的关系,实行对利益相关者的管理。具体来说,企业要真正做到发展的可持续性,就必须在各种管理活动中充分考虑各种利益相关者的合理要求,对利益相关者负起道德责任。其主要内容包括:

第一,及时将企业的合法收入在股东、债权人、供应商等利益相关者之间合理分配,不拖不欠,树立良好的企业形象。企业要立足市场,首先应有信誉和良好的企业形象,这是企业承担社会责任的第一体现。

第二,尊重员工,创造人性化的工作环境。现代企业制度要求企业绝不仅仅是支薪了事,还应该给员工提供符合安全卫生要求的工作场所,提供行业相关的业务技能培训,制定公正公开的奖惩制度,公平地对待每一位劳动者,尊重每一位员工,为每一个员工提供广阔的生存和发展空间,不搞任何形式的种族、性别和工种歧视。

第三,真正将消费者满意最大化视作企业生产经营的最高目标,绝不欺诈消费者。"顾客就是上帝"已成为企业管理者的口头禅,而能否言行一致,则取决于管理者的良好道德观和高度的社会责任心。市场上往往出现消费者上当受骗的现象,造成恶劣的社会影响。企业必须对消费者负责,有责任提供保质保量的商品以及正确的商品信息,有义务提供完善的售后服务。市场研究证明,那些注重产品质量、维护消费者权益的企业往往能将生意做得长远,企业能够持续稳步发展。

第四,依法经营,照章纳税,尊重生产地、销售地社区居民的生活习惯和文化取向。正如一个讲道德的人往往自觉守法并且不会粗鲁地打搅别人的生活一样,一个讲道德的企业自然会讲法律作为最起码的道德标准，也不会破坏当地社区居民既有的生活秩序。万一企业出现管理伦理问题，对有关利益相关者造成伤害时，则绝不应推诿敷衍，要真心实意地致以歉意，并尽力为相关者弥补损失。

第五，积极参与公益和慈善事业，回报社会，树立良好的企业社会责任形象。现在越来越多的企业都能积极地参与到社会公益和慈善事业中，在我国，为富不仁始终为中华民族文化所不齿。只有将企业自身生产经营行为融入社会发展的主流之中，并主动为社会分忧解难的企业，才可能真正实现企业社会责任管理，并获得社会的尊敬。

第六，保护生态环境，注重可持续发展。目前，由于生态环境日益恶化，企业来自环境的压力与日俱增。在企业生产经营活动中，其资源取自于自然，同时又向自然环境中排放垃圾、污染物。许多企业开发利用自然资源的速度超过了自然资源本身可再生能力，企业虽一时得到发展，但生态环境的破坏，又会制约企业的发展。因此，企业应坚持开发与保护并重坚持循环经济的"减量化、再利用、资源化"的原则，尽可能地减少资源消耗和废弃物的排放，最大限度地提高资源的利用率，想方设法将废弃物转化为资源，变废为宝化害为利。总之，企业要在解决环境问题上发挥更加主动的作用，以最小的环境代价来换取人类永续生存和发展的条件。

现阶段，我国企业在履行社会责任方面所存在的典型问题包括：环境污染问题、产品安全问题、劳工权益问题等。因此，我国企业社会责任最基本的内容是企业遵守法律的责任，包括遵守国家的各项法律法规，遵守商业道德、生产安全、职业健康、保护劳动者的合法权益等规定。在高层次上，意味着企业要在社区建设、环境保护、支持慈善事业、捐助社会公益、保护弱势群体等方面肩负其应有的社会责任。

【知识链接】2-2 全球契约

由时任联合国秘书长科菲·安南提出并于2000年7月在联合国正式启动的"全球契约"(global compact)，要求全球企业在各自的影响范围内遵守、支持以及实施一套在人权、劳工标准、环境及贪污方面的十项基本原则，涉及4个方面，见表2-3。

表2-3 联合国"全球契约"

项目	内容
人权方面	◆企业应该尊重和维护国际公认的各项人权
	◆绝不参与任何漠视与践踏人权的行为
劳工标准方面	◆企业应该维护结社自由，承认劳资集体谈判的权利
	◆彻底消除各种形式的强制性劳动
	◆消除童工
	◆杜绝任何在用工与行业方面的歧视行为
环境方面	◆企业对环境挑战未雨绸缪
	◆主动增加对环保承担的责任
	◆鼓励无害环境技术的发展与推广
反贪污方面	◆企业应反对各种形式的贪污，包括敲诈、勒索和行贿受贿

四、企业承担社会责任的意义

企业履行社会责任是现代社会发展的基本要求，一个不认真履行社会责任的企业将得不到社会的信任，从而失去发展机会。反过来，一个具有良好社会责任意识的企业，在承担社会责任、回馈社会社区行为中，会收获公众和同行的尊重，从而提高其竞争力，为其赢得更好的发展空间。根据利益相关者理论，企业和利益相关者之间的忠诚关系已成为企业的重要的战略资源，建立和维护好这种关系所带来的收益要远远大于其承担社会责任的成本。从管理学的角度看，企业承担社会责任的意义表现在以下几个方面。

第一，企业承担社会责任，有利于提高企业的竞争力。由于企业承担社会责任有助于企业在社会公众中建立良好形象，增强员工的满意度和工作的积极性，提升消费者的忠诚度，推动市场的拓展，进而可以提高企业的竞争力。

第二，企业承担社会责任，有利于完善企业法人治理结构，从而改进对股东利益的保护。在现代企业中，企业所有者与经营者通常是分离的，因此如何保证企业经营者履行管理职责、保证企业所有者利益就成为关键问题。所有者通常是通过董事会等治理结构实现对经营者的任命和监督的，对于一个履行社会责任良好的企业来说，通常会建立由企业利益相关者参与的多边治理机制，特别是让本企业员工参与到企业的董事会或监事会中来。这些利益相关者由于其本身的利益与企业息息相关，且与企业有着直接的联系，对企业的经营状况比较了解。他们直接参与企业治理，比起远离企业的许多中小股东来说，对经营者的监督更便利、更有效。

第三，企业承担社会责任，有利于企业的健康发展。特别是在引入多个利益相关者参与的治理架构，不仅可以保护企业利益相关者的合法权益，还可以鼓励企业和这些利益相关者之间的合作，激发利益相关者参与企业生产经营管理活动的热情，从而使企业健康稳定地发展。

第四，企业承担社会责任，可以促进和谐社会的建设。一个和谐的社会环境，可以给企业的长期稳定发展提供良好的外部环境。企业承担社会责任，首先是对包括员工在内的利益相关者承担起必要的责任，如保障员工生产和工作的安全，按时足额发放工资，给予员工恰当的社会福利，向市场提供安全可靠的产品和服务，保护好环境，减少对水和空气的污染等。这些基本的社会责任的履行，可以让民众有一个良好的生活环境。其次，企业履行按时足额纳税的社会责任，可以帮助政府为社会提供更多的公共产品和公共服务，提高人民的生活水平。

本章小结

本章重点介绍企业文化的概念、特征、内容和功能，分析了企业文化建设应依据的基本原则，并从理念层、制度层和物质层角度，对企业文化建设的内容进行概述，给出企业文化建设的路径。此外，本章还介绍了企业社会责任的产生和发展、社会责任的含义和内容以及企业承担社会责任的意义。通过本章学习，要求掌握企业文化和企业社会责任的基本理论问题。

复习思考题

1. 什么是企业文化？
2. 简述企业文化的特征和功能。

3. 如何建设企业文化？

4. 企业社会责任的内容包括哪些？

【案例分析】方正集团："方正"商标体现的"方正"文化①

方正集团公司的文字商标——"方正"，确定于1991年1月，具有以下意义：

1."方正"，即一方之正、一方之中、一方之主，指北大方正电子出版系统为世界中文电子排版技术的主体和正宗，在中文电子排版领域居于国际领先地位。

2."方正"，指人的行为规范和道德准则。

3."方正"，即方方正正，规规矩矩，既体现了公司依法经营、诚实经商的经营之道，又反映了公司从领导到职工朴实无华、诚恳待人的处世态度和严谨求实的科学精神。

4."方正"，即八方之正，有包容各方优势的含义，体现了公司广采世界最新技术的开阔视野和吸纳天下一流人才的博大胸怀。

5."方正"含基础雄厚、功底扎实、稳步发展之意，表明公司有巨大的发展潜力，塑造了公司为发展和壮大民族工业，拼搏奋斗，领袖群伦，戒骄戒躁，不断进取的企业形象。

6."方正"寓巧于拙，富有沉稳感，蕴含了公司以质量求生存，以信誉求发展和用户至上服务第一的经营理念。

7."方正"体现了汉字作为方块字的特点，以方正为商标，能与公司的核心技术——汉字字形信息压缩和复原技术、公司的拳头产品—中文电子排版系统产生有机的联系。

8."方"、"正"二字形声俱佳。从字形上看形体匀称；从声调上看，节奏鲜明，易达到深入人心的效果。

9."方正"一词，词性属中，不激不励，雅俗共赏，能为各个层次的人所接受；同时，"方正"一词简繁体相同，便于拓展国内和海外市场。

10."方正"一词与"北大"相连，从形式上看十分和谐；从内容上看，表现了北大的精神意蕴。

方正不仅是企业名称，文字商标，更代表总具有"方正"特殊含义的集团公司的企业文化，"方正"的含义不仅仅将集团公司定位，同时，还蕴含着其经营的理念及广纳有志之士的博大胸怀。真正昭示了方正集团公司的特色的文化底蕴。

思考题："方正"的商标体现了方正集团什么样的核心价值观？

① 案例源自边建强主编的《特色企业文化实务与成功案例》，引用时有删减。

第三章　企业战略管理

【引例】海尔集团的战略[①]

海尔集团创立于1984年,从开始单一生产冰箱起步,拓展到家电、通讯、IT数码产品、家居、物流、金融、房地产、生物制药等多个领域,创业至今海尔集团经历了以下5个阶段。

1. 名牌战略阶段

20世纪80年代,家电供不应求,很多企业只注重产量而不注重质量。海尔严抓质量,实施全面质量管理,凭借差异化的质量赢得竞争优势。

2. 多元化战略阶段

20世纪90年代,海尔扩大企业规模,以“海尔文化激活休克鱼”思路先后兼并了国内18家企业,使企业的经营活动进入了一个更广阔的发展空间。

3. 国际化战略阶段

20世纪90年代末,海尔认为重要的是创中国自己的品牌。因此海尔提出“走出去、走进去、走上去”的“三步走”战略,首先进入发达国家创名牌,再进入发展中国家,逐渐在海外建立起设计、制造、营销的“三位一体”本土化模式。

4. 全球化品牌战略阶段

“国际化”是以企业自身的资源去创造国际品牌,而“全球化”是将全球的资源为我所用,创造本土化主流品牌。因此,海尔整合全球的研发、制造、营销资源,创全球化品牌。

5. 网络化战略阶段

2013年海尔进入了网络化战略阶段。在海尔看来,网络化企业发展战略的实施路径主要体现在3个方面:企业无边界、管理无领导、供应链无尺度。

第一节　战略与战略管理

“战略”(strategy)一词源自希腊语“strategos”或演变出的“stragia”,前者意为“将军”,后者意为“战役”、“谋略”,都是指指挥军队的艺术。伴随着社会的发展,“战略”一词逐渐应用于军事以外的领域。20世纪50年代以来,企业的内外环境发生了巨大的变化,人们的需求结构在不断变动,外部环境日趋动荡,企业又受到自身资源的限制,为了在竞争环境中处于有利的定位,求得企业的长期可持续性发展,战略思想开始被引入企业经营管理中去,就产生了企业战略这一概念。企业战略是指企业对其内外环境分析的基础上,为寻求企业的可持续发展而进行的总体谋划。

---

① 资料来源:http://www.haier.net/cn/。编写时有删节。

一、企业战略

(一)企业战略的特征

1. 全局性 企业战略是以企业整体为对象,是根据企业总体发展的需要而制定的,它规定了企业总体行动,注重发挥战略的整体优化效应,目的是使企业总体目标得以实现。

2. 长远性 企业战略立足于未来,对较长时期内企业的发展方向进行总体谋划,注重的是企业的长远的根本利益,具有长期的指导作用。

3. 纲领性 企业战略所制定的战略目标和战略方针等具有方向性、原则性和概括性,它是企业发展的纲领,对于企业的各项活动具有指导作用。

4. 风险性 企业战略是对企业未来发展的规划,是基于内外环境分析的基础上制定的,而企业的内外环境是在不断变化的。所以,任何企业战略都伴随有风险,企业管理者必须树立正确的风险观,要根据环境的变化进行适当的调整,以减少其风险。

(二)企业战略的层次

企业战略是一个体系,不仅体现了企业整体目标以及实现这些目标的方法,还体现了企业内各个层次、各个部门的目标及其实现方法。根据企业规模大小不同,企业战略层次也有区别。一般来说,对于大中型企业,企业战略在组织内可分为企业总体战略、经营单位战略和职能战略,见图 3-1。

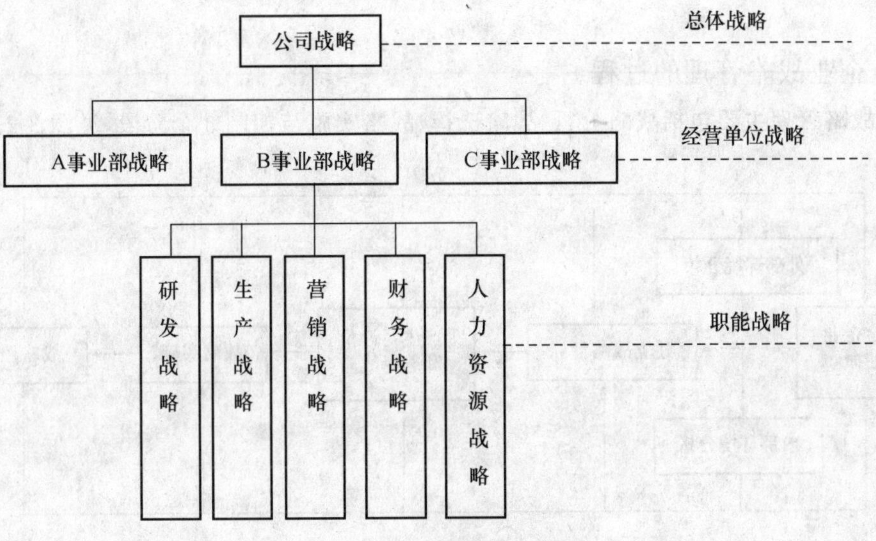

图 3-1 企业战略的层次

企业总体战略又称公司战略,是企业最高领导层对企业的总体发展及其相应的目标所进行的谋划,是指导企业一切行为的最高行动纲领。它考虑的是企业应该选择进入哪种类型的经营业务,关注的是企业的整体目标和活动范围。它包括企业覆盖的领域、产品和服务的多样化以及如何将资源配置给企业各个不同部门等一系列问题。

经营单位战略是在企业总体战略指导下,经营管理某一特定单位的战略计划,是企业总体战略下的子战略。其目的是为了针对不断变化的环境,使企业在某一特定经营领域进行有效竞争，取得更好的成果。它包括分析经营单位的环境和发展目标，识别或创造新的市场机会，使自己的产品区别于竞争对手的产品，以满足客户的需求，其关注点是保持企业的竞争优势。

职能战略是为贯彻、实施和支持企业总体战略和业务单位战略而在企业特定的职能管理领域制定的战略，包括研发战略、生产战略、营销战略、财务战略、人力资源战略等。在企业既定的战略条件下，企业各层次职能部门根据其职能战略采取行动，从而更好地为企业战略服务，保证企业战略目标的实现。与公司战略和经营单位战略相比，职能战略更为详细、具体和具有可操作性。其重点是有效地利用组织的资源，实现资源利用效率最大化。

二、企业战略管理

(一)企业战略管理的概念

企业战略管理是通过对企业内外环境分析的基础上，根据其自身的优势与劣势以及外部环境的机会与威胁，确定企业的使命和战略目标，选择和实施适当的战略行动，并通过不断地对战略结果进行评估和控制，使战略目标得以最终实现的动态过程。

从上述定义可以看出，首先，企业战略管理是一个全过程、动态的管理，包含了战略分析、战略选择、战略实施与控制等内容，将企业的内外环境和战略目标进行动态平衡，以求得企业的长期生存与发展。其次，战略管理是现代企业管理发展的高级阶段。战略管理理论的发展经历了早期战略思想阶段、传统战略理论阶段、竞争战略理论阶段和核心能力理论等阶段的发展。

(二)企业战略管理的过程

企业战略管理主要包括战略分析、战略选择、战略实施与控制 3 个阶段，见图 3-2。

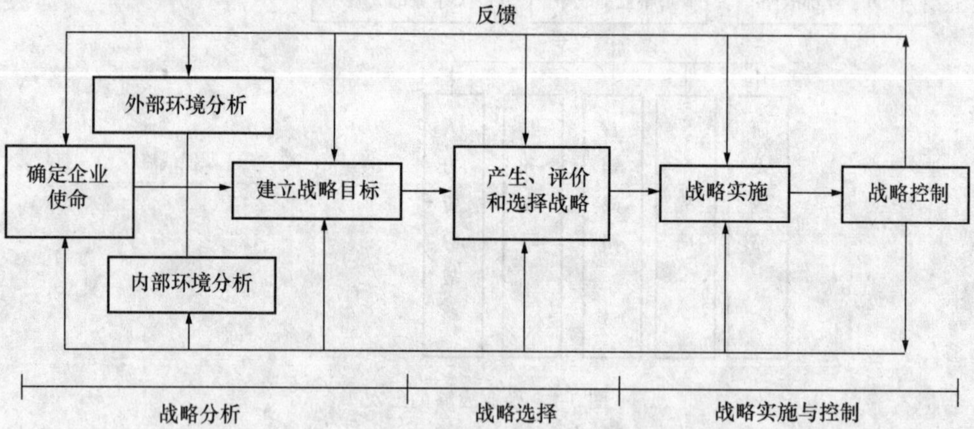

图 3-2　企业战略管理过程图

1. 战略分析　战略分析是要明确“企业目前状况”，即了解企业所处的环境和相对竞争地位。战略分析包括确定企业的使命、外部环境分析、内部环境分析和建立战略目标。

确定企业的使命是企业战略制定的依据，企业使命是指企业在社会上承担的角色和责任，是企业存在的理由和依据，企业使命为企业发展指明方向，为企业的各种活动提供依据，揭示了企业的长期发展前景。

外部环境是存在于企业以外的，但是对企业的生产经营活动产生影响的各种因素之和，包括对宏观环境和行业环境的分析。宏观环境指对企业生产经营活动产生影响的主要社会环境。行业环境是指企业所处的行业的竞争结构，包括企业的竞争地位和主要竞争对手。外部环境是企业无法改变而又必须适应的因素，外部环境分析的目的是让企业了解外部环境中的机会和威胁，如环境正在发生哪些变化，这些变化怎样影响企业，企业如何通过努力来适应环境的变化。

企业内部环境指存在于企业内部，对企业的生产经营活动产生影响的各种因素之和。企业的任何活动都需要借助一定的资源来进行，企业确定自身资源和能力的数量和质量是把握市场机会的基础。对企业内部资源与能力的分析有利于促进企业内部的沟通和了解，帮助企业确定自己在行业中的地位，以便在制定战略时能扬长避短，有效地利用自身资源，建立和保持企业的竞争优势。

战略目标是企业要确定在一定时期内，执行其使命时生产经营活动所预期达到的理想成果。战略目标是企业使命的进一步具体化，必须把企业的使命转化为企业的战略目标，企业战略才具有可操作性。

2. 战略选择 战略选择是要回答“企业走向何处”，即确定战略方案的制定、评价和选择。战略选择包括制定战略备选方案、评估战略备选方案、选择战略方案。

在对企业的使命和内外环境分析的基础上，企业战略制定者要开拓思维，拟定多个备选方案，要尽可能把各种较好的方案都纳入备选方案之中。

企业拥有的资源是有限的，企业战略制定者要分析每一个战略方案，根据资源约束将不可行的方案删除，在可供选择的战略方案中，可根据战略方案是否发挥了企业的优势，克服了企业的劣势，是否利用了环境中的机会，规避了威胁，是否有助于企业实现战略目标，获得竞争优势来制定战略方案的选择标准，然后根据战略制定者的综合判断来对这些战略方案进行排序。

在对备选方案进行评估的基础上，选出相对较优的方案作为即将执行的战略方案。在确定最佳方案时，要强调决策的民主化，企业战略制定者要集思广益，避免个人决策带来的不良后果。

3. 战略实施与控制 战略实施与控制是采取措施，将战略转化为行动，同时在实施过程中，为了达到预期目标，对战略的有效性进行检验，并相应的进行调整。

企业在确定战略方案以后，必须通过具体的实际行动，企业通过计划、组织与资源分配等活动，使战略进入企业的日常运营与管理活动之中，才能实现战略目标。为了保证战略的有效实施，通过计划活动将企业的战略方案从空间上和时间上进行分解，调整企业的组织结构以匹配战略目标的需要，确定企业资源的规划和配置方式，考虑企业现有的资源如何在各部门和各层次间分配及使用。使得战略实施人员能充分理解和接受战略方案，从而调动其积极性，根据战略执行工作的进度安排开展各项工作。

为了使战略实施的结果达到预期目标，必须进行战略控制。可建立控制系统对战略的实施结果与预期目标进行比较，及时地发现偏差并采取纠偏措施，以确保战略方案的顺利实施。当组织的内外环境发生重大变化时，要根据企业情况的发展变化进行战略调整，可参照实际的经营状况、变化的经营环境、新的思维和新的机会，及时对所制定的战略进行调整，以保证企业战略对企业经营管理指导的有效性。

第二节 企业战略分析

企业战略分析就是确定企业使命，分析企业的内外环境，从而发现外部的机会与威胁，识别内部的优势与劣势，建立战略目标。其中，确定企业使命是企业进行战略管理的基础，宏观环境分析帮助企业了解自身所处的宏观环境，行业环境分析帮助企业了解自身在行业中的竞争地位，再加上企业内部的资源能力分析，是企业进行战略选择的依据。

一、企业使命

使命表明企业是干什么的，应当干什么，一个企业的使命包含了企业的经营哲学和企业宗旨。

经营哲学是一个企业在其生产经营活动中所确定的价值观、信念和行为准则，是企业文化的核心部分。企业为了生存，首先要树立一套正确的经营哲学，这对于企业的全体成员能产生较大的感召力，使得企业的员工能认同企业的追求。随着社会环境的变化，企业需要不断地变革以适应新的环境，企业的经营哲学也要顺应当时的社会经济发展水平、国家政策、法律法规等因素。企业的经营哲学对于企业的经营活动具有重要的指导意义，企业运行的每一个环节都受到经营哲学的影响，通过经营哲学指导企业的经营管理活动，能促进企业的健康发展。如国际商用机器公司的哲学可简述为：①尊重个人；②给予顾客最好的服务；③所有的工作都能以卓越的方式去完成。在几十年的发展过程中，企业的组织结构、生产组织、制造技术发生过多次变革，但是企业的经营哲学始终作为企业员工遵守的信念对企业的发展起着指导作用。

企业宗旨界定了企业的经营领域，以及企业的性质和类型，是进一步确定战略目标和制定战略的依据。彼得·德鲁克认为，企业的宗旨是创造顾客，顾客是企业的基础和生存的理由。在确定企业宗旨要注意不能将企业宗旨定义地过于狭隘，过于狭窄的宗旨会束缚企业战略制定者的创造性，限制了企业的战略选择，从而使企业在多变的环境中错过许多机会，例如生产钢笔的企业只是将企业宗旨定义为经营钢笔，就不会开发出一系列相关的办公用品。同时不能将企业宗旨定义地过于宽泛，过分宽泛的宗旨使得企业对未来的认识不清，不能对企业员工产生激励作用。

确定企业使命要从以下 3 个方面进行分析，见表 3-1。

表 3-1 企业使命的要点

要点	内容
顾客的需要	什么可以满足顾客
顾客群体	应该满足谁
企业的竞争力	企业在满足目标市场时所采用的技术和开展的活动

1. 顾客的需要 企业不能将自身仅仅定位于产品和服务的提供者，顾客之所以会购买产品和服务，是因为其提供的效用满足他们的某种需求。所以企业必须站在顾客利益角度上进行思考，去发现到底什么是顾客所需要而且能从企业的产品和服务中获得的。

2. 顾客群体 企业要知道把产品和服务提供给谁，应在市场细分的基础上通过对顾客的判别来确定目标顾客，从吸引顾客、维系顾客到关系营销，最终形成一批具有较高忠诚度的忠诚顾客。

3. 企业的竞争力　这个因素表明企业是如何满足顾客需求的。为了增强企业的竞争地位，更好地将产品和服务提供给顾客，可以把企业活动进行分解，分析这些单个的活动之间的关系，从而加快技术创新、产品创新，使得企业的产品和服务能够更贴近顾客需求，持续发展。

二、企业外部环境分析

（一）宏观环境分析

宏观环境是指企业活动所处的大环境，所针对的是整个行业而不是单个企业，对企业经营活动来讲是不可控的因素，一般来说，宏观环境可以概括为政治法律环境、经济环境、社会文化和技术环境等，即 PEST（political，economical，socialcultural，technological），见表 3-2。宏观环境因素分析的意义就在于评价这些宏观环境因素对企业战略选择的影响。

表 3-2　宏观环境分析的内容

组成部分	内容
政治法律	政治体制、政府的方针政策、法律法规、外贸法规、国际政治局势等
经济	国民生产总值、人均收入、利率、汇率、通货膨胀等
社会文化	人口规模、社会结构、价值观念、生活方式、教育水平等
技术	技术应用、技术进步、国家研发投入、新产品等

1. 政治法律环境　政治法律环境是指那些制约和影响企业组织发展的政治要素和法律要素及其运行状态。政府行为会对企业经营产生深远的影响，例如当国家的产业政策鼓励某些产业发展时，就可以促进该产业中的企业快速地发展；反之限制某些产业发展时，就会制约该产业中企业的发展。法律环境主要包括国家制定的法律、法规、法令、国家的执法机构以及社会组织的法律意识等因素。完善的法律法规体系能保证企业的正当权益，企业要了解税法、反不正当竞争法、环境保护法以及劳动保护和社会保障等相关的法律法规，它们能够影响到不同行业中企业的运营和利润。随着企业国际化进程的加剧，企业还要对国际政治法律环境进行分析，如分析国际政治局势、国际关系等因素，企业所在地的政治稳定性是企业长期发展的可靠保证，会影响企业长期的投资行为。还要分析有关国家或地区的社会制度，因为不同的社会制度对企业生产经营活动有着不同的限制和要求。

2. 经济环境　经济环境是指构成企业生存和发展的社会经济状况，经济因素会直接影响着企业的经营。经济的周期性波动不仅影响整个国家的经济发展，而且在很大程度上决定了企业的投资行为，分析经济周期有利于制定企业的长期发展战略。国民生产总值及其增长速度反映一个国家的经济发展总水平和经济发展的情况，经济的持续快速增长，为企业提供了较好的发展机会。一个地区的经济发展状况决定了其社会和个人的购买力，随着人们收入水平的增长，一方面顾客的消费偏好发生变化，另一方面人们的储蓄水平发生变化，人们储蓄的增减变动又进一步引起市场需求的变动，影响了企业的生产经营活动。利率上升会使企业使用资金的成本上升，而物价上涨导致企业成本上升，在销售收入不变的情况下，减少了企业的利润，这些因素的变化又会导致企业所在区域和所从事的生产经营活动发生变动。目前，随着经济全球化的发展，企业在制定战略的过程中，不仅要监测本国还要分析其他国家的经济状况。

3. 社会文化环境 社会文化环境是指一个社会的态度和价值取向，是人类在长期的生活过程中逐渐形成的，社会文化环境的变化直接影响着企业的战略选择。总人口数量往往决定了一国中许多行业的市场潜力。人口的地理分布决定顾客的地区分布，不同地区的顾客有着不同的消费偏好，顾客的地区分布范围越广，顾客的偏好也就越多样化。不同性别和年龄的顾客在购买行为、购买动机等方面有着较大的差异，人口的性别比例和年龄结构决定了社会的需求结构。文化因素对企业的影响是间接的和持久的，社会价值观的变化对产业结构和规模有重要的影响，对教育的重视使得越来越多的人接受高等教育，这为企业提供了优秀的人力资源。不同的国家有着不同的文化传统和生活方式，会影响人们的消费习惯，企业应根据顾客不同的生活方式和消费习惯提供不同的产品和服务。同时，企业所处的地理位置也会影响企业的经营活动，不同地理位置的自然资源与生态环境等因素是不同的，企业的地理环境影响到企业的资源供应、研发能力、生产组织以及产品销售等一系列问题。

4. 技术环境 技术环境是指与企业生产经营活动相关的技术因素的总和。新技术的兴起影响着社会经济的各个方面，生物工程、互联网技术等技术正在改变企业的未来发展方向。技术环境的变化对企业的组织结构和生产方式都产生了直接的影响，网络、信息技术的应用使得组织结构越来越趋向于扁平化，技术进步提高了企业的劳动生产率，缩短了生产周期，降低了企业的生产成本，使企业创造出新的产品来面对新的市场，为企业获得和保持竞争优势奠定了基础。国家要增加研发费用投入，以促进技术进步与产品更新。企业要密切关注技术环境的变化，监测社会技术总水平及变化趋势、技术变迁、新产品开发以及发展动向等问题，以便及时采取应对措施。

（二）行业环境分析

行业是一组生产类似产品的企业，企业处在特定的行业之中，行业环境的特点直接影响着企业的竞争能力，行业环境对于企业可能采取的战略具有决定性的影响。

1. 行业生命周期分析 行业的很多经济特性都与该行业处于行业生命周期的哪个阶段有关，分析行业所处的生命周期，可以使企业对行业的现状及发展前景有基本了解，从而使企业确定是否进入某个行业。行业生命周期是一个行业从出现直至完全退出社会经济活动所经历的时间，一般分为形成期、成长期、成熟期、衰退期 4 个阶段，见图 3-3，行业生命周期曲线反映了社会对该行业需求的状况。

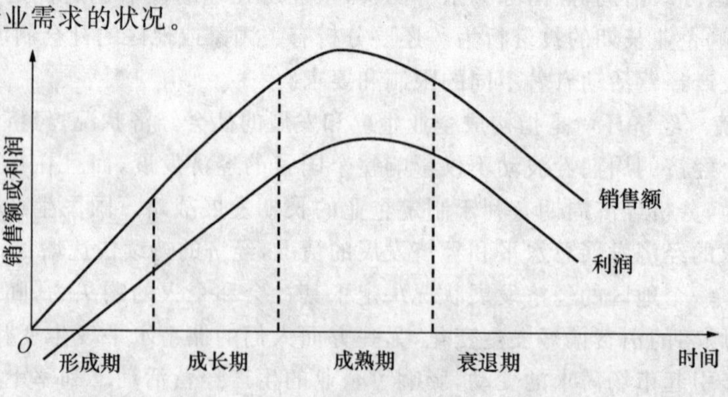

图 3-3 行业生命周期

形成期是指某一行业刚出现的阶段。在此阶段,行业中开始有较多的小企业出现,行业特征表现为进入壁垒较低,行业竞争压力较小,行业中的企业主要致力于研发产品来开辟市场,此时技术上有很大的不确定性,销售增长缓慢,利润很低甚至亏损,经营风险较大。企业由于对行业和顾客等方面的信息掌握不多,在营销上着重广告宣传,以增进顾客对产品的了解。

在成长期,行业、顾客特征已较明确,企业的产品生产已初步成熟,技术日趋稳定,顾客对产品的认知程度迅速提高,企业的销售额和利润迅速增长,丰厚的利润空间吸引了不少后续企业加入该行业,行业的规模扩大,竞争日趋激烈,提高了企业的进入壁垒。

在成熟期,行业、顾客特征清晰而稳定,行业的市场已趋于饱和,销售额和利润已难以增长,行业盈利能力下降,导致企业之间对顾客的争夺,行业内部竞争态势加剧,行业由分散走向集中,往往只留下少量的大企业,企业进入壁垒很高。

在衰退期,市场萎缩,产品销售量和利润水平大幅度下降,行业规模也缩小,原有企业纷纷退出该行业,竞争者数量减少,企业要考虑制定新的战略来求得企业的生存与发展。

2. 行业竞争结构分析 哈佛大学教授波特(Michael E. Porter)认为,在一个行业中存在有五种基本竞争力量,即新进入者的威胁、行业中现有企业间的竞争、替代品或服务的威胁、供应者的谈判能力、购买者的谈判能力。这 5 种基本竞争力量的状态及综合强度,引发行业内经济结构的变化,决定了行业的竞争激烈程度和行业的获利能力。在竞争激烈的行业中,一般不会出现某个企业获得非常高的收益;在竞争相对缓和的行业中,会出现相当多的企业都可获得较高的收益,见图 3-4。

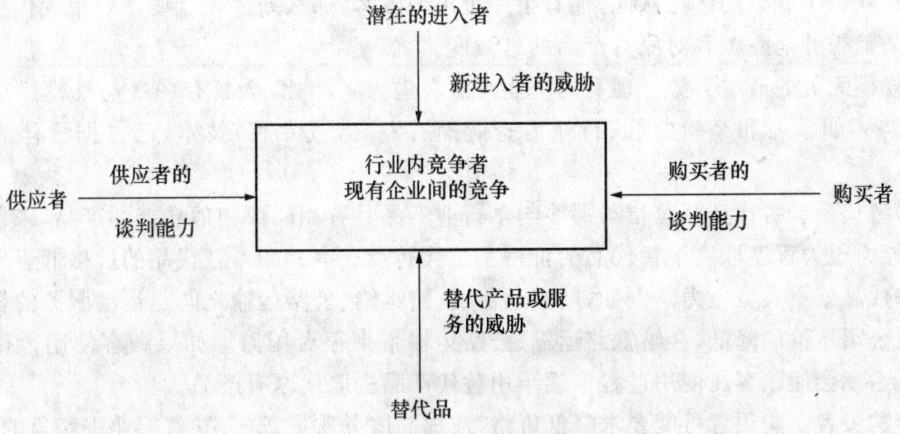

图 3-4 波特的 5 种竞争力模型

(1)现有竞争者。现有竞争者是指基本上提供同样的产品或服务的企业,企业要了解竞争对手的数量、目标、发展战略,以帮助企业制定相应的竞争策略。现有竞争对手的研究主要包括以下内容:

行业的集中程度。行业集中程度是指在某个市场中参与竞争的企业数量和企业规模的分布,当企业的数量较多且力量比较均衡的时候,企业为了增加市场份额获得更多的利润,就会采取竞争行动,企业间的竞争会加剧。当企业数量很多但力量又不平衡时,较大规模的企业往往占据主导地位,这样的行业比较稳定。

行业增长状况。行业市场增长迅速时,竞争强度较弱。而当行业市场增长缓慢时,企业必须与竞争对手争夺市场份额,从而增加了竞争的激烈程度。

产品的差异程度。产品差异代表着企业选择在不同的细分市场满足顾客的需求。企业提供的产品或服务的相似性越大,彼此之间具有可替代性,顾客在购买时价格就成为其考虑的主要因素,企业间竞争就越激烈。而在那些产品或服务差别较大的行业,各企业有各自的目标顾客群,竞争常常是较弱的。

成本状况。行业中具有较高的固定成本或存货成本时,企业面对成本压力,只有通过激烈的竞争才能求得自身的生存,甚至通过降价以扩大销售量,这增加了企业间的竞争强度。

退出障碍。退出障碍是指企业退出某个行业时要付出的代价,固定的专用资产投入越大,员工安置等成本越高,退出就越困难。退出一个行业常常还会在战略上牵连其他业务,政府和社会约束以及感情上的因素都会阻止现有企业退出行业竞争。

(2)潜在的进入者。当行业具有较高的投资回报时,就会吸引很多的潜在进入者。这些新进入者一方面会促进市场竞争,另一方面也会加大对行业内现有企业原料和顾客的争夺,甚至可能威胁到现有企业的生存。潜在进入者的进入能力的大小,既取决于行业的进入壁垒,又取决于现有企业可能做出的反应。进入某个行业的难易程度通常受到下列因素的影响:

规模经济。规模经济性表现为在一定时期内产量越大,单位生产成本越低。当企业经营只有达到一定规模时,产品单位成本才能处于有利地位,才能收回经营过程中的各种耗费。规模经济的存在阻碍了对行业的入侵,原有企业的生产规模已经达到了一定程度,规模经济使新进入者必须以较大规模的投资,才能进入行业,这增加了新进入者的风险。

产品或服务差别。不同企业提供的产品或服务并不是完全相同的,如果原有企业的服务品牌已经获得了顾客的广泛认同,拥有了一批忠诚顾客,那么新进入者要花费很大代价才能树立自身的信誉并消除顾客对原有产品的忠诚度。

与规模无关的成本劣势。现有的企业与潜在进入者相比,会具有一些与规模经济无关的成本优势。如学习和经验曲线、行业内企业拥有专有(或专利)技术、已占据最佳的地理位置等。

(3)替代品。替代产品是指与那些与本行业产品具有相同或相似功能的产品,来自替代品的替代能力很大程度取决于替代品的价格和替代转换成本。如果替代品的价格低于现有产品的话,替代品就更具竞争力。例如,航空运输、铁路运输、公路运输之间是运输服务的替代竞争者,航空公司运价的降低,会给铁路运输、公路运输带来很大压力。如果顾客使用替代品的转换成本低,就会使顾客在使用过程中逐步用替代产品去取代原有产品。

(4)购买者。购买者可能要求降低价格,或提高服务质量,这会导致行业中竞争的加剧,购买者对行业的影响包括:

购买量。购买者是少数大企业,且购买产品的数量较大时,其讨价还价能力就强。

购买者对价格的敏感程度。产品对购买者的质量性能的影响程度、购买成本在总成本中所占的比重等因素影响购买者对价格的敏感程度。如果购买者对价格很敏感,就会对行业形成较大的成本压力。

购买者后向一体化的可能性。如果购买者实行了后向一体化,则他们就可在谈判中迫使对手进一步让步。同时,后向一体化还可以使买方掌握更多的信息而提高谈判能力。

购买者的转换成本。如果购买者因为转向购买替代品而产生的转换成本很小,购买者对行业内企业的压力就比较大。

(5)供应者。提供企业生产经营所需的生产要素的企业就是供应者,供应者可以通过提高供应价格，或降低产品和服务的质量，向行业中的企业施加压力，供应者对行业的影响包括：

供应者的集中程度及供应品对本行业的重要性。如果供应者集中程度较高，供给本行业中分散而众多的企业，本行业不是供应者的重要用户，供应品对本行业起关键性作用，供应品不具有可替代性，供应者无须与替代产品进行竞争，则供应者通常会在价格和服务质量上对购买者实施较大的压力。

供应者前向一体化的能力。如果供应者有可能向前发展，进入本行业，就增强了它们对本行业的讨价还价能力。

三、企业内部环境分析

外部环境给企业都带来了潜在的机会。但是，只有当企业具备了能够利用这种机会的内部条件，这种机会才能转变为现实的机会。每个企业所拥有的资源和能力是不同的，进行企业内部条件分析的目的就是通过对企业资源和能力的分析，明确企业内部的优势及劣势，对企业的实力有一个客观的认识。同时，企业内部条件并不是一成不变的，是一个动态的概念。外部环境分析使企业明确自身可能做什么，内部条件分析使企业明确自身能够做什么。资源基础理论把企业竞争的重点从企业外部转向了企业内部，认为企业竞争优势来自于企业内部，目前资源基础理论在战略管理领域得到越来越广泛的应用。

【知识链接】3-1　资源基础理论

资源基础理论源于 20 世纪 50 年代 Penrose 的著作《企业增长理论》，Wernerfelt 在其论文《企业资源基础论》中首次对其进行完整的表述，将资源定义为企业半永久性拥有的（有形和无形）资产，将资源分为有形资产和无形资产两类。Barney 提出了 VRIO 的分析框架，对异质性资源从价值（value）、稀缺（rareness）、模仿性（imitability）和组织（organization）4 个方面进行了研究。在此基础上，其他学者进行了进一步的研究，资源基础理论认为企业竞争优势来自于它自身所具有的异质性资源。

（一）企业资源

企业资源是指企业所拥有的各种因素，按其性质可分为以下两类。

1. 有形资源　有形资源是那些可见的、容易量化的资源，包括财务资源，是指企业生产经营所需的各类资金，包括自有资金、留存利润和借入资金等，通过财务资源可以了解企业的融资能力和资金的使用能力；物理性资源，包括企业的厂房、地理位置、设备工具和产成品等。物理性资源是企业开展生产经营活动的基础，通过物理性资源可以了解到企业的地理环境、生产设施和生产水平；人力资源，包括企业员工的数量、知识技能、决策能力和工作态度等，通过人力资源可以了解企业员工的数量、质量是否与岗位相匹配，以发挥员工的主观能动性，实现企业目标。

2. 无形资源　企业无形资源是指那些根植于企业的历史发展进程中、长期积累下来的、难以量化的资源，主要包括技术资源，是指企业所拥有的包括专利、商标、专有技术等与之相关的技术知识，技术资源决定了企业的产品质量和工艺水平；声誉资源，如品牌知名度、美誉度，顾客对于企业的信赖度，供应商、分销商的支持关系等，随着企业间产品和技术的差距在不断缩小，企业声誉对于企业竞争起着越来越重要的作用。

（二）企业能力

资源是能力的基础，光有资源还不能形成企业的竞争优势，关键是企业如何有效地利用资源。所谓能力，就是能够把企业的资源进行协调并完成预期的目标的技能。企业能力主要体现为对企业资源的利用与管理能力。

企业一般运用价值链分析方法来分析企业能力。波特教授将企业的经营活动定义为一条由一系列相互关联的价值增值活动组成的链条。认为价值包括价值活动和利润，价值是指顾客接受企业提供的产品或服务并愿意支付的价格，价值活动分为基本活动和辅助活动两大类，见图 3-5。

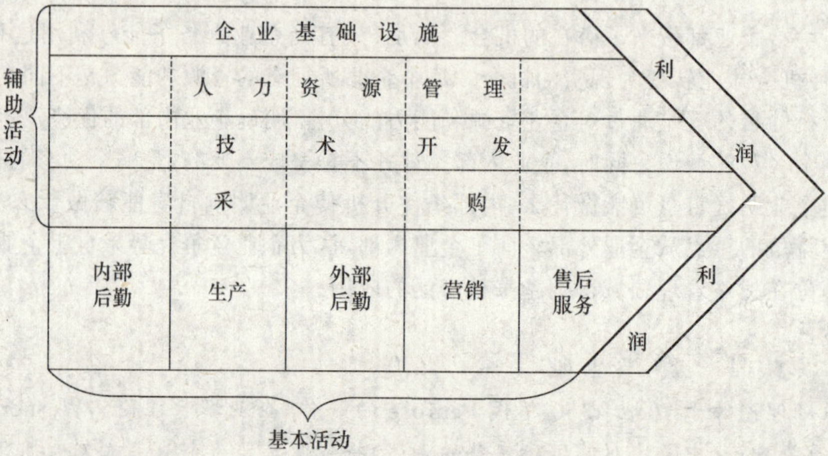

图 3-5　企业价值链图

企业基本活动，是涉及产品或服务的物质创造及其销售、转移顾客和售后服务的各种活动。包括内部后勤，指与资源接收、储存和分配相关联的各种活动，如原材料搬运、库存控制等；生产，指将各种投入转化为最终产品或服务相关联的各种活动，如加工制造、检测等；外部后勤，指将产品或服务送给顾客相关联的各种活动，如运输等；营销，包括市场营销各种活动，如促销、销售渠道等；售后服务，指因购买产品而向顾客提供的，能使产品保值增值的各种服务，如安装、维修、培训等。

企业的辅助活动是辅助基本活动并通过提供外购投入、技术、人力资源以及各种企业范围的职能以相互支持的各种活动。包括采购，指购买用于企业整个价值链各种投入的活动，如购买原材料、机器设备、办公设备等；技术开发，一个企业的技术水平直接关系到企业的资源利用和运行效率；人力资源管理，包括各种涉及所有类型人员的招聘、培训、开发和激励等各种活动；企业基础设施，包括企业的计划、财务、质量、管理信息系统、法律及其他各项管理活动。

企业要站在顾客的角度来分析企业的价值链，企业的竞争优势可以来自于企业价值链的价值活动本身、价值链内部的联系和价值链的外部联系 3 个部分。各项活动对企业所起的作用是不同的，企业必须要确认那些支持企业竞争地位的价值活动，价值链各项活动之间是紧密联系的，除此以外，企业也应对价值链的外部联系，即企业价值链与供应商、渠道价值链和买方价值链之间的联系给予关注。

（三）核心竞争力

美国战略管理学家普拉哈拉德（G. K. Prahalad）、哈默（Gary Hamel）1990年在《哈佛商业评论》上发表了《公司核心竞争力》一文，提出了核心竞争力理论，“核心竞争力是组织中的积累性学识，特别是关于如何协调不同的生产技能和有机结合多种技术的学识”。他们认为核心竞争力是一个企业所具有的在本行业独特的、难以复制模仿的能力，具有价值，因而是持续竞争优势的源泉。

一种能力要想成为核心竞争能力，必须是“从客户的角度出发，是有价值并不可替代的；从竞争者的角度出发，是独特并不可模仿的”，企业应从4个方面识别核心竞争力，见表3-3。

表3-3 核心竞争力的4个标准

标准	内容
有价值的能力	具备为顾客创造顾客所重视的价值的能力
稀缺的能力	现有和潜在竞争对手极少能拥有的能力
难于模仿的能力	其他企业不能轻易模仿建立的能力
不可替代的能力	不具有战略对等资源的能力

（四）动态能力

针对有的企业的竞争优势是短暂的，而有的企业的竞争优势是持久的，学者们开始关注动态能力，他们认为核心竞争力是积累性的，它依赖于企业的历史，是一个渐进的过程，因而是相对稳定的，是一种静态的观点。当企业处于一个动荡的外部环境中时，企业在过去某一时刻由核心竞争力形成的竞争优势，不一定能持续下去。动态能力理论转向了动态分析，强调了竞争优势的持续性，重视企业内部与外部变动的匹配。Teece等将动态能力定义为企业整合、构建和重置企业内外部能力以适应快速变化环境的能力，并建立了动态能力的分析框架，即流程（processes）、位置（positions）和路径（paths）。企业只有通过其动态能力的不断创新，才能获得持久的竞争优势。

四、SWOT分析

经过以上企业的内外环境分析，识别外部机会和威胁，明确内部的优势和劣势以后，可以对企业的现状做一个综合的评价和分析，这种分析最常使用的模型为SWOT分析，是一种系统评价企业内外部的各种要素，形成战略设想的战略分析方法。其中，S是指企业内部的优势（strengths），W是指企业内部的劣势（weaknesses），O是指企业外部环境的机会（opportunities），T是指企业外部环境的威胁（threats），由于同样的外部环境给不同的企业带来的机会和威胁可能完全不同，所以要把内外环境结合起来综合分析，根据内部与外部的两种状态以及相互匹配关系，形成了4种不同的战略组合，见表3-4。

表3-4 SWOT分析矩阵

内部 / 战略选择 / 外部	优势（S）	劣势（W）
机会（O）	SO战略	WO战略
威胁（T）	ST战略	WT战略

SO战略：企业内部拥有优势，而外部环境又提供了机会，这是理想的最佳状态，企业应凭

借自身的优势最大限度地利用外部环境所提供的多种发展机会，适宜采用增长型战略。

ST 战略：企业内部具备关键优势，但面临的外部环境不好，企业应利用内部优势去避开外部威胁，适宜采用多元化战略以分散风险。如有的企业的行业生命周期处于衰退期，但是企业在发展过程中会积累了丰富的资源，企业可以进入新的行业以规避经营风险，充分利用企业现有的优势开拓和占领市场，增加企业的利润。

WO 战略：企业面临很好的外部环境，但受到内部条件所制约，企业应利用外部机会来弥补内部劣势，适宜采用扭转型战略，如由稳定型向增长型战略转变。

WT 战略：企业外部、内部均处于不利的地位，企业应尽量避免处于这种状态，应采取措施减少内部劣势，规避外部威胁，摆脱不利的状态，适宜采用防御型战略。

第三节　企业战略选择

企业在确定企业使命，进行内外环境分析的基础上，提出若干个战略实施备选方案，通过对备选方案的评价，选出对企业发展最有利的战略方案作为最终的实施方案。

一、企业总体战略

企业总体战略是对企业的总体发展所进行的谋划，确定企业在规划期限内的资源分配方向及业务领域发展的战略，企业总体战略的分类见图 3-6。

- 总体战略
  - 增长型战略
    - 密集型战略
      - 市场渗透战略
      - 市场开发战略
      - 产品开发战略
    - 一体化战略
      - 纵向一体化战略
      - 横向一体化战略
    - 多元化战略
      - 相关多元化战略
      - 非相关多元化战略
    - 内部发展 / 并购战略 / 战略联盟 —— 实现战略可选方式
  - 稳定型战略
    - 无增战略
    - 微增战略
  - 紧缩型战略
    - 转向战略
    - 放弃战略
    - 清算战略

图 3-6　企业总体战略的类型

(一)增长型战略

增长型战略又称扩张型战略、发展型战略，是指企业不满足于现状，通过内外环境分析以求得企业发展的战略。其特点是投入大量资源，扩大经营规模，不断地开发新的产品，开拓新的市场，在现有水平上向更高的目标发展，实现企业的不断成长，增长型战略主要有密集型战略、一体化战略和多元化战略 3 种类型。

1. 密集型战略　密集型战略是指企业在原有业务范围内，充分利用在产品和市场方面的潜力来求得成长的战略，主要有市场渗透战略、市场开发战略和产品开发战略 3 种形式。

(1)市场渗透战略。市场渗透战略是由现有产品和现有市场组合而形成的，通过扩大现有产品在现有市场上的销售，以维护或巩固企业地位的发展战略。现有产品市场组合是企业经营的基础，市场渗透战略经营目标集中，管理简单，可以通过利用企业富余的生产能力，扩大生产规模、降低产品成本，拓宽销售渠道、促销等方式以刺激现有顾客的重复购买，从而增加企业的销售额和利润，促进企业发展。如生产牛奶的企业从健康营养的角度入手，向顾客宣传牛奶有利于补充身体所需要的各种营养物质，从而增进顾客的购买，增加牛奶的销售量。但是实行市场渗透战略时，企业集中资源只关注一种产品或一个行业，不易分散风险，如果行业失去吸引力或者市场发生变化，导致该产品需求下降，就会给企业带来很大的冲击和风险。

(2)市场开发战略。市场开发战略是由现有产品和新市场组合而形成，是指将现有产品打入新的市场从而增加产品销售量的战略。如果企业现有的产品在现有的市场已经没有进一步发展的余地时，企业要对市场进行充分的调研，从中寻找机会，选择进入新的细分市场，激发顾客的购买欲望，从而将企业原有产品在新的市场进行销售。企业可以采用以下两种方法把现有产品推向新市场，一种是扩展到不同地区。可能是企业在所经营的领域非常成功，随着企业实力的扩展，将产品由某一地区推广到其他地区，也有可能是企业将在某一地区销售日趋饱和的产品销往其他地区。另一种是实行顾客扩展。企业的产品在投入市场后，可以根据其用途让另一细分市场接受。如生产婴幼儿护肤品的企业将产品推向成年人市场。

(3)产品开发战略。产品开发战略是指企业在现在市场上通过改造现有产品或开发新产品来增加销售的战略。相对于市场的不可控制，企业内部的产品开发是相对容易控制的，采用这种战略的企业要对原有顾客有充分的了解，能够根据顾客需求的变化相应地对产品进行改进，可以形成长期的产品差别优势。为了保持在现有市场上的份额，企业通过分析现有产品存在的问题，改进产品的质量特性，挖掘产品新的功能用途，不断地以新产品或改进产品来满足顾客的需求，从而实现企业的持续成长。

2. 一体化战略　一体化战略是企业在原有业务范围的基础上，通过扩大经营领域的深度和广度来谋求发展壮大的战略。它有利于深化专业分工协作，提高市场占有率和增强企业的实力。根据产业链延伸的方向，一体化战略有纵向一体化和横向一体化两种形式，见图 3-7。

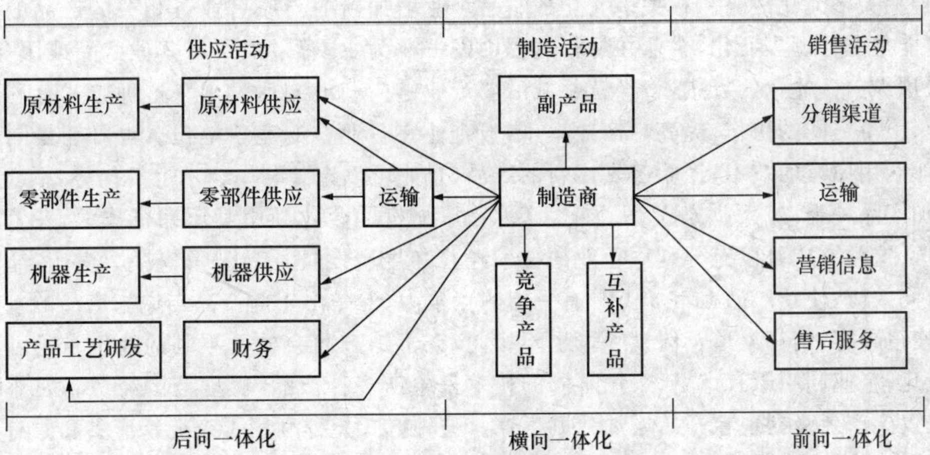

图 3-7　一体化战略

(1)纵向一体化战略。纵向一体化又叫垂直一体化，是企业将经营领域沿着产业链向前或向后发展的一体化战略，包括后向一体化和前向一体化战略。后向一体化指产业链向后延伸，企业的业务范围向供给资源方向扩展，如冰箱企业原来是从压缩机企业购进压缩机，现在冰箱企业与压缩机企业联合起来，保证了压缩机的供应。前向一体化指产业链向前延伸，企业的业务范围向产品或服务的最终使用者方向扩展，如纺织企业原来只向服装企业提供各种原料，现在拥有自己的服装企业进行服装销售。企业采用纵向一体化战略将相互联系密切的经营活动纳入企业体系中，有利于企业加强从原材料供应到销售的全过程进行控制，保证了关键资源的投入，节约了交易成本，提高了进入壁垒，防止竞争对手进入本企业的经营领域，提高了经营效率，巩固了企业的市场地位。但是由于在产业链的不同环节，技术和运营上存在着一定的区别，增加了对资源的需求，导致了企业管理上的困难，且抗风险能力差，不利于促进技术和产品创新。

(2)横向一体化战略。横向一体化又叫水平一体化，是指与处于同一经营领域的企业实现联合的战略。企业通过兼并或与同行业的竞争者进行联合，可以提高企业的实力，通过扩大原有产品的生产，实现规模经济，降低成本，增加了企业的市场份额，增强了对市场的控制能力，提高了行业的集中度，减少在某一地区或市场中竞争，有利于企业维持自身的竞争地位和竞争优势。随着国际化进程的不断加快，我国实行横向一体化战略的企业也日益增多。但是，横向一体化战略也会带来一些问题，横向一体化战略可能会使企业获得某种形式的垄断，这可能会导致政府的干预，且经营规模的扩张有可能引起企业在资源管理上的困难，加大了各方面的协调工作。

3. 多元化战略 多元化战略是指企业在现有业务领域基础之上增加新的产品或业务的经营战略。随着社会的发展，顾客的需求呈现出多元化的特点，为企业提供了更多的市场机会。而企业经过前期和竞争对手激烈的竞争，彼此之间势均力敌，难以在行业内部求得自身更大的发展。随着市场和环境的变化，如果企业只经营单一产品，就会给企业的经营带来较大的风险。企业实行多元化战略可以利用不同产品规避企业的经营风险，提高经营的安全性，充分利用剩余的经营资源，有利于企业向新的行业转移，提高企业的综合竞争实力。根据增加的业务与原有业务之间的关系，多元化战略可以分为相关多元化和非相关多元化两种形式。

(1)相关多元化战略。相关多元化战略是企业增加新的与原有业务相关的产品的一种战略。可能是主导型多元化，企业在经营过程中以一业为主，有限地发展其他产品或服务，企业可以采用纵向一体化的方式，将经营领域沿着产业链向前或向后发展。这种方式有利于深化产业上、下游之间的协作，提高生产效率，增强企业在行业中的竞争地位。也可能是同心多元化，企业利用原有的技术、经验等发展新的产品，企业可以充分利用技术上的优势，不断向外扩散，增加产品种类，扩大业务范围。如生产冰箱压缩机的企业利用其压缩机技术，来生产空调压缩机。这种方式可以充分利用企业的技术经验和生产设备，能够获得技术、生产、经验等方面的协同效应，使新产品在市场上具有一定的竞争力，但是由于新产品与原来产品的基本用途不同，使得顾客、销售渠道及促销手段也不相同，在营销方面会处于不利的地位。还可能是水平多元化，企业利用原有市场，采用不同的技术来生产多种产品，实现范围经济。如牙膏厂由原来仅仅生产牙膏到现在开始增加牙刷生产。这种方式充分利用了企业新产品和原有产品在顾客、销售渠道、促销手段等方面的市场关联性，有利于取得营销方面的协同效应，但是由于在技术、生产方面不同，在生产技术方面处于不利地位。总之，企业实行相关多元化战略，可以发挥技术或市场的优势，寻找机会进入其他相关行业，将专有技能，生产能力或者技术由一种经营转到另一种经营中去，共享品牌和商誉，把不同的活动合并在一起，降低了成本，分散了经营风险。

(2)非相关多元化战略。非相关多元化战略是企业新增业务与原有业务没有明显相关性的一种战略,如企业收购、兼并其他行业的企业,把经营领域拓展到其他行业,新的产品或服务与企业现有的毫无关系。企业采用非相关多元化战略主要是受财务驱动,希望寻找高利润的市场机会。实行非相关多元化战略,可以综合发挥企业的各种资源,通过将企业的投资分散在具有完全不同的技术和市场的业务中来分散经营风险。但是,企业采用非相关多元化战略也存在着一定的风险,由于企业跨行业生产多种基本用途不同的产品或服务,不同的行业有不同的业务流程和不同的运营模式,企业的管理人员难以掌握所有行业的业务知识,不能准确地对行业的竞争环境进行分析,也难以对各个业务的发展进行及时的监测和评价,导致了决策的失误。同时随着企业机构的增多,打破了企业原有的工作分工协作系统,增加了企业内部管理协调的难度。且企业资源是有限的,非相关多元化战略把企业有限的资金分散在多个行业上,使得新增业务没有达到规模经济,造成经营亏损,也削弱了企业原有的业务。

企业在实施多元化战略时要注意以下几个方面:首先要以主业为主,发挥企业的核心竞争优势,企业要确立自身的主营业务作为生存的基础。其次要选择前景光明的新领域。企业在实行多元化经营时应对新领域进行调研,了解新领域的市场规模、行业的生命周期、行业的竞争状况、行业的发展潜力和所需的核心技术等,避免盲目跟进,从而损害企业的利益。最后要循序渐进进行多元化发展。企业在实施多元化战略时,要慎重把握扩张速度,保证资源的最优配置和各项业务的协调发展。

(二)稳定型战略

稳定型战略强调的是保持企业现有规模,巩固现有的竞争地位,当企业经过前期快速的发展,为了维持已有的经济成果,规避企业开发新的产品市场所带来的风险,或者是企业的市场需求增长达到饱和状态时,企业可以保持现有的规模,在原有的行业中通过防御阻止其他企业的进攻。按照偏离战略起点的程度划分,稳定型战略可以分为无增战略和微增战略。

1. 无增战略　无增战略是指企业保持战略地位不变,各项经济技术指标停留在原有水平上的战略。企业采用无增战略是因为企业的环境稳定,经营现状良好,没有必要对企业的战略进行调整,也有可能是企业找不到进一步发展的机会,为避免风险,企业一切工作都按照原有的方针进行,追求与过去基本相同的目标。

2. 微增战略　微增战略是企业在维持现状的前提下略有增长和发展的战略,体现为企业在产销规模和市场地位上略有增加,以稳定和巩固企业现有竞争地位,这种增加不是大规模的、迅猛的发展,而是经营成果按大体的比例略有增长。

采取稳定型战略的企业,一般外部环境动荡较少,且企业所面临的发展机会也相对较少,企业在经营上维持过去的目标,可以降低企业实施新战略的经营风险,避免了和竞争对手激烈的对抗,巩固成果,维持现状,为企业创造一个加强内部管理和调整生产经营秩序的修整期,使得企业能积聚更多的能量,从而求得日后的发展。但是随着企业内外环境的变化,外部环境变得对企业有利,企业内部条件由劣势转变为优势时,企业就不能一直继续实施稳定型战略,否则就因为过于保守,使得企业错过了发展良机。

(三)紧缩型战略

紧缩型战略是相对比较消极的战略,当企业外部环境面临较大的压力,如经济不景气、需求紧缩,而企业内在资源有限,如经营能力不足,使得企业经营不善,甚至出现亏损时,采用紧缩型战略能最大限度地降低企业的损失，保存企业实力，使企业摆脱困境，以退为进，退出某些领域，等待有利时机进入到其他对企业发展更为有利的领域中去。紧缩型战略可以分为转向战略、放弃战略和清算战略。

1. 转向战略 转向是指改变原来的经营方向，转向战略是当企业原有的经营领域出现问题，或者企业有了新的发展机会，企业尽可能地从原有经营领域中收回资金，转移到新的经营领域的战略方案。采用转向战略，可能是因为企业的内外环境出现了较大的问题，企业的产销规模逐步缩小，市场占有率降低，企业通过严格控制，削减各项费用支出，减少投资项目，将有限的资源投入到企业中更需要资金或发展潜力更大的领域。

2. 放弃战略 在实行转向战略无效时，企业可以采取放弃战略。放弃战略是指企业把一个或几个经营不善的经营单位或业务转让、出卖或停止经营，以最大限度地收回投资，集中资源来从事企业的核心业务。在出现财务状况恶化，资金紧张，某些经营单位或业务经营较差，缺乏竞争优势、占用过多资金或与企业其他活动不相适应等情况下，企业为了维持整体的生存，可以采用放弃战略，抛弃一部分经营单位或业务，有利于企业摆脱困境，收回资金，集中资源，伺机抓住更大的发展机会。

3. 清算战略 清算战略是指企业由于无力清偿债务，出售或转让企业的全部资产而终止企业的存在。当企业遇到很大困难，无论采用转向战略还是放弃战略都不足以应付其面临的危机时，才会考虑使用清算战略。在企业毫无希望再恢复经营时，早退出比晚退出更有利于股东的利益，企业可以有计划地、尽可能多地收回企业资产，以减少损失。

总之，企业总体战略一般包括增长型、稳定型和紧缩型 3 种战略，这 3 种战略既可以单独使用，又可以组合起来使用。事实上，大多数大型企业实行的并不只是一种战略，由于大型企业的不同经营单位分布在不同的行业中，各经营单位的外部机会和威胁以及内部优势和劣势并不完全相同，如果采用统一的战略，会导致战略与具体的经营单位不一致，从而影响企业的总体发展，从长期来看大多数大型企业是混合起来使用。

二、经营单位战略

（一）一般竞争战略

根据波特教授的理论，一般竞争战略有成本领先战略、差异化战略和集中化战略 3 种模式，见图 3-8。企业可以选择把成本控制到比竞争者更低的程度，可以向顾客提供具有独特性的产品和服务，可以在特定细分市场上建立起在成本或独特性上的竞争优势，这 3 种战略可应用于任何类型的企业，有利于企业建立长期发展的稳固地位，更好地应对竞争对手的竞争。

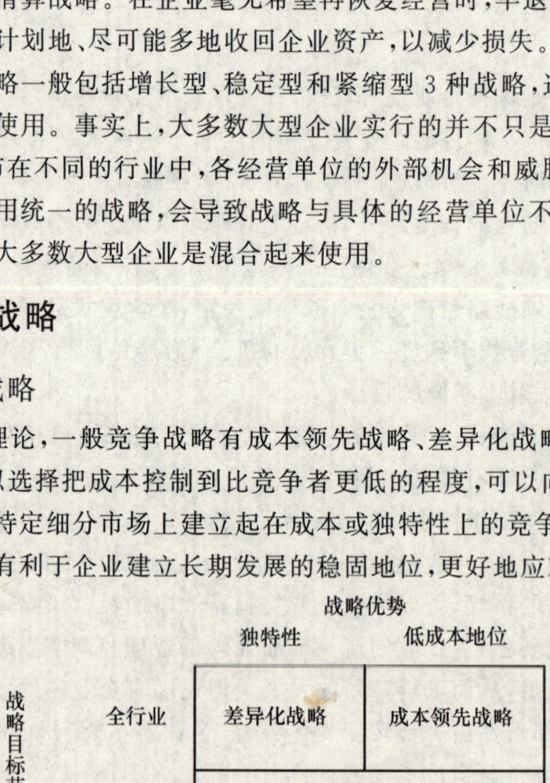

图 3-8 3 种竞争战略的关系

1. 成本领先战略　成本领先战略指企业通过对生产经营活动的各个环节加强控制，使研发、生产、营销和财务等环节相互协调，进而实现企业总成本处于最低水平，成为同行业中成本领先者的战略。成本领先并不等同于降价竞争，如果价格降低而成本没有降低，只会使企业陷入和竞争对手的价格战中，降低了企业的利润。成本领先战略适用于生产标准化产品，采用成本领先战略的企业利用其成本上的领先地位取得竞争优势，通过较低的成本可以吸引顾客的购买，扩大市场份额，也降低了替代品的威胁，对于潜在进入者形成了进入壁垒，使自身处于有利的竞争地位。企业成本的降低途径有很多种，可进行产业升级、创新生产过程来提高运作效率，可采用高效的生产设施，通过提高生产规模、增加市场份额来实现规模经济，可在经验的基础上提高员工的工作效率来降低劳动力成本，可简化产品的功能，提供基本的无附加的产品等方式来减少总成本。

2. 差异化战略　差异化战略是指企业通过改进产品或服务，使自己的产品或服务具有与众不同的特色，使之与竞争对手的产品或服务区别开来，从而吸引顾客，达到提高市场占有率目的的战略。差异化战略的核心是独特性，可以表现在产品、技术特性、品牌、企业形象、顾客服务、销售渠道等各个方面。在仅靠价格竞争很难达到扩大销售的目的的状态下，企业可以实行差异化战略。差异化可以增强顾客对企业的忠诚度，降低顾客对于价格的敏感程度，减少替代品的竞争强度，对于潜在进入者形成了进入障碍，降低了行业内竞争对手的直接竞争，给企业带来了较高的收益，也减少了由于供应者价格上升而产生的压力。由于竞争者的模仿，可能使得企业产品或服务的独特性消失，且实行差异化战略的企业和竞争对手相比，成本相差较大，所以企业在对现有产品或服务实现差异化的过程中，要及时根据顾客的需求变化准确地进行差异化定位，可通过改进产品的性能，增加产品的附加价值，改变营销模式，加强服务与技术支持等手段来进行。

3. 集中化战略　集中化战略是企业集中其全部力量，把经营的目标对准某一细分市场，然后在这个特定市场上建立自己的产品在成本或独特性上的竞争优势的战略。这种战略的前提是企业可以准确地进行市场细分，并能对目标市场的发展趋势有一个准确的预测。采用集中化战略的一般是中小型企业，这主要是因为由于受自身条件的限制，有的企业无法在全行业实现成本领先或者差异化，故而将资源集中于目标市场。采用集中化战略的企业以一个特定市场作为关注焦点，经营目标集中，有利于集中使用企业的各项资源，形成企业的核心竞争力，通过成本或独特性来区别其他的竞争对手，能更好地满足顾客的需求从而获得较高的利润，同时，可以避免与实力强大的竞争对手进行正面冲突。在稳定的环境下，企业实行集中化战略较为有利，但在动荡的环境下，随着竞争对手的模仿，逐步缩小了与企业之间的差异，目标市场与其他细分市场的差异可能过小，目标市场没有较大的发展空间等问题，都会给企业实施集中化战略带来较大的危机。

（二）竞合战略

一般竞争战略关注的是企业之间的竞争，在市场环境瞬息万变的今天，企业为了获得长期可持续性的发展，与竞争对手既要展开竞争，又要进行合作，竞合战略是指企业通过与其他企业合作来实现企业竞争优势的战略。1996 年，布兰登勃格（Adam M. Brandenburger）和内勒巴夫（Barry J. Nalebuff）出版《竞合战略》一书，认为企业的经营活动是一种特殊的博弈，制定竞合战略的主要方法是博弈论，企业在创造价值时，应与顾客、供应者、竞争者和互补者密切合作，通过合作与竞争，实现共同发展。他们将企业对策中可能涉及的关键要素归纳为参与者

(player)、增值(added-values)、规则(rules)、战术(tactics)、范围(scope)5个要素,简称"PARTS"。改变这其中的任何一个或多个要素,就能改变博弈关系,从而达成双赢或多赢的结果。

1. 参与者 参与者所扮演的角色是动态变化的,竞争者可能转为合作者,合作者可能转为竞争者,彼此之间在创造价值上合作,在分配价值上竞争。企业可以通过改变参与者来改变对策,如引入新的参与者,引入新的顾客可以扩大市场,引入新的供应者可以打破原有供应者的供应垄断,引入新的互补者可以增加企业产品或服务在顾客心中的价值,引入新的竞争者可以改变行业的竞争态势,提高进入壁垒。

2. 增值 增值指的是对策中各参与者的附加价值,它决定了参与者参与对策所能获得的收益,每个参与者的增值都不是一成不变的,可以通过改变各参与者的增值以改变对策,企业应考虑如何增加自身价值,降低其他参与者的价值,一般而言,当企业处于垄断地位时关注的是如何限制其他参与者的附加值,如企业有意降低产量,达到调控供求关系,造成市场上供不应求的局面,以改变顾客的价值。当企业处于激烈的竞争环境中关注的是如何增加自己的附加值,如企业进行供应商管理,通过整合供应链来实现自身的增值。

3. 规则 规则指的是对策中各参与者习惯采取的做法,有些是法律规定,有些是约定俗成,有些是顾客偏好,还有些是临时协议。人们通常认为规则在建立起来以后,由于习惯的力量变得难以改变,其实企业可以通过改变规则来改变自身在对策中的结果,建立或改变规则,更好地利用现有的规则,让规则来适合自身而不是其他的参与者,就会使企业获得独特的优势,使结果向有利于自身的方向发展。如企业通过技术创新拥有知识自主权,开始参与行业标准的制定,变身为行业的领导者,拥有了话语权。

4. 战术 战术指的是参与者对对策的看法,以及在这种思想指导下的行为方式。参与者的战术不仅取决于自身,还取决于竞争对手的认知。企业通过改变参与者对对策的看法来影响对策时,可以通过向竞争对手发送信号,以改变他们的认知来影响其行为,达到增强企业利益的目标。

5. 范围 范围指的是对策的边界,如空间、时间等。企业通过扩大或缩小对策范围来改变力量对比,使得对企业有利。如企业可以寻求市场的漏洞和空缺,从竞争对手的薄弱环节入手,针对有一定的发展空间、竞争相对不太激烈、供应还不能满足需求的目标市场,以避免与竞争对手的正面交锋,从而超越竞争,改变企业目前的状态。

基于博弈理论制定竞合战略时,企业要明确这5个要素都是可变的,这种改变既可能是企业自身也可能是由其他参与者造成。竞合理论是双赢思想的体现,着眼点在于把产业蛋糕做大,改变了传统企业之间非赢即输的关系,减少了因企业之间的对抗而造成的资源浪费。参与者为了共同的利益,采取长期相互依存、相互支持、共同进步的态度和行为,企业之间通过信息交流和沟通,实现了信息共享,减少了企业的信息费用,降低了企业的成本。同时,合作实现了企业之间资源的互补,可以形成更为有效的专业化分工,增强了竞争双方的实力。竞合战略的实现形式多种多样,常见的形式有战略联盟、虚拟组织和产业集群等,其中,战略联盟是竞合战略的主要实现形式。

【知识链接】3-2 战略联盟

战略联盟就是两个或两个以上的企业或跨国公司为了达到共同的战略目标而采取的相互合作、共担风险、共享利益的联合行动。它具有边界模糊、关系松散、机动灵活和运作高效的基本特征。战略联盟可以创造规模经济，降低企业的成本，通过共担风险来降低企业经营的风险，通过资源的互补，可以把分散的优势组合起来，产生协同效应。

（三）蓝海战略

红海战略指的是企业在竞争激烈的市场上与对手争抢市场份额，韩国学者金教授（W. Chan Kim）和美国学者莫博涅教授（Mauborgne）于 2005 年出版了《蓝海战略》一书，提出了蓝海战略思想。蓝海战略要求企业超越产业竞争，把视线从竞争对手移向买方需求，拓展没有竞争的市场空间以规避竞争，关注于创造并获取新的需求，不同于红海战略在价值和成本之间进行权衡取舍，蓝海战略同时追求价值与成本，通过价值创新提升买方和企业自身的价值。买方价值是指企业向买方提供的效用和价格，只有具备一定效用且价格在承受范围内的产品和服务才是买方想要购买的。企业获得的价值来源于成本和价格，成本过高不利于企业的经营，企业向买方提供产品或服务时必须考虑买方的价格承受能力。只有企业把效用、价格和成本整合为一体时，才是真正的价值创新，能使企业得到更快的发展和获得更多的利润。蓝海战略有战略布局图、四步动作框架和“剔除-减少-增加-创造”3 种分析工具。企业通过战略布局图可以描绘价值曲线，再通过四步动作框架，在现有产品或服务的基础上剔除、减少、增加和创造若干元素，就可以塑造新的价值曲线，从而求得企业更好地发展，四步动作框架见图 3-9。

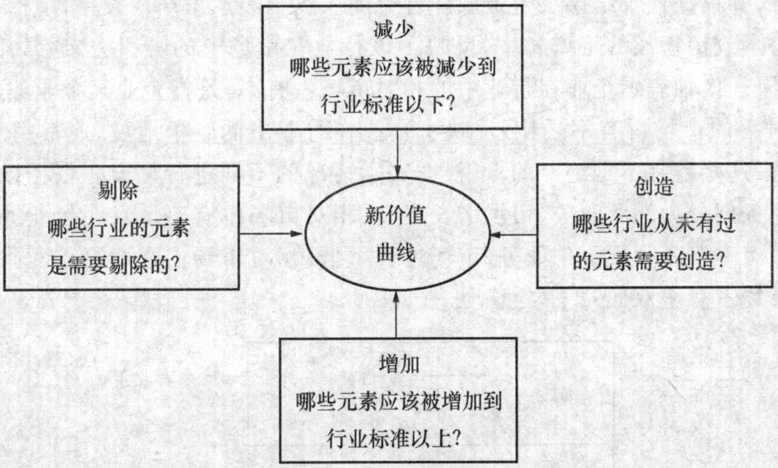

图 3-9 四步动作框架

为了创造新的价值曲线，要考虑以下 4 个问题：哪些被行业认定为理所当然的元素需要剔除？哪些元素的含量应该被减少到行业标准以下？哪些元素的含量应该被增加到行业标准以上？哪些行业从未有过的元素需要创造？

第一个问题促使企业考虑排除企业在行业长期竞争中攀比的因素。这些元素的存在常常被视为理所当然，但其实已不再具有价值，甚至还减少了价值。有时候，买方所重视的价值发生了根本性的变化，但企业视而不见，只关注和竞争对手的相互竞争，没有采取任何行动，甚至企业对这种变化毫无察觉。

第二个问题促使企业考虑现有的产品或服务是否在功能上设计过度。企业在提供产品或服务时希望能超越竞争对手，但是如果没有结合顾客的需求，就会增加企业的成本却没有达到预期的效果。

第三个问题促使企业去发现和消除行业中的顾客被迫接受的妥协或做出的让步。

第四个问题帮助企业为顾客开辟全新的价值来源,以创造新的需求,改变行业定价规则。

前两个问题的目的在于降低企业的成本,企业通过剔除和减少对于提升买方价值没有帮助却增加了企业成本的元素。后两个问题的目的在于提升买方价值,创造新的需求,企业通过增加和创造能够带来买方价值的元素。4个问题四步行动,使企业突破原有的竞争边界,重建战略中心,着眼于他择性产业和非顾客群,同时获得差异化和成本领先。

三、战略选择方法

企业在进行战略选择时,可以从适用性、可行性和可接受性等方面进行分析。适用性是衡量战略方案是否将企业自身条件和外部环境相匹配。可行性是指企业所制定的战略在现实中是否可行。可接受性是分析战略实施的结果是否能达到企业的期望。企业可运用战略选择方法来达到选择战略的目的。

目前,大中型企业的各个经营单位往往经营不同的业务,可以采用波士顿矩阵把企业经营的业务组合作为一个整体分析。波士顿矩阵,即BCG矩阵,是美国波士顿咨询公司在20世纪60年代提出的一种投资组合分析方法。波士顿矩阵法使用市场增长率和相对市场占有率来评价每个业务,并根据评价结果决定资源配置方向。纵轴表示市场增长率,是指企业所在行业某个业务销售量或销售额的年增长率,反映了该行业在市场上的吸引力,通常用10%作为增长高、低的界限。横轴表示企业在行业中的相对市场占有率,是指企业某个业务的市场占有率与主要竞争对手的市场占有率之比,反映了企业在行业中的竞争地位,通常用1.5作为划分高、低的界限。这些数字不是绝对的,可根据实际情况的不同进行修改。根据以上两个因素,可以将企业业务划分为问题业务(市场增长率高、相对市场占有率低)、明星业务(市场增长率和相对市场占有率双高)、现金牛业务(市场增长率低、相对市场占有率高)、瘦狗业务(市场增长率和相对市场占有率双低)4种类型,见图3-10。

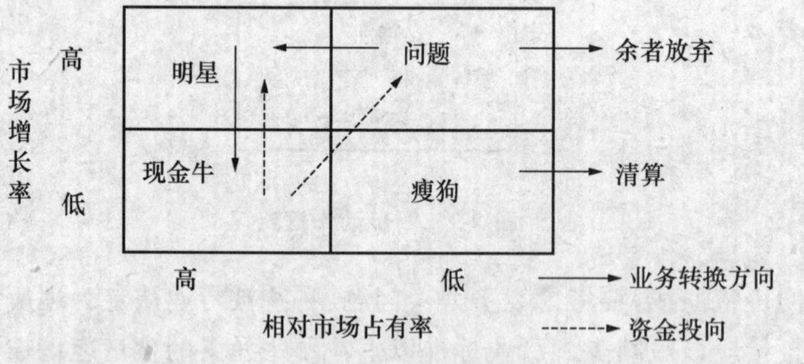

图3-10 波士顿矩阵

对于有发展潜力的问题业务,企业可以采用增长型战略,加大资金的投入,以扩大市场占有率使其转变为明星业务,对于无法转变成明星业务的问题业务,则采用紧缩型战略,退出该领域。对于明星业务,为了将其发展成为现金牛业务,企业要继续投资,保持其有利的市场地位,可采用增长型战略。现金牛业务市场地位有利,能够产生大量的现金,但未来的增长前景是有限的,可采用稳定型战略维持现状,将额外的资金投入到明星业务和问题业务上。瘦狗业务没有发展前途,适合采用紧缩型战略,以便把资源转移到更有用的领域。

第四节　企业战略实施与控制

一、企业战略的实施

企业战略的实施是将战略方案转变为战略行动的过程，制定了正确的战略并不意味着企业的成功，企业的各个方面要做出相应的调整，才能保证企业战略的顺利实施。

（一）战略实施的模式

企业战略的实施能否成功在很大程度上依赖于企业的高层管理者，不同类型的企业，企业高层管理者的管理模式也会有较大差别，总的来说，战略实施一般有以下 5 种不同模式，见表 3-5。

表 3-5　企业战略实施的 5 种模式

模式	高层管理者研究的战略问题	高层管理者的角色
指挥	如何制定出最佳战略	理性行为者
变革	企业战略已形成，分析如何实施	设计者
合作	如何使管理者从一开始就对战略承担责任	协调者
文化	如何使整个企业都保证战略的实施	指导者
增长	如何激励员工去执行战略	评判者

1. 指挥型　指挥型模式是一种高度集权的模式，强调领导层的权威，企业高层管理者考虑的是企业战略制定问题，一旦制定出企业战略后，向下层管理人员宣布战略，然后强制下属执行，统一指挥，严格控制。在这种模式下，一般高层管理者拥有较高的权威，靠其权威通过发布各种指令来推动战略实施。环境稳定，能够及时有效地收集信息并传递到高层管理者手中，企业处于有利的竞争地位。但是战略制定者和执行者是分开的，员工缺少积极性，甚至会拒绝执行战略，在一定程度上压抑了员工的创新精神，不利于企业的创新。

2. 变革型　企业高层管理者考虑的是企业战略实施问题，考虑如何运用组织结构、信息系统、激励手段和控制系统，甚至调整经营范围等措施来促进战略实施。企业高层管理者可对企业进行变革，重新设计组织结构和运营管理以增强战略实施的协调性，通过新的组织结构向企业员工传递新战略的战略重点，同时还要调动员工的积极性以促进战略的实施，增强了企业适应变化的能力，但变革也会带来企业内部系统的不稳定，影响企业战略实施效果。

3. 合作型　企业高层管理者扩大决策的参与范围，进行集体决策，启发其他的管理人员共同考虑战略的实施问题，企业高层管理者和其他管理人员一起对企业战略问题进行充分的讨论，相互配合，形成较为一致的意见，制定并实施战略，使每个管理人员都能贡献自己的力量，保证战略目标得以顺利的实现。由于企业高层管理者在做决策时集思广益，既调动了管理人员的积极性，又使企业高层管理者获得比较准确的信息，保证了决策的质量，提高了战略实施的有效性。但是这种模式属于分权模式，由于参与者的出发点不同，在战略实施过程中容易产生冲突和矛盾。

4. 文化型　企业高层管理者考虑在企业中培育适当的文化，不断向企业成员灌输战略思想，建立共同的价值观和行为准则，动员全体员工都参与战略实施活动。这种模式适用于由众多具有一定知识技能的员工组成的企业，它扩大了讨论的范围，把企业较低层次的员工都纳入到战略实施中来，打破了战略制定者与执行者之间的界限，使得企业全体员工有着共同的目标，保证了企业战略迅速实施，风险小，但是执行起来耗费的时间长。

5. 增长型 企业高层管理者考虑的是鼓励下层管理人员制定与实施自己的战略，企业战略不是从最高层自上而下地推行，而是从基层自下而上地产生，减轻了高层管理者的负担，集中了基层人员的能力和智慧，充分调动基层人员的积极性，这种模式适用于从事多种经营业务的大型企业，由于企业面临着不同的经营业务，高层管理者不可能熟悉每个经营单位所面临的问题，为了保证战略的成功实施，高层管理者采取放权，激励下属集中精力从事有利于企业发展的经营决策。增长新型模式强调适当分权，但分权的程度较难以把握，且有时基层员工的意见多种多样，从各自的目的出发，难以形成统一的方案，影响企业战略的实施效率。

(二)战略实施的过程

为了确保企业战略的实施，要建立年度目标和政策，将战略目标转化为年度目标，要建立一个与战略相匹配的组织结构，进行资源的规划配置，最后要营造有利于战略实施的企业文化，见图 3-11。

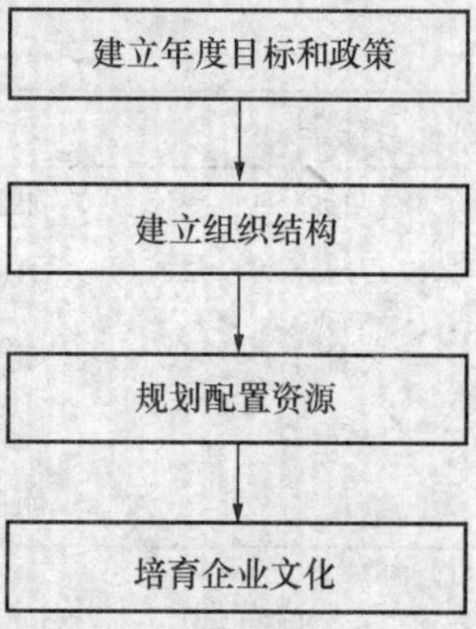

图 3-11 战略实施的过程

1. 建立年度目标和政策 企业高层管理者根据战略目标确定企业的年度目标，然后将年度目标分解到个人，年度目标应尽可能地加以具体化与定量化，以保障战略目标的最终实现。然后建立适应战略实施的政策以指导企业的日常工作。政策包括具体的准则、方法、程序、规则及支持和鼓励为实现既定目标而努力工作的所有管理活动。政策使员工和管理者明确了方向和可以采取的行动，统一了整个企业的战略行为，提高了战略成功实施的可能性。

2. 建立组织结构 建立一个与战略相匹配的组织结构是战略实施的关键，企业战略与组织结构是动态变化的过程，企业战略的变化会导致组织结构的变化，美国学者钱德勒认为组织结构要服从于企业战略，同时组织结构的重新设计又能够促进企业战略的实施。企业高层管理者应在综合分析各种组织结构类型优缺点的基础上，根据企业所处环境的变化以及战略方案的特点来选择相适宜的组织结构。

3. 规划配置资源 实施战略需要人、财、物等各种资源，应根据年度目标的优先顺序进行资源配置。企业在配置资源时，既要考虑整个系统的综合平衡，又要突出重点，如果平均使用资源，就会造成资源浪费，影响战略的顺利实施。企业战略资源的分配一般可以分为人力资源和资金的分配两种。

(1)人力资源的分配。在战略实施过程中，企业要根据岗位的需要选择适宜的人员，充分利用现有的人力资源，注意整个员工队伍综合力量的搭配和权衡，在关键岗位上配备一定数量具备特定知识技能的关键员工。

(2)资金的分配。企业中一般采取预算的方法来分配资金资源。预算是一种通过财务指标或数量指标来显示企业目标的方法，进行战略预算时应注意在资源分配上将长期利益与短期利益，效益与风险联系起来考虑。

4. 培育企业文化 企业文化对战略的实施起推动或阻碍的作用。企业文化可以激励员工、调动员工的积极性，可以产生强烈的企业认同感，引导员工培养企业所需要的技能，把员工的行为导向企业所期望的行为，统一企业员工的思想，保障企业战略的顺利实施。而当企业文化与战略不相适应时，就会阻碍企业战略的实施。因此，企业要培育支持战略的企业文化，以适应组织变革的需要。

二、企业战略控制

战略控制是指把战略实施过程中所产生的实际成果与预定的战略目标进行对比，检验两者的差别，并及时采取措施进行纠正，以达到预期的战略目标。

（一）战略控制的过程

战略控制的过程包括确定战略绩效评价标准、衡量实际绩效和反馈 3 个步骤，见图 3-12。

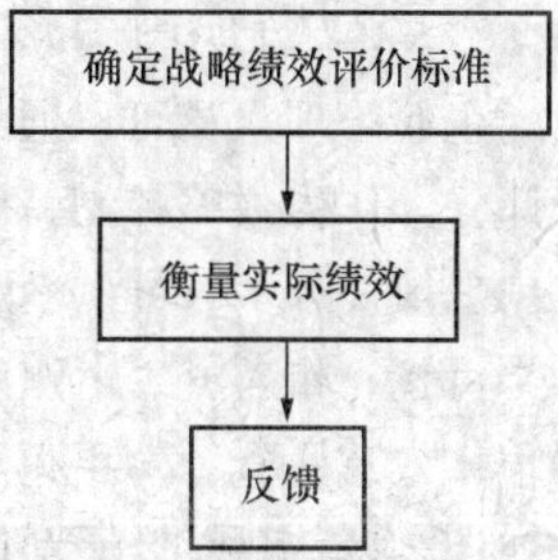

图 3-12　战略控制的过程

1. 确定战略绩效评价标准　所谓标准，就是评判成绩的尺度，用来确定战略实施是否达到了战略目标，是战略控制的依据，一般由定量和定性标准之分。定量标准有投资收益率、市场占有率、销售增长率、净利润和劳动生产率等。定性标准有战略与环境的适应性、战略实施的风险性和战略与资源的配套性等。定量标准与定性标准结合使用，能够客观全面地反映战略实施的实际结果。

2. 衡量实际绩效　企业要收集和处理数据，将实际绩效与评价标准相比较，确定两者之间的差距，并分析形成差距的原因。这是控制工作的中间环节，是发现战略实施过程中是否存在问题和究竟存在哪些问题，以及为什么存在这些问题的关键阶段。管理人员要及时地获得信息，可采取亲自观察、口头与书面报告和抽样调查等多种方法来完成这一步骤，这些方法各有其利弊，管理者应根据需要采用合适的方法。同时管理者要确定合理的评价频度，即何时、何地及间隔多长时间进行一次评价。

3. 反馈　如果实际绩效达到了评价标准，企业可以不采取任何行动，如果没有达到评价标准，必须针对其原因采取纠偏措施，这是战略控制的日的。通常产生偏差的原因土要有评价标准本身不符合客观实际或是环境变化，组织结构错误，从事该项工作的员工本身的原因所造成等，管理者应针对产生偏差的不同原因采取相应的纠正措施。如果产生偏差的原因在于评价标准本身，那么管理者必须按实际情况相应地修改标准；如果是环境出现了重大的变化，管理者必须制定新的计划；如果是因员工的工作导致的问题，那么管理者必须对员工加强培训和督导，确保工作与目标相吻合。

（二）战略控制的方法

按时间分类，战略控制有事前控制、事中控制、事后控制，见图 3-13。

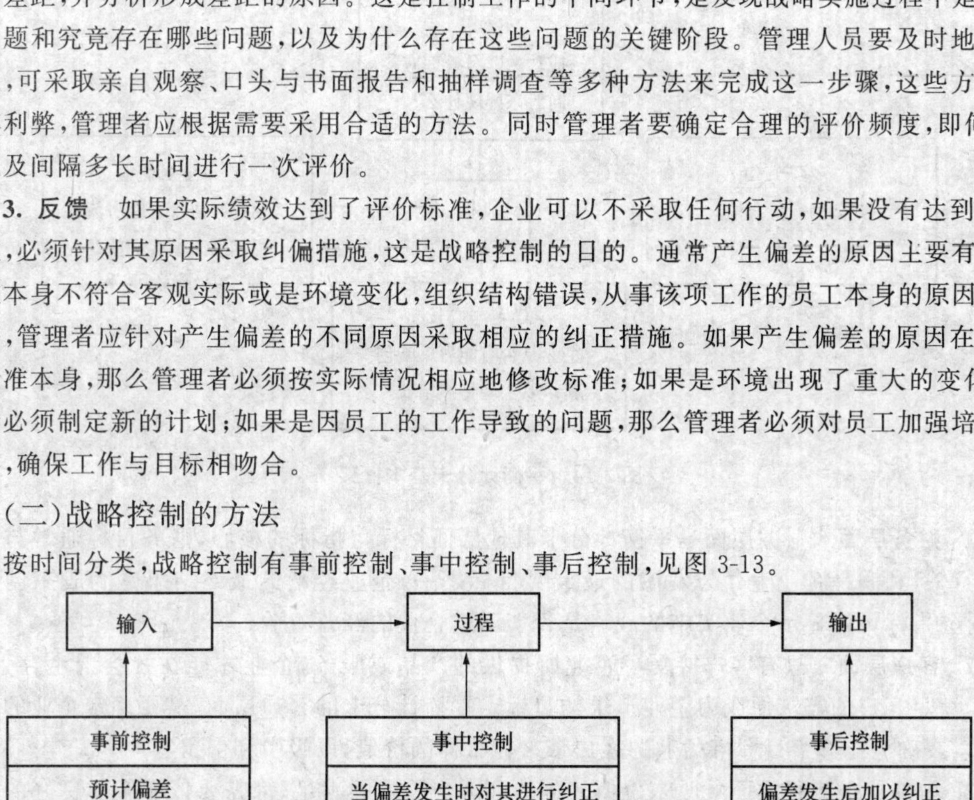

图 3-13　战略控制的方法

1. 事前控制 是在战略实施前,对战略行动的结果有可能出现的偏差进行预测,采取防患措施,以使在实际偏差产生之前,管理者就能运用各种手段对可能产生的偏差进行纠正,将其消除于产生之前,从而保证战略目标的实现。

2. 事中控制 是在战略实施过程中,对战略执行的情况给予监督和指导,纠正实施中产生的偏差,以保证其按规定的程序进行。

3. 事后控制 对行动结果进行测量,将行动的结果与期望的控制标准相比较,看是否符合控制标准,总结经验教训,并制定行动措施,进而纠正今后的行动。

(三)战略控制与持续改进

企业管理人员可以通过战略控制来纠正战略方向,为了求得企业的持续发展,可以采用平衡计分卡作为战略控制持续改进的方法。

平衡计分卡(balanced score card,BSC)是1992年由哈佛商学院的罗伯特·卡普兰(Robert S. Kaplan)和大卫·诺顿(David P. Norton)提出的一种综合评价方法。它将企业的战略目标转化为下属各经营单位或各部门在财务、客户、内部业务流程、学习与成长4个方面的具体目标,并设置对应的绩效评价指标体系及评价标准,以综合评分的形式,定期考核各经营单位或各部门在财务、客户、内部业务流程、学习与成长4个方面的目标执行情况,适时调整战略偏差,或纠正原定目标和评价指标,确保企业战略得以顺利地实施,平衡计分卡基本框架见图3-14。在平衡计分卡的基础上,罗伯特·卡普兰和大卫·诺顿在后期又提出了战略地图。

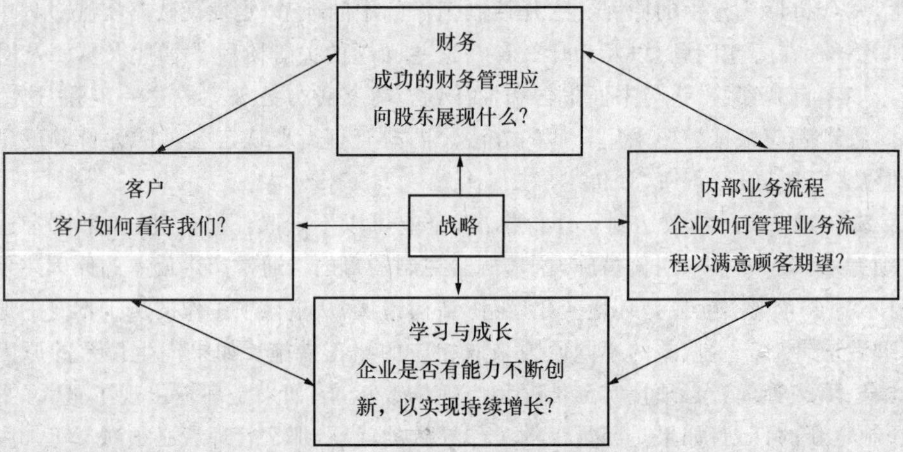

图3-14 平衡计分卡基本框架

1. 财务层面 财务层面是平衡计分卡其他层面目标与指标的核心,财务目标通常与获利能力有关,利润是企业生存与发展的最重要目标之一,企业经营的最终结果是为股东创造价值,财务指标可以显示企业实施的战略是否能增进企业的经营效益。

2. 客户层面 只有客户接受了企业所提供的产品或服务,企业才能在社会上生存下来,因此,满足客户的需求便成为企业追求的目标。平衡计分卡的客户层面,需要确定企业的细分市场以及确定能够给目标市场上的客户带来什么样的价值,以吸引和保留客户。

3. 内部业务流程层面 股东价值的创造和客户需求的满足,都需要依靠企业良好的内部运作来实现。对于平衡计分卡来说,要建立一个完整的内部业务流程价值链,包含创新、营运及售后服务 3 个主要的企业流程，发现客户需求，提供新的产品或服务，最终满足客户的需求。

4. 学习与成长层面　这个层面的主要目标是为其他 3 个层面的目标提供基础性的作用，是驱动前 3 个层面不断发展的动力。在激烈的竞争环境下，企业只有在人员、信息系统、企业程序等方面不断学习与创新，才能获得持续的发展。

【知识链接】3-3　战略地图

战略地图是从平衡计分卡简单的四层面模型发展而来的，它增加了一个细节层，用以说明战略的时间动态性，它还增加了颗粒层，用以改善战略的清晰性和重点。罗伯特·卡普兰和大卫·诺顿用六个步骤从动态的角度绘制战略地图。

第一步，确定股东价值差距（财务层面），比如说股东期望 5 年之后销售收入能够达到 5 亿元，但是现在只达到 1 亿元，距离股东的价值预期还差 4 亿元，这个预期差就是企业的总体目标；

第二步，调整客户价值主张（客户层面），要弥补股东价值差距，要实现 4 亿元销售额的增长，对现有的客户进行分析，调整客户价值主张。客户价值主张主要有 4 种：第一种是总成本最低，第二种价值主张强调产品创新和领导地位，第三种价值主张强调提供全面客户解决方案，第四种是系统锁定；

第三步，确定价值提升时间表。针对 5 年实现 4 亿元股东价值差距的目标，要确定时间表，第一年提升多少，第二年、第三年多少，将提升的时间表确定下来；

第四步，确定战略主题（内部业务流程层面），要找关键的流程，确定企业短期、中期、长期做什么事。有四个关键内部流程：运营管理流程、客户管理流程、创新流程、社会流程；

第五步，提升战略准备度（学习和成长层面），分析企业现有无形资产的战略准备度，是否具备支撑关键流程的能力，如果不具备，找出办法来予以提升，企业无形资产分为 3 类，人力资本、信息资本、组织资本；

第六步，形成行动方案。根据前面确定的战略地图以及相对应的不同目标、指标和目标值，再来制定一系列的行动方案，配备资源，形成预算。

摘自：吕巍、周颖、冯德雄《战略管理》

本章小结

企业战略管理是企业一切活动的纲领，本章首先介绍了企业战略的特征、层次，企业战略管理的概念与过程；介绍了企业使命，对企业外部环境、内部环境进行分析并对它们进行综合分析；介绍了企业总体战略、经营单位战略的战略类型；介绍了战略实施的 5 种模式和战略实施的过程，并对企业战略进行控制。通过本章的学习，旨在使读者对企业战略管理有一个全面的理解，系统地把握战略管理的步骤，理解战略分析、战略选择、战略实施与控制的内容。

复习思考题

1. 简述企业战略的含义及层次。
2. 简述战略管理的定义及过程。

3. 试述制定战略的内外环境分析。
4. 简述企业的总体战略。
5. 简述战略实施的模式。
6. 简述战略控制的过程与方法。

【案例分析】格力专业化经营①

珠海格力电器股份有限公司是集研发、生产、销售、服务于一体的专业化空调企业。公司自1991年成立以来，紧紧围绕"专业化"的核心发展战略，以"创新"精神促进企业发展壮大，以"诚信、务实"的经营理念赢取市场和回报社会，使企业在竞争异常激烈的家电市场中连续多年保持稳步健康发展，取得了良好的经济效益和社会效益。格力集团的专业化经营战略主要包括以下几个方面。

一、市场开发战略

实施这一战略过程中，所运用的主要策略是重点经营专卖店，通过良好的售后服务保证顾客利益。格力企业在成立之初，采用的主要战略是"农村包围城市"，他们在皖、赣、湘、桂、豫、冀等省树立品牌形象，建立巩固的市场阵地。20世纪90年代中期，格力的市场开发重心有所变化，他们在巩固原有市场的同时，进一步扩大国内有影响的大城市如北京、上海、南京等地，同时进军海外市场。

二、产品开发战略

格力产品开发的最大特点是一切以市场为导向，适应市场需要，同时又根据未来发展潮流创造市场。至今已开发出包括家用空调、商用空调在内的20大类、400个系列、7 000多个品种规格的产品。

三、市场渗透战略

格力集团采用了一系列的措施进行市场渗透，在扩大生产规模、降低成本的同时，降低价格，扩大市场份额。同时，格力集团加大广告宣传力度，还建立了以专卖店和机电安装公司为主的销售渠道，形成销售、安装、维修为一体的一条龙服务。

格力空调的专业化道路是一个成功的典范，从最初的仅是将产品卖到其他国家，到自主研发核心技术生产高附加值产品，再到利用核心技术确定世界领先地位，提升了企业的国际影响力。

思考题：

1. 格力集团的专业化经营体现在哪些方面？
2. 格力的成功对我国电器企业有哪些启示？

① 资料来源：王相平. 企业战略管理案例. 成都：西南财经大学出版社，2014：240-243。编写时有删节。

第四章 企业人力资源管理

【引例】微软的人力资源管理

微软公司1975年创办之时，人员只有3人，收入只有16 000元。如今微软公司已经在100多个国家设有分公司，全世界雇员人数接近9万人，年销售收入已达700多亿美元。微软公司被称为“致力于PC软件开发的迄今为止世界上最大最富有的公司”。在对微软公司应用部门的一次调查中，有88%的雇员认为，微软公司是该行业的最佳工作场所之一。目前，微软公司拥有众多精心挑选过的员工，他们以其才智、技能和商业头脑闻名，是公司长足发展的原动力。比尔·盖茨在清华大学演讲时曾说过，虽然自己并不是每一天都痛快，但他不愿与别人交换这个工作。他觉得与一群充满智慧的人工作和交流，是一件十分幸福的事。微软公司(中国)市场部的一名员工对记者说，他曾在另外两家外企工作过，进入微软公司后，每天都和一群非常有才气的人一起工作，感觉自己提高很快。他认为，这个公司是最让他心动和倾心的公司，对年轻人充满诱惑力。

第一节 人力资源管理概述

一、人力资源的概念

人力资源是第一资源，自然成了现代企业管理的核心。不断提高人力资源管理的水平，对企业提高市场竞争力起着至关重要的作用。

(一)人力资源定义

什么是人力资源？许多学者根据自己的研究对人力资源下了不同的定义。但一般认为人力资源是与自然资源或物力资源相对应的，以人的生命机体为载体的社会资源，是指在一定领域内人口所拥有的劳动能力，它包括宏观和微观两个层面。宏观层面的人力资源是指能够推动整个社会发展的人的劳动能力的总和。微观层面的人力资源是指特定社会组织所拥有的能推动其持续发展，达成组织目标的组织成员的能力总和。本书主要是在微观层面上讨论企业人力资源的管理问题。

(二)人力资源特征

如表4-1所示，与其他物质资源相比较，人力资源具有自己鲜明的个性特征。

表4-1 人力资源的特征

特征	内　容
再生性	人口的再生产 劳动力的再生产 劳动能力的再生产；能力可以不断培养，不断提高

续表4-1

特征	内　容
时代性	人力资源的形成和发挥作用,不能摆脱当时社会文化水平的制约
能动性	人类能够根据外部的可能性和自身的条件、愿望,有目的地确定经济活动的方向,并可以自主选择活动的方式。也即人在经济活动中是居于主导地位的
时效性	人的才能和智慧的发挥有一个最佳的时期和年龄阶段
连续性	人力资源可以而且应该不断地开发,持续地开发,才能不断增值
消耗性	人力资源若不加以开发使用,其功能的发挥便会具有一定的凝固性

二、人力资源管理的概念

(一)人力资源管理的定义

人力资源管理,是指根据企业发展战略的要求,有计划地对人力资源进行合理配置,通过对企业员工的招聘、培训、使用、考核、激励、调整等一系列过程,调动员工的积极性,发挥员工的潜能,为企业创造价值,确保企业战略目标的实现。根据上述定义,我们可以从两方面理解:

1. 对人力资源外在要素——量的管理　就是根据人力和物力及其变化,对人力进行恰当的培训、组织和协调,使二者经常保持最佳比例和有机的结合,使人和物都充分发挥出最佳效能。

2. 对人力资源内在要素——质的管理　主要是指采用科学方法,对人的思想、心理和行为进行有效的引导与管理,充分发挥人的主观能动性,以实现组织目标。

(二)人力资源管理的功能

如图 4-1 所示,人力资管理具有如下功能:

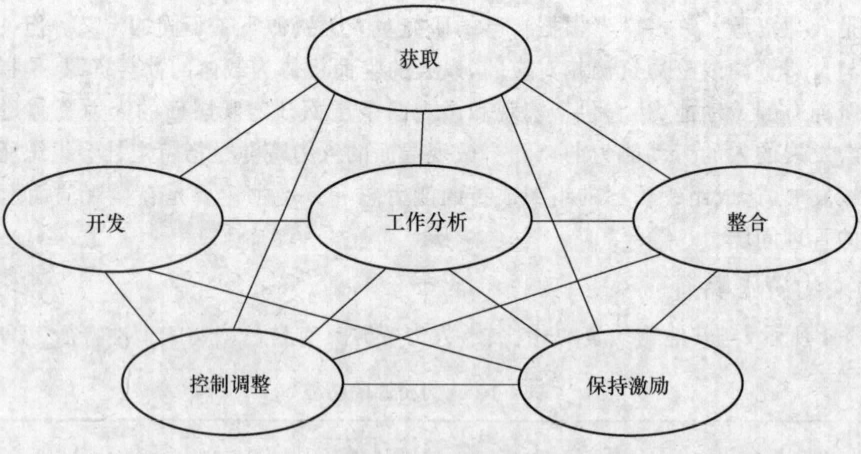

图 4-1　人力资源管理的功能及其相互关系

1. 获取　包括招聘、考试、选拔和委派等活动,为企业发展招募所需要的人力资源。

2. 整合　是指使被招收的员工了解企业的宗旨与价值观,接受和遵从其指导,使之内在化为他们自己的价值观，从而建立和加强他们对组织的认同与责任感。

3. 保持和激励　包括为员工提供所需奖酬，增加其满意感，使其安心和积极工作。

4. 控制和调整　是评估员工的素质，考核其绩效，做出相应的奖惩、升迁、辞退、解聘等决策。

5. 开发　是对员工实施培训，并为他们提供发展机会，指导他们明确自己的长处与今后的发展方向和道路。

上述人力资源管理的五项功能不是孤立无关的，它们密切联系，相辅相成，彼此配合。组织在某一方面的决策常常会影响到其他方面。例如：激励可使员工对工作满意、留恋和安心。从而促进了整合；开发使员工看到自己在本企业的前程，从而更积极和安心。但这五项基本功能都是以工作分析为基础与核心的。工作分析能确定本企业每一岗位的工作内容、应有的权责和资格要求，从而使人力资源的获取有了明确的要求，为激励规定了目标，给绩效考核提供了标准，为培训与开发提供了依据。

（三）人力资源管理的内容

人力资源管理的内容如表 4-2 所示。

表 4-2　人力资源管理的内容

内容	相关说明
工作分析与评价	对组织中的各个工作和岗位进行分析与设计，确定每一个岗位对员工的具体要求；并使用科学方法，对不同工作岗位的价值进行判定
人力资源规划	是应企业内外环境的变化，依据企业总体发展战略，并充分考虑员工的期望而制定的企业人力资源开发与管理的长远规划
员工招聘与录用	根据组织发展需要及工作岗位职责说明书，利用各种方法和手段，从企业内部或外部招录组织所需人才的管理工作
员工培训与开发	通过学习、训导等手段，提高员工的岗位技能，以达到提升员工业绩的目的
绩效管理	对员工工作状况进行评价，通过评价体现人在组织中的相对价值或共享程度
薪酬管理	人力资源管理部门根据企业实际制订具有吸引力和竞争性的薪酬福利标准和制度，建立合理、科学的薪酬福利体系，以稳定员工队伍，调动员工积极性
员工关系管理	协调员工与管理者、员工与员工之间的关系，创建和谐的工作氛围

三、人力资源管理职能的执行者

常见的误解是以为人力资源管理主要是专职人力资源管理部门的事。其实，按现代管理的观点，企业各级管理者都是人力资源管理者。应当明确，人力资源管理的主要职责是在直线管理者的肩上，他们处于第一线，是主角，人力资源专职管理人员只是配角，处于第二线，只起到后勤性、顾问性作用。如表 4-3 所示，这两类管理者在具体人力资源管理活动上的分工内容不同。

表 4-3　直线经理与人力资源管理专职人员的分工

职能	直线经理的活动与责任	人力资源管理专职人员的活动与责任
获取	提供职务分析、职务描述及职务要求的有关数据和资料；使各部门的人力资源计划与组织的战略协调一致；对职务申请人进行面试，综合审阅人事部门提供的资料，对录用和委派作最后决定	职务分析与描述的编写，人力资源规划的制定；检查人员招聘选拔、录用和委派中是否合法；申请人背景调查和人员体检；提供招聘服务和咨询
整合	与下属员工面谈，指导和教育；改善内部信息沟通，化解矛盾，做细致思想工作，提倡集体协作	记录和保管好人事档案；设计合理沟通渠道与制度；宣传企业文化，做好员工教育工作，加快员工对企业的认同和融入
保持与激励	尊重下属员工，公平地对待他们，论功行赏，按劳付酬	制定合理的工资奖酬、福利、医疗保健及各种福利制度，为员工各种需求提供服务
控制与调整	绩效考评，员工需要与满意度调查；对奖罚、解雇、提降、调迁做出决定	落实直线经理的有关决定；为员工离职提供咨询，为员工需要调查的设计、实施及结果分析提供服务
开发	组织员工培训；指导员工设计个人发展计划；给下属员工提供工作反馈；进行工作再设计	制订员工技术培训计划，提供培训服务；为员工职业生涯发展提供咨询；对管理人员进行开发和培训

第二节　人力资源规划

人力资源规划是指根据企业的战略管理目标，科学地预测企业在未来环境变化中人力资源的供给和需求状况，制定必要的人力资源获取、利用、保持和开发策略，确保企业组织对人力资源在数量上和质量上的需求，确保企业组织目标的完成，组织和个人获得长远利益。

一、人力资源规划的作用

人力资源规划主要功能和目的在于预测企业的人力资源需求和可能的供给，确保企业在需要的时间和岗位上获得所需的合格人员。人力资源规划是一项系统的战略工程，它以企业发展战略为指导，以全面核查现有人力资源、分析企业内外部条件为基础，以预测组织对人员的未来供需为切入点。

在人力资源管理职能中，人力资源规划具有战略性和应变性。组织发展战略及目标、任务、计划的制订与人力资源战略及计划的制定紧密相连。人力资源规划规定了招聘和挑选人才的目的、要求及原则；人员的培训和发展、人员的余缺都得依据人力资源规划进行实施和调整；员工的报酬、福利等也是依据人力资源规划中规定的政策实施的，在企业的人力资源管理活动中，人力资源规划不仅具有先导性和战略性，而且在实施企业目标和规划过程中，它还能不断调整人力资源管理的政策和措施，指导人力资源管理活动。因此，人力资源规划处于整个人力资源管理活动的统筹阶段，它为下一步整个人力资源管理活动制定了目标、原则和方法。人力资源规划的可靠性直接关系着人力资源管理工作整体的成败。所以，制定好人力资源规划是企业人力资源管理部门的一项非常重要和有意义的工作。

完备的人力资源规划是人力资源管理体系中与企业战略发展联系最紧密的一环。其作用如图 4-2 所示。

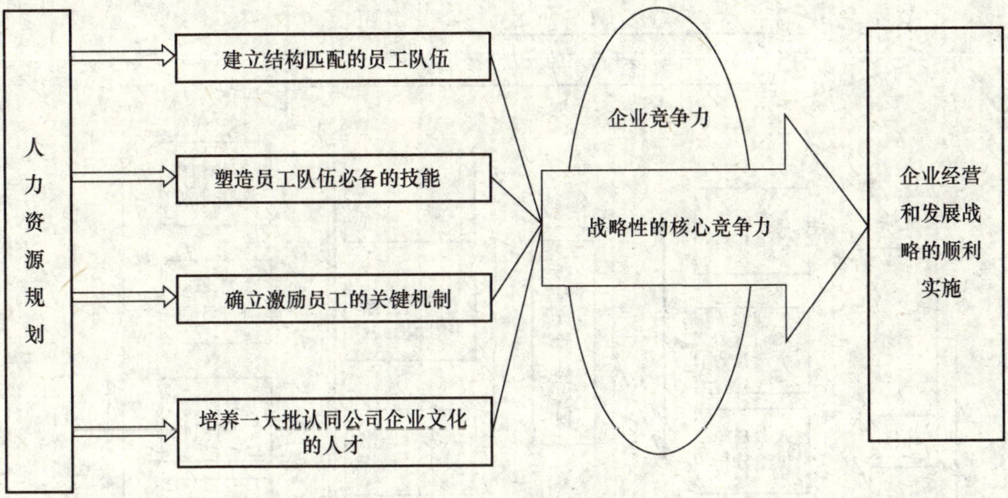

图 4-2　人力资源规划的作用

二、人力资源规划的内容

如表 4-4 所示，一份完整的人力资源规划应包含以下内容：

表 4-4　人力资源规划的内容

规划项目	主要内容	预算内容
总体规划	人力资源管理的总体目标和配套政策	预算总额
预算总额	中、长期内不同职务、部门或工作类型的人员的分布状况	人员总体规模变化而引起的费用变化
退休解聘规划	因各种原因离职的人员情况及其所在岗位情况	安置费
补充规划	需要补充人员的岗位、补充人员的数量、对人员的要求	招募、选拔费用
使用规划	人员晋升政策，晋升时间；轮换工作的岗位情况、人员情况、轮换时间	职位变化引起的薪酬福利等支出的变化
培训开发规划	培训对象、目的、内容、时间、地点、教员等	培训总投入、脱产人员工资及脱产损失
职业规划	骨干人员的使用和培养方案	(含在上项中)
绩效与薪酬福利规划	个人及部门的绩效标准、衡量方法；薪酬结构、工资总额、工资关系、福利项目以及绩效与薪酬的对应关系等	薪酬福利的变动额
劳动关系规划	减少和预防劳动争议，改进劳动关系的目标和措施	诉讼费用及可能的赔偿

三、人力资源规划流程

人力资源规划的基本流程见图 4-3。

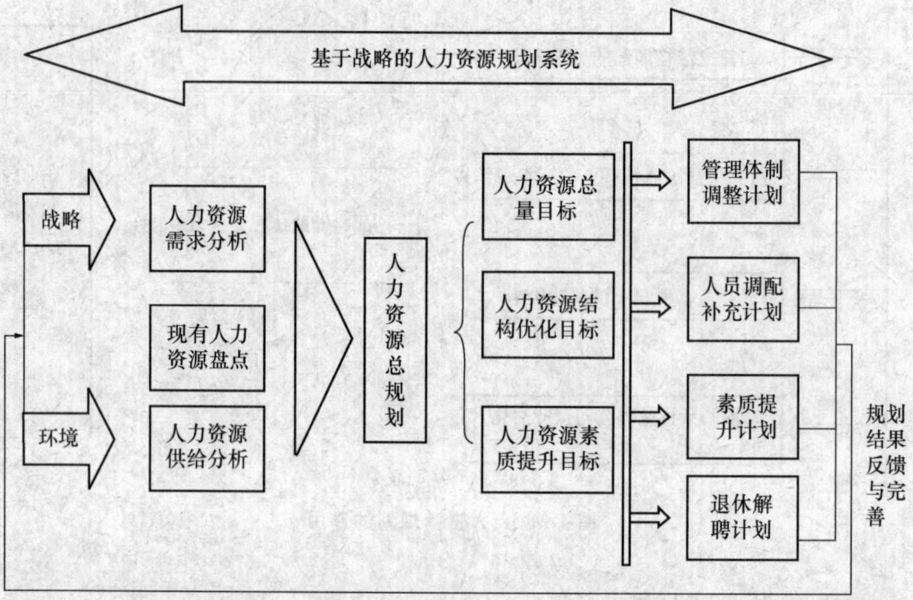

图 4-3　人力资源规划流程

（一）人力资源规划的影响因素分析

企业在制定人力资源规划的过程中，必须考虑企业外部的社会环境、产业结构，以及企业内部的经营战略等影响因素。

（二）企业现有人力资源盘点

根据企业发展战略的要求，对现有人力资源的数量、质量、配置结构等进行盘点，可以利用企业的人力资源档案资料来估计目前的人力资源技术、能力、潜力，并分析这些人力资源的利用情况。

（三）人力资源需求和供给预测

在充分掌握人力资源信息的基础上，运用各种定性和定量的方法和手段，预测各种不同类型的人力资源的供求情况，其基本目标是：估计在企业内部的哪些部门、岗位，未来可能会出现劳动力短缺或劳动力过剩的情况。

（四）人力资源规划的制定

在分析了各种相关信息并进行人员供求预测之后，就可以着手制定人力资源规划，包括人力资源总体规划和各项具体规划。总体规划从总体上统筹工作，管理者应先制定人力资源总体规划，在此基础上编制各项具体计划才能理清各项工作间的管理，理顺工作程序。各项具体计划要支持总体计划，每个子计划仅仅针对一个主题，将所有子规划综合起来，从而形成一套系统的人力资源规划。

（五）人力资源执行与反馈

人力资源规划的执行时管理中的核心环节，缺乏有效的执行，即使再好的规划，也只能是一纸空文。方案的有效执行包括4个步骤：实施、监控、反馈、完善。

四、人力资源供求预测

人力资源供求预测主要分为人力资源需求预测和人力资源供给预测。

（一）人力资源需求预测

人力资源需求预测主要是根据企业的发展战略与目标，预测计划期内所需要的人力数量。一般包括人力需求量预测、人力资源环境预测、人力合理结构预测、人力减员量预测和补充量预测等内容。

人力资源需求预测可分为两大类：定性预测和定量预测。具体预测方法目前多至上百种，常用的方法有德尔菲法、逐级估计法、经验比例法、任务分析法、生产函数预测法、统计推断法、回归分析法等。

（二）人力资源供给预测

人力资源供给预测是对企业未来发展过程中各类人力余缺状况的估计。它可分为外部人力资源供给预测和内部人力资源供给预测。

1. 外部人力资源供给预测　无论是由于生产规模的扩大，还是由于劳动力的自然减员，企业都必须招聘和录用新员工。影响企业外部人力供给状况的因素很多，如人口和体制背景、教育状况、国家就业政策和分配政策、用人单位竞争状况、就业者的心理和价值取向等，预测时要充分考虑各种因素的影响。常用的预测方法有德尔菲法、时间序列法、回归分析法等。

【知识链接】4-1　技能清单

技能清单(skill inventory)是基于组织现状，进行内部人员供给预测的方法。该方法通过评估现有人员的技能，并将其与需要的技能进行对比，就可以得出未来的职位供给数量和质量的有关信息。

在运用该方法时，企业人力资源管理人员有必要事先对员工能力方面的信息有所记录。技能清单就是一个反映员工工作能力特征的列表。该表列出了与员工从事不同职业的能力相关的特征，包括所接受的培训课程、以前的经验、持有的证书、通过的考试、监督判断能力，甚至包括对其实力或耐心的测试情况。技能清单能体现各种关键能力，可以帮助计划制定者按员工的职业资格预测其从事新职业的可能性。

一般来说，技能清单应包括七大类信息：

个人数据：年龄、性别、婚姻状况；

技能：教育经历、工作经验、培训经历；

特殊资格：专业团体成员、特殊成就；

薪酬和工作历史：现在和过去的薪酬水平、加薪日期、承担的各种工作；

公司数据：福利计划数据、退休信息、资历；

个人能力：在心理或其他测试中的测试成绩、健康信息；

个人特殊爱好：地理位置、工作类型。

2. 内部人力资源供给预测 企业人力资源的主要来源，是企业内部现有人员以及他们的分布状况。常用的预测方法有人员核查法和马尔科夫模型。

人员核查法是一种静态的人力资源供给预测技术，通过对企业内部所拥有的人力资源进行核查，弄清人力资源在组织中的各级职务上是如何分布的。由于它是静态的预测技术，不能描述人力资源在未来的晋升、辞退、调整等变化，因此只适合于中短期人力资源供给状况的预测。

马尔科夫模型是一种动态的预测技术，可以预测等时间间隔点上的各类人员分布状况。该方法的基本思想，是找出过去人事变动的规律，以此来推测未来的人事变动趋势。

第三节 人力资源招聘与录用

一、人力资源招聘工作的主要内容

人力资源招聘是指企业为了发展的需要，根据人力资源规划和工作分析的数量与质量要求，通过招收人员来补充组织结构中职位的过程。

完成员工招聘工作之前有两项前提工作，这两个前提也是招聘计划的主要依据：一是人力资源规划，从人力资源规划中得到的人力资源净需求，决定了预计要招聘的职位与部门、数量、时限、类型等因素；二是工作描述与工作说明书。它们为录用提供了主要的参考依据，同时也为应聘者提供了关于该工作的详细信息。

如表 4-5 所示，企业人力资源招聘工作的主要内容如下：

表 4-5 招聘工作的主要内容

工作内容	内容说明
用工需求确认	人力资源部接到用人部门提交的《人员需求申请单》后，核查各部门人员配置情况，检查公司现有人才储备情况，确定最终的人员需求状况
招聘渠道的选择与招聘信息的发布	人力资源部选择合适的招聘渠道并在相应的平台上发布招聘信息
简历筛选	人力资源部依据招聘条件对应聘的简历进行筛选
甄选	人力资源部会同用人部门及其他相关人员对应聘者进行考核、面试，它是招聘工作极为重要的步骤。甄选的目的在于收集与应聘者各项工作能力有关的信息，以全面地认识和了解候选人的素质，它为人员录用提供了决策的依据
录用	用人部门根据考核情况，确定录用人员。若有必要，人力资源部对录用人员进行背景调查，合格后将录用通知告知被录用人员
试用	被录用人员按约定时间到公司办理入职手续并进入试用阶段

二、招聘的原则

(一)因事择人

企业应依据人力资源计划进行招聘，无论多招了人还是招错了人，都会给企业带来很大的负面作用，除了人力成本增大、效率低等看得见的损失，由此导致的人浮于事，还会对企业文化造成不良影响，并降低企业的整体效率。

(二)公开

招聘信息、招聘方法应公之于众，并且公开进行。这样做，一方面，可将录用工作置于公开监督之下，以防止不正之风；另一方面，可吸引大批的应聘者，从而有利于招到 流人才。

(三)平等竞争

对所有应聘者应一视同仁，不得人为地制造各种不平等的限制。要通过考核、竞争选拔人才。以严格的标准、科学的方法对候选人进行测评，根据测评结果确定人选，就可以创造一个公平竞争的环境，这样既可以选出真正优秀的人才，又可激励其他人员积极向上。

(四)用人所长

在招聘中，必须考虑有关人选的专长，量才使用，做到“人尽其才”、“事得其人”，这对应聘者个人以及企业都十分重要。

三、招聘的途径

人员招聘就是通过各种途径和方法获取候选人的过程。人员招聘的目标，就是要吸引尽可能多的人来应聘。人员招聘的途径不外乎两个方面：内部招聘和外部招聘。人们传统上认为招聘都是对外的，而事实上，企业内部人员也是空缺岗位的后备人员，而且有越来越多的企业开始注重从内部招聘人员。

内部招聘与外部招聘各有利弊，两者基本上是互补的(表 4-6)。

表 4-6　员工招聘途径

内部招聘		外部招聘
优点	了解全面，准确性高	人员来源广，选择余地大，有利于招聘到一流人才
	可鼓舞士气	新雇员能带来新思想、新方法
	应聘者可更快适应工作	当内部有多人竞争而难以做出决策时，向外部招聘可在一定程度上平息竞争者之间的矛盾
	使组织培训得到回报	人才现成，节省培训投资
	选择费用低	
缺点	来源局限于企业内部，水平有限	不了解企业情况，进入角色慢
	容易造成“近亲繁殖”	对应聘者了解少，可能招错人
	可能会因操作不公或心理原因造成内部矛盾	内部员工机会，积极性可能受到影响

四、招聘方法

(一)内部招聘方法

企业内部候选人的来源主要有 5 种途径：公开招聘、内部提拔、横向调动、岗位轮换、重新雇佣或召回以前的雇员等。其中,公开招聘是面向企业全体人员;内部提拔、横向调动和岗位轮换则局限于部分人员,重新雇佣或召回以前的雇员就是吸引那些因企业不景气等原因而被企业裁撤的人或者在竞争中暂时淘汰出去的人。从这些途径招聘的候选人都可平等地参加选拔。

内部招聘的方法有:

1. 查阅档案资料 即通过查询企业人力资源信息系统(包括书面档案和计算机系统)来搜寻候选人。

2. 发布招聘广告 发布广告的目的是展示现有职位空缺,邀请企业所有符合条件的员工参与竞聘。这种方法的优点是让各类员工都知道岗位空缺,发现可能被忽视和埋没的人才,鼓励员工对自己的职业发展负责。这种方法还符合现代管理倡导参与、开发交流、平等竞争的潮流。现在企业可以利用的广告媒体越来越多,例如内部网站、电子邮件、企业主页、张贴海报等。招聘广告中的内容应包括空缺岗位名称、工作说明、待遇条件、任职资格等。在运用这种方法时需要注意一点,就是要尽可能通知到所有的人。

3. 管理层指定 企业内有些岗位,特别是管理岗位,常常是由管理层根据考核结果指定候选人,有时甚至直接任命。

除了以上 3 种正式的内部招聘方法外,员工也常常通过非正式程序成为空缺职位的候选人。例如上司、同事简单的口头要求等。

(二)外部招聘的方法

外部招聘常用的方法如表 4-7 所示。

表 4-7 外部招聘方法

渠道	说明	备注
校园招聘	企业在各大院校开展招聘活动,为企业招收具有培养价值与提升潜力的员工	校园招聘的计划性比较强,招聘新人的数量、专业往往是结合企业的年度人力资源规划或者阶段性的人才发展战略要求而定;招聘到的人才需要企业投入较多的精力进行系统完整的培训
现场招聘会	是指由某些人才中介机构组织的有多家单位参加的招聘会	这种方式总体上效率比较高,可以快速淘汰不合格人员,控制应聘者的数量和质量
媒体广告招聘	企业在专业的人才招聘报纸、各地主流媒体上的招聘专版或者副刊等平台上发布招聘信息	可以有效宣传公司的业务,但企业不能有效地控制招聘人员的数量和质量,增加了人力资源部门筛选简历的工作量
网络招聘	伴随网络日益普及的趋势下产生的一种新的媒体招聘形式,招聘信息可以定时定向投放,发布后也可以管理	这种渠道不能控制应聘者的数量和质量,海量的信息会增加招聘工作的工作量
内部员工推荐	指员工从他们的朋友或相关人中引荐求职者	这种方式可以使企业和应聘者双方迅速了解,节省招聘费用,但是这种方式的选择面比较窄
猎头公司	猎头是一种由专业咨询公司利用其储备人才库、关系网络,在短期内快速、主动、定向寻找企业所需要的人才的招聘形式	猎头主要面向的是企业中的中高层管理人员和企业需要的特殊人才,成本较高

五、人员测评与选拔

人员选拔是指从应聘者的资格审查开始，经过用人部门与人力资源部门共同的初选、面试、考试、体检、个人资料核实，到人员甄选的过程。人员选拔对企业来说至关重要，研究表明，同一职位上最好的员工比最差的员工的劳动生产率要高 3 倍，这意味着在人员进入组织之前，就要有一个良好的辨别、甄选的过程，挑选出有相应技能、知识和经验，同时又愿意为组织工作的人来。这可为企业提高生产力、节约人力成本打下基础。

人员选拔方法如表 4-8 所示。

表 4-8　人员选拔方法

方法	内容	备注
资格审查与初选	对求职者是否符合职位的基本要求的一种审查。初选的主要任务是从合格的应聘者中选出参加面试的人员	初选工作在费用和时间允许的情况下应坚持面广的原则，尽量让更多的人员参加面试
面试	是通过双方正式交谈，以使组织能够客观了解应聘者的业务知识水平、外貌风度、工作经验、求职动机等；应聘者也能借此对组织有更全面的了解	面试类型有：结构面试、非结构面试；压力面试、能力面试；个别面试、小组面试等
测试	在面试基础上进一步对应聘者进行了解的手段。包括智力测试、成就测试、职业性向测试和人格测试	人格特性在一定程度上决定了个体适合什么样的工作以及可能取得的绩效，因此可以通过诊断个人的人格特征或类型，来部分地确定其管理成功的可能性
评价中心法	试图用专门设计的一些与应聘者未来可能面临的工作情境相类似的模拟情境（活动），通过观察和评价他们在这些模拟情境（活动）中的行为表现，来预测他们在未来工作岗位上的工作绩效	“管理评价中心”，是 20 世纪 50 年代由美国电话电报公司首先开发并推广使用的一套主要适合评估经营管理特性的科学技术方法和规范化程序体系。主要有公文筐处理、无领导小组讨论、管理游戏等方法

【知识链接】4-2　无领导小组讨论

无领导小组讨论是指由多个应聘者组成一个临时小组，依据给定的某个问题，在规定时间内充分进行讨论，并最终得出统一的结论；而评分者（主考官）会依据每个应聘者在讨论过程中的行为表现，为应聘者在各个维度上进行评分。

无领导小组讨论比较独特的地方在于它能考查出应聘者在人际互动中的能力和特性，比如人际敏感性、社会性和领导性。同时，通过观察讨论过程中每个人自发承担的角色可以对应聘者的计划组织能力、分析问题和创造性地解决问题的能力、主动性、坚持性、坚定性和决断性等意志力也能得到一定的考察。

第四节　人力资源培训与发展

员工培训是指组织为开展业务及培育人才的需要，采用各种方式对员工进行有目的、有计划地培养和训练的管理活动，使员工不断地更新知识，开拓技能，改进员工的动机、态度和行为，使其适应企业的要求，更好地胜任现职工作或担负更高级别的职务，从而促进组织效率的提高和组织目标的实现。

一、员工培训的原则

（一）学以致用原则

培训应该有明确的目的，有关培训计划的设计应根据实际工作需要，并考虑工作岗位的特点、员工的年龄、知识结构、能力结构等因素，务求能做出全面的规划，以便培养员工的工作态度，使之符合企业的要求。

（二）专业知识技能和企业文化并重的原则

培训的内容，除了包括知识和技能外，也需要包括企业的理念、价值观、企业精神等，以便培养员工的工作作风和态度，使之符合企业的要求。

（三）全员培训和重点提高结合的原则

全员培训是指有计划和有步骤地培训所有员工，以提高全员素质。在资源的使用上，则按职级高低安排培训的先后次序，从上而下，先培训管理骨干，继而培训基层员工。

（四）严格考核和择优奖励原则

严格考核和择优奖励是不可缺少的环节，这样可以确保培训的质量，并可激励员工的积极性。

二、培训系统的构建

培训目前在企业中的地位越来越高，企业也把越来越多的资源投入到培训工作当中。但是，在企业中培训能形成完整的体系，才能取得良好的效果。如图 4-4 所示，表明一个系统培训模型是由 5 个环节构成的一个循环过程。

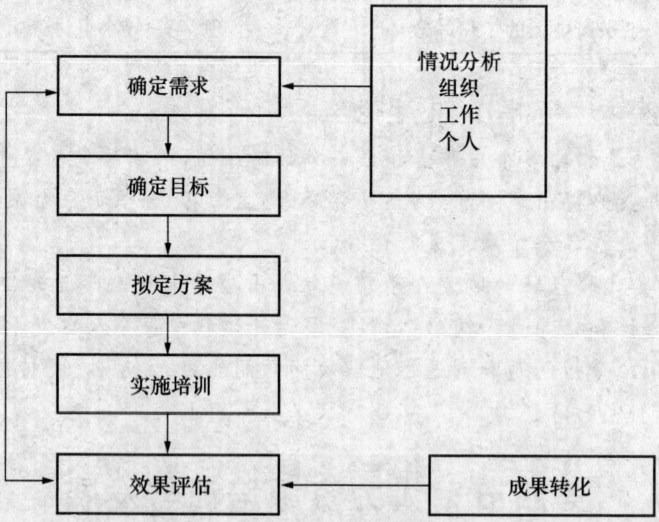

图 4-4　系统培训模型

(一)确定培训需求

确定培训需求的目的是为了确定哪些员工需要进行培训,需要进行哪方面的培训。这里的关键是要找出产生培训需求的真正原因,并确定是否通过培训可以解决,否则不可能产生企业预想的效果。如一家企业员工队伍的绩效不佳,通过分析发现,问题的起因在于薪酬方面的政策影响了员工的积极性。在这种情况下,如对其进行技能等方面的培训就不可能解决问题。

(二)确定培训目标

培训目标是为培训计划提供明确的方向和依据,只有有了目标才能确定培训的对象、内容、时间、教师、方法等具体内容。培训的目标可划分为若干层次,主要包括技能培养、传授知识、转变态度、工作表现和企业目标 5 个方面的内容。

(三)拟定培训方案

培训方案就是培训目标的具体化与操作化。根据培训目标,具体确定培训项目的形式、学制、课程设置方案、课程大纲、教科书与参考教材、任课教师、教学方法、考核方式、辅助器材与设施等。

(四)实施培训

实施培训是运营管理的重要方面,它是指对培训计划前、计划中、计划后的各项活动进行的协调工作。良好的协调工作是保证受训者专心投入于培训,并取得良好效果的保证。

(五)培训成果转化

培训成果转化是指受训者将在培训中所学到的知识、技能和行为应用到实际工作当中的过程。如图 4-5 所示,培训成果转化受转化气氛、管理者的支持、同事的支持、运用所学技能的机会、技术支持以及自我管理等因素的影响。

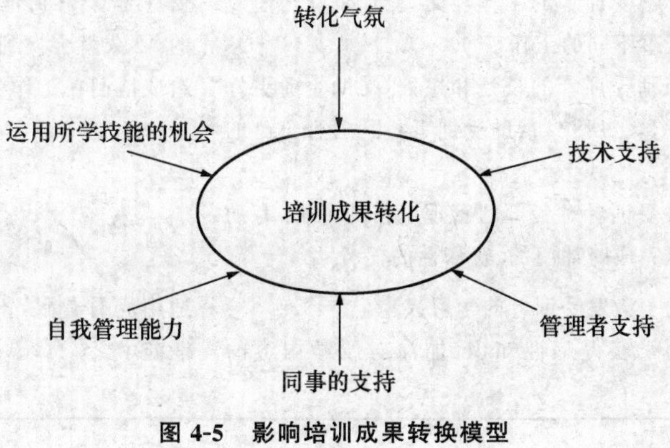

图 4-5 影响培训成果转换模型

三、培训方法

如表 4-9 所示,培训方法及其优缺点如下:

四、职业发展的内容与意义

(一)职业发展的概念

1. 职业发展 又称职业生涯,是一个人从首次参加工作开始的一生中所有的工作活动与工作经历按编年的顺序串接组成的整个过程。一名员工的职业生涯可以描述为某种职业中的一系列职位,例如在大学中有助教、讲师、副教授和教授几种职位,也可以按照在组织内工作的历程来描述,如助理工程师逐渐晋升顾问工程师、高级工程师、高级技师等。

表 4-9　培训方法及优缺点

培训方法	优点	缺点
讲授法	◆系统传授知识,短时间内能传递大量信息 ◆可以同时对许多受训人员进行培训	单项沟通,学习效果受讲师水平影响较大且较难保证
讨论法	◆提高学习积极性 ◆鼓励受训人员积极思考,有利于能力开发	易偏离主题,流于形式
试听法	生动形象,能够提高受训者的学习兴趣	◆有针对性地选择试听材料较为困难 ◆受训人员受视听场所等条件的限制 ◆视听设备和资料的成本较高
案例分析法	有利于受训者参与企业实际问题的解决	对案例设计及培训指导人的要求较高
个别指导法	新员工在指导人的带领下开始工作,可以避免盲目探索,有利于新员工尽快融入团队	◆指导者本身水平对新员工的学习效果有极大影响 ◆为防止新员工对自己构成较强的竞争关系,指导者可能会有意保留自己的经验、技术,从而使指导浮于形式
角色扮演法	身临其境,真实展现实际工作场景,有利于提高学员的实战能力	角色扮演的设计与实施有局限性
工作轮换法	◆能丰富受训者的工作经历,受训者能在短时间内从事不同的工作 ◆能识别受训者的长处和短处,帮助企业更好地开发员工所长,帮助受训者找到适合自己的位置 能增进受训者对各部门管理工作的了解,有助于员工完成跨部门的、合作性的任务	受训者认识到他们目前的环境是临时的,不久就会换到别的岗位上去,有可能造成他们在工作中敷衍了事、所学不精
演示法	◆有助于激发受训者的学习兴趣 ◆有利于获得感性知识,加深对所学内容的印象	适用范围有限,不是所有的学习内容都能演示

2. 职业生涯规划　从管理的角度看,职业生涯规划有个人与组织两个层次。

从个人层次看,每个人都有从现在和将来的工作中得到成长、发展和获得满意的强烈愿望和要求,为了实现这种愿望和要求,他们不断地追求理想的职业,并希望在自己的职业生涯中得到顺利成长和发展,从而制定了自己成长、发展和不断追求满意的计划,这个计划就是个人的职业生涯规划。职业生涯规划是对一个人未来在职业岗位上工作和发展的整体策划。其内容包括:职业目标、职业发展道路、将要进行的准备工作等。要进行合理的职业生涯规划,必须从主观和客观两方面考虑。主观方面,涉及个人的价值观、态度、需要、动机、个性、能力、发展取向等,客观方面,涉及个体所处的社会环境和组织环境。

从企业的层次看，职业生涯规划是指企业为了不断地增强员工的满意感并使其能与企业的发展和需要统一起来，而制定协调有关员工个人成长、发展与企业需求和发展相结合的计划。

（二）职业生涯规划的意义

人力资源管理的核心是吸引、保留和激励员工。员工所看重的激励方式，首要的不是物质的激励，而是取得发展机会。因此组织通过职业生涯设计的手段发展和提高员工，提高员工对组织的满意度，从而就能很好地吸引、保留和激励员工。

职业生涯规划对于企业和个人而言都有重要意义：

(1)有利于促进员工的全面发展和增加他们的满意感；

(2)有利于塑造优秀的企业文化；

(3)有利于促进企业的发展。

五、职业生涯规划的内容

（一）员工职业生涯规划

如图 4-6 所示，员工个人职业生涯规划的具体实施环节概括起来主要有以下几个方面：

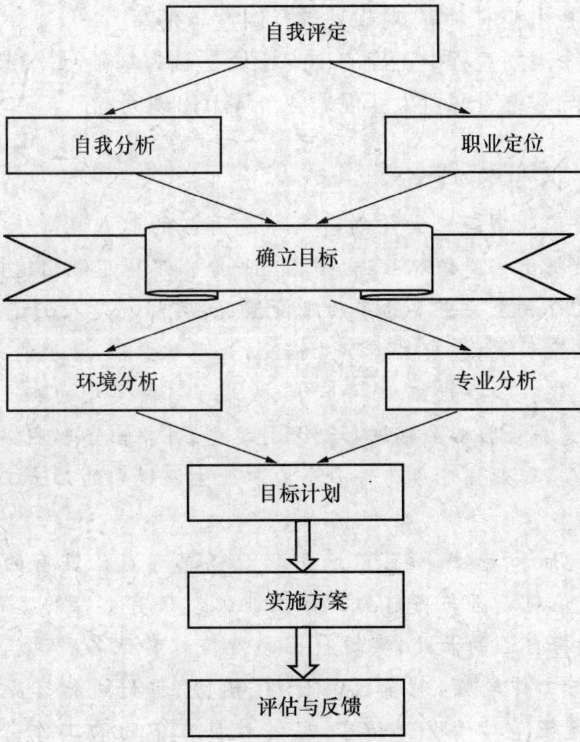

图 4-6　职业生涯规划流程图

1. 自我分析　对自己工作能力、职业兴趣及职业发展的价值观等方面进行自我评价与定位。一个有效的职业生涯设计必须是在充分且正确认识自身条件与相关环境的基础上进行的。要审视自己、认识自己、了解自己，做好自我评估。即要弄清我想干什么、我能干什么、我应该干什么、在众多的职业面前我会选择什么等问题。

2. 职业定位 职业定位就是要为职业目标与自己的潜能以及主客观条件谋求最佳匹配。良好的职业定位是以自己的最佳才能、最优性格、最大兴趣、最有利的环境等信息为依据的。职业定位过程中要考虑性格与职业的匹配、兴趣与职业的匹配、特长与职业的匹配、专业与职业的匹配等。

3. 确立目标 确立目标是制定职业生涯规划的关键，通常目标有短期目标、中期目标、长期目标和人生目标之分。长远目标需要个人经过长期艰苦努力、不懈奋斗才有可能实现，确立长远目标时要立足现实、慎重选择、全面考虑，使之既有现实性又有前瞻性。短期目标更具体，对人的影响也更直接，也是长远目标的组成部分。

4. 环境评价 职业生涯规划还要充分认识与了解相关的环境，评估环境因素对自己职业生涯发展的影响，分析环境条件的特点、发展变化情况，把握环境因素的优势与限制。了解本专业、本行业的地位、形势以及发展趋势。

5. 实施方案 就是要制定实现职业生涯目标的行动方案，要有具体的行为措施来保证。没有行动，职业目标只能是一种梦想。要制定周详的行动方案，更要注意去落实这一行动方案。

6. 评估与反馈 整个职业生涯规划要在实施中去检验，看效果如何，及时诊断生涯规划各个环节出现的问题，找出相应对策，对规划进行调整与完善。

由此可以看出，整个规划流程中正确的自我评价是最为基础、最为核心的环节，这一环做不好或出现偏差，就会导致整个职业生涯规划各个环节出现问题。

【知识链接】4-3　职业锚理论

职业锚理论是由美国麻省理工大学斯隆商学院著名的职业指导专家埃德加·H·施恩(Edgar H. Schein)教授提出。所谓职业锚，是指当一个人不得不做出选择的时候，他无论如何都不会放弃的职业中的那种至关重要的东西或价值观，实际就是人们选择和发展自己的职业时所围绕的中心。包括5种类型：自主型职业锚、创业型职业锚、管理能力型职业锚、技术职能型职业锚、安全型职业锚。在20世纪90年代，又发现了3种类型的职业锚：安全稳定型，生活型，服务型职业锚。施恩先生将职业锚增加到8种类型，并推出了职业锚测试量表。

经过近30年的发展，职业锚已成为许多个人职业生涯规划的必选工具和公司人力资源管理的重要工具。

个人在进行职业规划和定位时，可以运用职业锚思考自己具有的能力，确定自己的发展方向，审视自己的价值观是否与当前的工作相匹配。只有个人的定位和要从事的职业相匹配，才能在工作中发挥自己的长处，实现自己的价值。尝试各种具有挑战性的工作，在不同的专业和领域中进行工作轮换，对自己的资质、能力、偏好进行客观的评价，是使个人的职业锚具体化的有效途径。对于企业而言，通过雇员在不同的工作岗位之间的轮换，了解雇员的职业兴趣爱好、技能和价值观，将他们放到最合适的职业轨道上去，可以实现企业和个人发展的双赢。

(二)企业员工职业发展的管理

从企业的角度，员工职业发展的管理包括以下内容：

1. 制订企业的职业计划 企业人力资源管理部门在了解员工个人成长和发展的方向和兴趣的基础上,为了不断地增强他们的满意感,并使其能与企业组织发展和需要统一协调起来,应专门制订出企业的职业计划。

2. 对员工个人能力和潜力的评估 企业能否正确地评价每个员工个人的能力和潜力是企业职业计划的关键部分。现在,我国大部分企业都是通过对员工的绩效考核与评价这一传统的方法来进行员工个人能力和潜力的评估。20 世纪 70 年代以来,西方国家很多企业逐渐采用心理测试和评价中心等先进的科学方法来测评员工个人能力和潜力。

3. 有效地进行职业指导 职业指导是指企业帮助劳动者了解自己的生理和心理特点,提供有关职业机会及其职业特点的信息,帮助个人选择和获得最适合的职业。

4. 帮助员工制定和执行职业生涯规划 企业要帮助员工依据企业需要和个人情况制定现实目标,找出达到目标的手段和措施。重点是协助员工在个人目标与企业内存在的机会之间得到更好的结合。

5. 设置员工职业开发通道 职业通道是员工实现职业理想和获得满意工作,或者达到职业生涯目标的路径。这需要企业提供发展的机遇,如委以重任,派其在几个职能部门任职等,使其在实践工作中取得管理经验,锻炼成才。

6. 为员工疏通职业通道 员工职业发展的障碍,既来自职业自身,又来自家庭,还可能产生于个人生物周期的问题。因此,在员工发展过程中给予帮助,发现问题,解决问题。

第五节 绩效与薪酬管理

一、绩效考核的概念

(一)绩效

员工在工作岗位上的工作行为表现与工作结果,它体现了员工对组织的贡献大小,价值大小。绩效具有多因性、多维性、动态性等特征。

(二)绩效考核

绩效考核本质上是考核组织成员对组织的贡献,或者对组织成员的价值进行评价,它是管理者与员工之间为提高员工能力与绩效,实现组织战略目的的一种管理沟通活动。考核本身不是目的,而是手段,它的内涵和外延随着经营管理的需要而变化。从内涵上来看,员工绩效考核有两层含义:一是考核员工在现任职位上的业绩;二是评估员工的素质和能力,即员工在企业中的相对价值或贡献程度。从外延来说,就是有目的、有组织地对日常工作中的员工进行观察、记录、分析,作为以事实为基础的客观评价的依据。绩效考核不仅回答员工的基本问题:我干得如何,而且回答员工怎么做才能干得好。

二、绩效管理体系

目前,绩效考核已不仅仅是人力资源管理的一个工具,通过与企业经营战略和其他管理环节的紧密结合,绩效考核已突破原有的功能而发展成为绩效管理,它通过把每一个员工的工作与企业的整体使命和战略联系在一起,强化了整体的经营目标以及战略的实现,从而形成企业的绩效管理体系。

绩效管理是一个包括绩效计划、绩效实施、绩效反馈以及绩效结果运用等环节的闭环系统。如图 4-7 所示,一个完善的绩效管理体系必须以这 4 个环节为基础,结合企业的组织结构和业务流程,根据公司的目标制定各部门和员工的目标,促使每位员工都为企业战略目标的实现承担责任。

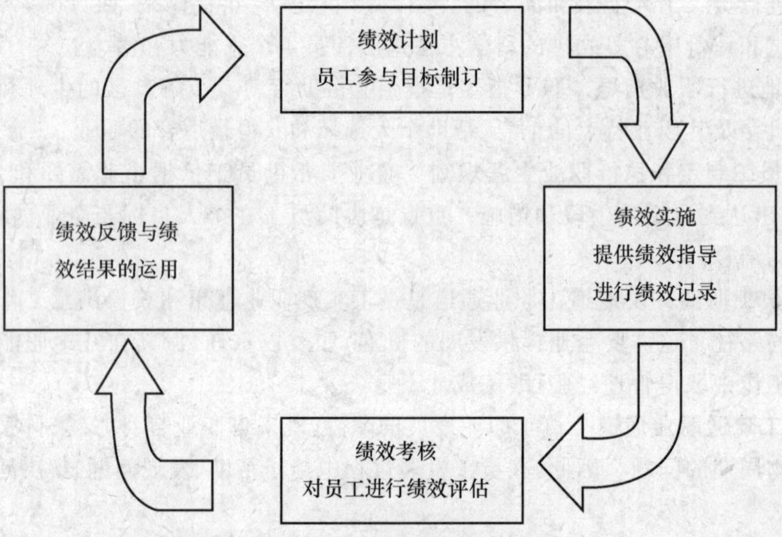

图 4-7　绩效管理体系模型

绩效管理首先从制订绩效计划开始,这一阶段的关键,是通过员工参与的方式共同设计员工绩效目标。共同参与非常重要,因为沟通不仅能使管理对象明确工作要求和预期相应绩效,而且能使管理主体对实现绩效的难点和关键路径具有深入具体的认识,这将有力地促进绩效实现。

在达成目标共识的基础上,要进一步实施绩效计划。通过绩效指导对工作进程进行有效管理,保证按期、按质、按量达到和实现目标。在此过程中,绩效信息的收集具有重要意义。信息的收集,目的不仅在于奖惩约束,更是在于指导工作改进。

绩效信息收集以后,要加以专门的分析与处理。从而对员工的行为表现、劳动态度以及综合素质进行全面的监测、考核、分析,并做出相应评价。这个步骤具有关键意义,对员工具有直接引导作用。

最后,要按照分析评价结果,对员工进行激励和反馈,调动员工的积极性,不断改进绩效。由此形成的反馈意见能够为下一轮的绩效计划提供参考。

三、绩效指标的制定

绩效管理是一个改进工作表现的持续过程,促使绩效改进的关键在于工作目标的确定与实施。因此,目标定位在绩效管理中居于核心地位。对目标进行定性定量的界定产生绩效管理指标。合理的绩效指标能够在企业战略和行为导向之间、行为导向和工作激励之间建立直接联系,从而引导和改进员工的工作状况。

(一)KPI(关键业绩指标)

KPI是通过对组织运作过程的关键成功要素进行开发、分析、提炼和归纳,用以衡量成效的一种目标式量化管理指标。KPI与一般绩效指标相比,把个人和部门的目标与公司整个的成败联系起来,因此更具长远的战略意义。

KPI作为一项有效的绩效管理方法,可以把企业的战略日标分解为可运作的具体目标,使部门主管明确部门的主要责任,并以此为基础,明确部门人员的业绩衡量指标,因此,KPI是企业绩效管理系统的基础,建立明确、切实可行的KPI体系是做好绩效管理的关键。

在设立KPI时,要优先考虑工作流程的输入和输出状况,从工作的整体上来考虑指标设置,在确定关键绩效指标时要注意SMART法则。S代表specific指标必须是“具体的”,可理解的,可告诉员工具体要做什么或完成什么。M代表measurable,意思是指标是“可度量的”,员工知道如何衡量他的工作结果。A代表attainable意思是指标是“可达到的”、“可实现的”。R代表realistic,意思是“现实的”,员工知道绩效可证明与观察。T代表time-bounded,指“有时限的”员工应该在什么时间完成。关键绩效指标实例如表4-10所示。

表4-10　公司级KPI以及一级部门KPI指标示例

公司级业务重点与策略目标		各一级部门KPI指标		
公司业务重点	KPI	销售部	生产部	人力资源部
在2015年内维持或增加市场份额	1. 销售额达到20亿元	1. 销售额20亿元	1. 采购缺陷率降低5%	1. 销售人员及时满足率100%
		2. 市场占有率30%,挑战目标为32%	2. 单板加工合格率为95%	2. 骨干员工流失率降低2%
	2. 市场份额维持在30%或增加到32%	3. 客户满意度为80%	3. 废品、次品数量减少5%	3. 在生产部推行全员QCC活动 4. 生产人员技能合格率为95%
通过减少废品数量提高利润率	废品、次品数量减少5%		4. 工艺改进	

(二)BSC(平衡记分卡)

哈佛商学院教授罗伯特·S·卡普兰(Robert S. Kaplan)和复兴全球战略集团总裁大卫·P·诺顿(David P. Norton),通过对美国业绩评价领先的12家公司进行了为期一年的研究,开发了平衡记分卡。

企业通过平衡记分卡 将战略目标转化为可衡量的指标,然后层层分解,对这些指标加以落实,最后企业从上到下的所有行为、任务、业绩都在支撑企业战略,以此来保证战略有效实现。其主要指标设置详见第三章。

四、薪酬管理概述

（一）薪酬的概念

薪酬（compensation）是指企业对员工所做的贡献，包括他们实现的绩效，付出的努力、时间、学识、技能、经验与创造所付给的相应的回报或是答谢。

从狭义的角度，薪酬可以分成直接货币薪酬和间接货币薪酬（图 4-8）。直接货币薪酬就是企业以工资、薪水、佣金、奖金和红利等形式支付给员工的全部薪酬；间接货币薪酬就是以各种间接货币形式支付的福利、保险计划、员工休假计划等。

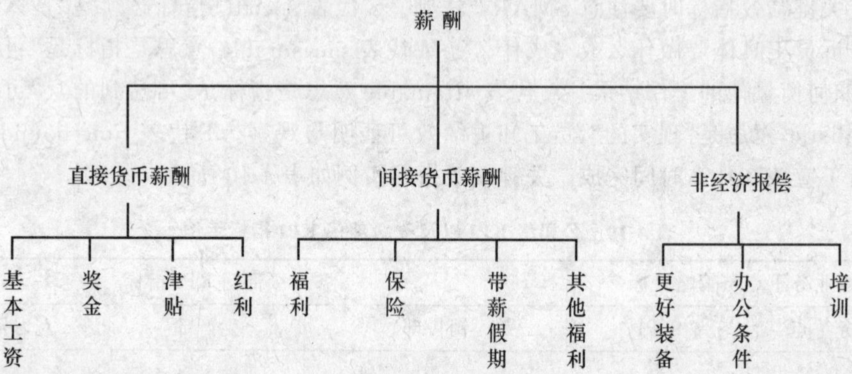

图 4-8 薪酬构成

从广义角度，薪酬还包括非经济因素在内，称为非经济报偿（no financial compensation），是指个人对工作本身或者对工作在心理与物质环境上的满足感。这种非经济报偿涉及员工工作中的心理与物质环境。

（二）薪酬管理的主要内容

薪酬管理，是在组织发展战略指导之下，对员工薪酬支付原则、薪酬策略、薪酬水平、薪酬结构、薪酬构成进行确定、分配和调整的动态管理过程。其主要内容如表 4-11 所示。

表 4-11 薪酬管理的内容

主要内容	内容说明
工资总额的管理	工资总额是人工成本的一部分，是企业掌握人工成本的主要信息来源，是企业进行人工成本控制的重要方面
企业内部各类员工薪酬水平的管理	依据员工贡献、市场大小、社会消费水平等因素合理确定员工薪酬水平
确定企业内部的薪酬制度	包括：工资结构、工资支付形式等内容的设计与管理
日常薪酬管理工作	包括开展薪酬调查、制定薪酬激励计划，对报告期内的人工成本进行核算，检查人工成本计划的执行情况和薪酬调整等内容

（三）薪酬管理基本原则

1. 公平性 员工对薪酬的公平感，也就是对薪酬发放是否公正的认识与判断，是设计薪酬制度和进行薪酬管理时必须首先考虑的。员工的满足感固然重要，但更重要的是让员工认为自己所得到的报酬是公平的，自己能够通过工作绩效增加报酬。公平感取决于员工所获得的报酬和他所做出的贡献之比与某一衡量标准相比是高还是低。这种衡量标准既可以是组织内的其他员工或组织外部员工获得的报酬以他们的贡献之比，还可以是对自我价值的估价或者是组织所做出的许诺。即公平有 3 种表现形式。外部公平、内部公平和员工公平。

(1)外部公平。是指同一行业或同一地区或同等规模的不同企业中类似职位的报酬应当基本相同，因为对从事这种职位的人的知识、技能和经验等的要求相似。他们各自的付出也基本相似。如果企业不能保证这种外部公平，就难以吸引和留住足够数量的合格员工。

(2)内部公平。是指同一企业中不同职位所获得的报酬应与各自的贡献成正比。只要比值一致，便是公平。这就要求企业内部的报酬水平的相对高低要以工作的内容为基础，或者以工作所需要的技能的复杂程度为基础，也可以是工作内容或技能要求的某种组合。它强调根据各种工作对组织整体目标实现的相对贡献大小来支付报酬。

(3)员工公平。是指对同一企业中从事相同工作的员工的报酬进行相互比较时应该公平。员工个人之间的公平要求员工从组织中得到的报酬与他们各自对组织的贡献相当。

2. 竞争性　企业想要获得具有真正竞争力的优秀人才，必须要制定出一套对人才具有吸引力并在行业中具有竞争力的薪酬系统。如果企业制订的薪酬水平太低，那么在与其他企业的人才竞争中必然处于劣势地位，甚至本企业的优秀人才也会流失。在进行薪酬设计时，除了较高的薪酬水平和恰当的薪酬价值观外，企业应针对各类员工的自身特点制定灵活多样化的薪酬结构以增强对员工的吸引力。

3. 激励性　这是指在确定内部各类、各级职位的报酬水准时，要适当拉开差距，体现按贡献分配的原则。只有这样，才能不断激励员工掌握新知识、提高业务能力，创造出更加的业绩。因为当他们业绩突出，就能获得比别人更多的报酬。相反，如果企业内部不同类别、等级的职位之间薪酬相差不大，将难以产生足够的吸引力，优秀的、能力出众的员工就可能不甘于埋没自己的才华而“跳槽”。

4. 经济性　提高企业的报酬水平，固然可以提高其竞争性与激励性，但同时，企业支付给员工的报酬是企业所生产产品或服务的成本的重要组成部分，过高的劳动报酬必然会提高产品在市场的价格，从而降低企业的产品在市场上的竞争力。所以，报酬制度不能不受经济性的制约。不过，企业领导在考察人力成本时，不能仅看到薪酬水平的高低，还要看到员工的绩效水平。实际上，员工的绩效水平对企业产品竞争力的影响会大于成本因素。此外，人力成本的影响还与行业的性质及成本构成有关。在劳动密集型行业中，人力成本在总成本中的比重可高达 70%，薪酬水平稍有提高就可能使企业的负担明显加重。而在技术密集型的行业，人力成本只占总成本的 8%～10%，科技人员的工作积极性和创造性，却对企业的发展起着关键的作用，因此，对他们就不能过于计较薪酬的高低。

(四)企业薪酬制度的基本类型

如表 4-12 所示，企业薪酬制度有如下类型：

五、薪酬管理基本流程

如图 4-9 所示，薪酬管理的基本流程如下：

表 4-12　企业薪酬制度的基本类型

薪酬制度	内容说明
岗位工资制度	是以员工在企业中担任的职位和岗位为基础，确定工资等级和工资标准，进行工资支付的工资制度。它的最大特点是“对岗不对人”，工资水平的差异来源于员工岗位的不同，在相同岗位上工作的员工，获得相同的工资。岗位工资制包括岗位等级工资制和岗位薪点工资制两种基本类型
技能工资制度	强调根据员工个人能力提供工资，而且只有确定员工达到了某种技术能力后，才能对员工提供与这种能力相对应的工资
绩效工资制度	是以员工的工作业绩为基础支付工资，支付的主要依据是工作业绩和劳动效率，员工工资与绩效直接挂钩，随绩效而浮动。最常见的形式有计件工资制、销售提成制
结构工资制度	它是把影响和决定员工工资的各种主要因素分解开来，分别依据绩效、岗位、工龄等因素确定工资额度的一种薪酬制度

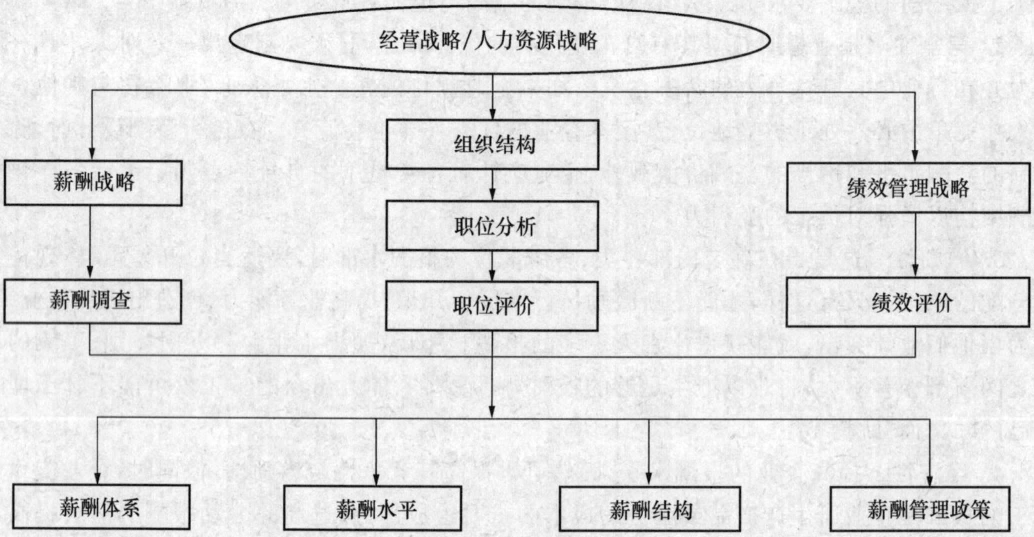

图 4-9　薪酬管理流程

(一)制定薪酬原则与策略

薪酬原则要在企业的各项战略的指导下进行，集中反映各项战略的要求以及员工的要求。薪酬策略应对企业分配政策、分配原则和标准进行明确规定。

(二)职位分析

职位分析是薪酬体系中的重要环节。其内容包括分析工作的任务和责任、完成某类工作所需要的技能以及各种工作对组织整体目标实现的相对贡献等。

(三)职位评价

职位评价是指根据各种工作中所包含的技能要求、努力程度要求、岗位职责和工作环境等因素来决定各种工作之间的相对价值。职位评价重在解决薪酬的内部公平问题。它有两个目的：一是比较企业内部各个职位的相对重要性，得出职位等级序列；二是为进行薪酬调查建立统一的职位评价标准。

（四）确定薪酬水平

确定薪酬水平是通过薪酬调查与薪酬定位来进行的。薪酬调查重在解决薪酬的对外竞争力的问题。此阶段需要解决两个问题：一是了解自己的竞争对手给员工的报酬水平是多少，二是设定本公司的薪酬标准。

薪酬调查可通过咨询公司，也可自己组织力量进行。通过调查，企业可以了解本地区、本行业和相关劳动力市场的薪酬水平，及时制定和调整本企业的薪酬水平，以使本企业的薪酬水平具有竞争力。

（五）薪酬结构设计

薪酬结构设计，是指企业在薪酬制度设计中，在薪酬的平等化和阶层化之间的权衡。所谓平等化薪酬结构是指公司的薪酬层次比较少，最高薪酬和最低薪酬之间的差距较小，相邻的工资档次的差距也很小。所谓阶层化是指公司薪酬层次较多，最高薪酬和最低薪酬之间差距大，相邻工资档次的差距较大。公司采取平等化还是阶层化的薪酬政策，应该取决于公司工作的组织方式。如果工作的完成是以工作团队和部门为核心，平等化的薪酬政策更合适，如果工作的完成是以个人为核心，则实行差异化的薪酬政策可能更合适。

（六）薪酬体系的实施和修正

薪酬设计的时效性很强，方案一旦形成就要立即实施，否则，方案中涉及的数据方法变化，市场价格进行了调整，那么方案也要做相应的调整。因此，在保证薪酬方案相对稳定的前提下，要随着企业经营环境和市场薪酬水平的变化做相应的调整。

【知识链接】4-4 宽带薪酬

宽带薪酬始于20世纪90年代，是一种与企业组织扁平化、流程再造等新的管理战略与理念相配套的新型薪酬结构。所谓“宽带薪酬”，就是在组织内用少数跨度较大的工资范围来代替原有数量较多的工资级别的跨度范围，将原来十几甚至二十几、三十几个薪酬等级压缩成几个级别，取消原来狭窄的工资级别带来的工作间明显的等级差别。但同时将每一个薪酬级别所对应的薪酬浮动范围拉大，从而形成一种新的薪酬管理系统及操作流程。宽带中的“带”意指工资级别，宽带则指工资浮动范围比较大。与之对应的则是窄带薪酬管理模式，即工资浮动范围小，级别较多。目前国内很多企业实行的都是窄带薪酬管理模式。

在宽带薪酬体系设计中，员工不是沿着公司中唯一的薪酬等级层次垂直往上走，相反，他们在自己职业生涯的大部分或者所有时间里可能都只是处于同一个薪酬宽带之中，他们在企业中的流动是横向的，随着能力的提高，他们将承担新的责任，只要在原有的岗位上不断改善自己的绩效，就能获得更高的薪酬，即使是被安排到低层次的岗位上工作，也一样有机会获得较高的报酬。

本章小结

人力资源是与自然资源或物力资源相对应的，以人的生命机体为载体的社会资源，是指在一定领域内人口所拥有的劳动能力。企业的人力资源管理是指根据企业发展战略的要求，有计划地对人力资源进行合理配置，通过对企业员工的招聘、培训、使用、考核、激励、调整等一系列过程，来调动员工的积极性，发挥员工的潜能，为企业创造价值，确保企业战略目标的实现。本章从人力资源规划、人才招聘、员工培训、绩效考核与管理、员工薪酬管理等人力资源管理的职能角度，对人力资源管理的方法进行重点介绍。通过本章的学习，学生能够了解人力资源管理的基本职能，并基本掌握人力资源管理的技巧和方法。

复习思考题

1. 什么是人力资源管理？人力资源管理的功能有哪些？
2. 什么是人力资源规划？人力资源规划的程序是什么？
3. 人员招聘的主要内容是什么？招聘的主要方法有哪些？
4. 如何构建企业的培训系统？
5. 企业的绩效管理体系有哪几个环节构成？
6. 企业薪酬管理的主要内容是什么？薪酬制度有哪些？

【案例分析】"海底捞"——真正意义的人力资源管理

1994 年，当时还在四川拖拉机厂做电焊工的张勇，利用业余时间，在四川简阳的一条马路边支起了四张桌子，开始了自己的麻辣烫生意。没有一点经验的他，只能用无微不至的服务感动顾客，虽然当时他的麻辣烫口味还谈不上多么"美味"，但顾客却总是一次又一次地光临这个叫"海底捞"的小店。截至 2011 年，海底捞总资产已达 9.5 亿元，净资产 7.24 亿元，净利润 2.9 亿元，资产回报率高达 30.5%，净资产收益率达到 40%。2012 年海底捞公司全年营业额高达 31 亿人民币，拥有 80 家直营店。

让顾客无可挑剔的服务已经成为海底捞的独门秘诀，而这一切，也正是海底捞董事长兼总经理张勇的成功秘诀。去过海底捞的顾客有几个最直观的感受：第一，顾客多。排队两个小时才吃上一顿火锅很常见；第二，服务好。排队时有人帮你擦鞋、美甲；饭桌上刚准备做手势，服务员已经心领神会的跑过来了；第三，服务员总是保持微笑。

是什么让他们的员工如此敬业而又快乐的工作呢？

第一，海底捞员工的价值观"双手改变命运"。大多数员工都来自农村，与其他同行比，海底捞待遇较好，成为这些渴望城市生活的低学历者们的归宿。"靠墙，墙会倒；靠人，人会跑；靠父母，父母会老；靠自己才最好。用自己的双手改变命运。我们不能选择出身，但我们能选择不断学习，改变命运。"成了海底捞人坚持的写照。

第二，海底捞的授权。对一个人的信任是对他最大的尊敬，而信任的标志就是授权。海底捞从总经理到区域经理，从店长到服务员，他们都有不同的权利。比如因正当理由给顾客赠送菜品，因正当理由给顾客免单等。正因为这样的授权，与顾客直接打交道的服务人员能更好地掌握顾客的需求，及时满足顾客的需要。

第三，海底捞将员工当作顾客来服务，成为其鲜明的企业文化。海底捞为员工提供有暖气的楼房，并有阿姨专门负责住宿管理；建立寄宿学校，让员工的孩子能够安心学习；对有贡献的员工奖励全家旅游；为员工的父母发养老金以代员工表示孝心和谢意；等等。

海底捞创始人张勇认为，人是海底捞的生意基石。在海底捞的内刊上，印有两行让人印象深刻的字："倡双手改变命运之理，树公司公平公正之风。"海底捞的三大公司目标中，"将海底捞开向全国"只排到第3位，而"创造一个公平公正的工作环境"、"致力于双手改变命运的价值观在海底捞变成现实"则排在前两位。尊重人、相信人是海底捞的核心价值观。

《海底捞你学不会》一书中曾写道，师洪桥由于家境困难，难以完成学业。后来她成为北京海底捞的一名普通员工，她表示："父母虽然没有给我富足的物质生活，但给了我一双手，一双可以改变命运的手。我在海底捞一边工作，一边学习，我相信我可以用这双手改变我的命运，因为海底捞给了我目标，给了我空间，还给了我学习和生活的条件。我会好好在海底捞实现我的梦，我也会继续供哥哥读完大学。"

杨小丽应该是海底捞最典型的一个例子，她是海底捞唯一的副总经理，今年刚满30岁。她的家在四川农村，由于哥哥生意失败，家里一贫如洗，甚至还欠了不少高利贷。就这样，杨小丽只好到海底捞干起了服务员。快过年了，杨小丽的母亲突然来找她，原来是债主来要钱，把家里所有值点钱的东西都拿走了。母亲想看杨小丽还能不能想办法借到800元，能让那些债主先回家。但当服务员的杨小丽，每月除了给自己留下零用，全部寄给了家里，哪还有多余的钱，没办法的女儿跟着妈妈哭红了眼。当张勇得知此事，他便让公司借给小丽800元。过年了，公司发奖金。杨小丽觉得肯定没自己的份儿，奖金要还那800元借款。可是会计找到她，让她去领奖金。小丽不解地问："我还有奖金?"后来会计告诉她："张大哥说了，你家还债的800元由公司出。"就这样，杨小丽怀着对公司的感恩，凭着一股韧劲，从一名服务员干到了现在的副总职位。

海底捞的火爆，还源自于它的创新。张勇曾这样说："创新在海底捞不是刻意推行的，我们只是努力创造让员工愿意工作的环境，结果创新就不断涌出来了。"后来，公司大了，他试图把创新用制度进行考核时，真正的创新反而少了。他认为，创新不是想创就能创出来的，考核创新本身就是假设员工没有创新的能力和欲望，这是不信任的表现。

创新从何而来？一开始海底捞是举办技能比赛，再到后来，点子多了，张勇就在海底捞搞了一个金点子排行榜。张勇说："只要创意好，就会全公司推广，现在几乎所有消费者能看到的特色服务创意都出自我们的员工。"

海底捞做到了真正意义的人力资源管理，从内到外、以心换心，达到了HR管理的真正目的——"员工与企业的双赢，共同迈向成功"！值得现在的很多企业深思……

思考：海底捞为什么会成功?

第五章 企业财务管理

【引例】巴菲特:如何在中国寻找好公司

巴菲特的成功投资之道被众多投资者所追捧,如何在中国寻找"好公司"也是投资者最关心的问题。在中国寻找"好公司"来投资的标准是什么? 面对这个提问,巴菲特回忆道:三年前他在中国遇到一位李女士,她三十年前使用缝纫机,现在却雇用了近万人。她的故事代表了中国的发展。中国GDP居全球第二,巴菲特认为他对于在中国的投资标准和在美国等大经济体的标准是一致的。首先是这家公司在行业里的位置,是否在五年、十年甚至更长的发展后仍具有竞争力;其次要看公司是否有优秀的管理团队。

巴菲特说,伯克希尔现在是2 000亿美元的市值,所以不可能在一些国家做只需要500万美元或者800万美元的投资项目,但中国不是小的经济体,在中国的投资标准和在全球其他地方和美国的标准是一致的。首先,我们应该能够理解这个生意,也就是说我们能够对于这个生意5年、10年、20年后的经济前景做出评估,并且这个评估有相当水平的确定性;另外需要充分了解对于公司所在产业的竞争动态环境,以及公司在竞争中的确切位置。巴菲特说,"因为我们不会运营这些公司,所以要找到有能力,而且可以信任的管理层。再次,需要一个和能看到的未来经济前景相比合乎道理的价格,此外还要了解当地的文化和法律。"

巴菲特介绍,他一般是先看报告,形成对于公司价值的判断,然后再看公司的价格。否则先看公司的价格会潜意识地影响对于公司价值的判断。如果不受到公开市场报价的影响,就能更好地对公司进行估值。

第一节 财务管理概述

财务管理是组织企业财务活动、处理财务关系的一项经济管理工作。随着经济全球化、信息网络化的发展以及新会计准则的颁布等,对现代企业财务管理提出了新要求。企业要树立正确的理财观念,通过各种渠道和方式,经济有效地筹集企业所需的资金,正确地运用各种投资决策方法,并以企业财务报表等核算资料为基础,对企业财务活动的过程和结果进行分析和评价,为企业进行经济决策提供重要的财务信息。

一、财务管理及其相关概念

财务是指企业在生产经营过程中客观存在的资金运动及其所体现的经济利益关系。财务管理是根据国家法律和财经法规,利用价值形式组织企业财务活动,处理企业同各方面财务关系的一项综合性的管理工作。因此,要了解什么是财务管理,必须先分析企业的财务活动和财务关系。

(一)财务活动

企业财务活动是指企业为生产经营需要而进行的资金筹集、资金运用和资金分配等一系列的活动。在市场经济条件下，一切物资都具有一定的价值，它体现着耗费于物资中的社会必要劳动量，社会再生产过程中物资价值的货币表现，就是资金。资金是进行生产经营活动的必要条件。企业的生产经营过程，一方面表现为物资的不断购进和售出；另一方面则表现为资金的支出和收回，企业的经营活动不断进行，也就会不断产生资金的收支。企业资金的收支，构成了企业活动的一个独立方面，这就是企业的财务活动。

1. 资金筹集　企业要从事生产经营活动，首先必须筹集一定数量的资金，筹集资金是企业财务管理的一项基本内容，是资金运动的起点。在进行资金筹集时，财务人员首先要预测企业需要多少资金，通过什么方式筹集资金，是通过发行股票取得资金还是向债权人借入资金，两种资金占总资金的比例应为多少等。企业的财务活动，一方面要保证筹集的资金能满足企业经营与投资的需要；另一方面还要是筹资风险在企业的掌控之中，一旦外部环境发生变化，企业不至于由于偿还债务而陷于破产。

2. 资金运用　企业筹集资金的目的就是为了把资金用于生产经营活动并获得盈利，不断增加企业价值。企业把筹集到的资金用于购置自身经营所需要的固定资产、无形资产等，便形成企业的对内投资，企业把筹集到的资金投资与其他企业的股票、债券，与其他企业联营进行投资以及收购另一个企业等，便形成企业的对外投资。

在进行投资活动时，由于企业的资金是有限的，因此应尽可能将资金投放在能带给企业最大收益的项目上。在分析投资方案时，不仅要分析投资方案的资金流入与流出，同时还要分析为获得相应的报酬还需要等待多久。对于投资项目的风险要加以权衡，以选择最佳方案或进行方案组合。

3. 资金分配　资金分配是指企业将其所取得意业收入(工业企业称之为销售收入)和利润进行分配。企业的营业收入(销售收入)首先要用来补偿生产耗费，以保证企业再生产的继续进行。企业的营业收入(销售收入)扣除成本、费用和各种流转税、附加税以后的数额，就是营业(销售)利润。企业对外投资的收益扣除投资损失以后的数额就是投资净收益。企业的营业利益(销售利润)、投资净收益和营业外收支净额构成企业的利润总额。企业税后利润按照国家规定的顺序进行分配。

【知识链接】5-1　企业利润分配的内容与程序

根据《企业会计准则》和《企业财务通则》的规定，利润分配的内容与顺序如下：

1. 支付被没收的财物损失及各项税收滞纳金和罚款。

2. 弥补以前年度的亏损，即弥补超过国家规定税前利润抵补期限，应以税后利润弥补的亏损。

3. 提取法定盈余公积金。即按税后利润扣除前两项后的10%提取。盈余公积金已达到注册资本的50%时，可不再提取。盈余公积金可用于弥补亏损或用于转增资本金，但转增资本金时，以转增后留存企业的法定盈余公积金不少于注册资本的25%为限。

4. 向投资者分配利润。企业以前年度未分配的利润，可以并入本年度向投资者分配。

(二)财务关系

企业的生产经营活动是整个社会再生产活动的重要组成部分。企业与投资者之间、企业内部各职能部门和生产单位之间、企业与职工之间都会发生各种经济联系：这些关系通过企业资金运动反映出来，称为财务关系。企业的财务关系主要表现，如表 5-1 所示。

表 5-1　企业的财务关系

主体	财务关系
企业与国家	主要是上交各种税款的经济关系。企业应按照国家税法的规定，及时足额地缴纳各种税款，以保证国家财政收入的实现
企业与债权人、债务人	这方面的财务关系包括企业与银行和非银行金融机构的借款、还款的信贷关系；企业与其他企业单位之间由于相互提供商品或劳务而发生的资金结算关系；企业因发行债券筹集资金而形成的与其他企业单位、个人之间的借款和还款的债权债务关系
企业内部	这种关系主要是实行企业内部经济核算制条件下，企业财务部门与供、产、销各部门和各生产单位之间的资金结算关系，以及各部门、各单位之间互相提供产品或劳务所发生的资金结算关系
企业与投资者	这主要是维护投资行的合法权益和分配利润的关系。企业从不同的投资者手中筹集到资本金，经过一定时期的生产经营活动之后，取得了收益。企业实现的税后利润按规定的程序向投资者进行分配
企业与职工	企业与职工之间的财务关系。主要是贯彻按劳分配原则，对职工支付工资、奖金、津贴等劳动报酬的结算关系，以及为职工垫付各种款项，举办各种福利事业等的结算关系

上述企业与各方面的财务关系，反映了国家、企业、投资者、职工个人之间的经济利益，企业应当正确处理好这些关系。

二、财务管理的目标

财务管理的目标是由企业的目标决定的。企业的目标，概括地讲是为其股东或所有者创造价值。企业要想实现自身目标，就要做到先生存后发展，并不断地获利，三者相辅相成，缺一不可。否则为股东创造价值只能是暂时的，而不会永久。这就要求企业财务管理要注重资金投放与运用的有效性、资金筹措的合理性和安全性，并在获利时要协调好企业与股东的短期和长远利益，即搞好资金分配。

财务管理的目标，是指企业财务活动要达到的根本目的，是评价财务活动的标准，是企业主观愿望与财务活动客观规律、内部条件与外部环境以及与企业相关的一些利益集团相互作用结果的综合体现。下面介绍具有代表性的财务管理目标。

(一)利润最大化

利润额是企业一定时期内全部收入与费用的差额，是按照有关会计原则进行确认和计量的。利润最大化作为企业理财目标，在确定性决策下，有着充分的合理性，目前很多企业都在采用，经济学家以往也都根据利润最大化来分析和评价企业行为和业绩。但是，几乎所有企业的重大经营决策都不是确定性决策，所以，以利润最大化作为财务管理目标存在着重大缺陷，如图 5-1 所示。

(二)股东财富最大化

对于上市公司，股东财富是由其所拥有的股票数量和股票市场价格两方面决定的。在股票数量一定时，股票价格达到最高，股东财富也就达到最大。与利润最大化相比，股东财富最

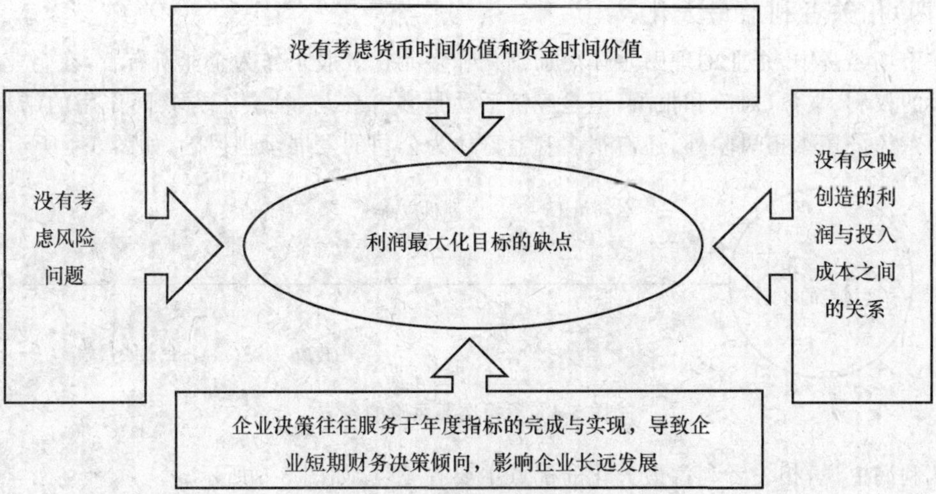

图 5-1 利润最大化目标的缺点

大化的主要优点，如图 5-2 所示。

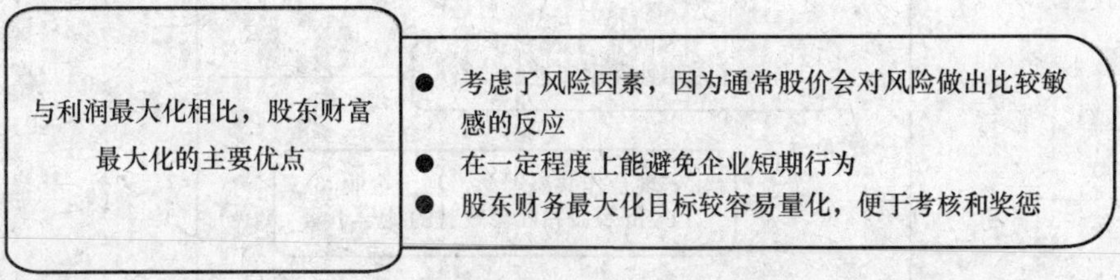

图 5-2 股东财富最大化的主要优点

（三）企业价值最大化

企业价值最大化要求企业通过采用最优的财务决策，充分考虑资金的时间价值和风险与报酬的关系，在保证企业长期稳定发展的基础上使企业总价值达到最大。企业价值最大化的优缺点，如图 5-3 所示。

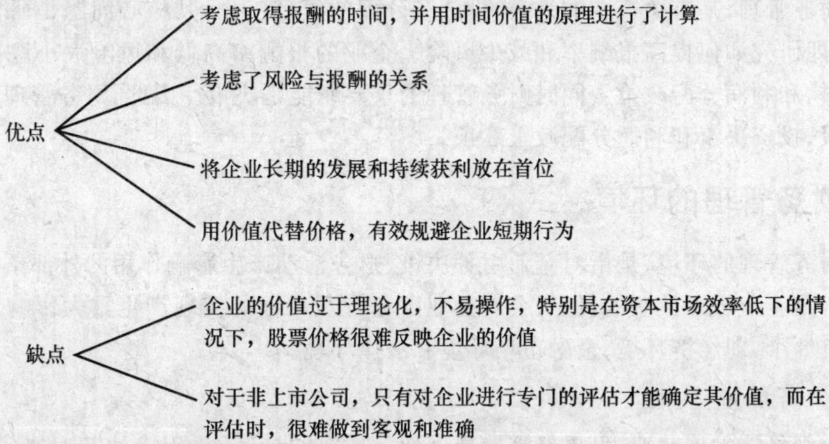

图 5-3 企业价值最大化的优缺点

（四）相关者利益最大化

在市场经济中，企业的理财主体更加细化和多元化。股东作为企业所有者，在企业中承担着最大的权利、义务、风险和报酬，但是经济活动是多方参与、社会各方共同作用的结果，所以除了股东为公司承担风险外，还有很多利益群体为公司的发展承担风险，如图 5-4 所示。

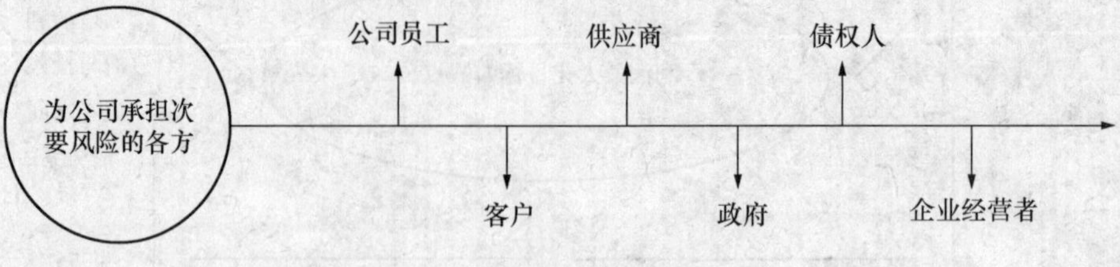

图 5-4 承担次要风险的各方

从利润上说，相关者利益最大化的优点主要有 4 点，如图 5-5 所示。

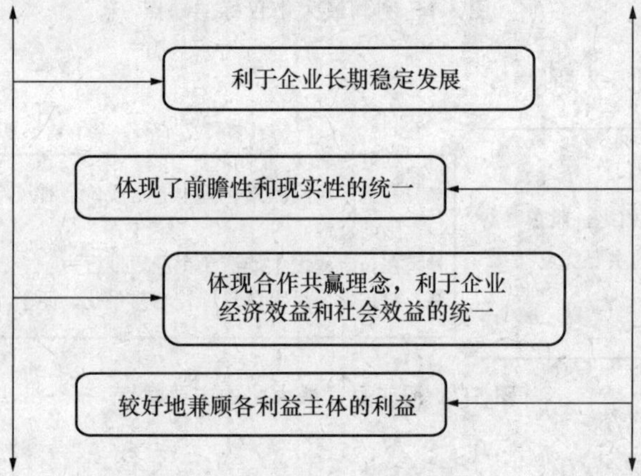

图 5-5 相关利益者最大化的优点

三、财务管理的内容

企业财务管理，是有关资金的筹集、投放和分配的管理工作，其核心问题是研究如何创造企业价值，即研究如何提高报酬率和减少风险。企业的报酬率高低和风险大小取决于投资项目、资本结构和利润分配政策。同时财务管理的重要职能是决策。因此，财务管理的主要内容是融资决策、投资决策和利润分配政策 3 项。

四、财务管理的环境

所谓财务管理的环境，是指对企业财务决策、财务活动产生影响作用的外部条件。这些外部条件通常是企业不可控制的，但又会对企业财务管理目标的实现产生重大影响。其中最重要的因素有 3 个，即经济环境、金融市场环境和法律环境。

（一）经济环境

国家宏观经济发展状况、世界经济发展周期，是企业进行重大财务决策时必须考虑的，经济繁荣时期，大多数企业都兴旺发达，而经济衰退时期，很多企业经营状况和财务状况则不会有较好的表现，有些可能发生亏损甚至破产倒闭。政府特定时期内的经济政策，也会影响到企业的理财活动，这一因素虽不能被企业所控制，却能被大企业或多或少地影响。而企业所处的微观经济环境，如目标市场、采购市场、生产环境和人员环境，更应在财务决策时认真分析评价，虽然这一因素不为企业所控制，但企业拥有选择权。

(二)金融市场环境

金融市场是指资金的供需双方通过信用工具进行交易并融通资金的市场。企业所需资金除部分可通过留存利润这一方式取得外，主要通过金融市场融资取得。此外，企业还可以通过金融市场上的投资，实现外部的发展，这要比通过自身积累达到的内部增长往往要迅速得多。

企业要想实现其理财目标，就必须对金融市场进行详细的研究，了解金融市场的构成要素、金融市场的分类、金融市场的功能、金融工具的类别及属性、金融机构及其经营业务范围以及金融市场利率。

(三)法律环境

财务管理的法律环境是指影响企业财务活动的各种法律、法规和规章。它主要包括企业组织法规和财务会计法规。

企业组织必须依法成立，不同类型的企业组建过程中适用于不同的法律。在我国，这些法律包括《公司法》、《个人独资企业法》、《合伙企业法》、《中外合资经营企业法》、《中外合作经营企业法》、《外资企业法》等。这些法规详细规定了不同类型的企业组织设立的条件、设立的程序、组织机构、组织变更及终止的条件和程序等。

财务会计法规主要包括《企业财务通则》、《企业会计准则》、《企业会计制度》。《企业财务通则》是各类企业进行财务活动、实施财务管理的基本规范。我国第一个《企业财务通则》于1994年7月1日施行。随着经济环境的不断发展，2005年我国重新修订了财务通则，新的《企业财务通则》于2007年1月1日开始实施。新通则围绕企业财务管理环节，明确了资金筹集、资产营运、成本控制、收益分配、信息管理、财务监督等六大财务管理要素，并结合不同财务管理要素，对财务管理方法和政策要求做出了规范。

《企业会计准则》是针对所有企业制定的会计核算规则，分为基本准则和具体准则，实施范围是大中型企业，自2007年1月1日起在上市公司中实施，2008年1月1日起在国有大中型企业实施。为规范小企业会计行为，财政部颁发了《小企业会计制度》，自2005年1月1日起在全国小企业范围内实施。

除上述法规，与企业财务管理有关的经济法规还包括证券法规、结算法规等。财务人员要在守法的前提下完成财务管理的职能，实现企业的理财目标。

第二节　筹资管理

企业筹集资金简称筹资。筹资是指企业为了从事生产经营或举办各项事业，从不同资金所有者手中筹措资金的财务活动。资金是企业进行生产经营活动的必要条件，它是通过筹资来实现的。因此，筹集资金是企业资金运动的起点，是决定资金运动规模和生产经营发展程度的重要环节。

一、筹资渠道、方式和管理要求

(一)筹资渠道

筹资渠道就是指取得资金的来源。我国企业资金来源渠道现已出现多样化的格局。具体来说有以下几种来源渠道:

1. 国家财政资金 国家财政资金过去是国有企业主要的资金来源。现在国家对国有企业的投资形式有了重大变化。主要是对一些新建大型、重点、骨干企业提供资金,因此是这类企业筹资的重要渠道。此外,按现行规定,财政资金用于国有企业的还包括财政贴息、周转金以及以认购股票方式对股份制企业进行的投资。

2. 银行信贷资金 银行对企业的各种贷款,是我国目前各类企业最为重要的资金来源。我国银行分为商业性银行和政策性银行两种。商业性银行是以盈利为目的、从事信贷资金投放的金融机构,它主要为企业提供各种商业贷款。政策性银行主要为特定企业提供政策性贷款。

【知识链接】5-2 我国政策性银行简介

1994年以前,我国没有专门的政策性金融机构,国家的政策性金融业务分别由4家国有商业银行承担,它们分别是中国工商银行、中国建设银行、中国银行和中国农业银行。

根据党的十四届三中全会精神和《国务院关于金融体制改革的决定》(以下简称《决定》)及其他文件,我国于1994年从国有独资专业银行中相继分离建立了国家开发银行、中国农业发展银行和中国进出口银行等3家政策性银行。

其中,国家开发银行主要负责开发投资金融服务,其主要任务是:按照国家法律、法规和方针、政策,筹集和引导境内外资金,向国家基础设施、基础产业和支柱产业的大中型基本建设和技术改造等政策项目及其配套工程发放贷款,从资金来源上对固定资产投资总量进行调节和控制,优化投资结构,提高投资效率。

中国农业发展银行主要负责农业政策性金融服务,其主要任务是按照国家法律、法规和政策,以国家信用为基础,筹集农业政策性信贷资金,承担国家规定的农业政策性金融业务,代理财政性支农资金的拨付,为农业和农村发展服务。

中国进出口银行主要负责贸易融资服务,其主要任务是执行国家产业政策和外贸政策,为资本性货物出口提供政策性金融支持,办理各类出口信用保险、进出口保险、出口信贷担保和国际保理等业务。

3. 非银行金融机构资金 非银行金融机构主要是指银行以外的、由各级政府主办、以融通资金为主要目的金融机构,主要有信托投资公司、经济发展投资公司、租赁公司、保险公司以及信用合作社等。

4. 其他企业资金 企业在生产经营活动过程中,往往有一部分暂时闲置的资金,甚至有些可以在较长时间内闲置不用,这就为企业之间相互调剂资金余缺提供了可能。企业可以通过与其他企业联营或者让其他企业入股、认购债券等方式取得资金,企业之间的资金联合和资金融通也是筹资的重要渠道。

5. 民间资金 民间资金是指城乡居民(包括职工和其他城乡居民)手中持有的货币资金。

6. 企业留存收益　企业留存收益是指企业从税后利润中提取形成的盈余公积金以及未分配利润等。这是企业内部的筹资渠道。

（二）筹资方式

企业筹集资本金的方式可以多种多样，既可以吸收货币资金投资，也可以吸收实物、无形资产等形式的投资，还可以发行股票募集资本金。也就是说，企业可以吸收投资者依法投资的任何财产筹集资本金。但企业无论采取什么方式筹资，都必须符合国家法律、法规的规定。筹资方式主要包括吸收直接投资、发行股票和债券、银行借款、商业信用以及融资租赁等。

（三）筹资渠道与筹资方式的对应关系

筹资渠道解决的是企业资金来源问题，筹资方式则解决企业通过何种方式取得资金的问题，筹资渠道与筹资方式既有区别，又有着密切的联系。一定的筹资可能只适用于某一特定的筹资渠道，但是同一渠道的资金往往可以采用不同的方式去取得。企业的筹资渠道与筹资方式之间存在着一定的对应关系。因此，企业在筹资时，应当注意筹资渠道和筹资方式两者之间的合理配合。

企业筹资渠道与筹资方式的对应关系，如表 5-2 所示。

表 5-2　企业筹资渠道与筹资方式的对应关系

筹资方式	筹资渠道						
	吸收直接投资	发行股票	留存收益	银行借款	商业信用	发行债券	融资租赁
国家资金	√	√					
银行信贷资金				√			
其他金融机构资金	√	√		√	√	√	√
其他企业资金	√	√			√	√	√
民间资金	√	√				√	
企业自有资金			√				

（四）筹资的管理要求

1. 正确把握筹资的数量和时间　筹集资金首先应确定筹措的数量，一般以满足企业生产经营等方面的最低需要量为限，另外，企业对资金的需要是有一定时间性的，资金过早进入企业会造成资金闲置浪费，过迟进入又不能及时满足需要，因此要注意资金需要的时间与数量上的衔接。

2. 降低筹资代价，提高筹资效益　企业为了取得某种资金的使用权必须付出一定的代价。例如银行借款利息、债券利息、股票的股利以及进行筹资活动支付给有关机构的印刷费、发行费、注册费、代理销售费等。这些费用的高低直接影响筹资的效益。因此，要综合考虑各种因素，选择最经济方便的资金来源，以最小的筹资代价获得所需要的资金，并保证将获得的资金投入生产经营过程后，能给企业带来较好的经济效益。

3. 合理确定资金来源结构　资金来源结构是指资金来源项目的构成和各个项目资金占全部资金的比重。确定资金来源结构主要是合理安排负债与资本金的比例。资本金是企业的注册资本，表明企业资金的实力强弱；负债是企业借入资金，必须按期还本付息。因此，企业在筹资时，必须确定借入资金的数额，并使其同资本保持一个合理的比例。如果负债过多，则会发生较大的财务风险，甚至可能由于丧失偿债能力而面临破产。

4. 依法筹资，维护投资者权益 企业在筹资过程中，应遵守国家制定的法规和制度。认真执行各项筹资、使用、归还资金的工作程序，严格履行各类合同条款，维护投资者的各项权益。

二、企业资本金的筹集与管理

（一）资本金的概念及其构成

资本金是指企业在工商行政管理部门登记的注册资金，是企业进行生产经营活动的基础。根据《企业财务通则》的规定，设立企业必须拥有法定的资本金。企业资本金按照投资主体不同，分为以下几种。

1. 国家资本金 是有权代表国家投资的政府部门或机构以国有资产投入企业而形成的资本金。

2. 法人资本金 是其他法人单位以其依法可以支配的资产投入企业而形成的资本金。

3. 个人资本金 是社会个人或本企业内部职工以个人合法财产投入企业而形成的资本金。

4. 外商资本金 是外国投资者以及港、澳、台地区投资者投入企业而形成的资本金。

（二）企业资本金的筹集

企业资本金筹集是资本金制度的主要内容，资本金的筹集要明确如下几个问题：

1. 筹集资本金的方式 企业筹集资本金的方式可以多种多样，既可以吸收货币资金投资，也可以吸收实物、无形资产等形式的投资，还可以发行股票募集资本金。也就是说，企业可以吸收投资者依法投资的任何财产筹集资本金。但企业无论采取什么方式筹资，都必须符合国家法律、法规的规定。

2. 资本金筹集期限 资本金可以一次或者分期筹集。企业是一次筹集还是分期筹集，应根据国家有关法律、法规以及合同、章程的规定来确定。

3. 吸收无形资产投资不得超过国家规定的限额 企业在筹集资本金过程中吸收的投资者投入的无形资产（不包括土地使用权）的数额不得超过企业注册资金的20%；因情况特殊，需要超过20%的，应经有关部门审批，但最高不得超过30%。法律另有规定的，从其规定。企业不得吸收投资者的已设立担保物权及租赁资产的出资。

4. 验资与出资证明 企业筹集的资本金是否符合国家法律法规的规定，作价是否公平合理，国际上通行的做法是聘请具有“公正性”的注册会计师验资，签署验资报告。以实物出资的，还要进行资产评估。我国企业财务制度区明确规定，企业筹集的资本金，必须聘请中国注册会计师验资，出具验资报告，由企业据以发给投资者出资证明书。

5. 投资者在出资中的违约责任 企业筹集资本金的方式、投资者出资期限等均应在投资合同协议中约定。如果投资者未按合同或协议和公司章程的约定，按时、足额出资，企业和其他投资者可以依法追究其违约责任；国家有关部门还应按照有关规定对企业和违约者进行处罚；如果投资各方均违约或外资企业不按规定出资，则由工商行政管理部门进行处罚。

（三）企业资本金的管理

企业财务制度明确了资本保全以及投资者对其出资所拥有的权利和承担的义务。

1. 资本保全 企业对筹集的资本金依法享有经营权，企业经营期内投资者除可依法转让外，不得以任何方式抽走其投资；企业应确保投资者投入的资本金保全和完整，不得随意冲减。

2. 利益共享，风险共担 投资者按照出资比例或合同、章程的规定，分享企业利润，分担企业风险与亏损。

三、资金成本与筹资结构优化分析

(一)资金成本

资金成本是指企业为筹措和使用资金而付出的代价，包括筹资过程中发生的筹资费用和用资过程中支付的报酬。前者如股票、债券的发行费用；后者如利息、股利等，这是资金成本的主要内容。资金成本分为短期资金成本和长期资金成本，长期资金成本通常称为资本成本，它是企业资金成本问题研究的重点。资金成本通常用相对数来表示，即支付的报酬与获得的资金之间的比例。其公式如(5-1)所示：

$$\text{资金成本率}=\frac{\text{资金使用费}+\text{筹资费用}}{\text{筹瓷总额}}\times 100\%=\frac{\text{资金使用费}}{\text{筹资总额}\times(1-\text{筹资费用率})}\times 100\% \tag{5-1}$$

根据不同情况，资金成本可以有不同的表现形式，如银行借款资金成本率、债券资金成本率、股票资金成本率，等等。总资金成本率是由各资金成本率综合计算形成的。

(二)筹资结构优化分析

最佳的资本结构，是企业在一定时期使其综合资本成本最低，同时企业价值最大的资本结构。筹资结构优化分析就是指不同资金来源的筹资方案，实现最优的组合，以期选出经济合理、效益最好的方案，从筹资结构的总体上，可以使总资金成本最低。一般地说，有如下两种情况：①各项资金成本率已定，但资金来源比例未定。②各项资金成本率未定，但资金来源比例已定。

【例 5-1】 某公司经研究决定从申请银行借款、发行债券和股票 3 个方面筹措资金，其各自资金成本率已确定，从 4 种资金来源不同比例的方案中，选出最优方案。有关资料如表 5-3 所示。

表 5-3 企业筹资方案 万元

筹资方式	方案 A		方案 B		方案 C	
	筹资额	资金成本比例/%	筹资额	资金成本比例/%	筹资额	资金成本比例/%
长期借款	80	6	100	6.5	160	7
债券	200	8	300	8	240	7.5
优先股	120	12	200	12	100	12
普通股	600	15	400	15	500	15
合计	1 000		1 000		1 000	

根据上表资料，各方案的总资金成本率计算如下：

方案 A：

$$总资金成本率=\frac{80}{1\ 000}\times6\%+\frac{200}{1\ 000}\times8\%+\frac{120}{1\ 000}\times12\%+\frac{600}{1\ 000}\times15\%=12.52\%$$

方案 B：

$$总资金成本率=\frac{100}{1\ 000}\times6.5\%+\frac{300}{1\ 000}\times8\%+\frac{200}{1\ 000}\times12\%+\frac{400}{1\ 000}\times15\%=11.45\%$$

方案 C：

$$总资金成本率=\frac{160}{1\ 000}\times7\%+\frac{240}{1\ 000}\times7.5\%+\frac{100}{1\ 000}\times12\%+\frac{500}{1\ 000}\times15\%=11.62\%$$

可见，在其他条件相同的情况下，方案 B 是最佳资本结构，企业应进一步结合实际情况分析各筹资渠道的可行性，权衡利弊得失，择优定案。

第三节　资金运用管理

资金运用是指公司将筹集到的资金以各种手段投入到各种用途上。企业资金有多种分类，从占用时间上看，可以分为短期资金和长期资金两种基本形态。为了使企业的资金发挥最大的效力，应针对短期资金和长期资金特点实施有效管理。

一、短期资金运用管理

企业短期资金又称流动资金，它是流动资产的货币表现，也是企业的营运资金。构成流动资产的主要内容是劳动对象。具体地说，流动资金就是垫支在材料、能源、低值易耗品，并准备用于支付工资和其他费用方面的资金。流动资金在周转中表现为储备资金、生产资金、成品资金、货币资金、结算资金等占用形态。它的价值周转是一次全部地进行的，经过一个生产周期就完成一次循环。资金的瞬间占用与周而复始的循环相结合是流动资金的主要特点。流动资金循环如图 5-6 所示。

在一定条件下，企业流动资金需要量主要取决于流动资金周转时间的长短。流动资金管理的基本任务就是保证生产经营所需资金得到正常供给，并在此基础上减少资金占用，加速资金周转。

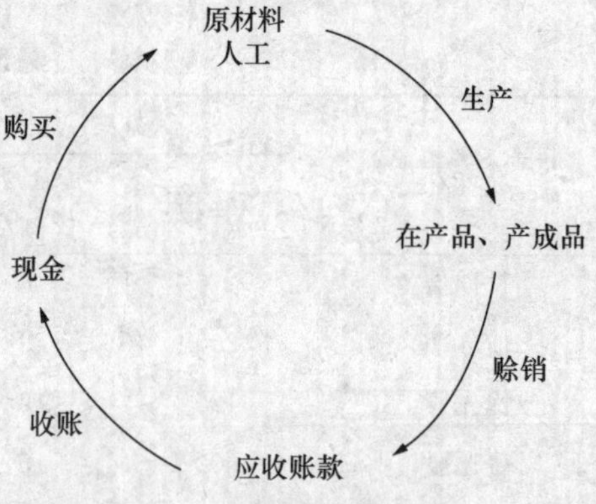

图 5-6　流动资金循环图

(一)货币资金管理

货币资金包括库存现金和银行存款，控制流动资金首先要从货币资金开始。货币资金是一种非营利性或营利微弱的资产。

1. 企业持有现金的动机　主要有以下 3 个方面：①交易动机。即指持有现金以满足日常支付的需要，如用于购买材料、支付工资、交纳税款、支付股利等。②预防动机。即指持有现金，以应付意外事件对现金的需求。③投机动机。即指企业持有现金，以便当有价证券价格剧烈波动时，从事投机活动，从中获得收益。

货币资金管理的目的是在保证企业生产经营所需现金的同时，节约使用资金，并从暂时闲置的现金中获得最多的利息收入。现金管理应力求做到既保证企业交易所需资金，降低风险，又不使企业有过多的闲置现金，以增加收益。

2. 货币资金管理的内容　主要有以下几个方面：①编制现金预算或现金收支计划，以便合理地估计未来的现金需求。②对日常的现金收支进行控制，力求加速收款，延缓付款。③用特定的方法确定理想的现金余额。当企业实际现金余额与理想余额不一致时，采用短期融资策略或采用归还借款和投资于有价证券等策略达到理想状况。

3. 最佳现金持有量的确定　现金的管理除了做好日常收支，加速现金流转外，还需控制好现金持有规模，即确定适当的现金持有量。现金是一种流动性最强的资产，又是一种盈利件最差的资产。现金过多，会使企业盈利水平下降，而现金太少，又有可能比现现金短缺，影响生产经营。在现金持有量问题上，也存在风险与报酬的权衡问题。在西方财务管理中，确定最佳现金持有量的方法很多，比较常用的方法主要有成本分析模式和存货模式。

(1)成本分析模式。成本分析模式是根据现金有关成本，分析预测其总成本最低时现金持有量的一种方法。该模式假设企业持有的现金均为货币形态，没有有价证券。这样，运用成本分析模式确定现金最佳持有量时，只考虑因持有一定量的现金而产生的机会成本及短缺成本，而不予考虑管理费用和转换成本。这种模式下，最佳现金持有量，就是持有现金而产生的机会成本与短缺成本之和最小时的现金持有量。

在成本分析模式中，机会成本与现金持有量呈正相关。现金的短缺成本是指在现金持有量不足而又无法及时通过有价证券变现加以补充而给企业造成的损失，包括直接损失和间接损失。短缺成本与现金持有量呈负相关。

相关总成本包括机会成本和短缺成本。机会成本与短缺成本随现金持有量的变动呈反方向变化关系：现金持有量越大，机会成本越高，短缺成本越低；现金持有量越小，机会成本越低，短缺成本越高。

运用成本分析模式确定最佳现金持有量的步骤：①根据不同现金持有量测算并确定有关成本数值；②按照不同现金持有量及其有关成本资料编制最佳现金持有量测算表；③在测算表中找出总成本最低时的现金持有量，即最佳现金持有量。在这种模式下，最佳现金持有量就是持有现金而产生的机会成本与短缺成本之和最小时的现金持有量。

【例 5-2】　某企业有 4 种现金持有方案，各方案有关成本资料如表 5-4 所示。

表 5-4　现金持有备选方案表　　元

项目	甲	乙	丙	丁
现金持有量	30 000	40 000	50 000	60 000
机会成本率/%	8	8	8	8
短缺成本	3 000	1 000	500	0

要求：计算该企业的最佳现金持有量。

根据表 5-4，可采用成本分析模式编制企业的最佳现金持有量测算表，如表 5-5 所示。

表 5-5　最佳现金持有量测算表　　元

方案	机会成本	短缺成本	合计
甲	30 000×8%=2 400	3 000	5 400
乙	40 000×8%=3 200	1 000	4 200
丙	50 000×8%=4 000	500	4 500
丁	60 000×8%=4 800	0	4 800

由表 5-5 可知，乙方案的总成本最低，因此企业最佳现金持有量为 40 000 元。

(2)存货模式。确定现金最佳余额的存货模式来源于存货的经济批量模型，是将现金看作企业的一种特殊存货，按照存货管理中的经济批量法的原理确定企业最佳现金持有量的方法。该模式假设不存在现金短缺，故相关成本只有机会成本和固定性转换成本。其计算公式如(5-2)所示：

$$Q=\sqrt{\frac{2TF}{K}} \tag{5-2}$$

式中：Q 表示最佳现金持有量；T 表示一个周期内现金总需求量；F 表示每次转换有价证券的固定成本；K 表示有价证券利息率(机会成本)。

(二)应收账款管理

应收账款是指企业因销售产品、材料和供应劳务等，应向购货单位收取的账款。近几年来，随着商品经济发展，商业信用的推行，企业应收账款数额明显增多，因而应收账款已成为流动资金管理中一个日益重要的问题。企业进行应收账款管理的基本目标，就是在充分发挥应收账款增加销售、减少存货功能的基础上，降低应收账款投资的成本，使提供商业信用、扩大销售所增加的收益大于有关的各项费用。

值得注意的是，应收账款的存在，必然占用企业的资金。如果数额过大，就会引起资金短缺，影响资金周转，从而产生不堪设想的后果。企业应收账款的多少，通常决定于市场经济情况和企业的信用政策。市场经济情况是企业无法控制的，但企业可以运用信用政策来调节应收账款的数额。为了加强流动资金管理，企业应制定合理的信用政策。

企业在进行应收账款管理时，还应建立坏账准备金制度。根据现行制度规定，企业可以在年度终了，按照年末应收账款的 0.3%～0.5%，计提坏账准备金，计入管理费用。

(三)存货管理

存货是指企业在生产经营过程中为销售或者耗用而储备的物资。为销售而储备的物资主要是指商业企业的商品库存和工业企业的产成品、外购配套商品以及外销自制半成品等库存；为制造产品而储备的物资主要是指工业企业的材料、在产品、协作件以及内耗自制半成品等库存。存货在生产经营周转过程中处于相对停留状态，它是联系生产与销售的一个重要环节。存货管理的好坏，不仅决定了生产经营的保证程度，还决定了存货投资的大小，存货周转率的高低。所以，加强存货管理，以最低的存货成本提供维持企业生产经营所需的物资意义重大。

加强存货管理，一要建立、健全存货的检验、收发、领退、保管的清查盘点制度，保证存货的安全完整；二要合理确定存货量，节约使用资金；三要提高存货的利用效果，加速存货周转。

二、长期资金运用管理

企业的长期资金运用范围分为内部投资和外部投资。对内长期投资是企业把资金投放于企业内部生产经营需要的长期投资上，包括固定资产投资、无形资产投资、递延资产投资及其他资产投资。对外长期投资是指企业把资金投放到企业外部的长期性投资，主要包括股票投资、债券投资和其他投资。这里就固定资产投资与证券投资的有关内容作介绍。

（一）固定资产投资管理

固定资产是指使用期限超过一年，单位价值在规定标准以上，并在使用过程中保持原有物质形态的资产。构成固定资产的主要内容是劳动手段，包括机器设备、厂房建筑物、运输工具等。固定资产在实物形态的更新和价值形态的补偿方面有自身的特殊规律性。它具有影响时间长、投资数额大、不经常发生和变现能力差等特点。固定资产投资的特点决定了其投资具有相当大的风险，一旦决策失误，就会严重影响企业财务状况和现金流量，长期制约着企业经济效益的提高，甚至会导致企业的破产。因此，必须按照一定的固定资产投资管理程序，加强固定资产投资管理，以保证固定资产投资决策的正确有效。

1. 影响固定资产投资决策的主要因素　企业进行固定资产投资决策时，既有来自企业外部的社会环境多种因素的影响，也有来自企业内部各种现实条件的制约。其中资金时间价值、投资风险价值、资金成本、现金流量是4个重要的影响因素。

2. 固定资产投资决策的主要方法　固定资产投资决策的方法可分为静态决策分析法和动态决策分析法。其中，静态决策分析法是不考虑资金的时间价值因素进行决策分析方法，主要包括投资回收期法和会计收益率法；动态决策分析法则考虑资金的时间价值因素，主要包括净现值法、内含报酬率法和获利指数法。下面介绍其中几种主要的方法。

（1）投资回收期法

①投资回收期是指用投资方案所产生的净现金收入补偿投资所需要的时间，即企业收回全部投资额的时间。计算公式如(5-3)所示：

$$n=\frac{p}{A} \tag{5-3}$$

式中：n 表示投资回收期；p 表示投资总额；A 表示每年现金净流入量。

②决策原则。通常企业先预定基准投资回收期 n_0，然后将投资方案的 n 与基准进行比较，根据比较结果决定对方案的取舍。基本原则如下：

若 $n<n_0$，则为可采用方案；若 $n>n_0$，则否决该方案。

③方法评价。从计算方法可以看出，运用该方法计算简便且比较直观，易于使用。但是由于该方法没有考虑货币的时间价值以及投资方案在整个寿命期内现金流的大小和发生的时间等，因而显得较力粗糙。因此，该方法往往是作为其他方法的补充，作为考察投资方案的原始投资得到补偿的速度的工具。

（2）净现值法

①净现值是指特定方案未来现金流入的现值与未来现金流出的现值之间的差额。它是理论上最好的方法，被广泛使用。计算公式如(5-4)所示：

$$NPV=\sum_{t=1}^{n}\frac{C_t}{(1+i)^t}-C_0 \tag{5-4}$$

式中：NPV 表示净现值；i 表示折现率；C_t 表示第 t 期现金流入量；C_0 表示原始投资。

②决策原则。如果通过以上计算得出的投资方案的现值为零，则说明该投资方案的报酬仅是所采用的规定利率 i，这是最低的投资报酬率。因此基本原则可确定如下：

若 $NPV \geqslant 0$，则可采用方案；若 $NPV<0$，则否决方案

③方法评价。净现值方法考虑了货币的时间价值，经济观点较强；完整考虑项目计算期内全部现金流量；考虑了投资风险，项目投资风险可以通过提高贴现率加以控制。另外，在利率 i 的确定过程中充分考虑了风险因素而使判断的可信度更高。但是，净现值是一个绝对数，不能从动态的角度直接反映投资项目的实际收益率，在进行互斥性投资决策，若投资额不等，仅用净现值有时无法确定投资项目的优劣；计算比较复杂，且较难理解和掌握等，由于金融市场利率变化频繁而使得方案利率很难确定。在实际运用中，常结合其他判据进行。

(3)内含报酬率法

①内含报酬率是指能够使未来现金流入量现值等于未来现金流出量现值的贴现率，它是另一个被广泛使用的方法。计算公式如(5-5)所示：

$$\sum_{t=1}^{n}\frac{NCF_t}{(1+r)^t}-C=0 \tag{5-5}$$

式中：NCF_t 表示第 t 年的净现金流量；r 表示内含报酬率；n 表示项目使用年限；C 表示初始投资额。

②决策原则。内含报酬率法的决策原则是，在只有一个备选方案的采纳与否决策中，如果计算出的内含报酬率大于或等于公司的资本成本或必要报酬率，就采纳；反之，则拒绝。在有多个备选方案的互斥选择决策中，选择内含报酬率超过资本成本或必要报酬率最多的投资项目。

③方法评价。内含报酬率法考虑了资金的时间价值，反映了投资项目的真实报酬率，概念也易于理解。但这种方法的计算过程比较复杂，特别是对于每年 NCF 不相等的投资项目，一般要经过多次测算才能算出。

(4)获利指数法

①获利指数又称利润指数，是投资项目未来报酬的总现值与初始投资额的现值之比。计算公式如(5-6)所示：

$$PVI=\frac{\sum_{t=1}^{n}\frac{C_t}{(1+i)^t}}{C_0} \tag{5-6}$$

式中：PVI 为获利指数；i 为折现率；C_t 为第 t 期现金流入量；C_0 为原始投资。

②决策原则。获利指数法的决策原则是，在只有一个备选方案的采纳与否决策中，如果获利指数大于或等于 1，就采纳；否则就拒绝。在有多个备选方案的互斥选择决策中，选择获利指数超过 1 最多的投资项目。

③方法评价。获利指数可以看作是 1 元的原始投资渴望获得的现值净收益。获利指数法的优点是考虑了资金的时间价值，能够真实地反映投资项目的盈利能力。由于获利指数是用

相对数来表示，所以有利于在初始投资额不同的投资方案之间进行对比。获利指数法的缺点是，获利指数只代表获得收益的能力而不代表实际可能获得的财富，它忽略了互斥项目之间投资规模上的差异，所以在多个互斥项目的选择中，可能会得到错误的答案。

（二）证券投资管理

企业把资金用于购买股票、债券等金融资产，被称为证券投资。

1. 债券投资　债券投资的投资对象是债券。所谓债券是发行者为筹集资金，向债权人发行的，在约定时间支付一定比例的利息，并在到期时偿还本金的一种有价证券。

(1)债券投资的收益评价。企业决定是否购买一种债券，要评价其收益和风险。评价债券收益水平的指标是债券价值和到期收益率。

债券作为一种投资，现金流出量是其购买价格，现金流入量是利息和归还的本金，或者出售时得到的现金。债券未来现金流入的现值，称为债券的价值或债券内在价值。只有债券价值大于购买价格时，才值得购买。典型的债券是固定利率，每年计算并支付利息，到期归还本金。按照这种模式，债券价值计算公式如(5-7)所示：

$$V=\sum_{t=1}^{n}\frac{I_t}{(1+i)^t}+\frac{M}{(1+i)^n} \tag{5-7}$$

式中：V 表示债券价值；I 表示每年利息；M 表示到期的本金；n 表示债券到期的年数；i 表示贴现率（一般采用当时的市场利率或投资者要求的最低报酬率）。

债券到期收益率是指购进债券后，一直持有该债券至到期时可获得的收益率。一般是按复利计算的，它是能使未来现金流入现值等于债券购入价格的贴现率。
即现金流出＝现金流入。

购进价格＝每年利息×年金现值系数＋面值×复利现值系数，计算公式如(5-8)所示：

$$V=I\times(PV_{Ai,n})+M\times(PV_{Ai,n}) \tag{5-8}$$

利用上式所求出的 i，即为债券收益率。由丁在运用上式计算时，需要进行测试，比较麻烦，故可用下面简便算法求得近似值，计算公式如(5-9)所示：

$$R=\frac{I(M-P)/N}{(M+P)/2} \tag{5-9}$$

式中：I 表示每年利息；P 表示买价；M 表示到期本全；N 表示年数；R 表示债券收益率。

(2)债券投资的风险。尽管债券的利率一般是固定的，债券投资仍然和其他投资一样是有风险的，债券投资风险包括：

①违约风险。指借款人无法按时支付债券本金和利息的风险。

②利率风险。指由于利率变化而位投资合遭受损失的风险。

③购买力风险。指由于通货膨胀而使货币购买力下降的风险。

④变现力风险。即无法在短期内以合理价格脱手的风险。

⑤再投资风险。由于长期债券安排不妥造成收回的短期债券资金找不到合适的再投资机会而形成损失的风险。掌握这些风险的目的在于运用可行的方法对债券的信用等级、投资数额、不同债券的组合结构等进行合理的评估与安排，以尽可能降低风险，取得最佳的投资收益。

2. 股票投资　股票投资是企业以认购其他企业股票的方式向其他企业进行的投资。所谓股票是股份公司发给股东的所有权凭证，是股东借以取得股利的一种有价证券。股票持有者即为该公司的股东，对该公司财产有要求权。

(1)股票投资收益的评价。股票投资收益包括两个部分，一是股利收益，二是出售股票时售出价格与原购入价格的价差，即资本利得收益。股票投资的收益评价，是通过计算股票价值，并将其与股票市场比较，从而进一步决定买入、卖出或继续持有股票。股票价值是指股票的预期未来现金流入量的现值，包括每股预期股利现值和出售时得到的价格收入现值两部分。其计算的基本模型为：

①如果投资者永远持有该股票，则股票价值的计算如公式(5-10)所示：

$$V=\sum_{t=1}^{n}\frac{D_t}{(1+R)^t} \tag{5-10}$$

式中：V 表示股票价值；D_t 表示第 t 年股利；R 表示投资者要求的必要报酬率。

②如果投资者不打算永久持有该股票.而打算在一段时间后将其出售，则其价值计算公式如(5-11)所示：

$$V=\sum_{t=1}^{n}\frac{D_t}{(1+R)^t}+\frac{P_n}{(1+R)^n} \tag{5-11}$$

式中：P_n 表示股票出售的预计价格，其余与前式相同。

上述两种方法只是计算股票价值的基本模型，在实际工作中还应根据不同情况具体确定。

(2)股票投资风险分析。股票投资(普通股投资)的潜在报酬率比其他投资高，但也是风险最大的证券投资，对付风险的最普遍的方法是投资的分散化，即选择若干种证券加以搭配，建立证券组合，通过多种证券的报酬高低、风险大小的相互抵消，使证券组合在保持特定收益水平的条件下把总风险减少到最低限度，或者在将风险阻扼在愿意承担的特定水平条件下尽可能使收益最大化。

【知识链接】5-3　股票发行的要求

股份有限公司发行股票，通常分为设立发行和增资发行。根据我国《公司法》、《证券法》等法规规定，必须遵循下列基本要求。

1. 股份有限公司的资本划分为股份，每一股的金额相等。

2. 公司的股份采取股票的形式，股票是公司签发的证明股东所持有股份的凭证。

3. 股份的发行，实行公平、公正的原则，同种类的每一股份应当具有同等权利。

4. 同次发行的同种类股票，每股的发行条件和价格应当相同。任何单位或者个人所认购的股份，每股应当支付相同金额。

5. 股票发行价格可以按票面金额(即等价)，也可以超过票面金额(即溢价)，但不得低于票面金额(即折价)。

第四节　财务分析与评价

财务分析是根据企业财务报表等信息资料，采用专门方法，系统分析和评价企业财务状况、经营成果以及未来发展趋势的过程。财务分析以企业财务报告及其他相关资料为主要依据，对企业的财务状况和经营成果进行评价和剖析，反映企业在运营过程中的利弊得失和发展趋势，从而为改进企业财务管理工作和优化经济决策提供重要财务信息。

财务分析方法主要有比率分析法、比较分析法和因素分析法。比率分析法是通过计算各种比率指标来确定财务活动程度的方法。比较分析法是通过对比两期或连续数期财务报告中的相同指标，确定其增减变动的方向、数额和幅度，来说明企业财务状况或经营成果变动趋势的一种方法。因素分析法是依据分析指标与其影响因素的关系，从数量上确定各因素对分析指标影响方向和影响程度的一种方法。本章节主要介绍比率分析法。

财务综合分析与评价是将各种财务比率和指标结合起来对企业财务活动进行系统的、综合的分析。财务综合分析方法主要包括沃尔评分法和杜邦分析法。

一、财务报表

财务报表是将公司财务报表及其他有关会计记录中的资料予以适当安排，使之显示各项信息间有意义的相互关系，进而分析和解释各种关系，以帮助分析者了解和评估公司过去的经营业绩，衡量公司目前的财务状况，并预测公司未来发展的前景。财务报表中最重要的有：资产负债表、利润表和现金流量表等。

（一）资产负债表

资产负债表是公司在某特定时期财务状况和资本结构的静态报告，反映公司资产、负债（包括股东权益）之间的平衡关系。

资产负债表由资产和负债两部分组成，每部分各项目的排列一般以流动性高低为序。资产部分表示公司所拥有或掌握的，以及其他公司所欠的各种经济资源和财产，包括固定资产、无形资产、流动资产、其他资产和费用等。负债部分表示公司为取得各项经济资源所承受的负债，以及股东投资等。公司资金的来源主要包括两部分：对外债务和股东投资及所获得的利润，即负债和股东权益。资产、负债和股东权益的关系为：资产＝负债＋股东权益。

表 5-6 是贵州茅台酒股份有限公司 2012 年合并资产负债表。

表 5-6　贵州茅台酒股份有限公司合并资产负债表①

项目	本期金额	项目	本期金额
一、流动资产：		流动资产合计	36 225 076 613.88
货币资金	22 061 999 850.17	二、非流动资产：	
应收票据	204 079 117.80	持有至到期投资	50 000 000.00
应收账款	17 818 147.27	长期股权投资	4 000 000.00
预付款项	3 872 870 407.89	固定资产	6 807 333 231.09
应收利息	264 612 813.22	在建工程	392 672 323.95
其他应收款	137 968 684.11	工程物资	2 676 942.59
存货	9 665 727 593.42	无形资产	862 615 899.20
其他流动资产		长期待摊费用	10 177 029.43

① 资料来源：http://www.moutaichina.com/。截至 2012 年 12 月 31 日，单位：元，币种：人民币。

续表5-6

项目	本期金额	项目	本期金额
递延所得税资产	643 656 913.32	其他非流动负债	
非流动资产合计	8 773 132 339.58	非流动负债合计	17 770 000.00
资产总计	44 998 208 953.46	负债合计	9 544 172 556.21
三、流动负债：		五、所有者权益(或股东权益)：	
应付账款	345 280 977.68		
预收款项	5 091 386 269.55	实收资本(或股本)	1 038 180 000.00
应付职工薪酬	269 657 755.58	资本公积	1 374 964 415.72
应交税费	2 430 093 461.38	减：库存股	
应付股利		盈余公积	3 036 434 460.46
其他应付款	1 389 984 092.02	一般风险准备	
流动负债合计	9 526 402 556.21	未分配利润	28 700 075 247.50
四、非流动负债：		归属于母公司所有者权益合计	34 149 654 123.68
长期借款			
应付债券		少数股东权益	1 304 382 273.57
专项应付款	17 770 000.00	所有者权益合计	35 454 036 397.25
递延所得税负债		负债和所有者权益总计	44 998 208 953.46

(二)利润表

利润表又称损益表、收益表，是综合反映企业在某一段时期内发生的各项经营收支和盈亏实现情况的报表。它直接反映发行公司获利状况，显示每股净利及盈余，是分析企业经济效益和经营业绩的依据。损益表的编制方式是自上而下，列出收入及费用(或成本)的累积金额，两者相减得出净利润。利润分配表又称保留盈余表，是反映企业根据董事会决定的利润分配方案进行的利润分配资料和未分配利润结余情况的报表，是投资者分析公司利润分配情况的依据。

表5-7是贵州茅台酒股份有限公司2012年合并利润表。第一项是公司的营业收入；第二项是营业总成本；第三项为营业利润；第四项为利润总额，利润总额＝营业利润＋营业务收入－营业外支出；第五项是净利润，净利润＝利润总额－所得税费用。

表5-7 贵州茅台酒股份有限公司合并利润表①

项目	本期金额	项目	本期金额
一、营业总收入	26 455 335 152.99	二、营业总成本	7 627 698 585.34
其中：营业收入	26 455 335 152.99	其中：营业成本	2 044 306 468.76
其他收入		营业税金及附加	2 572 644 755.42

① 资料来源：http://www.moutaichina.com/。截至2012年12月31日，单位：元，币种：人民币。

续表5-7

项目	本期金额	项目	本期金额
销售费用	1 224 553 444.02	归属于母公司所有者的净利润	13 308 079 612.88
管理费用	2 204 190 581.13		
财务费用	−420 975 922.49	少数股东损益	700 371 089.29
资产减值损失	2 979 258.50	六、每股收益：	
加：投资收益	3 103 250.00	(一)基本每股收益	12.82
三、营业利润	18 830 739 817.65	(二)稀释每股收益	12.82
加：营业外收入	6 756 532.19	七、其他综合收益	
减：营业外支出	137 005 880.68	八、综合收益总额	14 008 450 702.17
四、利润总额	18 700 490 469.16	归属于母公司所有者的综合收益总额	13 308 079 612.88
减：所得税费用	4 692 039 766.99	归属于少数股东的综合收益总额	700 371 089.29
五、净利润	14 008 450 702.17		

(三)现金流量表

现金流量表是反映一家公司在一定时期现金流入和现金流出动态状况的报表。编制现金流量表的目的，是为会计报表使用者提供企业一定会计期间内现金和现金等价物流入和流出的信息，以便于报表使用者了解和评价企业获取现金和现金等价物的能力，并据以预测企业未来现金流量。它详细描述了由公司的经营、投资与筹资活动所产生的现金流。

利润表和资产负债表均建立在应收应付会计方法上，即使没有发生现金交易，收入和费用也必须在其发生时进行确认，但现金流量表只承认实际发生了的现金变化的交易。比如，销售一批货物，一个季度后付款。利润表在销售发生时就进行了确认，资产负债表也立即增加一项应收款，而现金流量表只有在收到现金时才确认这一笔交易。

表 5-8 是贵州茅台酒股份有限公司在 2012 年的现金流量表。在现金流量表的第一部分，是经营活动中产生的现金流。在这部分中，公司经营活动产生的现金流量净额是公司经营的净收益。与利润表不同的是，现金流量表中不存在应收款和应付款。利润表中的应收款的增加意味着收益的确认，但没有收到现金；应付款的增加意味着费用已经产生，公司收益减少，但现今还未流出。因此，利润表中应收款的增加反而减少了公司经营期间的现金流，而应付款的增加相应增加了公司经营的现金流。

表 5-8　贵州茅台酒股份有限公司现金流量表①

项目	本期金额
一、经营活动产生的现金流量：	
销售商品、提供劳务收到的现金	11 824 299 817.81
收到其他与经营活动有关的现金	39 819 853.99

① 资料来源：http://www.moutaichina.com/。截至 2012 年 12 月 31 日，单位：元，币种：人民币。

续表5-8

项目	本期金额
经营活动现金流入小计	11 864 119 671.80
购买商品、接受劳务支付的现金	2 786 201 313.53
支付给职工以及为职工支付的现金	2 858 524 932.18
支付的各项税费	2 794 236 172.44
支付其他与经营活动有关的现金	245 081 678.76
经营活动现金流出小计	8 684 044 096.91
经营活动产生的现金流量净额	3 180 075 574.89
二、投资活动产生的现金流量:	
收回投资收到的现金	
取得投资收益收到的现金	4 752 874 591.71
处置固定资产、无形资产和其他长期资产收回的现金净额	
收到其他与投资活动有关的现金	340 299 568.00
投资活动现金流入小计	5 093 174 159.71
购建固定资产、无形资产和其他长期资产支付的现金	3 786 483 029.49
投资支付的现金	408 000 000.00
支付其他与投资活动有关的现金	342 083 058.36
投资活动现金流出小计	4 536 566 087.85
投资活动产生的现金流量净额	556 608 071.86
三、筹资活动产生的现金流量:	
吸收投资收到的现金	
取得借款收到的现金	
发行债券收到的现金	
收到其他与筹资活动有关的现金	89 497.15
筹资活动现金流入小计	89 497.15
偿还债务支付的现金	
分配股利、利润或偿付利息支付的现金	4 106 425 664.02
支付其他与筹资活动有关的现金	
筹资活动现金流出小计	4 106 425 664.02
筹资活动产生的现金流量净额	−4 106 336 166.87
四、汇率变动对现金及现金等价物的影响	
五、现金及现金等价物净增加额	−369 652 520.12
加:期初现金及现金等价物余额	2 715 771 652.28
六、期末现金及现金等价物余额	2 346 119 132.16

现金流量表的第二部分是公司投资活动中产生的现金流。这些投资，尤其是在构建固定资产、无形资产和其他长期资产支付的现金，都能形成公司的资本，对公司保持和提高产能很有必要。

现金流量表的第三部分为筹资活动产生现金流。吸收投资收到的现金、取得借款收到的现金、发行债券收到的现金、收到其他与筹资活动有关的现金都会有现金流入，但偿还债务支付的现金、分配股利、利润或偿还利息支付的现金和支付其他与筹资活动有关的现金会减少公司经营中现金。在这一部分，如果公司的现金流量表连续数个财务年度都有巨额的分配股利、利润等支出也可以从现金流量表中看出公司的利润分配政策。

现金流量表的第四部分考虑汇率变动对公司现金流量的影响。在国际经济一体化的今天，很多公司开拓了国际市场，与国外公司有业务上的往来。汇率的变动对公司的外币存款有很大的影响。如果公司有100万美元的外币存款，则在当期的现金流量表中，该笔资金还需要以人民币的形式（按即期汇率可折算成人民币）记入。到期后在流量表中，该笔资金还需要以人民币的形式（按即期汇率可折算成人民币）记入。二者的差额部分就需要在现金流量表的第四部分显示出来。从现金流量表的该部分，可以看出公司财务管理人员应对汇率波动风险的应对能力。

现金流量表的最后为期末现金及现金等价物余额。为了保证公司的持续经营，现金流量表的期末余额要为正，且能满足下一季度的生产需要。

现金流量表为投资者提供了一家公司是否健康经营的证据。如果一家公司无法支付红利与保持经营活动产生的现金流所需要的资金，需要靠借款来满足这些需要，这一消息表明，该公司在长期的运营中不能保持当前的红利支付。

二、财务比率分析

财务比率分析是财务分析中应用最广泛的一种分析方法，是同一张财务报表的不同项目之间、不同类别之间，或在两张不同资产负债表、损益表的有关项目之间，用比率来反映它们的相互关系，以求从中发现企业经营中存在的问题，并据此评价企业财务状况。比率分析涉及企业管理各个方面，通常分为五大类：偿债能力分析、资本结构分析、经营效率分析、盈利能力分析、成长能力分析。

（一）偿债能力分析

偿债能力是指公司偿还各种到期债务的能力。偿债能力分析是公司财务能力分析的一个个重要方面，偿债能力分析可以揭示公司的财务风险。对公司的偿债能力分析主要是通过其资产负债率、流动比率、速动比率几个指标的分析实现的。

1. 资产负债率　资产负债率是指公司负债总额占其全部资产总额的比率，它是衡量公司利用债权人提供资金进行经营活动的能力和反映债权安全程度的一个指标。其计算公式为：

$$资产负债比率=\frac{负债总额}{资产总额}\times 100\%$$

资产负债率反映公司偿还债务的综合能力，这个比率越高，公司偿还债务的能力越差；反之，偿还债务的能力越强。根据表5-6的有关数据，贵州茅台酒股份有限公司2012年末的资产负债率为：

$$资产负债比率=\frac{9\ 544\ 172\ 556.21}{44\ 998\ 208\ 953.46}\times 100\%=21.21\%$$

这表明贵州茅台酒股份有限公司的资产有21.21%来源于举债。资产负债率为多少才合适，并没有一个确定的标准。不同的行业、不同类型的公司有较大差异。从债权人看，公司负债率越低，说明公司自有资本的比例越高，偿还债务的潜在能力越强，因而其债权越安全。反之，会给债权人造成损失的概率增大。从股东角度看，公司借债提供的资本同样能在生产经营中发挥作用，而且能扩大生产规模，增加利润。股东实际上是利用其拥有的有限资本保持对整个公司资本的控制权。因此，公司举债实际上使股东获得双重利益。但是，如果举债规模过大，当资产负债率大于1时，说明公司已经资不抵债，面临破产威胁。而从经营者角度看，举债比率大说明企业活力充沛，但如果超出债权人心理承受程度，企业就借不到钱。若企业不去举债，或负债比例很小，则说明企业比较保守或畏缩不前，利用债权人资本进行经营活动的能力很差。

2. 流动比率 流动比率又称营运资金比率，是流动资产除以流动负债的比值。其计算公式为：

$$流动比率=\frac{流动资产}{流动负债}$$

企业能否偿还短期债务，要看有多少债务，以及有多少可变现偿债的资产。流动资产越多，短期债务越少，则偿债能力越强。如果用流动资产偿还全部流动负债后，剩余的营运资金（营运资金＝流动资产－流动负债）越多，说明不能偿还的风险越小。因此，营运资金的多少可以反映偿还短期债务的能力。但是，营运资金是一个绝对数，如果企业间规模相差很大，绝对数相比无意义。而流动比率是一个相对数，排除了企业规模不同的影响，更适合企业间及同一企业不同历史时期的比较。

原则上，流动比率越高，企业短期偿债能力越强。但事实上，比率太高，表示资金可能发生呆滞，未作最有效运用。根据经验法则，通常认为企业最低流动比率为2较合适。这是因为处在流动资产中变现能力最差的存货金额，约占流动资产总额的一半，剩下的流动性较大的流动资产至少要等于流动负债，企业短期偿债能力才有保证。当然，投资者还应考虑行业特性，如重型机械制造行业生产期较长，通常存货很多，流动比率应相对提高；而娱乐行业的流动比率就可以降低。

3. 速动比率 由于流动资产中各项目的变现能力不尽相同，故衡量企业短期偿债能力时，除流动比率外，人们（特别是短期债权人）还希望获得比流动比率更进一步的有关变现能力的比率指标，这就是速动比率。其计算公式为：

$$速动比率=\frac{速动资产}{流动负债}=\frac{流动资产-存货}{流动负债}$$

速动资产是流动资产的一部分，它把流动资产中变现能力最差的存货及无法变现的预付费用加以剔除，而仅包含流动资产中的现金、银行存款、有价证券、应收票据及应收账款等较易变现部分。一般认为速动比率等于1比较适当，不宜太高，也不能太低。在分析流动性时，流动比率与速动比率通常配合使用。在单期财务报表中，若流动比率大于2，而速动比率小于1，代表存货或预付费用过多，需进一步分析；在比较多期财务报表中，流动比率逐年提高而速动比率逐年降低，表示存货或预付费用逐年增加，其中也定有原因，值得关注。表 5-9 列出了贵州茅台酒股份有限公司近五年的流动比率和速动比率。

表 5-9　贵州茅台酒股份有限公司的流动比率和速动比率

项目	2012 年	2011 年	2010 年	2009 年	2008 年
流动比率	3.8	2.94	2.89	3.06	2.88
速动比率	2.79	2.17	2.1	2.24	2.15

贵州茅台酒股份有限公司的流动比率近年来稳定在 3 左右。2012 年为 3.8，说明其短期偿债能力很强，但是流动比率高于 2，过高的指标并不意味着公司财务状况良好。从表中可以看出公司近 5 年的速动比率比较稳定，比值略大于 2，这表现出与流动比率同样的变化趋势。

（二）资本结构分析

1. 股东权益比率　股东权益比率用所有者提供的资本在总资产中的比重来表示，反映企业基本财务结构是否稳定。其计算公式为：

$$股东权益比率=\frac{股东权益总额}{资产总额}\times100\%$$

股东权益比率与负债比率之和等于 1。这两个比率是从不同的侧面来反映公司长期债务状况的，一般来说，股东权益比率越大，负债比率就越小，公司的财务风险也越小，偿还长期债务的能力就越强。但如果比率过高，则会减少财务杠杆作用的发挥，对股东较为不利。根据表 5-6 的有关数据，贵州茅台酒股份有限公司 2012 年末的股东权益比率为：

$$股东权益比率=\frac{35\ 454\ 036\ 397.25}{44\ 998\ 208\ 953.46}\times100\%=79\%$$

2. 长期负债比率　长期负债比率是从总体上判断企业状况的一个指标。其计算公式为：

$$长期负债比率=\frac{长期负债}{资产总额}\times100\%$$

根据表 5-6 的有关数据，贵州茅台酒股份有限公司 2012 年末的长期负债比率为：

$$长期负债比率=\frac{17\ 770\ 000}{44\ 998\ 208\ 953.46}\times100\%=0.039\%$$

由于是长期负债，所以公司不会面临很大的流动性不足风险，短期偿债压力不大。公司可以把长期负债筹得的资金用于增加固定资产，扩大经营规模。但如果长期负债比率过高，则意味着股东权益比率较低，公司资本结构风险较大，稳定性差，在经济衰退时期，会给公司带来额外的风险。

3. 固定资产对股东权益比率　此项比率除可用以测试企业的偿债能力，也可反映企业固定资产投资是否适当，企业是否有短期资金长期使用所暴露的财务风险。该比率的计算公式为：

$$固定资产对股东权益比率=\frac{固定资产}{股东权益总额}\times100\%$$

一般情况下，此比率若小于1，表示企业购置固定资产所需资金全都来自股东，公司经营比较稳健。若此比率大于1，表示企业购置固定资产所需资金有一部分来自于债权人，公司资本结构不尽合理，财务风险较大。

根据表5-6的有关数据，贵州茅台酒股份有限公司2012年末的固定资产对股东权益比率为：

$$固定资产对股东权益比率=\frac{6\ 807\ 333\ 231.09}{35\ 454\ 036\ 397.25}\times 100\%=19\%$$

（三）经营效率分析

公司的经营效率反映了公司资金的周转状况。对公司经营效率进行分析，可以了解公司的营业状况及经营管理水平。公司的资金周转状况与销售、生产、供应各个经营环节密切相关，任何一个环节出现问题，都会影响到公司资金的正常周转。对任何公司来说，销售有着重要而特殊的意义。因为只有把产品销售出去，才能实现其经济价值，收回最初投入的资金，顺利完成一次资金周转。

评价公司经营效率常用的财务指标有：存货周转率、应收账款周转率、固定资产周转率、流动资产周转率、总资产周转率等。这些指标有多种获取渠道，投资者既可以根据公司的财务报表计算得出，也可以通过证券投资软件获取。

贵州茅台酒股份有限公司近年来的经营效率指标如表5-10所示。

表5-10　贵州茅台酒股份有限公司经营效率指标　　次/年

指标名称	2012-12-31	2011-12-31	2010-12-31
存货周转率	0.24	0.24	0.22
应收账款周转率	2 639.79	10 576.08	1 027.63
固定资产周转率	4.32	3.82	3.15
总资产周转率	0.66	0.61	0.51

资料来源：贵州茅台酒股份有限公司2012年、2011年、2010年公司年报整理得出。

1. 存货周转率和存货周转天数　存货周转率是衡量企业购入存货、投入生产和销售收回等环节管理状况的综合性指标。其计算公式为：

$$存货周转率(或周转次数)=\frac{销售成本}{平均存货}$$

$$平均存货=\frac{期初存货+期末存货}{2}$$

$$存货周转天数=\frac{360}{存货周转率}=平均存货\times\frac{360}{销货成本}$$

一般来讲，存货周转速度越快，存货转换为现金或应收账款的速度越快，从而经营资金占用越少，流动性越强，使用效率高，提高了企业管理水平。但是，存货周转率过高，也可能说明公司管理方面存在一些问题，如存货水平低，甚至经常缺货，或者采购次数过于频繁，批量太小。对于存货周转率，不同的行业，有不同的特点。

2. 应收账款周转率和周转天数　应收账款和存货一样，在流动资产中有举足轻重的地位。及时收回应收账款,既增强了企业的短期偿债能力,又反映出企业管理应收账款方面的效率。反映应收账款周转速度的指标是应收账款周转率,即年度内应收账款转为现金的平均次数,用时间表示的周转速度是应收账款周转天数。其计算公式为:

$$应收账款周转率=\frac{销售收入}{平均应收账款}$$

$$应收账款周转天数=\frac{360}{应收账款周转率}=\frac{平均应收账款\times 360}{销售收入}$$

一般来说,应收账款周转率越高,平均收账期越短,说明应收账款的流动性越大。否则企业营运资金会过多滞留在应收账款上,影响正常资金周转。

3. 总资产周转率 总资产周转率反映了资产总额的周转速度。周转率越大,说明总资产周转越快,反映销售能力越强。企业可以通过薄利多销的办法,加速资产周转,带来利润绝对额的增加。其计算公式为:

$$总资产周转率=\frac{销售收入}{平均资产总额}$$

4. 固定资产周转率 固定资产周转率是衡量企业运用固定资产效率的指标。该比率越大,说明固定资产运用效率高,利用固定资产效果好。其计算公式为:

$$固定资产周转率=\frac{销售收入}{平均固定资产}$$

5. 股东权益周转率 股东权益周转率说明公司运用所有者资产的效率。该比率越高,表明所有者资产的运用效率越高,营运能力越强。其计算公式为:

$$股东权益周转率=\frac{销售收入}{平均股东权益}$$

(四)营利能力分析

营利能力(又称获利能力)是企业获取利润的能力。营利是企业存在的根本目的。不论是投资人、债权人还是企业经理人员,都很重视和关心企业的营利能力。

营利能力分析是公司财务分析的重要组成部分,也是评价公司经营管理水平的重要依据。公司的各项经营活动都会影响到公司的营利,但是对公司获利能力进行分析,一般只分析公司正常经营活动的获利能力,不涉及非正常的经营活动。这是因为非正常的、特殊的经营活动,虽然也能给公司带来收益,但它不是经常的、持久的收益,不能将其作为公司的一种获利能力加以评价。评价公司获利能力的财务指标主要有:销售毛利率、销售净利率、主营业务利润率、总资产收益率、净资产收益率等。

1. 销售毛利率 在商品生产行业,毛利是销售收入减去销售成本的余额;在服务行业,毛利则是劳务收入减去劳务成本的余额。毛利率表示每一元收入扣除成本后,有多少钱可以用于各项期间费用和形成利润。毛利率是公司净利率的最初基础,没有足够大的毛利率便不能营利。其计算公式为:

$$毛利率=\frac{销售收入-销售成本}{销售收入}\times 100\%$$

2. 销售净利率 销售净利率反映每一元销售收入带来的净利润的多少，表示销售收入的收益水平。企业在增加销售收入额的同时，必须相应获得更多净利润，才能保持或提高净利率。分析净利率的变动，可以促使企业在扩大销售的同时，注意改进经营管理，提高营利水平。其计算公式为：

$$销售净利率=\frac{净利润}{销售收入}\times 100\%$$

3. 资产收益率 把企业一定期间的净利与企业总资产相比较，表明企业资产利用的综合效果。该值越高，表明资产利用效率越高，说明企业在增加收入和节约资金使用方面取得了良好的效果。其计算公式为：

$$资产收益率=\frac{净利润}{平均资产总额}\times 100\%$$

4. 股东权益收益率 股东权益收益率又称净资产收益率，反映股东权益的收益水平，指标值越高，说明投资带来的收益越高。其计算公式为：

$$股东权益收益率=\frac{净利润}{净资产}\times 100\%$$

5. 主营业务利润率 主营业务利润率反映公司主营业务获利水平。该指标值越高，说明公司主营业务收益越高，竞争优势越大。其计算公式为：

$$主营业务利润率=\frac{主营业务利润}{主营业务收入}\times 100\%$$

贵州茅台酒股份有限公司2010—2012年获利能力主要指标如表5-11所示。

表5-11 贵州茅台酒股份有限公司获利能力主要指标 %

指标名称	2012-12-31	2011-12-31	2010-12-31	2009-12-31
销售毛利率	92.27	91.57	90.95	90.17
销售净利率	52.95	47.62	43.42	44.60
资产收益率	43.74	39.88	30.43	32.98

资料来源：贵州茅台酒股份有限公司2012年、2011年、2010年公司年报整理得出。

为进一步了解获利能力指标，我们选取同行业酒类公司五粮液股份有限公司作比较，表5-12为五粮液股份有限公司2010—2012年主要获利能力的主要指标。

表5-12 五粮液股份有限公司获利能力主要指标 %

指标名称	2012-12-31	2011-12-31	2010-12-31	2009-12-31
销售毛利率	70.53	66.12	68.71	65.31
销售净利率	37.99	31.42	29.35	31.15
资产收益率	25.16	19.5	18.42	20.19

资料来源：五粮液股份有限公司2012年、2011年、2010年公司年报整理得出。

（五）成长能力分析

上市公司成长性是指公司在自身的发展过程中，其所在的行业和产业受国家政策扶持，具有发展性，产品前景广阔，公司规模呈逐年扩张、经营效益不断增长的趋势。

衡量上市公司成长能力的主要指标有主营业务增长率、主营利润增长率、净利润增长率、总资产增长率等。

1. 主营业务收入增长率　主营业务收入增长率可以用来衡量公司的产品生命周期，判断公司发展所处阶段。主营业务收入增长率是本期的主营业务收入减去上期的主营业务收入之差，再除以上期主营业务收入的比值。其计算公式为：

$$主营业务收入增长率=\frac{本期主营业务收入-上期主营业务收入}{上期主营业务收入}\times 100\%$$

一般来说，如果主营业务收入增长率超过10%，说明公司产品处于成长期，没有面临产品更新的风险，公司将继续保持良好增长势头。如果主营业务收入增长率为5%～10%，说明公司产品已进入稳定期，可能不久将进入衰退期，需着手开发新产品。如果该比率低于5%，说明公司产品已进入衰退期，保持市场份额已很困难，主营业务利润开始滑坡，若无新产品的开发，公司将面临生存风险。

2. 主营利润增长率　主营利润增长率是本期的主营业务利润减去上期的主营业务利润之差，再除以上期主营业务利润的比值。其计算公式为：

$$主营利润增长率=\frac{本期主营业务利润-上期主营业务利润}{上期主营业务利润}\times 100\%$$

一般来说，主营利润稳定增长且占利润总额的比例呈增长趋势的公司正处在成长期。一些公司尽管利润总额有较大幅度的增加，但主营业务利润却未相应增加，甚至大幅下降，这样的公司质量不高，投资这样的公司，尤其需要警惕，这里可能蕴藏着巨大的风险。

3. 净利润增长率　净利润增长率就是本期净利润减去上期净利润之差，再除以上期净利润的比值。其计算公式为：

$$净利润增长率=\frac{本期净利润-上期净利润}{上期净利润}\times 100\%$$

净利润是公司经营业绩的结果。净利润的增长是公司成长性的基本特征，净利润增幅较大，表明公司经营业绩突出，市场竞争力强。反之，净利润增幅小甚至出现负增长值也就谈不上具有成长性。

4. 总资产增长率　总资产增长率是公司本期总资产减去上期总资产之差，再除以上期总资产的比值。其计算公式为：

$$总资产增长率=\frac{本期总资产-上期总资产}{上期总资产}\times 100\%$$

公司所拥有的资产是公司难以生存与发展的物质基础，处于扩张时期的基本表现就是其规模的不断扩大。这种扩大一般来自于两方面的原因：一是所有者权益的增加，二是公司负债规模的扩大。对于前者，如果是由于公司发行股票而导致所有者权益大幅增加，投资者需要关注募集资金的使用情况，如果募集资金还处于货币形态或作为委托理财等方式，这样的总资产增长率反映出的成长性将大打折扣；对于后者，公司往往是在资金紧缺时向银行贷款或发行债券，资金闲置的情况会比较少，但它受到资本结构的限制，当公司资产负债率较高时，负债规模的扩大空间就有限。表 5-13 为贵州茅台酒股份有限公司 2010—2012 年以来的主要成长性指标。

表 5-13　贵州茅台酒股份有限公司 2010—2012 年以来的主要成长性指标　　%

指标名称	2012-12-31	2011-12-31	2010-12-31	2009-12-31
主营业务收入增长率	43.76	58.19	20.3	17.33
净利润增长率	51.86	73.23	17.28	13.8
总资产增长率	28.93	36.4	29.43	25.49
净资产增长率	39.56	36.95	26.6	27.37

资料来源：贵州茅台酒股份有限公司 2012 年、2011 年、2010 年公司年报整理得出。

三、财务综合分析与评价

用于衡量和评价企业偿债能力、营运能力、盈利能力、获利能力和发展能力的财务比率，通常只是从某一角度或某一方面分析和评价企业的财务能力，而不能对企业财务总体状况和经营业绩给出结论。因此，有必要将各种财务比率和指标结合起来对企业财务活动进行系统的、综合的分析，这就是财务综合分析与评价。财务综合分析方法主要包括沃尔评分法和杜邦分析法。

（一）沃尔评分法

沃尔评分法的创始人之一是亚历山大·沃尔。他在 20 世纪初发表的《信用晴雨表研究》和《财务报表比率分析》中提出了信用能力指数的概念。他选择了 7 种财务比率，分别给定了它们在总评价中的权重。然后确定标准比率，将实际比率与标准比率进行比较，评出每项指标的得分，最后求出总评分，并据此评价企业的综合财务状况。

沃尔评分法在理论上存在一个弱点，即不能证明为什么要选择 7 个指标，而不是更多或更少或其他财务指标，以及未能证明每个指标所占比重的合理性。运用沃尔评分法的基本程序如下：

（1）选定评价企业财务状况的财务比率。选择的基本原则是所选的财务比率应具有全面性、代表性和变化方向的一致性。代表性要求反映企业盈利能力、偿债能力、营运能力和发展能力的财务比率都应该包括在内。一般认为，盈利能力的主要衡量指标是资产报酬率、销售净利率和股东权益报酬率。偿债能力的主要衡量指标有流动比率、应收账款周转率、存货周转率和资产负债率。而销售增长率、净利润增长率和资产增长率是衡量发展能力的重要指标。代表性要求选择的财务比率能够说明问题，尽量不要重复。变化方向一致性是指，当财务比率增大时，表示财务状况的改善；反之，表示财务状况的恶化。

（2）根据各项财务比率的重要程度，确定其评分值，各项比率的评分值之和等于 100。这是整个沃尔评分法中非常重要的一个环节，它直接关系到企业财务状况的评分高低。评分值实际上是一种权重系数，或重要性系数，其确定带有很强的主观性。一般应根据企业经营活动的性质、生产经营规模、市场形象和分析者的目的等因素来确定。一般认为营利能力、偿债能力和发展能力之间的权重大致按 5∶3∶2。反映营利能力的财务比率——资产报酬率、销售净利率和股东权益报酬率中，虽然股东权益报酬率最重要，但由于前两个指标已经分别用了净资产和净利润，因此为减少重复影响，3 个财务比率可按 2∶2∶1 分配比重。

(3)确定各项财务比率指标的标准值。财务比率的标准值是指各项财务比率在企业当前条件下最理想的数值，即最优值。财务比率的标准值通常参照同行业的平均水平，并经过适当调整后确定。

(4)计算企业各项财务比率的实际值。

(5)计算各项财务比率的实际值与标准值的比率，称为关系比率或相对比率。关系比率等于财务比率的实际值除以标准值。

(6)计算各项财务比率的综合指数及其合计数。各项财务比率的综合指数等于关系比率和评分值的成绩，其合计数可作为评价企业财务状况的依据。一般而言，综合评分合计数如果为 100 或接近 100，表明企业财务状况良好；如果与 100 有较大差距，则表明企业财务状况较差。

下面采用沃尔评分法，对甲公司 2013 年的财务状况进行综合评价，如表 5-14 所示。

表 5-14　甲公司 2013 年财务比率综合评分表

财务比率	评分值 (1)	标准值 (2)	实际值 (3)	关系比率 (4)＝(3)/(2)	实际得分 (5)＝(1)×(4)
流动比率	10	1.95	1.44	0.738 462	7.384 62
速动比率	10	0.70	0.46	0.657 143	6.571 43
资产/负债	12	1.59	1.55	0.974 843	9.748 43
存货周转率	10	0.93	0.42	0.451 613	4.516 13
应收账款周转率	8	36.36	5.48	0.150 715	1.205 72
总资产周转率	10	0.33	0.38	1.151 515	11.515 15
资产报酬率	15	5.62%	5.67%	1.008 897	15.133 46
股东权益报酬率	15	4.88%	17.27%	3.538 934	53.084 01
销售净利率	10	4.34%	15.10%	3.479 263	34.792 63
合计	100				145.951 58

根据表 5-14 的财务比率综合评分，甲公司财务状况的综合得分为 145.951 58，大大超过 100 分，说明该公司的综合财务状况良好。

(二)杜邦分析法

杜邦财务分析体系最早由美国杜邦公司于 20 世纪 20 年代提出，其基本原理是将各项财务比率纳入到一个系统的财务综合分析体系中，全面评价企业的财务能力。其基本特点是通过几种主要财务比率之间的相互关系，以股东权益净利率为核心指标，将偿债能力、营运能力、盈利能力结合起来，对财务比率进行层层分解，逐步深入，全面、系统、直观地分析和评价企业的财务状况。杜邦财务分析体系的基本结构如图 5-7 所示。

杜邦分析体系主要反映了以下几种主要的财务比率关系，计算公式为：

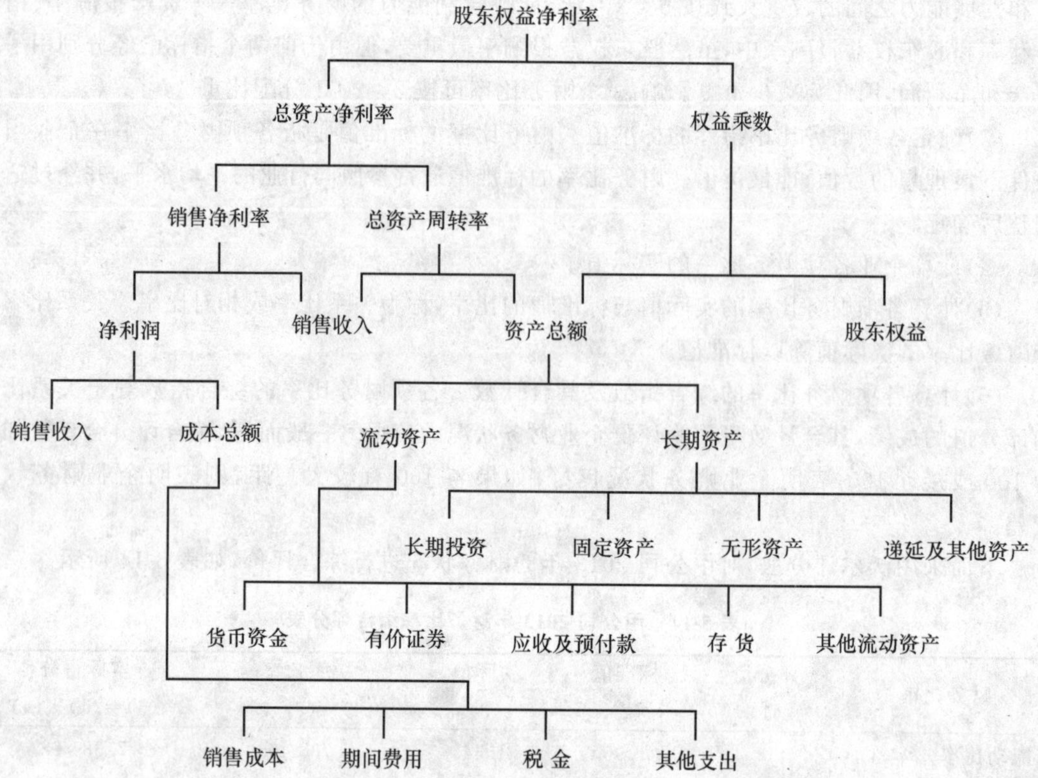

图 5-7 杜邦分析体系

股东权益净利率＝总资产净利率×权益乘数

总资产净利率＝销售净利率×总资产周转率

将上面的两个等式合在一起，可以写成下面的等式，计算公式为：

股东权益净利率＝销售净利率×总资产周转率×权益乘数

以上 3 个等式提供了如下的重要信息：

(1)股东权益净利率是杜邦分析体系的核心，对财务指标的层层分解就是从这个比率开始的，它代表的是股东投入资本的获利能力，与财务管理的目标——股东财富最大化是一致的。股东权益净利率的综合性最强，从其计算公式中可以看出，股东权益净利率由销售净利率、总资产周转率和权益乘数 3 项决定。而这 3 项分别体现了企业在收入成本管理方面、资产管理方面和财务杠杆运用方面的效率和效果，也就是基本涵盖了企业投资、融资和资产管理等主要财务活动。从另一个角度看，销售净利率可理解为是利润表管理，总资产周转率和权益乘数可理解为是资产负债表管理。所以，要想提高股东权益净利率，企业可以从上述几个方面采取措施。

(2)资产净利率也是一个综合性很强的重要财务比率。企业的销售收入、成本费用、资产结构、资产周转速度等各种因素，都直接影响资产净利率的高低。资产净利率是销售净利率与总资产周转率的乘积。因此，可以从企业的销售活动与资产管理两个方面来对资产净利率进行分析。比如，若一个企业的资产净利率下降，可能是销售方面的原因，如价格低、成本费用控制不力，也有可能是资产管理效率低，周转速度慢，或者两方面的原因都有。再比如，比较两个企业A和B，它们的资产净利率相同，但进一步分解指标发现，A企业销售净利率相对高，而资产周转率相对低，B企业的情况正好相反。这时，对A和B的评价不能简单地给出A企业产品市场上盈利高于B企业或B企业资产营运能力强于A企业这样的结论。因为A和B可能采取了不同的经营策略。A采取的可能是产品差别策略，产品售价高，存货、应收账款等资产的周转就相对要慢些。B采取的可能是成本领先策略，产品价格低，但卖得快，所以资产的周转速度就相对快些。这两种策略都是可行的、合理的。因为它们达到的结果是一样的，都实现了一定的资产净利率。所以，在这种情况下不能简单地评价A企业和B企业孰好孰劣。进一步的分析应该看它们所采取的策略是否可以持续，对企业未来的财务能力有什么影响等。

(3)销售净利率反映净利润与销售收入的关系。提高销售净利率，一方面靠扩大销售收入，另一方面靠降低成本费用。从杜邦分析体系，可以分析企业的成本费用结构是否合理，帮助发现企业在成本管理方面存在的问题，为企业加强成本管理提供依据。

(4)对资产周转率的分析，除了关注资产周转速度，也要分析资产的结构。企业资产周转慢，就会占用大量资金，增加资金成本，减少企业的利润。而资产结构是否合理，包括流动资产与非流动资产的比例是否合理、流动资产内部各分项流动资产的比例是否合理，也会影响到资产的流动性和周转速度，进而关系到企业的偿债能力和营利能力。一般来说，流动资产直接体现企业的偿债能力和变现能力。非流动资产直接体现企业的经营规模和发展潜力，两者之间应该有一个合理的比例关系。再有，如果企业流动资产中货币资金占的比重较大，就应当分析企业现金持有量是否合理，是否存在现金闲置现象，过多持有现金会影响企业的营利能力；如果流动资产中存货和应收账款过多，就会占用大量的资金，影响企业的资金周转。

(5)权益乘数实际上反映了企业的资本结构和对财务杠杆的利用程度。当负债的利息率低于资产报酬率时，若不考虑财务风险，企业多负债将会增加股东权益净利率。但是，负债必须适度，否则过高的负债率会使企业风险增加，价值降低。

总之，从杜邦分析系统可以看出，企业的获利能力涉及生产经营活动的方方面面。股东权益报酬率与企业的筹资结构、销售规模、成本水平、资产管理等因素密切相关，这些因素构成一个完整的系统，系统内部各因素之间相互作用。只有协调好系统内部各个因素之间的关系，才能使股东权益报酬率得到提高，从而实现股东财富最大化的理财目标。

本章小结

财务管理是企业管理的重要组成部分，它是利用价值形式组织财务活动，处理企业与各方面财务关系的经济管理工作。财务管理的内容很丰富，包括企业资金筹集、使用、运营等环节的管理。目前资金来源渠道较多，企业可以按筹资管理的要求进行合理地筹资。资金筹到以后要把它投放到最需要的地方去，进行合理配置。特别是流动资金和固定资产要有个合理的比例，使企业资产既保持合理的流动性，又能提高资金的获利能力。财务管理技术性很强，一些财务分析方法和计算技术要掌握好并能灵活运用，通过财务效果分析，诊断企业经营状况，以及时发现并解决问题，保证企业目标的实现。同时，财务管理政策性也很强，应遵守有关法律法规。在市场经济环境中，财务管理工作要增强风险意识，遵循风险控制的原则。

复习思考题

1. 说明资金的含义以及企业资金运动体现的财务关系。

2. 简述企业财务管理的目标及其特点。

3. 分析企业的筹资渠道与筹资方式的对应关系。

4. 分析影响固定资产投资决策的主要因素。

5. 简述固定资产投资决策的主要方法,决策原则并进行方法评价。

6. 某公司现有 A、B、C、D 4 种现金持有方案,有关成本资料如表 5-15 所示。

表 5-15　公司的备选现金持有方案　　万元

项目	A	B	C	D
现金持有量	100	200	300	400
机会成本率/%	12	12	12	12
短缺成本	50	30	10	0

要求:根据表 5-15 计算最佳现金持有量。

7. 已知某公司现金收支比较稳定,预计全年(按 360 天计算)现金需要量为 25 万元,现金与有价证券的转换成本为每次 500 元,有价证券年利率为 20%。

要求:

(1)计算最佳现金持有量。

(2)计算最佳现金持有量下的全年有价证券交易次数和有价证券交易间隔期。

8. 如何对上市公司进行财务分析和评价?

【案例分析】巴林银行倒闭

1995 年 2 月 27 日,一个全世界震惊的日子,英国经营了 233 年的皇家银行——巴林银行突然宣布倒闭,它给金融界造成的恐慌是前所未有的。巴林银行:英国老牌银行,伊丽莎白女王也信赖它的理财水准,是它的长期客户。

尼克里森:国际金融界"天才交易员",曾任巴林银行驻新加坡巴林期货公司总经理、首席交易员。1994 年下半年,里森认为,日本经济已开始走出衰退,股市会有大涨趋势。于是大量买进日经 225 指数期货合约和看涨期权。然而"人算不如天算",1995 年 1 月 16 日,日本关西大地震,股市暴跌,里森所持多头头寸遭受重创,损失高达 2.1 亿英镑。这时的情况虽糟糕,但不至于能撼动巴林银行。只是对里森来说影响其光荣的地位。里森凭借其经验,为了反败为胜,再次大量补仓日经 225 期货合约和利率期货合约,头寸总量已达十多万手。

要知道这是以"杠杆效应"放大了几十倍的期货合约。当日经 225 指数跌至 18 500 点以下时,每跌一点,里森的头寸就要损失两百多万美元。

"事情往往朝着最糟糕的方向发展",这是强势理论的总结。2 月 24 日,当日经指数再次加速暴跌后,里森所在的巴林期货公司的头寸损失,已接近其整个巴林银行集团资本和储备之和。融资已无渠道,亏损已无法挽回,里森畏罪潜逃。

巴林银行面临覆灭之灾,银行董事长不得不求助于英格兰银行,希望挽救局面。然而这时的损失已达 14 亿美元,并且随着日经 225 指数的继续下挫,损失还将进一步扩大。因此,各方金融机构竟无人敢伸手救助,巴林银行从此倒闭。

思考题:巴林银行的倒闭带给你什么启示?

第六章　企业物流与供应链管理

【引例】日本7-11便利店的物流与供应链管理

日本有16 000多家7-11便利店，每家7-11便利店都非常小，场地面积平均仅100米^{2}左右，但却能提供多达3 000余种日常用品。由于便利店缺乏储存场所，因此非常依靠小批量的频繁进货，故此只有利用先进的物流系统才有可能使便利店得以快速发展。

然而，7-11并没有完全属于自己的物流和配送中心，而是凭借自身的知名度和经营实力，借用其他企业的配送中心，采取汇总配送、共同配送的方式。

起初，制造商把不同产品送到批发商处，由各批发商负责配送，每一个批发商负责一定地区的配送。后来，由生产不同产品的制造商共同出资建立配送中心，各公司把产品送至配送中心，再实行统一配送，以保证对7-11便利店的货物供应。

7-11在物流管理中充分运用供应链管理的思想，公司认为实现连锁经营的基本政策和连锁化战略的目的是提高物流的效率、降低物流成本。为实现这一目的，必须加强从商品生产到销售的整个供应链的有效管理，即综合考虑生产厂家、批发商、配送中心、连锁公司总部、加盟店和消费者所形成的供应链的物流情况，争取系统的最优化。

7-11公司的硬件和软件信息系统形成了生产—物流—销售的综合性网络，使商品的销售灵活应用于商品供应计划及物流中，防止因无计划所造成的低效率和浪费，使以顾客需求为出发点的生产、物流、销售3个环节紧密结合。该系统能根据商品的销售情况定期发出订单，当生产厂家、批发商接到订单后开始制造或筹备所需商品，共同配送中心则根据总部、生产厂家和批发商提供的商品明细表和指示单对不同商店配送商品。由于向批发商、配送中心订货的数据能迅速、及时地发送，使接受订货到送货的作业均实现了程序化。

7-11凭借成功的供应链管理，实现了物流的低成本、高效率，在同其他零售企业的竞争中处于优势地位。

第一节　物流与供应链概述

对于“物流”的概念，不同国家、不同机构在不同时期的理解各有不同。追溯其发展历史，存在着两条主线，即源自“physical distribution”的发展和源自“logistics”的发展，最终合二为一，形成今天的物流概念。

一、物流的概念

关于物流活动的最早文献记载始于1918年，英国犹尼利弗的哈姆勋爵成立了“即时送货股份有限公司”，目的是在全国范围内把商品及时送到批发商、零售商和用户手中。第二次世界大战期间，美国从军事需要出发，在战时对军火进行的供应中，首先采用了“后勤管理”(logistics management)一词，并对军火的运输、补给、屯驻等进行全面管理。第二次世界大战后，“物流”一词又被美国借用到企业管理中，被称作“企业物流(business logistics)，之后，物流的概念被引入日本，并逐渐在世界范围内得以推广、应用。物流概念从产生到发展的过程中经历的主要事件见表 6-1。

表 6-1　物流概念的产生与发展

时间	事　件
1918 年	英国的哈姆勋爵成立了“即时送货股份有限公司”，这是对“物流”的最早记录
1935 年	美国销售协会最早对物流（physical distribution）进行了定义
第二次世界大战期间	美国在对军火物品进行的战时供应中，首先采用了后勤管理（logistics management）一词
1956 年	日本派团赴美考察，并将 physical distribution 引入日本
1965 年	日本将 physical distribution 命名为“物的流通”，简称为“物流”
1979 年	中国物资工作者代表团赴日交流，采纳了“物流”一词并在回国后逐渐推广开来
1986 年	美国物流管理协会（Council of Logistics Management，CLM）正式将 physical distribution 更名为 logistics
2005 年	美国物流管理协会更名为供应链管理专业协会

物流中“物”的概念是指具备物质实体特点且可以进行物理性位移的物质资料，此类物质资料可以是有形的，如建材、设备等，也可以是无形的，如天然气。“流”则指物理性运动，运动范围可以是地理性的大范围，如国际、省际，也可以是小范围的微观运动，如产品从生产线的上一个环节传递到下一个环节。

根据 2001 年颁布的中国国家标准《物流术语》的定义，物流是物品从供应地到接收地的实体流动过程，根据实际需要，将运输、储存、装卸、搬运、包装、流通加工、配送、信息处理等基本功能实施的有机结合。

二、物流的分类

按照不同的标准，可将物流细分为不同的类别，通常情况下，物流可按以下几种方式分类：

1. 按物流的范畴，可分为社会物流和企业物流　社会物流属于宏观范畴，包括设备制造、运输、仓储、包装、配送、信息服务等，公共物流和第三方物流贯穿其中；企业物流则属于微观物流的范畴，包括生产物流、供应物流、销售物流、回收物流和废弃物物流等，如图 6-1 所示。

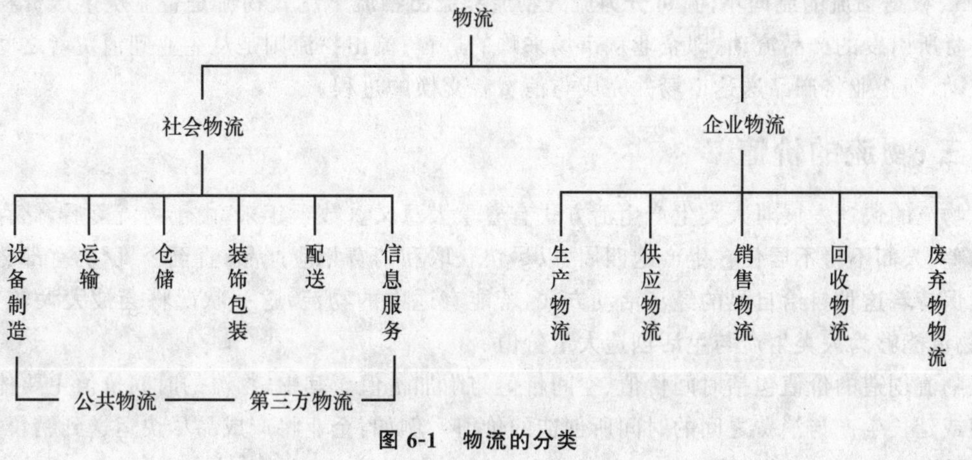

图 6-1　物流的分类

2. 按作用领域的不同，可分为生产领域的物流和流通领域的物流　生产领域的物流贯穿生产的整个过程。生产的全过程从原材料的采购开始便要求有相应的供应物流活动，之后是生产物流、回收物流、废弃物物流等环节；流通领域的物流主要是指销售物流，由于销售往往以送达用户并经过售后服务才算终止，因此，销售物流的特点便是通过包装、送货、配送等一系列物流实现销售。

3. 根据物流的发展历史进程，可分为传统物流和现代物流　传统物流一般仅指产品出厂后的包装、运输、装卸、仓储等活动，而现代物流则是将传统物流向两端延伸，使社会物流与企业物流有机结合，从采购物流开始，经过生产物流，再进入销售物流，最后是回收物流。

4. 根据提供服务的主体不同，可分为第一方物流、第二方物流和第三方物流　第一方物流是指需求方为采购而进行的物流，第二方物流是供给方为供货进行的物流。近年来，随着信息技术的快速发展和经济全球化趋势的不断加深，越来越多的产品在整个世界范围内流通、生产、销售和消费，物流活动日益庞大和复杂，而传统的基于第一、第二方物流的组织和经营方式已不能完全满足社会需要。此外，为参与世界性竞争，企业必须确立核心竞争力，降低物流成本，把不属于核心业务的物流活动外包出去，于是，第三方物流应运而生。

第三方物流(the third party logistics，简称 3PL 或 TPL，又称为代理物流)，是指生产经营企业为集中精力搞好主业，把原来属于自己处理的物流活动，以合同方式委托给专业物流服务企业，同时通过信息系统与物流服务企业保持密切联系，以达到对物流全程的管理和控制的一种物流运作与管理方式。

3 种物流方式的对比见表 6-2。

表 6-2　3 种物流方式的对比

概念	解释	举例
第一方物流	需求方为采购而进行的物流	企业赴产地采购原材料，然后自行运回
第二方物流	供给方为供货而进行的物流	供需双方签订合同后，供给方将货物运送至需求方
第三方物流	由供给方和需求方之外的第三方所进行的物流	供需双方签订合同后，委托第三方代为运送货物

5. 根据物流的流向不同，可分为流入物流和流出物流　流入物流是企业从生产资料供应商进货所引发的产品流动，即企业从市场采购的过程；流出物流则是从企业到消费者之间的产品流动，即企业将产品送达市场并完成与消费者交换的过程。

三、物流的价值

物流的快速发展对人类生产生活方式有着重大意义。数千年来，由于物流落后，储存保管技术差，人们不得不居住在生产地四周，以尽快获取和消费相应产品，直至今日，仍有部分地区依然保持着这种自给自足的经济活动方式，若能有适中的物流，这一状况将会被大大转变，亦即：物流能够为人类生产与生活创造大量价值。

物流创造的价值包括时间价值、空间价值与附加价值。其中，物流的时间价值主要体现在缩短或延长生产与消费之间的时间所创造的价值。例如：企业将产成品尽快运送到销售点，使产品能及时售出，加快了资金周转速度，因此创造了时间价值；又如企业通过合理储存，将夏季收购的水果放到冬季销售，以卖出更好的价格，这里创造的也是时间价值。

物流创造的空间价值又称为场所价值，包括从集中的生产场所流向分散的消费场所产生的价值，或是从分散的生产场所流向集中的消费场所产生的价值。如苹果公司的 iphone 手机大多在中国生产，然后运往世界各地销售，因长距离运输增加了物流成本，手机销售价格会因此而更高，这里创造的就是空间价值。

此外，在物流渠道中对货物进行粗加工、包装等活动，同样会使产品增值，这里所创造的是附加价值。

四、物流的功能

通常认为，物流主要包括运输、仓储、包装、装卸搬运、流通加工、配送、物流信息管理 7 项功能。

（一）运输

运输是物流各环节中最重要的部分，一般分为输送和配送，甚至有人将运输作为物流的代名词。没有运输，物品只能有存在价值，却没有使用价值，即生产出来的产品，如果不通过运输并送至消费者手中进行消费，等于该产品没有被利用，因而也就没有产生使用价值。没有运输连接生产和消费，生产就失去意义。所有商品的移动都属于运输，运输可以划分为两段：一段是生产厂到流通点之间的运输，批量较大、品种单一、距离较长，这样的运输称为“输送”；另一段是流通点到用户之间的运输，一般称为“配送”，即根据用户的要求，将各类商品按不同类别、不同方向和不同用户进行分类、拣选、组配、装箱，按用户要求的品种、数量配齐后送给用户，其实质在于“配齐”和“送达”。

（二）仓储

在物流中，运输承担了改变商品空间状态的重任，仓储则承担了改变商品时间状态的重任。产品离开生产线后到最终消费之前，一般都要有一个存放、保养、维护和管理的过程，也是克服季节性、时间性间隔，创造时间价值的活动。

库存是仓储的静态形式，主要分为基本库存和安全库存。基本库存是补给过程中产生的库存，由于订货需要一定的提前期，实际在库存尚未降至零之前就要开始启动订货程序，即在发生缺货之前，就会完成商品的储存。此外，为防止不确定因素如运输延误等对物流的影响，都需要企业另外储备一部分库存，这就是安全库存。

运输和仓储共同构成了物流的两大核心功能。

（三）包装

包装可大体划分为两类。一类是工业包装，又称运输包装、大包装；另一类是商业包装，又称销售包装、小包装。工业包装是为保持商品的品质，商业包装是为使商品能顺利抵达消费者手中，提高商品价值、传递信息等。故此包装的功能和作用不可低估，它既是生产的终点，又是企业物流的起点。包装的作用是按单位分开产品，便于运输，并保护在途货物。注重包装是保证整个物流系统流程顺畅的重要环节之一。

（四）装卸搬运

装卸搬运是物流各环节连接成一体的接口，是运输、储存、包装等物流作业得以顺利实现的根本保证。装卸和搬运质量的好坏、效率的高低是整个物流过程的关键所在。装卸搬运工具、设施、设备不先进,搬运装卸效率低,商品流转时间就会延长,商品就会破损,就会增大物流成本,影响整个物流过程的质量。装卸搬运是缩短物流移动时间、节约流通费用的重要组成部分,若此环节出现问题,物流其他环节就不得不停顿。

(五)流通加工

流通加工就是产品从生产者向消费者流动的过程中,为了促进销售、维护产品质量、实现物流高效率,所采取的使物品发生物理和化学变化的功能。通过流通加工,可以节约材料、提高成品率,保证供货质量和更好地为用户服务。所以,对流通加工的作用同样不可低估。流通加工是物流过程中"质"的升华,使流通向更深层次发展。

(六)配送

以往没有将配送作为物流的独立功能,而只是将其作为运输中的末端来对待。但是,配送作为一种现代流通方式,集经营、服务以及库存、分拣、装卸、搬运于一身,所涵盖的内容现已远远超过运输本身的活动,所以现在一般都将其作为独立功能来看待。

(七)物流信息管理

信息是连接运输、储存、装卸、包装各环节的纽带,没有各环节信息的通畅和及时供给,就没有物流活动的时间效率和管理效率,也就失去了物流的整体效率。通过收集与物流活动相关的信息,就能使物流活动有效、顺利地进行。这些信息包括与商品数量、质量、作业管理相关的物流信息,以及与订货、发货和货款支付相关的商流信息。不断地收集、筛选、加工、研究、分析各类信息,并把精确信息及时提供给决策人员,以此为依据判断生产和销售方向,制定企业经营战略,以便做出高质量的物流决策。

与物流信息密切相关的是物流信息系统(logistics information system,LIS),即管理人员利用一定的设备,根据一定的程序对信息进行收集、分类、分析、评估,并把精确信息及时地提供给决策人员,以便他们做出高质量的物流决策。物流信息系统的目的是不但要收集尽可能多的信息,提供给物流经理,使他们做出更多的有效的决策,还要与公司中销售、财务等其他部门的信息系统共享信息,并将有关的综合信息传至公司最高决策层面,协助他们形成战略计划。

五、供应链

20世纪90年代之后,随着科技进步与生产力的快速发展,顾客消费水平的提高,需求的不确定性大大增加,在激烈的市场竞争中,传统的生产运营管理模式越来越无法对市场需求做出快速反应。为了摆脱困境,一些企业采用了先进的单向管理技术和制造方法如计算机辅助设计(CAD)、柔性制造系统(FMS)、准时化生产(JIT)、制造资源计划(MRPⅡ)等,也取得了一定的效果,但仍不能从根本上解决问题。

经过长时间的探索,人们终于发现,问题的核心并不是某些具体的制造方法或者是管理技术,而在于企业与其合作伙伴之间的整体管理模式。

在传统方式下,随着生产经营规模的扩大,企业往往倾向于出资自建或兼并等方式控制的原材料提供商,同时以收购或自建等方式控制销售渠道,以实现从原材料到最终客户之间所经历的全部环节的完整掌控,这一做法被称为"纵向一体化"。在此环境下,虽然企业掌握了更多的话语权，但其规模也不断膨胀，当市场需求发生变化时，企业常因担心“牵一发而动全身”，瞻前顾后或是患得患失，难以做出及时反应。因此，越来越多的企业开始对这种纵向一体化的做法进行改造，将企业的非核心职能分离或外包出去，充分利用外部资源，而自己则轻装上阵，通过与其他众多企业密切的合作关系来保证自身对市场机会的反应速度。这一做法被称为“横向 体化”，在此基础上，供应链的概念就应运而生了。

供应链一词的出现（supply chain）最早源于彼得·德鲁克提出的“经济链”，后经由迈克尔·波特发展成为“价值链”，最终演变为“供应链”。本书对供应链的定义是：围绕核心企业，通过对信息流、物流、资金流的控制，从采购原材料开始，制成中间产品以及最终产品，最后由销售网络把产品送到消费者手中。它是将供应商、制造商、分销商、零售商直到最终用户连成一个整体的功能网链模式。

供应链是连接组织和业务流程的网络，包括采购原材料、转换原材料为半成品或成品、配送产品至客户的整个流程。它联结供应商、制造商、分销中心、零售商和顾客，为其提供货物和服务（从生产源头到消费点）。经过供应链的材料流、信息流和现金流，都是双向的。货物的原材料通过供应链传输进来，然后转换为中间产品，最后加工为成品。成品被运至分销中心，分销中心再转销至零售商和顾客。

一条完整的供应链应包括：供应商（原材料供应商或零配件供应商）、制造商（加工厂或装配厂），分销商（代理商或批发商），零售商（卖场、百货商店、超市、专卖店、便利店和杂货店）以及最终消费者。时至今日，企业之间的竞争早已超越了单个企业之间相互竞争的阶段，形成了供应链与供应链之间的竞争，即某条供应链上的一系列企业与其他供应链上的一系列企业之间的全面竞争。

供应链是一种范围更广的企业机构模式，它不仅是一条链接供应商到用户的物料链、信息链、资金链，同时更为重要的是：它也是一条增值链，因为物料在供应链上进行了加工、包装、运输等过程，增加了其价值，从而给这条链上的相关企业带来了收益。这也是维系供应链存在的基础，见图 6-2。

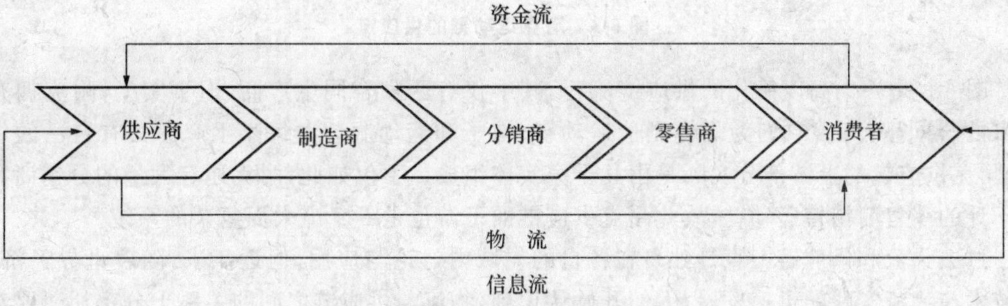

图 6-2　供应链的基本模式

若企业规模较小，仅生产提供少量产品或提供少量服务，其供应商的数量也可能较少，仅需电话或传真即可与其协商订单和物流等事项。但若企业规模较大，如耐克、宝洁等企业，往往会有数量庞大的供应商，这些供应商又会各自有自己的供应商。为确保本企业的产品和服务，往往不得不需要协调与成百上千家企业之间的关系。

以耐克公司（Nike）为例，耐克是著名的体育用品生产企业，产品包括运动鞋、运动服装等，其合同供应商主要位于东南亚、巴西等地，其产品是由这些合同供应商的工厂所生产的。

但是，耐克的合同供应商并非从零开始生产运动鞋。合同供应商会从自己的供应商采购鞋带、鞋孔、鞋帮和鞋底，将其组装成成品运动鞋。而这些下级供应商又有自己的供应链系统，如鞋底供应商有合成橡胶的供应商、用来融化橡胶的化学品的供应商以及用来灌注橡胶的模具的供应商，而鞋带供应商又会有纤维线供应商、染料供应商和塑料花边供应商等。

图 6-3 简单说明了耐克运动鞋的供应链。耐克的合同生产商是它的主要供应商。鞋底、鞋孔、鞋帮和鞋带供应商是二级供应商。而这些供应商的上流供应商就是三级供应商。供应链的上游包括耐克供应商、供应商的供应商，以及供应商之间关系处理的流程。下游则包括分发与运输产品至终端消费者的组织及业务流程。像耐克合同供应商这样的制造公司也需要处理其内部的供应链过程，把由供应商提供的原材料、组成部件和服务为顾客转换为产成品或中间产品，并且管理原材料和库存。

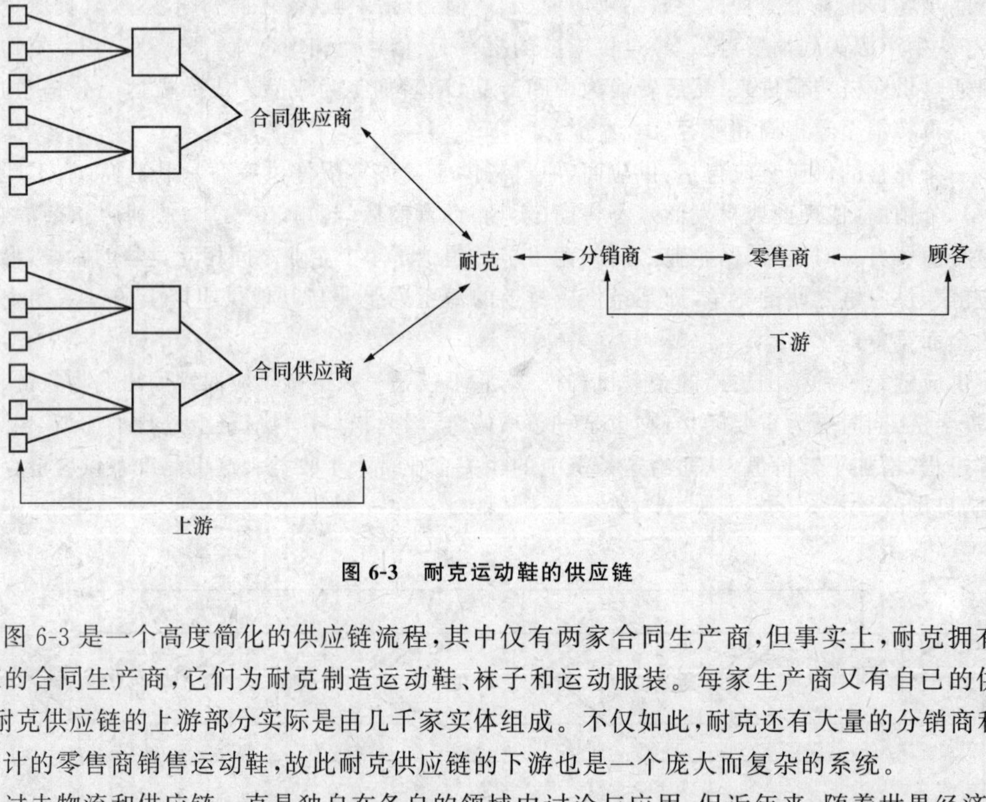

图 6-3　耐克运动鞋的供应链

图 6-3 是一个高度简化的供应链流程，其中仅有两家合同生产商，但事实上，耐克拥有上百家的合同生产商，它们为耐克制造运动鞋、袜子和运动服装。每家生产商又有自己的供应商，耐克供应链的上游部分实际是由几千家实体组成。不仅如此，耐克还有大量的分销商和数以千计的零售商销售运动鞋，故此耐克供应链的下游也是一个庞大而复杂的系统。

过去物流和供应链一直是独自在各自的领域内讨论与应用，但近年来，随着世界经济、信息技术与物流实践的迅速发展，人们开始认识到，物流与供应链之间的关系十分密切。要对供应链进行有效管理，就必须全面综合地考虑企业内外部物流，将物流各相关要素有机结合在一起，才能实现供应链的总体效果。

【知识链接】6-1　中国物流业发展现状

经过数十年的发展，现代物流业已成为支撑我国经济发展的重要产业，特别是中国加入WTO并承诺开放物流市场后，第三方物流市场得以迅速发展壮大，逐步形成具有一定规模的现代服务业。主要表现在：

1. 社会物流需求持续高速增长，物流业增加值稳步上升。根据国家统计局数据，2013 年全国社会物流总额 197.8 万亿元（物流总额是指一定时期内，初次进入物流领域，通过物流服务，已经或正在送达最终用户的全部商品的价值总量），按可比价格计算，同比增长 9.5%，其中工业品物流总额 181.5 万亿元，其余为农产品物流、单位与居民物品物流、再生资源物流。

2013 年全国物流业增加值 3.9 万亿元（物流业增加值是指物流产业在一定时期内，通过物流活动为社会提供的最终成果的货币表现，是物流产业的总产值扣除中间投入后的余额），按可比价格计算，同比增长 8.5%，物流业增加值占 GDP 的比重为 6.8%，占服务业增加值的比重为 14.8%。

2. 社会物流总费用占 GDP 的比例和发达国家相比差距明显。2013 年社会物流总费用 10.2 万亿元，同比增长 9.3%（社会物流总费用是指用于社会物流活动的各项费用支出的总和。包括支付给运输、储存、装卸搬运、包装、流通加工、配送、信息处理等各个物流环节的费用），其中运输费用 5.4 万亿元，保管费用 3.6 万亿元，管理费用 1.3 万亿元。社会物流总费用与 GDP 的比例为 18%，且保持这一比例已十余年。这一比例高于美国、德国、日本 9.5 个百分点左右，也高于全球平均水平约 6.5 个百分点，说明我国物流成本偏高的问题仍然明显。

3. 物流业固定资产投资快速增长，物流基础设施建设进一步加强。2013 年，我国物流业固定资产投资完成 4.96 万亿元，同比增长 24%。随着铁路提速、公路联网、专业化泊位相继建成投产，车船运力加快向大型化、专业化方向发展，交通运输全面紧张的状况开始缓解。

截至 2013 年底，我国铁路总里程已突破 10 万千米，其中高铁总里程和在建里程均超过 1 万千米，是世界上高速铁路运营里程最长、在建规模最大的国家。公路总里程 424 万千米，其中高速公路总里程已突破 10 万千米，已超越美国，成为世界第一。沿海亿吨级以上港口 19 个，内河亿吨亿吨级以上港口 10 个，拥有生产用码头泊位 31 862 个，其中万吨级及以上泊位 1 886 个。2013 年，我国大陆港口货物吞吐量 3 亿吨以上的港口数量达到 10 个，集装箱吞吐量 500 万标箱以上的港口数量共 11 个，在全球港口货物吞吐量前 10 大港口中，中国占据 8 席，这些数据都充分表明了我国物流基础设施的不断完善与发展。

4. 物流政策逐步完善，物流产业地位在国家层面得以确立。由于我国经济和政治体制的特点，不同程度、不同类型的政府规制广泛存在于我国物流领域，物流市场的发展伴随着各种政府规制行为，政府的巨大推动作用是我国物流市场快速成长的重要原因之一。特别是加入 WTO 后，我国逐步开放物流市场，物流产业政策得以进一步完善。

5. 物流市场集中度有所提高，物流市场结构具有明显的二元经济特征。市场集中度是对整个行业的市场结构集中程度的测量指标，用来衡量企业的数目和相对规模的差异，是决定市场结构最基本、最重要的因素，集中体现了市场的竞争和垄断程度。根据中国物流与采购联合会发布的“2013 年度中国物流企业 50 强排名”，我国物流企业 50 强主营业务收入共达 7 807 亿元，同比增长 12.1%，在 50 强物流企业中，物流业务收入排名第 1 位企业为 1 587.8 亿元，第 50 名为 20.3 亿元，总体来看，市场集中度得到了一定提高，但总体仍属于低度集中型、竞争性很强的市场。但随着外资物流企业的进入、大型民营物流企业的成立和国有物流企业的重组，中国物流市场已开始新一轮的整合，物流市场的格局进一步趋于合理，一些从事高端和产业化经营的物流企业已经具有一定的经济规模。此外，从我国物流产业进入、退出壁垒的整体状况判断，我国物流市场具有较为明显的二元经济特征。

我国物流产业之所以能在较短时间内得以快速成长，得益于移植型产业成长模式，无论是物流理念、物流技术还是物流管理方法，很多企业都采用了拿来主义，但随着物流市场的快速发展和物流产业新一轮的结构调整，我们不能再走单纯移植型产业成长的老路，应从产业创新着眼，从技术创新着手，迅速向内生型产业正常模式过渡。因此，政府应加大对物流创新的投入，激励创新的主体，培育创新的环境，推进创新的制度，努力为物流产业向内生型产业正常模式过渡创造条件。

未来，在物流产业内生增长的拉动和政府规制行为的引导下，我国的物流企业将在整合改造与合作联盟中进一步发展壮大，物流市场也将以更加开放的姿态融入世界的竞争，而我国的物流产业也必将在全面开放中不断成长。

第二节　物流管理

随着生产技术和管理水平的提高，人们逐渐发现，企业在降低生产成本方面的竞争似乎已经走到了尽头，产品质量的好坏也仅仅是一个企业能否进入市场参加竞争的敲门砖。此时，竞争的焦点开始从生产领域转向非生产领域，转向过去那些分散、孤立的，被视为辅助环节而不被重视的诸如运输、存储、包装、装卸、流通加工等物流活动领域。人们开始研究如何在这些领域里降低物流成本，提高服务质量，创造“第三利润源泉”。于是物流管理就从企业传统的生产和销售活动中分离出来，成为独立的研究领域和学科范围。

一、物流管理的概念

根据美国物流管理协会的定义，物流管理(logistics management)是以满足客户需求为目的，对产品、服务和相关信息从生成点到消费点的有效率和有效果的正向、逆向流动和储存的进行计划、执行和控制部分的供应链过程。简而言之，物流管理是为了以最低的物流成本达到用户所满意的服务水平，对物流活动进行的计划、组织、协调与控制。

早期的物流管理往往仅针对企业的配送环节，即在成品生产出来后，如何快速而高效地经过配送中心把产品送达客户，并尽可能维持最低的库存量。20 世纪 80 年代以后，人们发现利用运用跨职能的流程管理的方式去观察、分析和解决企业经营中的问题非常有效。通过分析原材料—工厂—生产线—成品—配送中心—客户的整个流通过程，企业可以消除很多看似高效率却实际上降低了整体效率的局部优化行为，因为每个职能部门都想尽可能地利用其产能，一旦需求增加，则处处成为瓶颈，导致整个流程的中断。比如运输部作为一个独立的职能部门，总是想方设法降低其运输成本，但若其因此而将一笔必须加快的订单交付海运而不是空运，这虽然省下了运费，却失去了客户，导致整体的失利。所以物流管理不断呈现明显的横向发展，其范围扩展到除运输外的需求预测、采购、生产计划、存货管理、配送与客户服务等，以系统化管理企业的运作来实现整体效益的最大化。

物流管理的具体内容包括 3 个方面：一是对物流活动诸要素的管理：包括对运输、储存等实体环节的管理；二是对物流系统诸要素的管理：包括对人、财、物、设备、方法和信息等六大要素的管理；三是对物流活动中具体职能的管理：主要包括物流计划、质量、技术、经济等职能的管理等。

本书结合物流的两大核心功能：运输和仓储，对其管理活动进行重点讨论，同时兼顾物流的其他功能管理包括包装、装卸搬运、流通加工、配送、物流信息等。

二、运输管理

运输是指对人或物的载运及输送，是使用某一特定交通工具、基础设施或流程来实现位移的方式。本节所研究的运输对象仅指货物运输。此外，运输与通常所说的搬运存在明显区别：运输是指两个不同地域范围间的活动，而搬运则是指同一地域之内的活动。

（一）运输方式

目前主流的运输方式包括铁路运输、公路运输、水路运输、航空运输、管道运输 5 种方式，各种运输方式的对比见表 6-3。

表 6-3 各种运输方式的对比

运输方式	优点	缺点
铁路运输	运量大、速度快、运费较低、受气候条件限制少、安全可靠	不够灵活机动、旺季往往运力不足
公路运输	灵活机动、服务面广、短途成本低易于送货上门	运输量较小、环境污染大
水路运输	运量庞大、运费低廉	运输速度慢、灵活性较差、易受季节和气候影响
航空运输	速度快、安全性好	费用高昂、受气候影响大、灵活性较差
管道运输	运量大、占地少、安全可靠、连续性强、耗能少	灵活性差、专用性强、运输能力受管道技术条件限制

【知识链接】6-2 京津冀铁路快运专列比公路运费低四成左右

京津冀铁路快运专列自启动以来，以价格较低、货损率低以及承运货物种类繁多三大优势，为沿线中小企业运输成本降低发挥积极作用。“与公路运输相比，通过京津冀铁路快运专列，从邯郸发往宣化的酱油运费便宜四成左右。”河北一家调味品酿造企业的负责人薛先生介绍说，京津冀铁路快运专列启动 10 天以来，公司每天都要通过这一渠道发送 9 吨左右调味品。厂区距离火车站距离近至 3 千米、货物沿途上站费用低以及铁路运价下浮等有利因素，使得企业物流成本降低，百姓最终得到实惠。

此外，货损率较低也是京津冀铁路吸引中小企业的重要原因。记者从北京铁路局了解到，为提高叉车装卸的安全系数和效率，局内丰台车辆段、丰台机务段的工程技术人员研发货物装卸叉车电动升降机，在硬件方面为降低货损率提供保障。同时，京铁物流中心装卸人员严格执行作业标准，进一步降低货物损坏风险。“毛毯、衣物、啤酒、挂面，只要符合承运规定，铁路部门都敞开受理。”从高碑店发送 10 箱饮料的市民李春祥认为，民生货物是百姓日常生活的必需品，特点是品种繁多、数量不定。事先咨询 12306 热线，就能知道货物是否可以办理运输，极大地便捷了百姓的生活。

2014 年 7 月 19 日，全国铁路首列货物快运列车京津冀铁路快运专列在天津市南仓站始发，环绕京津冀南部和北部地区，覆盖该地区 140 多个县市以及山东、山西省部分县市。目前，铁路部门已经在京津冀地区设立 287 个办理站，提供多种运输方式供货主选择。

（二）运输方式的选择

选择何种运输方式需要考虑的要素包括：货物的性质、运输时间、交货时间的适应性、运输成本、运输的机动性和便利性、运输的安全性等。对货主而言，需要考虑的重点是：运输费用、运输时间和运输损失。

1. 运输费用 如果运输服务是由第三方提供的，则运输费用主要包括装卸费用、运费、保险费、备货备用。若企业自营运输，则其费用还包括燃料（动力）费、运输人员工资、车辆及设备维护费用、综合管理费用等。

运输费用的多少与采用何种运输方式关系密切，根据 Rosalyn A. Wilson 的一项研究，在美国，不同运输方式所对应的平均运输成本如表 6-4 所示。

表 6-4 不同运输方式所对应的平均运输成本 美元/（吨·英里）

运输方式	平均价格	运输方式	平均价格
航空运输	61.20	管道运输	1.46
公路运输	26.19	水路运输	0.74
铁路运输	2.28		

从表中可见：总体而言，航空运输费用最高，水路运输费用最低。

具体到每次运输的实际情况，运输费用与运输距离关系紧密，如图 6-4 所示（不包括管道运输）。

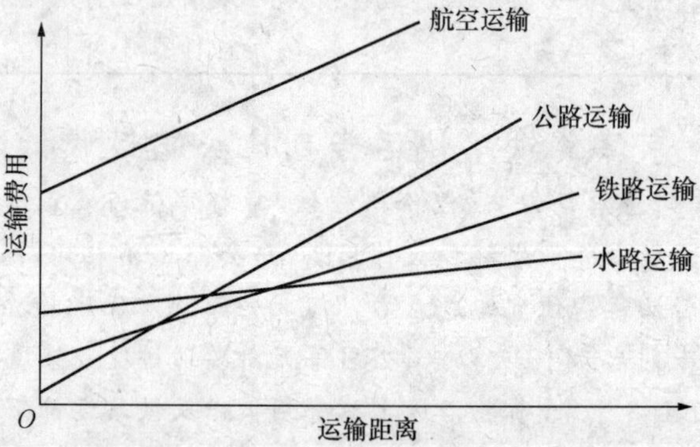

图 6-4 不同运输方式下距离和费用的关系

当运输距离较短时，公路运输具有明显的成本优势，但当运输距离较长时，水路运输的成本优势就开始逐渐体现出来。

2. 运输时间 除了不同运输方式自身在行驶速度上存在较大区别外，还有一些因素也会对运输时间造成影响，如天气、交通拥堵状况、运输工具沿途停靠的站点数量、将不同货物组装成可被运输工具满载的时间等，往往具有较大的不确定性。此外，还需考虑其他一些情况，比如对运输费用进行综合比较后决定采用铁路运输，但货物存放点附近却没有车站，此时就不得不花费更多的时间将货物先运送至最近的铁路站台。

综合来看，若运输距离较长，则铁路运输与航空运输有时间优势；在中等的运输距离下，考虑到货物进出机场的复杂操作，航空运输与公路运输的时间相差并不多；短途运输所需的时间则受拣货与具体运输操作的实际情况影响，一般公路运输的速度会较快。

若还需综合考虑其他因素如天气和交通状况等，则铁路运输的预计运输时间最为可靠，而航空运输显得最不可靠。

3. 运输损失　企业都希望自己的货物能安全无损地运抵目的地，但各种运输工具对货物的潜在伤害程度各不相同，货物的自身的特性也与运输过程中产生的潜在损失关系密切。比如：使用普通货车长途运输活鱼，当运达目的地时，其损失往往是难以避免的。

尽管承运人需要尽到妥善运输的义务，但在某些不可抗力发生的情况下（如地震、海啸、战争等），承运人对货物的损失并不承担责任。

若货物在运输过程中丢失或损毁，对于企业而言，除了直接的经济损失外，还会因为客户服务受到影响而受到更大的间接损失。客户由于未能按时得到所需要的货物，会严重影响其客户体验，可能会随即退货，甚至将企业告上法庭。

【例 6-1】　位于匹兹堡的一家企业 A 向供货商 B 和 C 采购共 3 000 件原材料，每家供货商为 1 500 件，每件 100 元，运输前利润为 20%，且目前采用铁路运输的方式。但 A 企业提出，若供货商每减少 1 天的运输时间，将能多得到相当于 A 企业总需求量 5%的订单。可选的 3 种运输方式分别为铁路、公路和航空。铁路运输时间为 7 天，费用为 2.5 元/件；公路运输时间为 4 天，费用为 6 元/件；航空运输时间为 2 天，费用为 10.35 元/件。请问 B 企业应当变更现有的运输方式吗？

解：(1)在现在的铁路运输方式下，销量为 1 500 件，运输前利润为

1 500×100×0.2＝30 000(元)

运输成本为 1 500×2.5＝3 750(元)

净利润为 30 000－3 750＝26 250(元)

(2)若改为公路运输，则运输时间减少 3 天

5%的订单数量为 3 000×0.05＝150(件)

即可以多得到 150×3＝450(件)，即销量为 1 500＋450＝1 950(件)

运输前利润为 1 950×100×0.2＝39 000(元)

运输成本为 1 950×6＝11 700(元)

净利润为 39 000－11 700＝27 300(元)

(3)若改为航空运输，则运输时间减少 5 天，可以多得到 150×5＝750(件)

即销量为 1 500＋750＝2 250(件)

运输前利润为 2 250×100×0.2＝45 000(元)

运输成本为 2 250×10.35＝23 287.5(元)

净利润为 45 000－23 287.5＝21 712.5(元)

比较 3 种运输方式的净利润可知，供货商 B 应将运输方式由铁路运输更改为公路运输，但也需要注意供货商 C 的对应策略。

【知识链接】6-3　Farm Direct 花卉公司的跨国鲜花物流

南美洲厄瓜多尔中部科托帕西火山地区常年气候温暖，雨水丰富，是生产玫瑰花的好地方。Farm Direct 公司向此地的 3 家大型农产定点采购花卉，现场收割，现场包装，每 150 株为 1 盒，装入控温箱，运送到首都基多的机场，连夜运送至美国迈阿密机场，经海关和检验检疫机构例行检查后，再把鲜花发给美国各大城市。

玫瑰花在正常情况下可以保鲜14天，因此按说美国人有足够的时间去欣赏玫瑰花，但事实并非如此。

Farm Direct的承诺是3天送达，但是还要考虑到鲜花的保鲜问题：航班可能晚点，在机场仓库可能会耽搁时间，控温箱可能会失灵，使温度上升数十度，如果玫瑰花箱不幸被放在飞机的货舱底部，则又会因为温度过低而冻坏。将鲜花从飞机舱口运送到保温仓库的时间非常关键，但是货车司机却经常将鲜花放在敞口的卡车上运输。

在以往，Farm Direct采用搭乘民航飞机和聘用卡车公司的方法运输玫瑰，由于上述种种问题，玫瑰抵达消费者手中后，是否还能保持鲜艳度，成为一件需要“碰运气”的事。显然，仅仅依靠碰运气，是无法把业务长期做下去的。

Fram Direct选择了和联邦快递合作，订立了“一体化快递”合同，通过联邦快递的专业服务，直接将鲜花送往美国各地，尽管成本提高了不少，但是花卉的运送成功率极大提高了，在2001年，失败率仅为1.6%。

当然，也不能小看这1.6%，一纸盒150株玫瑰，采购价格每株25分，运输价格20分，即每盒成本是67.5美元，批发到美国的花店为150美元，而花店的零售价是650美元，换言之，损坏一盒玫瑰，花店就会减少500美元的利润。

为了进一步控制物流，Farm Direct牵头成立了迈阿密赫尔曼保鲜物流公司，专门从事新鲜花卉的进口运输工作。该公司在迈阿密新建了一座7万米^{2}的保鲜仓库，并在美洲各地新建了物流链办事处，将鲜花的运送业务扩展到了全美。

赫尔曼甚至在荷兰也设立了办事处，荷兰花卉名闻天下，花卉产值占到全国农业总产值的40%以上，控制了世界最大花卉进口国：德国85%的市场。但是荷兰花卉的价格也较高，相比之下，来自南美洲的花卉产量高而价格低廉，具有很强的竞争力，Fram Direct希望将花卉业务打入荷兰，确实是一个强有力的挑战。

总结：Farm Direct公司将玫瑰从田间运送到消费者手中，这是一个物流系统的问题，涉及厄瓜多尔农民、采购人员、当地司机、基多机场人员、航空公司人员、迈阿密机场人员、海关及检疫人员、短途运输人员、分销服务点人员、零售人员。其最大的改革是从利用民航班机、雇卡车，到与快递公司合作，到自主一体化，建立自己的仓库及分公司的过程，以保证产品在可控的物流系统里快速、高效、高质地到达消费者。

4. 零担运输与多式联运　零担运输是指当货主需要运送的货物不足一车时，作为零星货物交运，承运部门将不同货主的货物按同一到站凑整一车后再发运的服务形式。零担运输需要等待凑整车，因而速度较慢，为克服这一缺点，后来又发展出定路线、定时间的零担班车，也可利用汽车运输的灵活性，发展上门服务的零担送货运输。

多式联运是指由两种及其以上的交通工具相互衔接、转运而共同完成的运输过程。它是根据多式联运合同进行操作的，运输全程中至少使用两种运输方式，而且是不同方式的连续运输，其货物主要集装箱货物。

多式联运是一票到底，实行单一运费率的运输。发货人只要订立一份合同并一次付费，一次保险，通过一张单证即可完成全程运输。所有运输过程均是由多式联运经营人组织完成的，无论涉及几种运输方式，分为几个运输区段，均由多式联运经营人对货运全程负责。

（三）运输路线

1. 单源最短路径问题　货物从某个地点装车出发，从出发点和目的地之间可能存在着多个中间节点以及多条路径，见图 6-5，此时，为了合理确定最短运输路线，以尽可能地降低运输成本或缩短运输时间，就属于运输路线规划问题。为简单起见，本书仅使用迪杰斯特拉算法（dijkstra）介绍其中的单源最短路径问题。

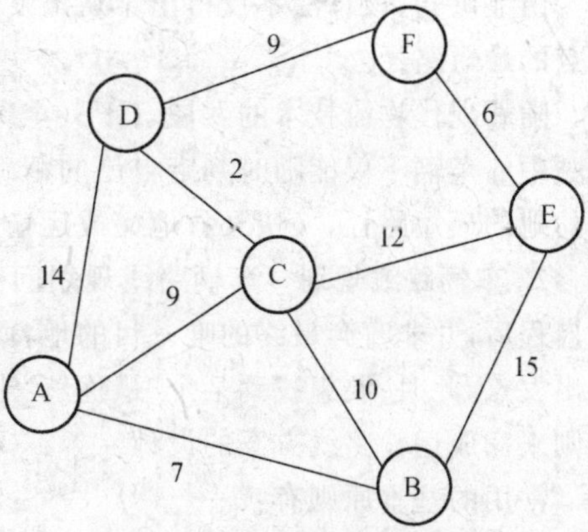

图 6-5　单源最短路径问题

图 6-5 中，从节点 A 出发，到达节点 F，怎样走最划算？图中已经表明了每段路径的开销（开销是一个综合概念，综合了该段路径的距离、运费、交通拥堵情况等影响因素）。

此问题的解决思路是：先从开始节点出发，找出与其相邻的所有节点，选取其中距离最近的节点，与开始节点一并纳入"已解决的节点"集合，剩余节点纳入"未解决的节点"集合。

从"已解决的节点"集合出发，重复上述过程，找到一个新的距离最近的节点，将其从"未解决的节点"集合中转移至"已解决的节点"集合。

反复重复上述过程，直到将所有节点都转移到"已解决的节点"集合中。

在本例中，出发点为 A，可直达 B、C、D 3 个节点，由于到达 B 的开销最少，因此集合分为"已解决"：{A，B}，"未解决"：{ C，D，E，F}，这就意味着，从 A 出发，要到达 B，不会有比 A 直达 B 开销更少的路径。

与{A，B}相连接的节点有 C，D，E，从 A 出发到达 D 为 14，到达 C 为 9（尽管可经 B 到达 C，但其开销为 17，故舍弃），原先无法到达 E，但由于 B 的加入，A 可经 B 到达 E，开销为 22，此时由于到达 C 的开销最少，选择 C 加入"已解决"集合。

与{A，B，C}相连接的节点有 D，E，原本从 A 到达 D 为 14，但由于 C 的加入，从 A 经过 C 到达 D 的开销降为 11，同样，从 A 经过 C 到达 E 的开销降为 21，选择 D 加入"已解决"集合。

与{A，B，C，D}相连接的节点有 E，F，根据上述内容，从 A 依次经 C、D 到达 F 的开销为 20，从 A 经 C 到达 E 的开销为 21，选择 F 加入"已解决"集合。

最后只剩节点 E，由于依次经 A、C、D、F 到达 E 的开销为 26，超过了从 A 经 C 到达 E 的开销 21，故后者就是达到 E 的最短路径。

上述过程可以总结如表 6-5 所示。

表 6-5　迪杰斯特拉算法的计算过程

终点	第 1 轮	第 2 轮	第 3 轮	第 4 轮	第 5 轮
B	AB(7)	—	—	—	—
C	AC(9)	AC(9)	—	—	—
D	AD(14)	AD(14)	ACD(11)	—	—
E	∞	ABE(22)	ACE(21)	ACE(21)	ACE(21)
F	∞	∞	∞	ACDF(20)	—

由上可知,该算法不仅得出了从出发地到目的地的最短路径,而且能得出从出发地到所有节点的最短路径。

随着现代物流技术的发展,GPS(全球定位系统)、GIS(地理信息系统)已得到广泛应用,行驶中的车辆不仅能随时判定自己的精确位置,而且可以随时通过相关软件,快速计算出到达目的地的最短路径,又快又省地完成运输工作。

2. 车辆路线规划 车辆路线规划问题是上述问题的延伸,大多数时候,某辆货车从出发点启程后,并非直奔最终的唯一目的地,而是要经过一系列节点完成取货、送货等任务,最终返回出发点,此时,要想找到某个“最优解”十分困难,为简便起见,多是依据一些规划路线的基本原则来完成运输路线方案的设计。

常用的基本原则有:

(1)将相近节点聚集成簇。例如:从出发点开始,经过所有节点,再返回出发点,使用两辆汽车。见图 6-6:左图为不理想的聚簇方式,而右图则处理的理想一些(图中实线和虚线分别代表不同的车辆线路)。

(2)当车辆需要较长时间以完成所有运输任务时,将一天内能满足一辆车的运力的节点聚集成簇。

(3)从最远的节点开始规划。

(4)节点的先后顺序应当尽量排列成水滴形。

(5)应优先安排大型车辆。

(6)将取货与送货相结合,尽量不要为单独的取货或送货安排线路。

(7)对于较为孤立的节点,最好考虑其他方式,比如外包或是安排小型车辆。

(8)尽量避免在每个节点使用较小的时间窗口(如:限制车辆必须在指定时间到达,限制车辆的装卸货物时间不能超过指定时间等)。

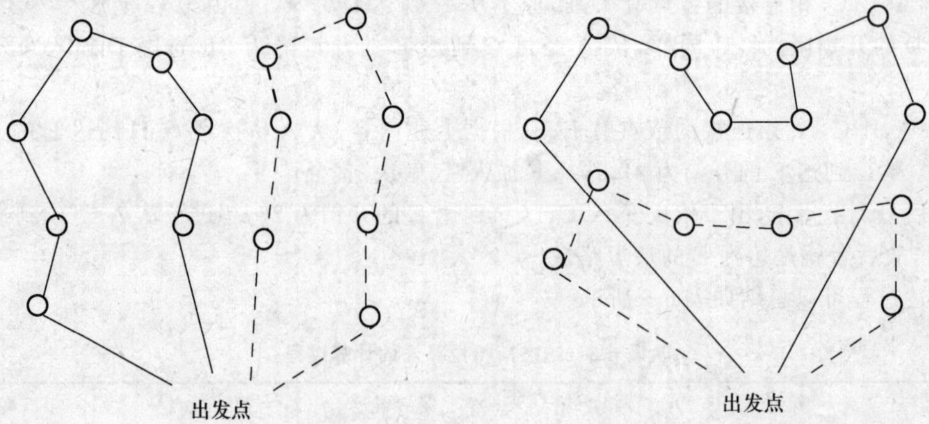

图 6-6 将相近节点聚集成簇的方法

3. 扫描法 在实际工作中,各种情况千变万化,十分复杂,有时需要快速给出运输线路的设计方案,此时可应用扫描法解决问题,该方法简便易行,误差较低,但也存在着对时间因素考虑不足等缺点。其具体做法是:

(1)标出所有节点及其需要取(送)货的数量。

(2)从出发点任意引一条直线,然后沿顺时针(或逆时针)旋转以覆盖所有节点,每覆盖一个节点,就将该节点的货物数量加上目前已经覆盖的所有节点的货物数量,判断其是否已超过一辆车的装载量,若未超过,则继续旋转以覆盖更多节点;若超过,则放弃该节点,结束旋转,已覆盖的区域作为设计区域。

(3)在该区域内设计线路,使其覆盖区域内的所有节点。

(4)从刚才停止旋转之处继续旋转,覆盖新的节点,并重复上述过程。

【例 6-2】 P. K. Smith 卡车公司使用一辆货车在某个城区内的不同节点取货,该车的载货为 10 000 单位,该区域内有 12 个节点,每个节点每天需取货的数量已知,该公司该如何规划设计这辆车的行驶路线?在图 6-7 中,黑色的方块为出发点,右图向上引一条直线,然后逆时针旋转,以覆盖的节点不超过 10 000 单位为一个区域,经过旋转,最终将所有节点划分为 3 个区域,并做出了相应的线路规划。

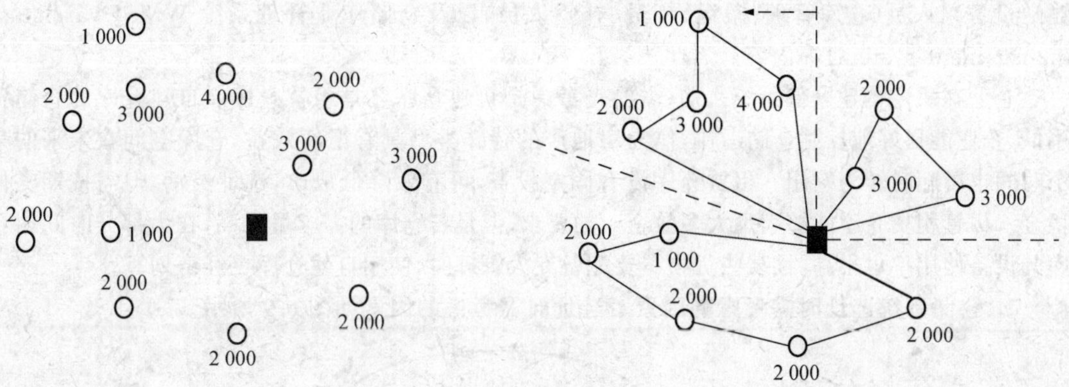

图 6-7　扫描法示意图

三、仓储管理

(一)仓储的概念及功能

仓储是以改变"物"的时间状态为目的的活动,通过仓库或特定的场所对有形物品进行保管、控制等管理,从克服产需之间的时间差异中获得更好的效用。仓储的功能见图 6-8。

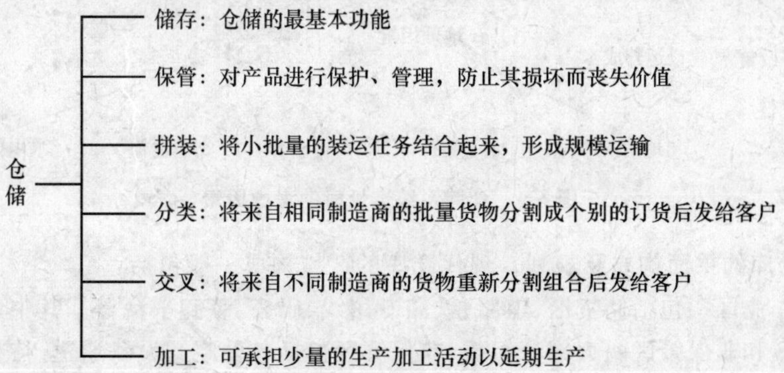

图 6-8　仓储的功能

(二)仓储在物流中的作用

仓储在物流管理中具有积极作用和消极作用:

仓储的积极作用表现在:仓储是物流的主要功能因素;是物流业务活动的必要环节;是加快资金周转、节约流通费用、降低物流成本、提高经济效益的有效途径。

另一方面,仓储也具有消极作用:仓储要求企业在仓库建设、仓库管理、仓库工作人员工资等方面支出大量成本,导致过高的固定费用和可变费用支出;仓储物资占用资金,如用于其他项目可能会有更高收益;绝大部分货物长期存放会变得陈旧,因难以销售而造成损失,而数码电子类产品可能会快速跌价,不宜在仓库中长期存放;此外,为预防万一,仓库中的货物需要购买保险,这又是一笔额外的支出。

(三)仓储系统规划与设计

现代化的仓储系统除了储存空间和货物之外,还包括仓储设备(收发设备、储存设备、搬运输送设备)、人员(仓库管理、搬运、拣货、补货人员)以及仓储作业管理系统 WMS(warehouse management system)等内容。

企业在决定构建仓储系统之前,需要先考虑是自建仓库还是租赁仓库。自建仓库的仓储费用低,企业能更好地控制仓储运作,作为房地产的特殊类型具有增值效益,仓库空间在未来的某个时间也可随时转为它用。租赁仓库没有固定投资,可有效降低成本,选址灵活,但需按期支付租金。尽管租赁仓库能够满足大多数企业的要求,但是若仓库的需求量很高,在大部分时间内仓库的设备使用率也很高,且某些货物需要配备专人管理时,使用自建仓库更经济划算。

1. 仓储系统选址时需考虑的因素 选址时需考虑的因素如图 6-9 所示。

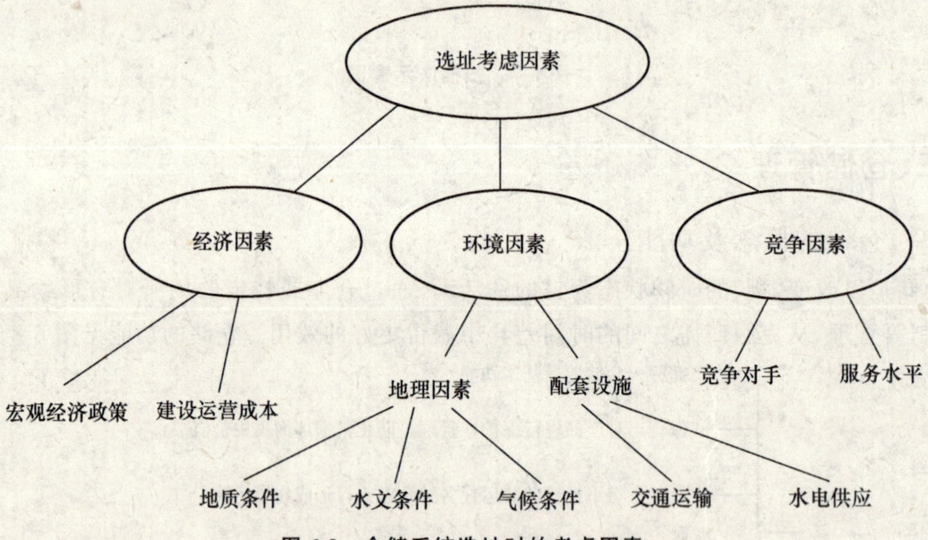

图 6-9 仓储系统选址时的考虑因素

2. 现代仓库的平面构成及规划 现代仓库的区域构成一般包括:

(1)生产作业区。包括储货区、道路、铁路专用线、码头、装卸平台等。其中,储货区是主体区域,由保管区和非保管区两大部分组成,非保管区包括各种装卸设备通道、待检区、收发作业区、集结区等。考虑到现代仓库已由传统的储备型仓库转变为以收发作业为主的流通型仓库,其各组成面积的构成比例通常为:合格品储存区占 40%~50%;通道占 8%~12%,待检区及出入库收发作业区占20%～30%,其余占15%～25%。

(2)辅助作业区。为仓储业务提供各项服务的设备维修车间、车库、工具设备库、油库、变电室等。

(3)行政生活区。办公楼、警卫室、化验室、宿舍、食堂等。

(4)消防水道。以环形系统布置于仓库全部区域,并安装消防栓。消防栓应靠近十字路口,其间隔不超过100米,距离墙壁不少于5米。

3. 仓库交通运输设施设计

(1)线路。

①铁道专用线:适用于大量进出货的集散型仓库,以及煤炭、水泥、油类、金属材料等配送型仓库或配送中心,线路应贯通整个库区。

②汽车线:方式灵活,可直接深入到仓库内部甚至库房,一些大型仓库在交通非常便利的前提下,也可以不设铁路线,直接采用汽车线并配置大型车辆。

③水运线:需先对河道的水文资料进行调查,将码头建设在河床平稳、水流平直、堤岸较高,水足够深的地方。

(2)站台。是停靠车辆、装卸及暂存货的主要场所,站台包括高站台和低站台两种类别。前者高度与车辆货台高度一致,有利于水平装卸。后者站台与地面高度一致,有利于站台与仓库之间的搬运。低站台与车辆之间的装卸作业不如高站台方便,但如采用传送装置装卸货,由于传送装置本身有一定高度,采用低站台可使车辆货台与之保持同等高度。此外,低站台也有利于铲车、吊车等的作业。

(3)库内通道。

①运输通道:供装卸搬运设备在库内行走,其宽度主要取决于设备的外形尺寸和单元装载的大小,其宽度一般为1.5～3米。

②作业通道:供作业人员存取搬运物品的行走通道,其宽度取决于作业方式和货物的大小,一般为1米左右。

③检查通道:供仓库管理人员检查库存物品的数量及质量行走的通道,只要能使人自由通行即可,一般为0.5米左右。

图6-10所示为各种常见的库内通道设计方案。

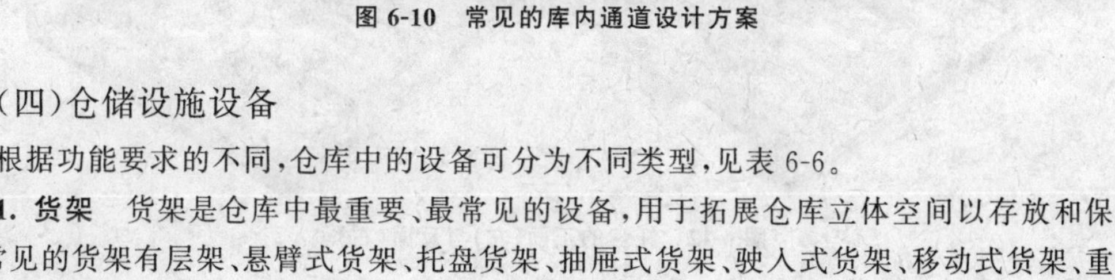

图6-10　常见的库内通道设计方案

(四)仓储设施设备

根据功能要求的不同,仓库中的设备可分为不同类型,见表6-6。

1. 货架　货架是仓库中最重要、最常见的设备,用于拓展仓库立体空间以存放和保管货物,常见的货架有层架、悬臂式货架、托盘货架、抽屉式货架、驶入式货架、移动式货架、重力式货架、阁楼式货架等。

表 6-6　仓库中的设备类型

功能要求	设备类型
存货、取货	货架、叉车、堆垛机械、起重运输机械等
分拣、配货	分拣机、托盘、搬运车、传输机械等
验货、养护	检验仪器、工具、养护设施等
防火、防盗	温度监视器、防火警报器、监视器、防盗报警设施等
流通加工	所需的作业机械、工具等
控制管理	计算机及辅助设备等
配套设施	站台、轨道、道路、场地等

仓库在选择货架类型时应综合考虑货物特点、库房管理、装卸搬运设备、库房结构等因素，见图 6-11。

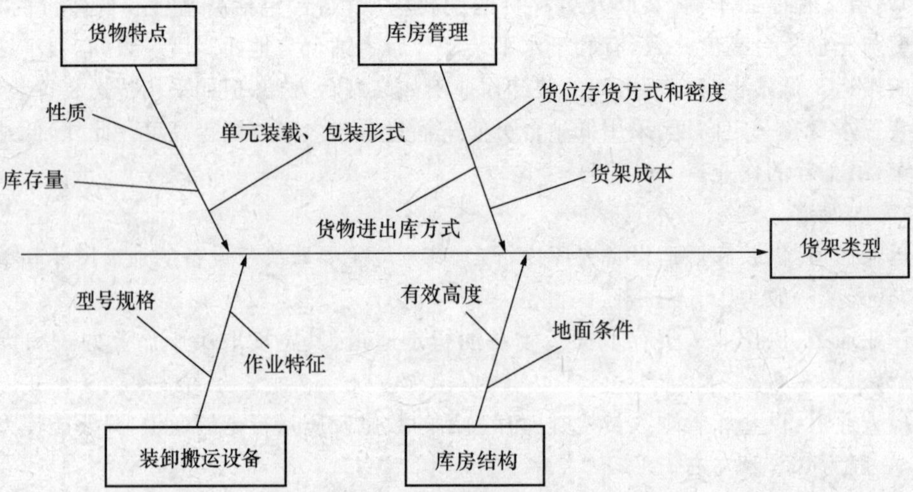

图 6-11　选择货架时应综合考虑的因素

2. 托盘　包括平面托盘、立柱托盘、箱式托盘、轮式托盘等，图 6-12 为仓库中最为常见的平面托盘的两面，适合使用叉车等机械设备进行搬运。

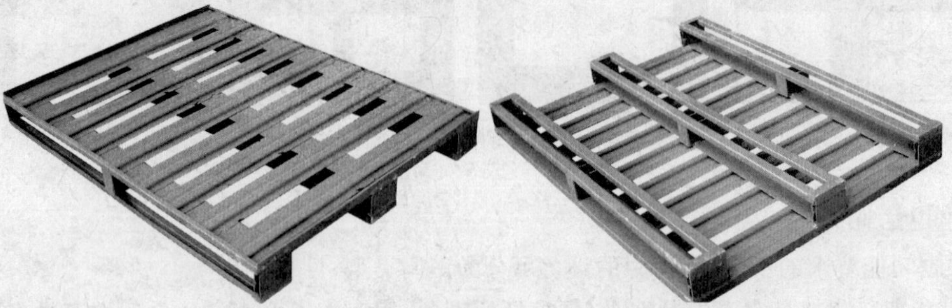

图 6-12　托盘的正面(左)与反面(右)

3. 物流箱　包括标准物流箱、可插式物流箱、可堆式物流箱、可折叠式物流箱。

图 6-13　叉车

4. 装卸搬运设备　包括叉车(叉分为正面式、侧面式、转叉式、高位拣选叉车、低位拣选叉车)、堆垛机(包括无轨堆垛机、有轨堆垛机、桥式堆垛机等)、搬运车、输送机(包括重力式滚筒输送机、动力式皮带输送机、动力式悬挂输送机、分拣机(包括摇臂式分拣机、轨道台车式分拣机、辊子浮出式或斜轮式分拣机、斜轮式分拣机、推块式分拣机等)。图 6-13 为仓库中最常见的正面式叉车。

5. 其他仓库附属设施　电子台秤、电子吊秤、流量计、轨道衡、电子汽车衡、风幕、吸潮器等。

6. 自动化立体仓库　自动化仓库(automatic warehouse)是由计算机管理和控制,不需要人工搬运而实现收发作业的仓库。立体仓库(stereoscopic warehouse)是指采用高层货架配以货箱或托盘存储货物,用堆垛机及其他机械进行作业的仓库。

自动化立体仓库是以上二者的结合,见图 6-14,它是由高层货架、堆垛机、自动分拣系统、出入库自动输送系统、自动控制系统、计算机仓储管理系统及周边设施、设备组成的可对集中单元货物实现自动仓储过程的一个综合系统。自动化立体仓库极大提高了空间利用率,且由

图 6-14　自动化立体仓库

于全部实现了机械化、自动化,作业效率极高,但结构复杂,投资大(每平方米1万元左右),对管理人员的要求也相当高。

(五)储位管理技术

货物入库后即进入存储作业阶段,其主要任务是妥善保管商品,合理利用仓储空间,有效利用劳力和设备,安全和经济地搬运商品,对存货进行科学管理。

1. 储位管理的原则

(1)储位标识明确。将储存区域详细划分,并进行储位编码,此位置必须明确,不能使用诸如楼上、走道、角落、某商品旁等边界含糊不清的位置,也决不能为了提高空间利用率或图方便将仓库过道作为储位来使用。

(2)商品定位有效。为每种商品确定合适的储存单位、储存策略、分配规则,把货品有效地配置在先前所规划的储位上。

(3)变动更新及时。当商品的位置或数量发生变化时,必须及时地将变动情况加以记录,以使记录和实物数量能够完全吻合。由于此项工作非常烦琐,而仓库管理人员在繁忙的工作中易产生惰性,因此坚持这一原则是储位管理中最困难的部分,也是目前各仓库储位管理作业成败的关键所在。

2. 储位编号 对商品存放场所按照位置的排列,采用统一标记编上顺序号码,并做出明显标志。其中最常用的方法是"四号定位",即每个储位最多只用4个号码(不是4个数字),将库房号、货架号、层号、货位四者统一编号。其他也有三号定位或五号定位的方法。

例如:某商品的储位号为4756,则可理解为:该商品在第4号库房、第7货架、第5层、第6个货位。而3棚-13-8-32则表示第3货棚、第13号货架、第8层、第32货位。

图 6-15 常见的储位编号方法

3. 商品储存策略 商品入库后,依据何种规则存放在储位上,对仓储管理的效率影响很大。表6-7列出了常见的商品储存策略。

4. 储位的指派方式

(1)人工指派法:商品的存放位置由人工进行指定,要求仓储人员必须熟记储位指派原则并能灵活运用,必须按指派单证将商品放在指定储位上,并做好详细记录,保证账物相符。

(2)计算机辅助指派法:利用图形监控系统收集储位信息,并显示储位的使用情况,将其作为人工指派储位的依据进行储位指派作业。

表 6-7　商品的储存策略

策　略	内　容
定位储存	每项商品都有固定储位，在储存时不可相互换位，每项货物的储位容量必须大于其最大可能库存量。此方法便于管理，但需要较多的储存空间
随机储存	根据库存货物及储位使用情况，随机安排和使用储位。该法能有效降低存储空间的占用，但增加了货物出入库及盘点工作的工作量
分类储存	将货物按其特性分类后在固定位置储存
分类随机储存	分类后在某个类别的储区内随机储存
共同储存	在确定知道各货物进出仓库确定时间的前提下，不同货物共用相同的储位。这种储存方法在管理上较为复杂，但储存空间和搬运时间更经济

(3)计算机指派法：利用图形监控储位管理系统和各种现代化信息技术，如条形码自动阅读机、无线电通信设备、网络技术、计算机系统等，收集储位有关信息，通过计算机分析后直接完成储位指派工作。

5. 储位布局　仓库中货架的摆放方向对仓储管理的效率也存在一定的影响，图 6-16 是常见的横列式与纵列式储位布局示意图。

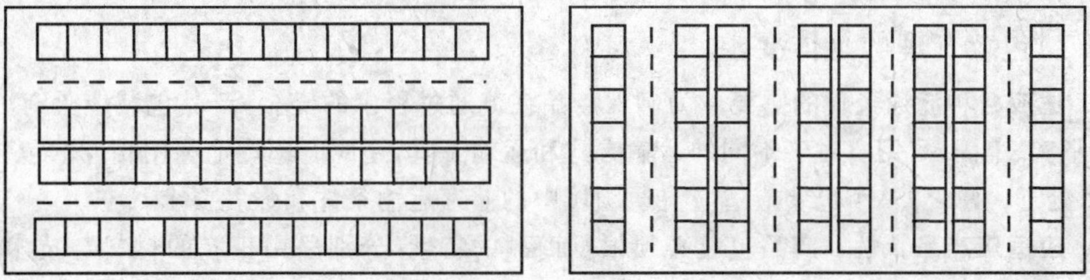

图 6-16　储位布局：横列式(左)与纵列式(右)

(1)横列式：指货位、货架或货垛与库房的宽向平行排列布置。特点是货垛整齐美观、存取查点方便、通风采光良好，但仓容利用率较低。

(2)纵列式：指货位、货架或货垛与库房的宽向垂直排列布置。特点是仓容利用率较高，主干道货位利于存放周转期短的物品，支干道货位利于存放周转期长的物品。但不利于通风采光及机械化作业。

(3)混合式：指横列式和纵列式在同一库房内混合布置货位或货架的一种形式。其兼有上述两种方式的特点，混合式是最常用的一种方式。

四、包装管理

(一)包装的概念及作用

包装具有名词和动词的双重含义。名词意义的包装是指用于盛装商品的容器、材料及辅助物品，即包装物，而动词意义的包装则是指实施盛装和封缄、包扎等的技术活动。我国国家标准 GB/T 4122.1—1996 中规定，包装的定义是："为在流通过程中保护产品、方便贮运、促进销售，按一定技术方法而采用的容器、材料及辅助物等的总体名称。也指为了达到上述目的而采用容器、材料和辅助物的过程中施加一定技术方法等的操作活动。”

包装的作用主要体现在：

(1)实现商品价值和使用价值，并是增加商品价值的一种手段；

(2)保护商品，免受日晒、风吹、雨淋、灰尘沾染等自然因素的侵袭，防止挥发、渗漏、溶化、沾污、碰撞、挤压、散失以及盗窃等损失；

(3)给流通环节贮、运、调、销带来方便，如装卸、盘点、码垛、发货、收货、转运、销售计数等；

(4)美化商品、吸引顾客，有利于促销；

(5)通过包装体现企业的品牌信誉和一个国家和地区的政治、经济、文化艺术面貌。

(二)物流与包装的关系

包装在整个物流活动中具有特殊的地位。在生产和流通过程中，包装处于生产过程的末尾和物流过程的开头，即包装既是生产的终点，又是物流过程的始点。

包装是物流活动的基础，没有包装几乎不可能实现物流的其他活动(散货物流除外)。因此，包装贯穿于整个物流过程，包装的材料、形式、方法以及外形设计都对其他物流环节产生重要的影响。

包装与运输、仓储、装卸搬运、流通加工等环节均有十分密切的关系。它除了对物流活动的经济性产生影响以外，还对物流活动的安全性也产生重要的影响，因此物流活动实际上也受包装的制约。

(三)包装管理的总体要求

1. 适应各种流通条件的需要 为确保产品在流通过程中的安全，产品包装应具有一定的强度，坚实、牢固、耐用。对于不同的运输方式和运输工具，还应有选择地利用相应的包装容器和技术处理。总之，整个包装应适应流通领域中的储存运输条件和强度要求。

2. 应适应产品特性 产品包装必须根据商品的特性，分别采用相应的材料与技术，使包装完全符合产品理化性质的要求。

3. 适应标准化的要求 产品包装必须推行标准化，即对产品包装的包装容(重)量、包装材料、结构造型、规格尺寸、印刷标志、名词术语、封装方法等加以统一规定，逐步形成系列化和通用化，以便有利于包装容器的生产，提高包装生产效率，简化包装容器的规格，节约原材料，降低成本，易于识别和计量，有利于保证包装质量和产品安全。

4. 包装要“适量、适度” 对销售包装而言，包装容器大小与内装商品相宜，包装费用应与内装产品相吻合。预留空间过大、包装费用占产品总价值比例过高，都有损消费者利益，成为误导消费者的“过度包装”。

5. 包装要做到绿色、环保 包装的绿色、环保要求应从两个方面认识：首先，材料、容器、技术本身对产品、对消费者而言，应是安全的和卫生的；其次，包装的技法、材料容器等对环境而言，是安全的和绿色的，在选材和制作上要遵循可持续发展原则，做到节能、低耗、高功能、防污染，可以持续性回收利用，或废弃之后能安全降解。

(四)包装方法

1. 防震包装 又称缓冲包装，是指为减缓内装物受到冲击和振动，保护其免受损坏所采取的一定防护措施的包装。在各种包装方法中占有重要的地位。产品从生产出来到开始使用要经过一系列的运输、保管、堆码和装卸过程，在任何环境中都会有力作用在产品之上，并使产品发生机械性损坏。为了防止产品遭受损坏，就要设法减小外力的影响。常见的防震包装方法有全面防震包装方法、部分防震包装方法、悬浮式防震包装方法等。

2. 防霉包装　在运输食品和其他有机碳水化合物货物时，货物表面可能生长霉菌，在流通过程中如遇潮湿，霉菌生长繁殖极快，甚至伸延至货物内部，使其腐烂、发霉、变质，因此要采取特别防护措施。防霉方法通常是采用冷冻包装、真空包装或高温灭菌方法。

3. 其他包装方法　包括防虫包装（如充气包装、真空包装、收缩包装、拉伸包装、脱氧包装等）、危险品包装、绿色包装等。

五、装卸搬运管理

无论生产领域中的加工、装配、检验，还是流通领域、消费领域中的运输、仓储、包装及废物处理，装卸搬运是每一项活动开始及结束时必然发生的活动。在运输过程中，装卸搬运是第一环节，也是最终环节。无论哪一种运输方式，其运输全过程都包括了装货—运送—卸货 3 个主要环节。因此，装货是运输生产的开始，卸货是运输生产的终结。没有装卸搬运，运输生产无法进行，也无法完成。

装卸搬运为生产与流通等环节提供了保障和服务。在生产与流通领域中，没有装卸搬运的保障与服务，就无法使运输高质量、高效率地运行，装卸搬运的质量、效率对运输过程有着重要的制约作用。在运输过程中，货物是多种多样的，会产生许多不同的装卸搬运作业。装卸的停歇时间在运输中占有很大的比重，搞好装卸搬运工作，是缩短装卸搬运时间、加速车辆周转、提高运输效率、降低运输成本的重要途径。另外，装卸搬运作业需要人与机械、货物、其他劳动工具相结合，工作量大，情况变化多，作业环境复杂，导致了装卸搬运作业中存在着不安全的因素和隐患，这就需要严格执行安全操作规程，确保装卸搬运质量，保障运输全过程的安全优质。

装卸搬运的分类见图 6-17。

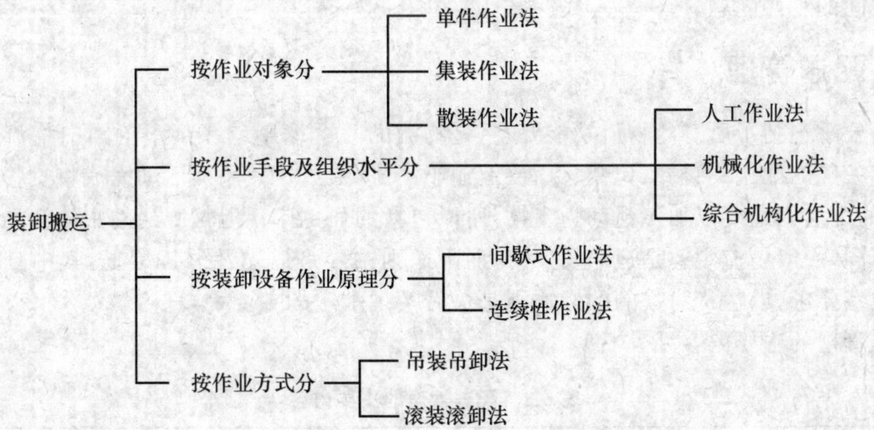

图 6-17　装卸搬运的分类

六、流通加工管理

流通加工是为了提高物流速度和物品的利用率、降低生产及物流的成本，在物品进入流通领域后，按物流的需要和客户的要求进行的加工活动。即在物品从生产领域向消费领域流动的过程中，为了促进销售、维护产品质量和提高物流效率，根据需要施加包装、分割、计量、分拣、组装、价格贴付、集中加工等简单作业的总称。这些流通加工作业多在配送中心、流通仓库、卡车终端等物流场所进行。

由于流通加工并非在所有物流活动中必然存在，因此一般不将其视为物流的主要功能。但随着销售竞争的日益激烈和用户越来越个性化、多样化的需求，流通加工也越来越显示出其不可替代的重要作用，包括提高原材料利用率、提高加工效率及设备利用率、增强物流系统的服务功能、使物流系统转化为利润中心、使物流过程减少损失及降低操作成本等。

为了充分体现流通加工对物流服务功能的增强，流通加工的种类有：

1. 为弥补生产领域加工不足的深加工 由于各种限制因素的存在，许多产品在生产领域的加工只能到一定程度，此时流通加工实际是生产的延续，是生产加工的深化，对弥补生产领域加工不足有重要意义。

2. 为满足需求多样化进行的服务性加工 从需求角度看，需求存在着多样化的特点，为满足这种要求，产品在流通过程中往往需要自行设置加工环节。

3. 为保护产品所进行的加工 在物流过程中存在着对产品的保护问题，此类加工主要是防止产品在运输、储存、装卸、搬运、包装等过程中遭到损失，使使用价值能顺利实现。

4. 为提高物流效率的加工 有一些产品本身的形态难以进行物流操作，如鲜鱼的装卸、储存操作困难；过大设备搬运、装卸困难；气体物运输、装卸困难等。进行流通加工可使之易于操作。

5. 为提高加工效率的流通加工 许多生产企业的初级加工的效率不高，也难以应用先进的科学技术，流通加工可使用集中加工的形式来解决单个企业加工效率不高的问题。

6. 衔接不同运输方式，使物流合理化的流通加工 在干线运输及支线运输的结点设置流通加工环节，可以有效解决大批量、低成本、长距离运输多品种、少批量、多批次末端运输和集货运输之间的衔接问题。

七、配送管理

配送几乎包括了所有的物流功能要素，是物流的一个缩影或在某小范围中物流全部活动的体现。一般的配送集装卸、包装、保管、运输于一身，通过这一系列活动完成将货物送达的目的，特殊的配送则还要以加工活动为支撑，所以包括的面更广。但是配送的主体活动与一般物流却有不同，一般物流主要是运输及保管，而配送则主要是运输及分拣配货，其中分拣配货是配送的独特要求，以送货为目的的运输则是最后实现配送的主要手段。

配送管理的主要内容见表 6-8。

表 6-8 配送管理的主要内容

配送环节	具体内容
集货	将分散的或小批量的物品集中起来，以便进行运输、配送
分拣	将物品按品种、出入库先后顺序进行分门别类堆放
配货	使用拣选设备和传输装置，将物品按客户要求分拣出来，配备齐全后送入指定发货地点

续表6-8

配送环节	具体内容
配装	集中不同客户的配送货物，进行搭配装载以充分利用运能、运力
配送运输	是较短距离、较小规模，频度较高的运输形式，多使用汽车作为运输工具
送达	圆满地实现运抵货物的移交，并有效、方便地处理相关手续，完成结算
配送加工	按照配送客户的要求进行流通加工

八、物流信息管理

物流信息管理就是对物流信息资源进行统一规划和组织，并对物流信息的收集、加工、存储、检索、传递和应用的全过程进行合理控制，从而使物流各环节协调一致，实现信息共享和互动，减少信息冗余和错误，辅助决策支持，改善客户关系，最终实现信息流、资金流、商流、物流的高度统一，达到提高物流竞争力的目的。物流信息管理的主要内容包括：政策制订、信息规划、信息收集、信息处理、信息传递、服务应用等。

物流信息管理是与物流信息系统的建立、运行与维护密切相关的。这一协同涉及仓储作业管理（warehouse management system，WMS）、运输及配载管理（transport management system，TMS）、财务管理、人力资源管理等内容，通过使用计算机技术、通信技术、网络技术等手段，提高物流信息的处理和传递速度，使物流活动的效率和快速反应能力得到提高。

在物流信息系统中，最为重要的两个子系统是 WMS 与 TMS，前者的主要功能包括物料管理、仓储配置管理、仓储作业计划、仓储资源管理、作业成本管理等，后者的主要功能包括运输资源设备管理、运输路线管理、人员管理、客户管理、运输订单管理、成本核算、作业跟踪等。

近年来，大量新技术被应用于物流信息管理领域，并取得了良好的成效，比如：GPS 与 GIS 相结合，能够帮助企业以更加直观的方式自动实现路线规划，物流企业能够对行驶中的车辆位置、实时路况等进行跟踪监视，而 RFID、传感器技术则使仓库中的货物管理、出入库等流程变得更为简单快捷，大大提升了物流管理的效率。

【知识链接】6-4 亚马孙仓储管理方法探秘：随机存储管理

亚马孙，全球最大互联网零售商，是采用混乱无序的方法存储其货物的。然而，这只是乍看之下，因为在这些醒目的无序后存在着秩序。这就是随机存储管理。

随机存储，本质上是一个存放产品的货架系统。目前看来，还没有发现与那些固定存放位置的仓库有何不同。让随机存储如此特别的原因是其物流方式。

这得从商品分区开始：仓库工作人员把进货运至货架系统，找个空的货架位放下。每个货架和每个商品位都有个唯一的编号。工作人员用手持扫描仪扫描货架位和对应商品，然后电脑就会存储下商品位置。

当订单下来需要提货时，电脑会输出一个提货单。根据数据库，这个提货单将工作人员带至准确的存放对应商品的货架位。为保持数据库最新，每个物件从货架取下时都要再扫描一次。

还有，随机存储并不意味着自动管理。自动操作一个随机存储系统是可能的，但这并不总是最佳选择。例如,亚马孙需要很多人力参与,因为一项模拟存储进程的实验发现雇用仓库人员比自动化更经济。

比起传统仓库管理,随机存储更加灵活,能根据各种产品变化做出更迅速的反应。这就减少了计划的工作量,因为在随机存储中,无论各种产品整体数量还是某种商品销售量都不需要提前计划。

此外,随机存储能更有效的管理可用的存储空间,因为空出的位置可以马上就重新放货。而在固定位置的存储系统中,一些货架位是预留给某个物件的,即使那个物件的实际存货非常少。

随机存储能节省时间,这不仅仅体现在存货时,来订单取货时也可节省时间。进仓的货物是简单放置在货架上空余位置的。不管在什么时候有人来取,电脑都会计算出最佳路径显示在提货单上。这种方法使工作人员的工作距离缩短。而且,亚马孙的提货单不是通过筛选订单得到的,这也就是说需要出库的货物必须通过一个额外的步骤与发货联系在一起。

使用随机存储在对新员工的培训量上也会大大减少。不需要他们记住仓库的整体布局,或是某种存储位置等。也就允许更容易实现员工新老替换,或是在旺季雇用季节工。

直观上,大多数人都会将相似的东西放在一起,事实上是按预先定义的特点来整理的。这就会导致所有的书都放在仓库的一个分区,所有的玩具都放在另一个分区。

但是在随机存储管理系统中这是不必要的。产品的存放只需要满足最基础存储的条件。更详细的特征不需要考虑。在随机管理仓库中,各种不同物件都直接相互挨着放,如书、玩具、运动器件、电子产品、DVD,珠宝首饰、数码相机等。

存储期短的物件有例外,因为他们不值得存储,这些东西对于常规存储操作,往往太重或是太大。像这样的物件需要分开存放。易腐品也不适合随机存储管理。

无须指明的是,所有的商品都必须有条形码,并录入数据库。所有的存储位也要同样处理。电脑需要有种类似仓库地图的东西,使其能够计算最佳提货路径。

随机存储依靠稳定可靠的仓库管理系统。如果电脑死机或丢失数据,仓库运转可能就要中止直到问题解决。这种存储类型尤其适合那些处理总量大,而每种货物存货又小的分派中心。这往往就是互联网零售遇到的情况。而且,订单往往涉及不同种类物品,所以分类存放不会有多少好处。相反,亚马孙的工作人员故意不将同种商品相邻放置,却因为混合的货架物品间相似度更小而提高了提货的准确性。

"随机存储"一词只是从人类的观点理解,对于一个仓库管理而言,软件,随机存储管理系统无非就是一系列计算和数据库操作。

第三节　供应链管理

物流管理所涉及的资源以及管理的对象大多集中在单个企业内部,对于跨企业间的合作涉及较少。但当整个市场竞争过渡到供应链阶段时,物流管理也就很自然地升级到了供应链管理阶段,这也正是美国物流管理协会在2005年更名为供应链管理专业协会的原因。

一、供应链管理的概念及内涵

供应链管理(supply chain management,SCM)是一种集成的、协调管理的思想和方法,它是使供应链运作达到最优化，以最少的成本，通过协调供应链成员的业务流程，让供应链从采购开始，到满足最终顾客的所有过程，包括工作流、物流、资金流和信息流等均能高效率地操作，把合适的产品以合理的价格，及时、准确地送到消费者手上。从单一的企业角度来看，是指企业通过改善上、下游供应链关系，整合和优化供应链中的信息流、物流、资金流，以获得企业的竞争优势。

供应链管理的内涵体现在：链内企业彼此之间由原来的市场竞争关系改变为合作伙伴关系；链内企业应树立共同的战略目标，加强各自的核心能力，实现优势互补，强强联合，并通过加强供应链内部的管理，有效地协调链内成员企业的生产经营管理活动；供应链管理的核心内容是把供应链内企业的全部生产过程经营活动集成起来，进行统筹规划，通过各环节的有效协调与配合，改善链内的物流、工作流、价值流、资金流和信息流。

二、供应链的类型

根据不同的划分标准，可将供应链分为以下几种类型：

（一）稳定的供应链和动态的供应链

根据供应链存在的稳定性，可将其划分为稳定的供应链和动态的供应链。基于相对稳定、单一的市场需求而组成的供应链稳定性较强，而基于相对频繁变化、复杂的需求而组成的供应链动态性较高。在实际管理运作中，需要根据不断变化的需求，相应地改变供应链的组成。

（二）平衡的供应链和倾斜的供应链

根据供应链容量与用户需求的关系，可将供应链划分为平衡的供应链和倾斜的供应链。供应链的设备容量和生产能力涵盖了所有节点企业能力的综合，包括供应商、制造商、运输商、分销商、零售商等，若其容量能够满足用户需求，则属于平衡的供应链。当市场变化加剧，造成供应链成本、库存、浪费等现象增加时，企业不是在最优状态下运作，供应链会处于倾斜状态，如图 6-18 所示。

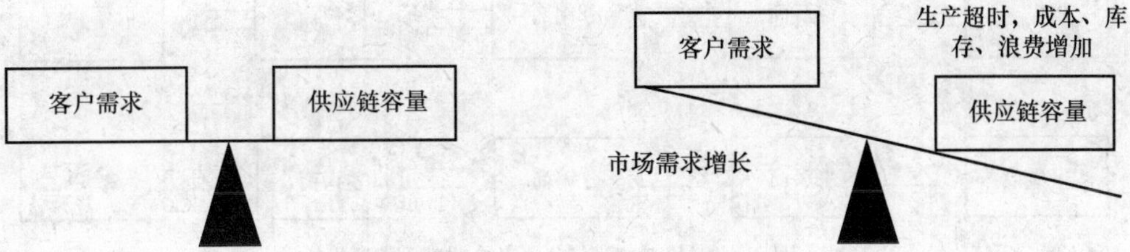

图 6-18　平衡的供应链和倾斜的供应链

（三）效率型供应链与响应型供应链

实施供应链管理时，应根据不同的产品特点，选择和设计不同类型的供应链系统。根据产品在市场上的表现特点，可将其分为功能型产品和创新型产品，见表 6-9。

根据支持功能型产品还是支持创新型产品，可将供应链分为效率型供应链和响应型供应链。效率型供应链主要体现供应链的物料转换功能，即以最低的成本将原材料转化为零部件、半成品、产成品，并完成在供应链中的运输、配送等活动，适用于功能型产品；响应型供应链主要体现供应链对市场需求的响应功能，即把产品分配到满足用户需求的市场，对未知的需求做出快速反应等，它适用于创新型产品。

表 6-9　产品需求特征的比较

项目	功能性产品	创新性产品
需求特征	可预测	不可预测
产品生命周期	＞2 年	3 个月至 1 年
边际收益	5%～20%	20%～60%
产品多样性	低	高
平均预测误差幅度	10%或更低	40%～100%
平均缺货率	1%～2%	10%～40%
平均销售期末降价比率	几乎为 0	10%～25%
产品提前期	6 个月至 1 年	1 天至 2 周

三、推式模型与拉式模型

早期的供应链管理系统由推式模型(push-based model)驱动的，它又称为“按库存生产”。在推式模型中，主生产计划是基于产品需求预测或是最佳猜测之上，然后将产品“推”向客户。而今天的供应链管理则更倾向于拉式模型(pull-based model)，它也被称为“按订单生产”，客户的实际需求或购买行为触发供应链中的事件发生。基于客户订单情况，产品生产和交货工作相应地开展，沿着供应链向上，从零售商到分销商，再到生产商，最后到供应商。只有按订单生产的产品是沿着供应链向下，一直到达零售商，生产商只利用实际订单需求信息来制定其生产日程和原材料采购计划。

两种模型的不同处可以总结为一句话：制造我们能售出的，而不是售出我们能制造的。见图 6-19。

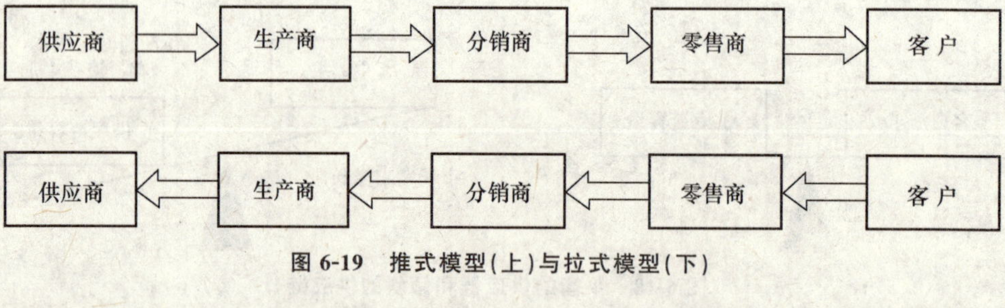

图 6-19　推式模型(上)与拉式模型(下)

需要说明的是，尽管拉式模型看起来更好：生产的目的性更明确、生产中各个环节上的库存量更少，但它也并非无条件地优于推式模型，比如，对于人们日常消费量很大的常用产品，如可乐、方便面、牙膏等，若采用拉式模型，其效果往往不太理想，一方面，无法精确地判断出客户需求数量；另一方面，若市场上存在缺货现象，消费者几乎不会耐心等待产品到货，而是会购买竞争对手的产品，或者是其他可替代的产品，从而对本企业造成缺货损失以及市场占有率的下降，最终影响企业声誉。

四、供应链管理的运行机制

供应链管理具有六大机制即合作机制、决策机制、激励机制、自律机制、风险机制和信任机制。通过这些机制以满足顾客需求，从而实现供应链管理的社会目标、经济目标与环境目标。其实现过程见图 6-20。

(一)合作机制

供应链合作机制体现战略合作伙伴关系和企业内外资源的集成与优化利用。从产品的研究到市场投放，缩短产品市场导入期，提高顾客服务水平，推出模块化、简单化的产品以及标准化的组件，使企业在多变的市场中的柔性和敏捷性得以加强，强调企业间的协作、市场竞争力以及价值链让渡系统管理都是基于合作机制的。

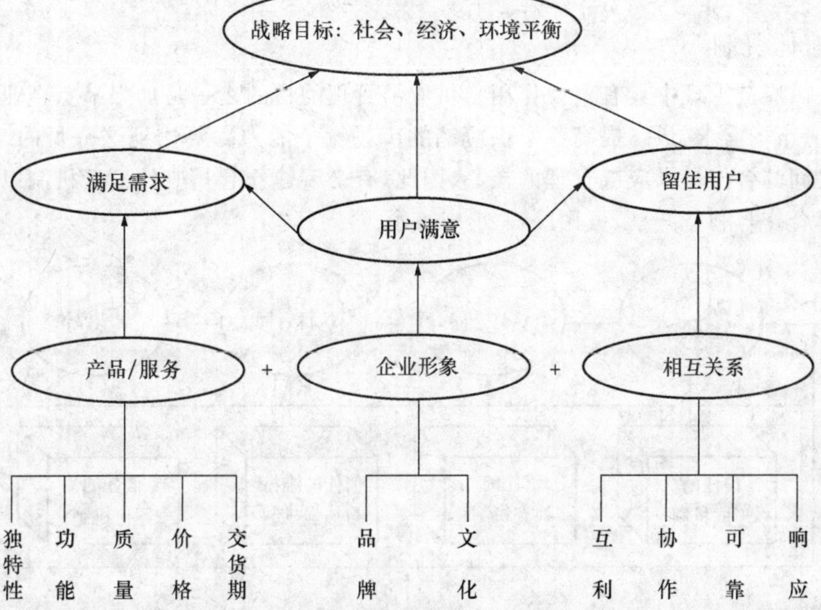

图 6-20 供应链管理目标的实现过程

(二)决策机制

供应链的决策信息不仅依靠单个企业内部，更重要的是企业间的信息共享，以达到供应链企业同步化、集成化计划与控制的目的，企业的决策也更多地趋向于基于信息开放环境的供应链管理的群体决策机制。

(三)激励机制

缺乏均衡一致的供应链管理业绩评价指标和评价方法是目前供应链管理的弱点。为了真正掌握供应链管理，必须建立健全业绩评价和激励机制，明了供应链管理思想在哪些方面、多大程度上给予了企业改进和提高，以推动企业管理工作不断完善和提高，也使供应链管理能够朝着正确的轨道与方向发展。

（四）自律机制

自律机制要求供应链企业向行业的领头企业或最具竞争力的竞争对手看齐，不断对产品、服务和供应链业绩进行评价，并不断加以改进，以使企业能保持自己的竞争力和持续发展。自律机制主要包括企业内部的自律、对比竞争对手的自律、对并同行企业的自律和对比领头企业的自律。通过推行自律机制，可以降低成本，增加利润和销量，更好地了解竞争对手，提高客户满意度。

（五）风险机制

供应链企业之间的合作会因为信息不对称、市场的不确定性、信息扭曲、政治、经济、法律等因素的存在而产生各种风险，为了使供应链上的合作各方感到满意，必须采取一定的措施规避风险，如信息共享、合同优化、监督控制机制等，并针对各种风险及其特征，采取不同的防范对策。

（六）信任机制

信任在供应链管理中具有重要作用。供应链管理的目的之一是加强节点企业的核心竞争力，快速响应市场需求，最终提高整个供应链的市场竞争能力。要达到这一目的，加强供应链节点企业之间的合作是供应链管理的核心，因此，有必要建立起相应的信任机制以保证供应链企业的相互合作与利益共享，可用图 6-21 来表示。

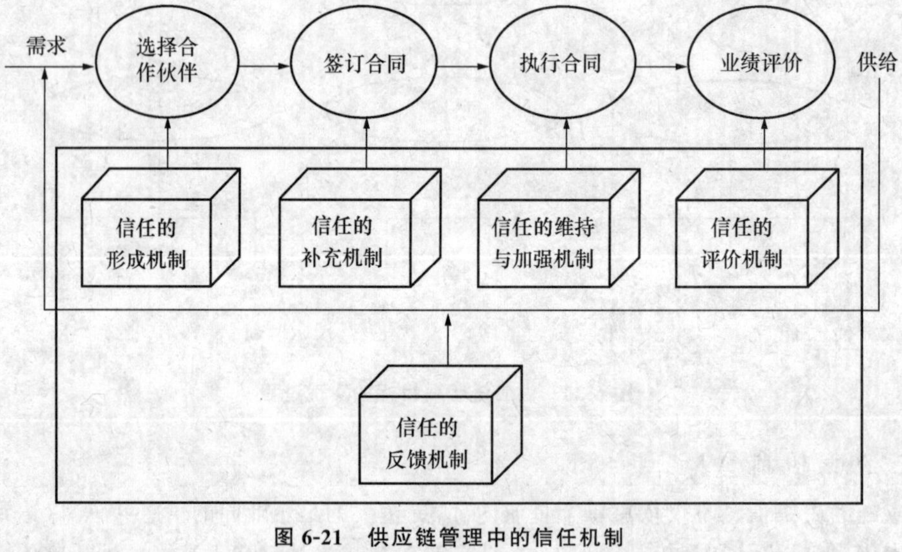

图 6-21 供应链管理中的信任机制

五、供应链运作的协调管理

在整个供应链环节中，往往会存在各种各样的问题，它们多由不正确或不及时的信息所造成，如生产原料短缺、工厂产能利用不足、成品库存过剩或运输成本过高等。例如，如果生产商不能够准确地获知供应商的下一批货何时能够到达，生产商就不得不在库存中存放过多的生产原料。由于缺乏足够准确的需求信息，供应商可能会只采购了少量原材料。供应链的无效性可能浪费公司高达 25％的运营成本。

若能够精确了解客户需求，以及何时需要及何时生产，生产商就可以实施高效率的准时制

(just in time,JIT)策略。原料在需要的时刻刚好送达,产品一下线即能被运走,避免了不必要的原材料的库存及等待时间,最大限度地减少了浪费。日本的丰田公司从 20 世纪 70 年代起就开始实施 JIT 策略,并取得了卓越的成效。

但 JIT 并非万能,市场是千变万化的,存在着众多的不可预知性,凭借各种预测手段以及丰富的管理经验无法彻底解决这些不确定性,如产品需求量不确定、供应商的货物运输延迟、原材料出现缺陷或生产过程中断等。为满足客户的需求,生产商不得不存放大量的原料和产品,而客户的需求常被生产商扩大化了。尽管安全库存水平对 JIT 中的低灵活性起缓冲器作用,但它会导致成本过高,而低库存水平的代价也是不菲的,因为企业可能因失去订单而蒙受损失。

在供应链管理中的过程中,经常会出现长鞭效应(bullwhip effect),即需求信息从供应链的一个环节传递到另一个环节时受到扭曲。一项物品的需求量轻微上升可能引起供应链成员存储大量库存,如分销商、生产商、供应商、二级供应商和三级供应商,每个成员都在"以防万一"。但是这个变化经过供应链波动被放大,计划订货量的微小变化会导致库存堆积,以及生产、仓储和运输成本过高等问题,就好比有人拿着鞭子的一头轻微抖动,而鞭子的另外一头会产生剧烈波动一样。见图 6-22。

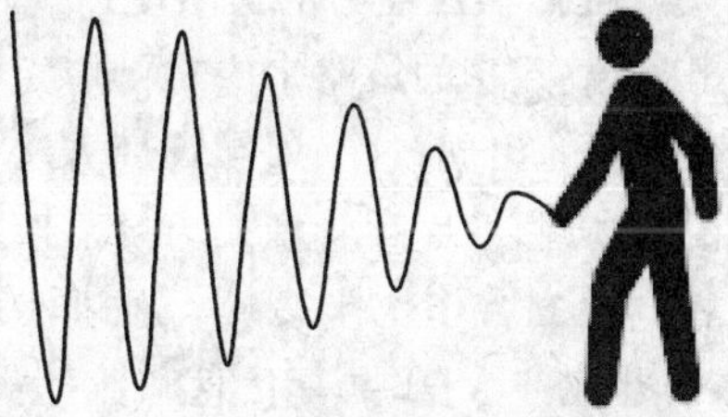

图 6-22　长鞭效应

信息不准确可能会导致某产品需求的小幅变动会在供应链中被放大为大幅变动。零售店某产品销售信息的小幅变动会导致分销商、生产商和供应商大量库存堆积。

例如,某个手机销售店进货了 15 部苹果手机:包括 3 种颜色,白色、黑色、金色,各 5 部。第 2 天,一位顾客进店选购手机,他的目的是给企业的 5 位优秀员工发奖品,出于个人的兴趣偏好,他购买了所有的白色的苹果手机。

高兴的门店经理立刻给上级经销商打电话,要求再采购 10 部白色的苹果手机,因为看起来这种颜色的手机十分畅销。同样,受到鼓舞的经销商也会打电话,向其上级采购了 100 部白色的苹果手机,并等待着这一款手机的持续畅销。

于是,订单并层层放大并向上游传递,最终苹果公司收到这些信息的时候,决定向其合同供应商增加 5 万部白色版本手机的订单,这些合同供应商又决定向其原材料供应商下达更多的配件订单,以备大规模生产。

而事实上,一开始的手机销售店可能之后所卖出的苹果手机却是以金色和黑色为主的,白色版本的鲜有人问津。于是,从原材料到生产商,再到销售商的各个环节里,出现了大量的库存积压,其目的都是企图满足实际中并不存在的需求量。由此可见,供应链中的这些问题主要是由于各环节之间传递的信息不够精确、及时而造成的。

长鞭效应导致了供应链上各环节之间出现了不协调的现象,必须设法加以缓解,其主要方法有:

1. 提高供应链企业对需求信息的共享度　若供应链中所有成员都能够获得准确及时的信息,则客户需求的不确定性也就随之降低,相应地,长鞭效应也就被大大缓解了。如果库存量、日程安排、数据预测和货运等相关动态信息可以得到共享,那么供应链中所有成员就能根据动态信息及时调整采购、生产与配送安排计划。供应链管理的目的之一,也就是为供应链成员提供这些信息，协助其做出更合理的采购与日程安排计划。

2. 科学确定定价策略 有时供应商为鼓励下游企业进货，往往会采取数量折扣的做法，为了能获得相应的价格折扣，下游企业常常会超过实际需求，大量进货，在一定程度上助长了长鞭效应。因此，供应商采取数量折扣时要谨慎对待，通过价格的可持续性，以及供货的阶段性来抑制价格波动，避免因此而受到影响。

3. 提高运营管理水平，缩短提前期 在传统运作方式下，企业常通过确定经济订货批量以降低成本，而订货提前期对库存相关成本影响很大。为缓解因批量订货而出现的长鞭效应，降低订货提前期是关键，这对供应链管理提出了更高的要求。需求方可以借助于EDI（电子数据交换）技术，通过增加订货次数，以最低的订货成本快速将需求传递给供应商，但要求组成供应链系统的企业具有基于网络信息的伙伴关系。

4. 提高供应能力的透明度 现代供应链企业应通过共享生产能力与库存信息，采取风险共担、利益共享的策略来应对供应短缺所导致的长鞭效应。实际上这种策略最终导致了联合库存管理的出现，这一库存管理方法强调多方同时参与，共同制订库存控制计划，使供需双方能相互协调，使库存管理成为供需双方连接的桥梁和纽带，从而缓解长鞭效应。

5. 建立合作伙伴关系 通过实施供应链战略伙伴关系，供需双方在战略联盟中相互信任，公开业务数据，共享信息和业务集成，对彼此的供需情况和能力都非常了解，避免了短缺情况下的博弈行为，从而减少了长鞭效应的机会。

六、供应链管理软件

由于现代化大规模生产的复杂性（例如：一辆汽车需要数万个零件装配而成，每个零件都有自己的生产商），依靠人工来管理供应链中的信息是非常不现实的，必须借助于相应的软件系统。

供应链软件可分为供应链计划系统和供应链执行系统。供应链计划系统帮助企业规划供应链软件，而供应链执行系统则帮助企业执行供应链流程。通过供应链计划系统，公司可以将现有的供应链模型化，预测生成产品需求，开发出最优和最理想的采购与生产计划。该系统可以帮助公司做出更加理想的决策，如在某一特定的时间内生产某一特定商品的数量，确定原材料、中间产品和成品的库存量，存储成品的地点和识别产品交通运输路线等。

例如，如果一位大客户下了一笔大订单或者突然更改了订单的状态，那么这将会对供应链上下产生巨大的影响。这时，企业可能需要从其他供应商采购原生产计划外的原材料或者不同的原材料构成，新生产计划可能要更改工作日程安排，运输承运人则可能需要重新安排运输计划。供应链计划软件可以调整生产计划和分销计划。更改后的信息可以在相关供应链成员间共享，使其工作得到协调。其中一项最重要，同时也是最复杂的供应链计划功能是需求计划（demand planning）它是指确定为满足客户需求，企业所需生产商品的数量。

供应链执行系统管理分销中心和仓库产品的流向，以最高效率地将产品运输到指定的地点。系统还可以追踪产品的实体状态，管理所有供应链成员的原材料、仓库、运输和财务信息。

能够提供供应链管理软件的企业很多，如国际知名的SAP、Oracle，以及国内的软件厂商用友、金蝶等。它们或是提供独立的供应链管理软件，或是在其企业管理软件系统中嵌入了供应链管理的模块，以供客户选用。

供应链管理的出现还促进了企业资源计划（ERP）的发展，ERP是一套整合了硬件、软件、人员、制度的综合管理体系，通常将能够在 ERP 体系中收集、处理、利用信息的软件称为 ERP 软件（尽管这会使人产生误解，以为 ERP 就是指 ERP 软件）。ERP 强调对供应链的整体管理，将供应商、制造商、协作厂家、用户甚至竞争对手都纳入管理对象，使不同企业的业务流程能更加紧密地集成在一起，进而提高对用户的响应速度。

ERP 的具体内容可参看本书第七章生产管理。

七、因特网与全球供应链

在因特网（Internet）诞生之前，供应链的协调性常受到限制，因为内部供应链系统的采购、材料管理、制造和配送等步骤的分离使得信息在公司内流动不畅。外部供应链伙伴们也同样难以共享信息，这是因为供应商、分销商和物流供应商的系统应用平台互不兼容，执行标准也大不相同。

但是，利用 Internet 技术，可以用较低成本实现某种程度的整合。公司可以运用内部网（Intranet）在其供应链流程中提升协作水平，并且利用外部网（Extranet）协调与业务伙伴共享的供应链流程。

Intranet 被称为企业内部网（内联网、内网），是一个使用与因特网同样技术的计算机网络，它通常建立在企业或组织的内部并为其成员提供信息的共享和交流等服务，例如万维网，文件传输，电子邮件等。而 Extranet 则被称为外部网，是一个基于 Internet/Intranet 技术并使企业与其客户和其他企业相连来完成其共同目标的合作网络。它既可以作为公用的 Internet 和专用的 Intranet 之间的桥梁，也可以被看作是一个能被企业成员访问或与其他企业合作的企业 Intranet 的一部分。

因特网、内部网、外部网之间的关系见图 6-23。

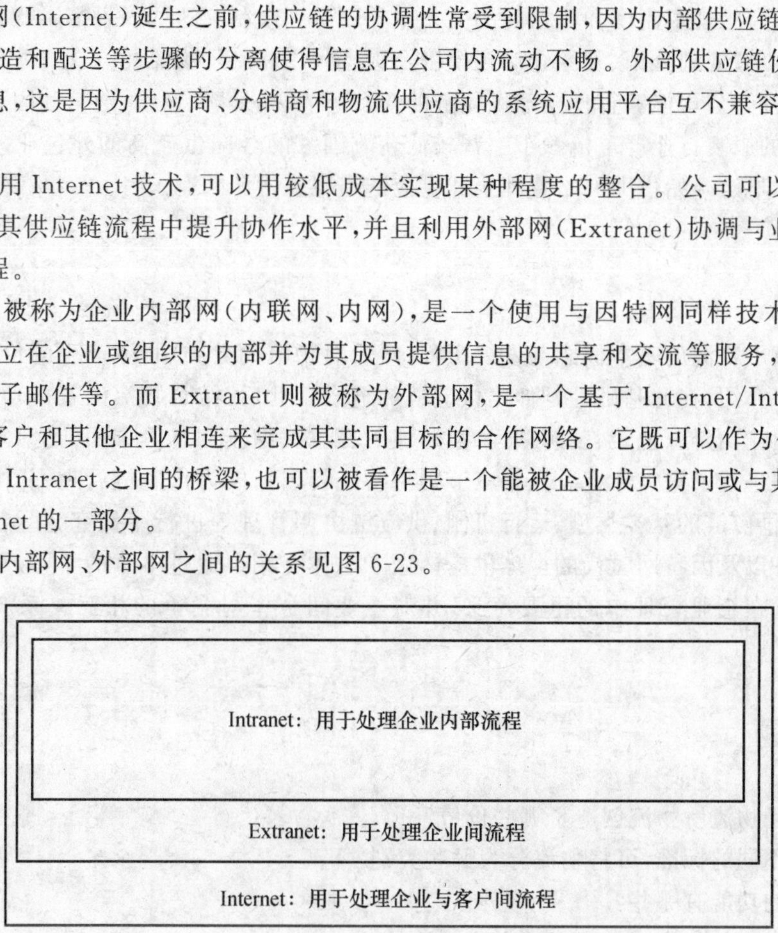

图 6-23　Intranet、Extranet 与 Internet 之间的关系

内部网将公司内独立的业务流程信息整合到一起，管理内部供应链系统。为协调并提升外部供应链流程，经过授权的供应商、分销商、物流服务商和零售商（有时）可以借助于 EDI（电子数据交换）或者是 VPN（虚拟专用网）等技术，经授权后进入到内部网。此外，内部网并非必须与 Internet 相连，它完全可以自成一体，作为一个独立的网络而存在。

通过运用内部网和外部网，供应链中所有成员可以进行彼此即时交流，利用最新信息调整采购计划、物流、生产、包装及日程计划安排等。利用网络接口，管理层可以将系统与原料供应商系统相连接，以确保供应商的库存和生产能力与公司的产品需求相匹配。通过基于网络的供应链管理工具，业务伙伴可以进行在线合作，并做出相关预测。通过查看供应商的生产日程安排和物流信息,销售代表可以追踪客户的订单状态。

随着越来越多的公司进入国际市场,它们开始将业务外包,签订供应商,将产品销售至国外。其供应链也扩展到多个国家和地区,因此全球供应链也变得极其复杂,供应链管理也变得更具挑战性。

全球供应链比国内供应链所跨越的地理范围更广,时间差异更大。而且全球供应链的成员通常来自多个国家。大量产品的海外购买价格尽管较低,但是需要支付额外的运输费、库存费(为了维持安全库存)和地方税费等。地区间或国家间的执行标准并不一致,供应链管理还可能因外国政府的规章制度和国家间的文化差异而受到限制。这些因素都影响了公司在全球市场中接受订单、规划分销、判断仓储规模以及管理入厂和出厂物流的方式。

借助因特网,公司能够管理全球供应链的众多环节,如采购、运输、通信和国际财务等。例如,当今世界的服装行业严重依赖于一些较低薪酬国家的合同生产商的外包业务,因此,服装类的跨国企业早已开始借助网络管理全球供应链与服装生产问题。

本章小结

本章介绍了物流的基本概念与发展历程,然后对物流的分类、物流产生的价值、物流的功能做了进一步介绍,在此基础上延伸出供应链的概念。此后,结合物流的基本功能,阐述了物流管理中的运输、仓储、包装、装卸搬运、流通加工、配送、物流信息等方面的管理,并对运输管理和仓储管理进行了重点介绍。在第三节则将物流管理拓展为供应链管理,从供应链管理的概念出发,对供应链的基本类型、运行机制、供应链协调管理等进行了研究,并结合实际,对供应链管理软件以及因特网时代的全球供应链做了总体介绍。通过本章的学习,学生能够理解物流与供应链在企业管理中的重要意义,并对企业间合作与竞争的相互关系产生更深入的认识。

复习思考题

1. 什么是物流?物流创造了哪些价值?
2. 按照不同的标准,可将物流分为哪些类别?
3. 物流的功能有哪些?
4. 企业应当如何合理选择运输方式?
5. 企业有哪些商品储存策略?
6. 什么是供应链?它有哪些基本类型?
7. 什么是长鞭效应?如何在供应链管理的过程中克服长鞭效应?

【案例分析】沃尔玛的物流与供应链管理

沃尔玛百货有限公司由山姆·沃尔顿于1962年在阿肯色州成立,现已成为美国最大的私人雇主和世界上最大的连锁零售商,其2014财政年度的销售额为4 730.76亿美元,全球员工总数约220万名。每年有超过2亿名顾客和会员光顾沃尔玛在27个国家拥有的上万家分店以及遍布10个国家的电子商务网站。

沃尔玛的业务之所以能够迅速增长，是因为其在节省成本以及在物流配送系统与供应链管理方面取得了巨大的成就。物流配送中心一般设立在100多家沃尔玛零售店的中央位置，这使得单个配送中心可以满足100多个周边销售网点的需求，且基本上是以320千米为一个商圈建立一个配送中心。

沃尔玛各分店的订单信息通过公司的高速通信网络传递到配送中心，配送中心整合后正式向供应商订货。供应商可以把商品直接送到订货商店，也可以送到配送中心。沃尔玛在美国拥有62个以上的配送中心，服务着4 000多家商场。通常情况下，从任何一个中心出发，汽车可在一天内到达它所服务的商店。

在配送中心，计算机掌管着一切。供应商将商品送到配送中心后，先经过核对采购计划、商品检验等程序，分别送到货架的不同位置存放。当每一样商品储存进去的时候，计算机都会记录下其位置和数量。一旦商店提出要货计划，计算机就会查找出这些货物的存放位置，并打印出印有商店代号的标签，以贴到商品上。商品会被送上长达数公里的传送带，通过激光识别其条形码并送往目的地，传送带上一天输出的货物可达20万箱。

配送中心的一端是装货平台，可供130辆卡车同时装货，在另一端是卸货平台，可同时停放135辆卡车。这种交叉配送的作业方式非常独特，而且效率极高，进货时直接装车出货，没有入库储存与分拣作业，降低了成本，加速了流通。800名员工24小时倒班装卸搬运和配送，沃尔玛的工人的工资并不高，因为这些工人基本上是初中生和高中生，只是经过了沃尔玛的特别培训。商品在配送中心停留不超过48小时，配送中心24小时不停地运转，平均每天接待的装卸货物的卡车超过200辆。沃尔玛用一种尽可能大的卡车运送货物，卡车都是自己的，司机也是沃尔玛的员工，他们在美国的各个州之间的高速公路上运行，而且车中的每立方米都被填得满满的，这样非常有助于节约成本。

公司6 000多辆卡车全部安装了卫星定位系统，在任何时候，调度中心都可以知道这些车辆在什么地方，离商店还有多远。灵活高效的物流配送使得沃尔玛在激烈的零售业竞争中技高一筹，沃尔玛可以保证商品从配送中心运到任何一家商店的时间不超过48小时，分店货架平均一周可以补货两次，而其他同业商店平均2周才能补一次货；通过维持尽量少的存货，沃尔玛既节省了存贮空间又降低了库存成本。

研究发现，在美国的三大零售企业中，商品物流成本占销售额的比例在沃尔玛是1.3%，而凯马特为8.75%，希尔斯为5%，沃尔玛的优势十分明显。

早在20世纪70年代，沃尔玛就建立了计算机化的物流信息系统(LIS)并负责处理系统报表，加快了运作速度。20世纪80年代初，沃尔玛与休斯公司合作发射物流通信卫星；1983年采用了POS机，1985年建立了EDI，进行无纸化作业，1986年建立了QR(快速反应机制)。沃尔玛在全球率先实现集团内部24小时物流网络的计算机控制，使采购库存、订货、配送和销售形成紧密的联合体。20世纪90年代，采用了全球领先的卫星定位系统(GPS)以控制公司的物流，提高配送效率。

此外，沃尔玛还应用了诸如射频技术/RF(Radio Frequency)、便携式数据终端设备/PDF、物流条形码/BC、射频标识技术(RFID)等技术。2004年，沃尔玛要求其前100家供应商在向其配送中心发送货盘和包装箱时使用无线射频识别(RFID)技术，2006年1月前在单件商品中投入使用。凭借这些信息技术，沃尔玛进一步实现了快速发展。

沃尔玛采取了“无缝点对点”的供应链系统，“无缝”是指使整个供应链达到一种非常顺畅的链接，产品从工厂到商店的过程应尽可能平滑。沃尔玛的供货商可以直接进入到沃尔玛的销售系统，随时了解销售情况，并据此对货物的需求量进行预测，从而决定生产安排。

思考题：沃尔玛为什么能在竞争激烈的超市行业中脱颖而出？

第七章　企业生产管理

【引例】大野耐一的5个"为什么"

大野耐一是丰田生产方式的创始人,被日本人称为生产管理的教父。1932年,进入丰田纺织公司,1942年丰田纺织解散,第二年他进入丰田汽车工业公司。

大野耐一总是爱在车间走来走去,停下来向工人发问。他反复地就一个问题,问"为什么",直到回答令他满意,被他问到的人也心里明白为止——这就是后来著名的"五个为什么"。

以下内容摘自大野耐一所著的《丰田生产方式》一书,讲述了5个"为什么"与丰田生产方式的开展,引用时略有删减。

对于一种现象连续问5个"为什么"了吗？这样做,说来容易,做起来就难了！比如,一台机器不转动了,你就要问:

1."为什么机器停了?"

"因为超负荷,保险丝断了。"

2."为什么超负荷了呢?"

"因为轴承部分的润滑不够。"

3."为什么润滑不够?"

"因为润滑泵吸不上油来。"

4."为什么吸不上油来呢?"

"因为油泵轴磨损,松动了。"

5."为什么磨损了呢?"

"因为没有安装过滤器,混进了铁屑。"

反复追问上述5个"为什么"就会发现需要安装过滤器。

如果"为什么"没有问到底,换上保险丝或者换上油泵轴就了事,那么,几个月以后就会再次发生同样的故障。

说实在的,丰田生产方式也不妨说是丰田人反复问5个"为什么",积累并发扬科学的认识态度,才创造出来的。自问自答这5个"为什么(WHY)",就可以查明事情的因果关系或者隐藏在背后的"真正的原因"。

"为什么丰田汽车工业公司里,一个人只能管一台机器(而丰田纺织公司里一个青年女工却能管40～50台自动织布机)?"

提出这个问题,就能得到这样的解答:"因为丰田汽车工业公司的机器没有配备加工完毕就停止的装置。"由此得到启发,便产生了"自动化"的想法。

"为什么不能做到'准时化'生产呢?"针对这个问题,便会得出"前一道工序出活过早过多,不知道加工一件要用几分钟"的答案。于是,导出"均衡化"的设想。

"为什么会出现生产过量的浪费呢?"针对这个问题,会得出因为"没有控制过量生产的机制"的答案,据此展开便产生"目视化管理"的设想,进而导出"看板"的构思来。

丰田生产方式的根本目的在于杜绝浪费。"为什么会产生浪费呢?"由于提出了这样的问题，就探讨了企业继续存在的条件即利润的意义，甚至于人的劳动价值的本质也就可以获得答案。

就生产现场而言，我当然是重视“数据”的，但我最重视的却是“事实”。一旦发生问题，如果原因追查不彻底，解决办法也就不会奏效。因此，我就反复提出5个“为什么”。这构成了丰田式科学态度的基本精神。

第一节　生产与生产管理

一、生产

生产活动是各种社会组织的基本活动，通过生产，一种社会组织为其他社会组织和个体提供产品和服务。不同社会组织通过转化系统，输入原材料、信息和能源等，输出有形的产品或无形的服务，见图7-1。

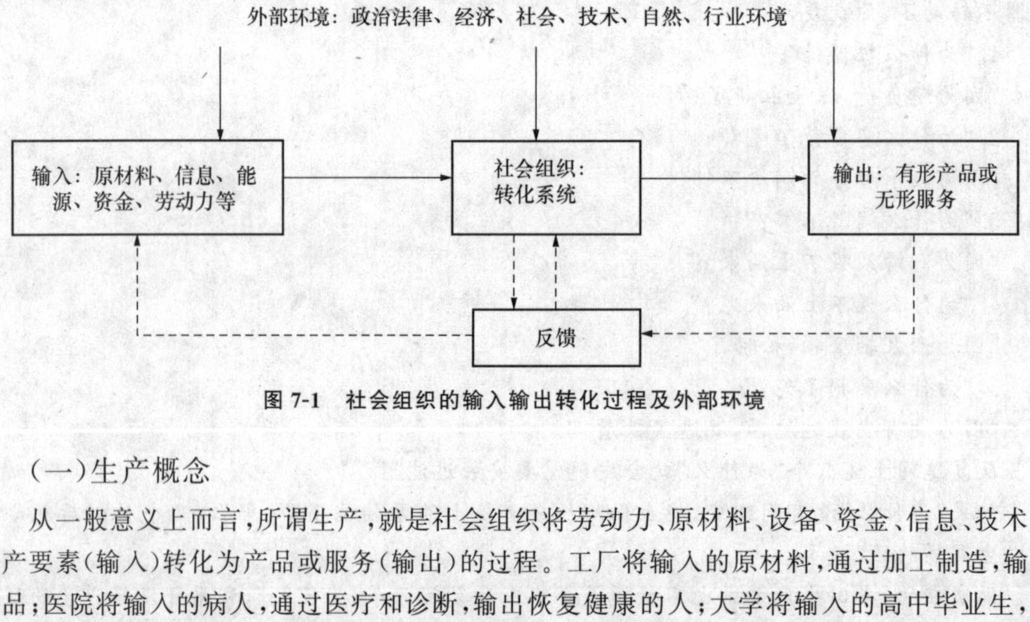

图7-1　社会组织的输入输出转化过程及外部环境

(一)生产概念

从一般意义上而言，所谓生产，就是社会组织将劳动力、原材料、设备、资金、信息、技术等生产要素(输入)转化为产品或服务(输出)的过程。工厂将输入的原材料，通过加工制造，输出产品；医院将输入的病人，通过医疗和诊断，输出恢复健康的人；大学将输入的高中毕业生，通过教学，输出高级专门人才等。社会组织要提供输出，首先须有输入。输入由输出决定，不同于输出，二者之间的差异由转化系统实现，而这种转化过程即为生产过程。显然，工厂生产与医院、大学的生产是不相同的，同为汽车工厂，大量大批生产和小批量生产也不相同，因此有必要对生产进行分类。

(二)生产类型

从管理的角度，可以把生产分为制造性生产和服务性生产；从产品或服务的专业化程度，可以把生产分为大量生产、批量生产和单件生产，见图7-2。

1. 制造性生产　制造性(manufacturing)生产是通过物理或化学作用将有形输入转化为有形输出的过程。例如，石油化工、船舶制造、钢铁冶炼和食品加工等。

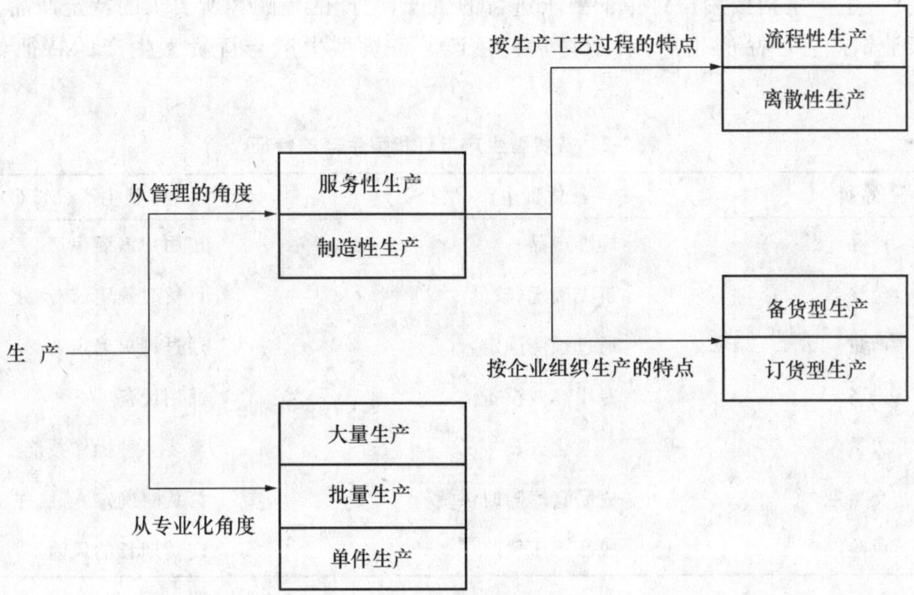

图 7-2　生产的类型

表 7-1　流程性生产与离散性生产的特征

特征	流程性生产	离散性生产
产品品种数	较少	较多
资本/劳动力/材料密集	资本密集	劳动力、材料密集
设备布置及可靠性	流水生产、柔性较低、可靠性高	批量或流水生产、柔性较高、可靠性低
原材料品种数	较少	较多
在制品库存	较低	较高
营销特点	依靠产品的价格与可获得性	依靠产品的特点
能源消耗	较高	较低

(1)流程性生产和离散性生产。按生产工艺过程的特点,制造性生产可以分为流程性生产和离散性生产。流程性生产是指物料均匀、连续地按一定工艺顺序移动,在移动中不断改变形态和性能,最后形成产品的生产。例如,食品、化工、造纸、和炼油等均属于流程性生产。

离散性生产,又称加工装配式生产,是指物料离散地按一定工艺顺序移动,在移动中不断改变形态和性能,最后形成产品的生产。例如,汽车、船舶、家电、电子设备和服装等产品的制造,均属于离散性生产。流程性生产与离散性生产的特征如表 7-1 所示。

(2)备货型生产和订货型生产。按企业组织生产的特点,可以把制造性生产分为备货型生产(make-to-stock,MTS)与订货型生产(make-to-order,MTO)。流程性生产一般为备货型生产,离散性生产既有备货型又有订货型。备货型生产是指按已有的标准产品或产品系列进行的生产,生产的主要目的是补充成品库存,通过维持一定量成品库存来满足用户的需要。例如,炼油、化肥、轴承、药品等产品的生产,属于备货型生产。

订货型生产是指按用户订单的要求进行的生产，生产的是顾客所要求的特定产品。例如，船舶、工业锅炉等产品的生产，属于订货型生产。备货型生产与订货型生产的特征如表 7-2 所示。

表 7-2　备货型生产与订货型生产的特征

特征	备货型生产(MTS)	订货型生产(MTO)
产品	标准产品	按用户需要生产
价格	事先确定、较低	订货时确定、较高
产量	通过预测确定	通过订单确定
设备	专用高效设备	通用设备
人员	专业化人员	需要多种操作技能
交货期	成品仓库随时供货	订货时确定
风险	成品积压风险	交货期长的风险

2. 服务性生产　服务性生产又称为非制造性(non-manufacturing)生产，是生产者向用户提供无形产品和劳务的过程。它的基本特征是不制造有形产品，在提供服务的过程中可以与有形产品相联系，也可以毫无联系。例如，教育、旅游、零售和邮政等。

3. 大量生产、单件生产和批量生产　根据产品或服务的专业化程度，可以将生产分为大量生产、批量生产和单件生产。一般来说，生产专业化程度高，生产的产品或服务品种数较少，同一品种产量越大，生产重复程度高；反之，专业化程度低，品种数较多，同一品种产量越低，生产重复程度低。

(1)大量生产。品种单一，产量大，生产重复程度高。例如，福特汽车长达 19 年生产的黑色 T 形车、可口可乐等产品生产，都是大量生产。

(2)单件生产。与大量生产相对立，生产品种繁多，每种仅生产一件，生产的重复程度低。例如，大型船舶、电站锅炉、化工炼油设备、汽车厂的流水线生产设备等产品生产，均属于单件生产。

(3)批量生产。介于大量生产与单件生产之间，品种不止一种，每种均有一定批量，生产有一定重复性。当前从全世界范围来看，单一的大量生产和单件生产都不多，大部分都是批量生产。

【知识链接】7-1　服务性生产的大量生产、单件生产、批量生产

对于服务性生产，也可以划分与制造性生产类似的生产类型。例如，医生看病，可以视为单件生产，因为每个病人病情不同，治疗方法也不同。学生体检，由于每个学生体检的内容都相同，可以视为大量生产。同样的划分也可以应用在教育上，中小学教育由于课程、课本和教学都基本相同，因而可以视为大量生产。大学本科生和硕士研究生教育因专业不同，课程内容也不相同，可以视为批量生产。博士研究生则应为单件生产。

3 种生产类型由于其产品或服务专业化程度上的差异，对于设计、工艺、设备选择和人员配备等生产管理诸多方面产生了不同的影响，形成了各自的特征，见表 7-3。

表 7-3　大量生产、单件生产和批量生产的特征

特征	大量生产	单件生产	批量生产
设计	标准设计图纸	每种新产品需绘制新设计图或较大修改	设计图部分修改
工艺	标准制造工艺	每种新设计需编制新工艺或较大修改	制造工艺部分修改
采用设备	广泛采用高效专用、自动化设备	多采用通用性强的设备	部分采用专用设备
设备布置	按工艺路线布置、流水线/自动线	按设备类型及尺寸布置或采用机群式布置	按工件制造流程布置
人员	技术水平较低、熟练程度高	技术水平高、熟练程度较低	要求一定的技术水平和熟练程度

二、生产管理

(一)生产管理概念

生产管理(production management)是对生产系统的设置和运行的计划、组织和控制等管理工作的总称。

人类最早的管理活动就是对生产活动的管理,20 世纪初的科学管理运动也始于生产管理,生产方式在此后一百多年的历史发展进程中发生着巨大的变化,见图 7-3。第二次世界大战前后,数学方法开始广泛应用到管理领域,生产管理中的需求预测、库存控制、生产作业计划编制等方面的定量研究方法逐步构建和完善,提升了生产管理的科学管理水平。20 世纪 80 年代,日本制造业迅速发展,以丰田为代表的生产管理体系,进一步推动了现代生产管理发展。当今世界,消费者个性化需求日益突出、自动化及智能化技术日新月异、制造业与服务业的融合、绿色设计及制造的广泛应用等方面给生产管理提出了新的挑战,促进着生产管理方法、技术和理念的变革与创新。

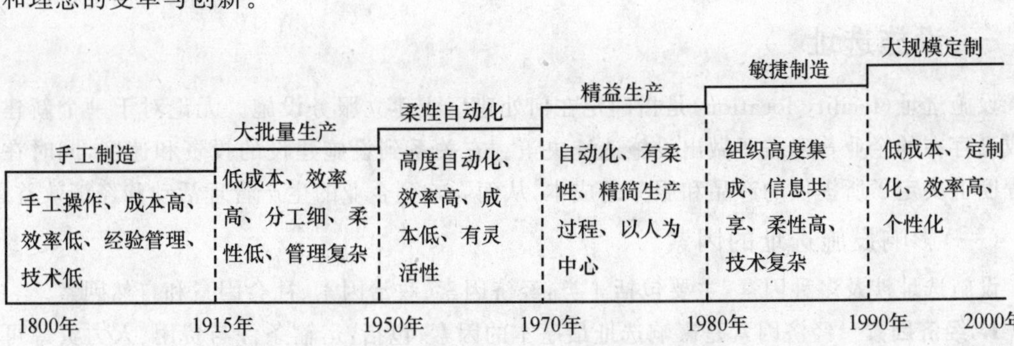

图 7-3　生产方式的发展历程及特征

(二)生产管理的目标

生产管理所追求的目标是:高效、灵活、准时、环保地生产合格的产品和提供满意的服务,体现在 5 个方面:

(1)成本(cost,C):生产成本是产品在生产过程中所发生的各种费用,生产管理要通过降

低生产成本实现效益。

(2)质量(quality,Q):质量反映了产品特性满足用户需要的程度,生产符合标准的产品和服务是生产管理目标。

(3)服务(service,S):为用户提供满意的服务。

(4)准时性(time,T):为用户准时送达产品和服务,即为在用户需要的时间,按需要量,提供所需要的产品。

(5)环保(environment,E):按绿色制造的理念,清洁、环保地开展各项生产活动。

(三)生产管理的内容

生产活动是在生产系统中发生的,因此从系统论的角度,可以将生产管理内容分为生产系统的设计、生产系统的运行以及生产系统的维护和改进三大部分。

1. 生产系统的设计 包括生产设施选址、生产过程的组织(主要包括生产过程的空间和时间组织)等内容。生产系统设计一般是在设施建造或生产系统更新阶段进行,设计质量直接影响着生产系统的运行。

2. 生产系统的运行 在对需求进行预测和生产能力核定的基础上,编制生产计划;确定补充成品库存的订货量和订货时间,对独立需求库存进行控制;对属于相关需求的原材料、零部件和在制品进行计算,控制加工进度和在制品库存;加强生产控制,将生产计划落实到位,确保完成生产任务。

3. 生产系统的维护和改进 主要涉及设施和设备的维护管理,构建良好的现场生产环境,开展准时生产和精益生产等先进生产方式不断创新与改进生产系统。

第二节　生产系统的设计

生产系统设计是生产管理战略的重要组成部分,是生产管理工作的基础,对企业生产管理工作有先天性的影响。

一、设施选址

设施选址(facility location)是指确定在何处建厂或建立服务设施。无论对于一个新建企业或已存在的企业普遍需要做出设施选址决策。它关系到设施建设的投资和速度,同时在很大程度上决定了所提供的产品和服务的成本,从而影响到企业的生产管理活动和经济效益。

(一)影响设施选址的因素

设施选址涉及多种因素,主要包括 4 类:经济因素、政治因素、社会因素和自然因素。

1. 经济因素 经济因素是影响选址最基本的因素,包括:运输条件与费用、人力资源可获得性与费用、能源可获性与费用、原材料的可供应性、厂址条件与费用等。

2. 政治因素 政治因素包括政治局面稳定性、法律法规的健全与完善等,直接关系到企业投资的资本权益能否得到保障,尤其是在国外建厂,必须要考虑政治因素。

3. 社会因素 设施选择决策要考虑的社会因素包括当地居民的生活习惯、文化教育水平、宗教信仰和生活水平、科学技术环境和环境保护等。

4. 自然因素 自然因素主要是气候条件和水资源状况。其中气候条件通过气温和湿度影响着厂房建筑设计、生产运作环境和员工的工作效率；对于耗水量大的企业，如：造纸厂、发电厂、钢铁厂等，水资源丰富程度直接影响着企业生产，同时也影响着周边环境。

(二)设施选址的方法

从一组可供选择的厂址中选择一个合适的厂址需要考虑很多因素，科学合理的技术方法是关键，在此介绍3种常用的定量分析方法：因素评分法、线性规划法和重心法。

1. 因素评分法　因素评分法(factor-rating systems)是一种对多项选址方案进行评价的方法，首先罗列出影响选址的各种因素，根据各因素的重要程度不同，赋予相应权重，然后进行评分加权，选出备选地址中的最优方案。

【例7-1】　某房地产公司打算在A、B、C 3个地方选址建写字楼，管理层决定使用以下的标准进行最后的选址决策，并根据各标准相对于公司选址决策的重要程度，赋予每个因素相应权重，给出了3个备选地址的每个因素评分值，见表7-4。

表7-4　基于因素评分法的选址决策

选址因素	权重	备选厂址		
		A	B	C
交通条件	0.25	70	100	80
土地状况	0.10	80	70	100
停车场地可获性	0.20	70	60	60
公众态度	0.25	90	80	90
扩张潜力	0.20	90	80	80
合计	1	80	79	84.5

根据因素评分法，总分最高的C地应被选中。

2. 线性规划法　线性规划法(linear programming method)是一种用于解决从不同生产地/工作地到不同目的地的产品/在制品(零部件)运输问题的方法，其目标是产品/在制品(零部件)的运输成本最低。可以利用软件公司开发出来的优化软件包计算该问题，例如Microsoft Excel Solver。

3. 重心法　重心法(center of gravity method)是一种用于单个设施的最优位置决策的定量方法。使用该方法的前提是现有设施的位置以及它们之间要运输的货物量(或者运输费用)能够定量表达。该方法常用于制造型企业决策制造厂与配送设施的相对位置，服务型企业的配送中心以及零售店等选址。

二、生产过程的组织

企业的生产过程是指从产品的生产技术准备开始，一直到生产出成品为止的全部过程。

(一)生产过程的构成

企业的生产过程通常包括生产技术准备过程、基本生产过程、辅助生产过程、生产服务过程和附属生产过程，其相互关系见图7-4。

1. 生产技术准备过程　是指产品在投入生产前所进行的一系列技术准备工作。比如：产

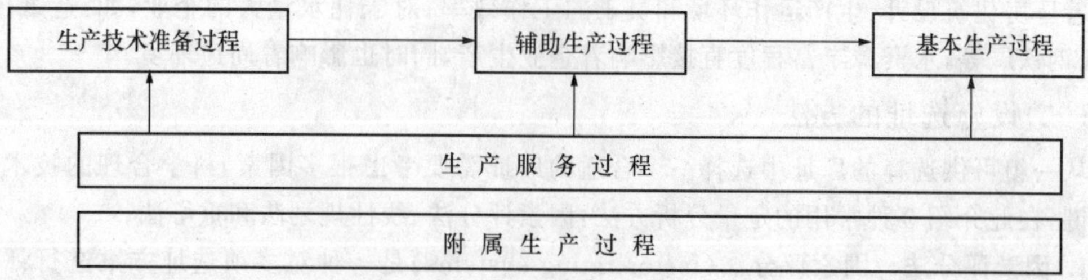

图 7-4　生产过程关系图

品设计、工艺准备、标准化工作、定额工作等。

2. 基本生产过程　是指直接把劳动对象转化为企业基本产品的过程。比如:机械制造中的毛坯制造、纺纱企业的纺纱和织布等。

3. 辅助生产过程　是指为保证基本生产过程正常进行而开展的各种辅助产品及劳务的生产过程。比如:动力生产、设备维修等。

4. 生产服务过程　是指为基本生产和辅助生产所进行的各种生产服务活动的过程。比如:原材料、半成品和工具的保管、运输、供应等。

5. 附属生产过程　是指企业根据本身条件和市场需要生产某些非企业专业方向产品的过程。比如:利用一些边角余料制造小五金制品等工作。

(二)生产过程的组织及合理化要求

生产过程的组织就是要以最佳的生产方式将各种生产要素结合起来,对生产的各个阶段、环节、工序进行合理的安排,使之形成一种协调平衡的作业系统。

合理组织生产过程的目的,是使产品在生产过程中行程短、时间省、费用低和效益高,按照市场的需要生产出适销对路的合格产品。合理组织生产过程的要求具体来说,包括 5 个方面:

1. 生产过程的连续性　时间上紧密衔接、连续进行、不发生或很少发生不必要的等待加工或处理的现象。例如:合理布置生产单元,避免在制品流动过程中的迂回和往返等。

2. 生产过程的比例性　生产能力上保持一定的比例关系,以保障生产的顺畅进行。例如:规定好各个环节、各种设备、各工种工人在数量和生产能力上的比例关系,防止生产过程中的“瓶颈”现象。

3. 生产过程的平行性　加工对象在生产过程中实现平行交叉作业。例如:充分利用工厂空间布局,尽量实现各生产环节能同步开展平行制造,缩短产品生产周期。

4. 生产过程的均衡性　产品在生产过程中的各个阶段,从投料到成品完工入库,都能保持有节奏地均衡地进行。例如:生产过程中要求在相同的时间间隔内生产大致相同数量或递增数量的产品,避免前松后紧、时松时紧等不良现象。

5. 生产过程的适应性　生产组织形式要灵活,对市场的变动应具有较强的应变能力。例如:建立柔性生产系统,采用混流生产、成组技术等生产组织形式。

(三)生产过程的空间组织

企业生产过程的空间组织是指为了合理安排企业内部各生产作业单位和辅助设施的相对位置与面积、车间内部生产设备的布置而进行的组织工作和空间布局。生产过程的空间组织形式一般可以分为 5 种:工艺专业化布置、对象专业化布置、成组技术、混合式布置和固定布置。

1. 工艺专业化布置　按照生产工艺性质的不同设置基本生产单位。基本生产单位内集中了完成相同工艺的设备和工人，可以完成不同产品上相同工艺内容的加工。例如：机械制造企业中的热处理车间、装配车间、机械加工车间的车工、磨工、钻工、铣工等班组，见图 7-5。

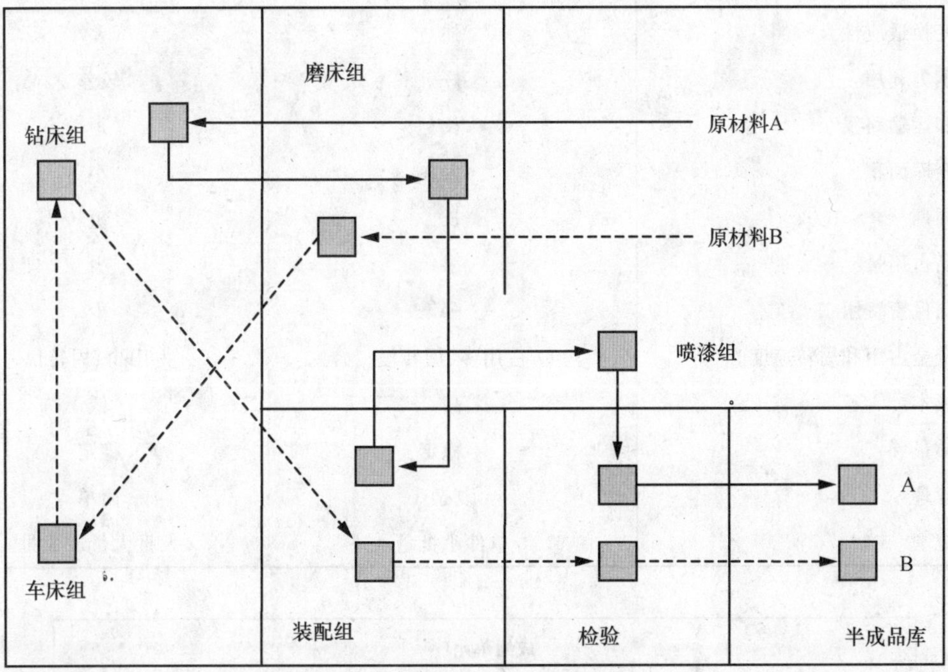

图 7-5　工艺专业化布置示意图

2. 对象专业化布置　按照加工对象来设置基本生产单位。基本生产单位内集中了完成统一产品生产所需的设备、工艺装备和工人，可以完成相同产品的全部或大部分的加工任务。例如：汽车制造厂的发动机车间、曲轴车间、齿轮工段等生产单位，见图 7-6。

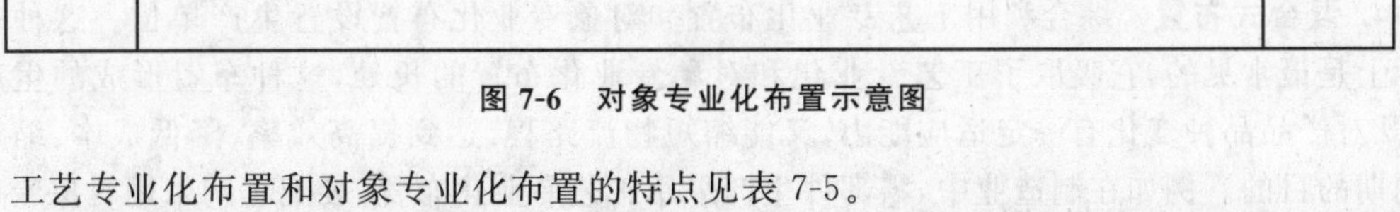

图 7-6　对象专业化布置示意图

工艺专业化布置和对象专业化布置的特点见表 7-5。

3. 成组技术　按工艺专业化布置生产和服务设施，带来的问题是很明显的，见表 7-5。容易造成被加工对象在生产单位之间交叉往返运输，造成生产费用上升和生产周期延长。成组技术的基本原理是，首先根据一定的标准将结构和工艺相似的零件组成一个零件组，确定出零件组的典型工艺流程，然后根据工艺流程的加工内容选择设备和工人，由这些设备和工人组成一个生产单位，见图 7-7。成组制造单元适合多品种的批量生产，与对象专业化类似，但比对象专业化具有更高的柔性，是一种适合多品种中小批量生产的理想生产方式。

表 7-5　工艺专业化布置与对象专业化布置特点比较

比较项目	工艺专业化布置	对象专业化布置
品种变换适应性	强	差
生产能力利用	好	较差
加工和运输路线	长	短
中间仓库面积	大	小
生产周期	长	短
在制品占用量	多	少
运输与保管费用	多	少
流动资金占用和周转速度	占用多、周转慢	占用少、周转快
产品成本	高	低
产品质量	不稳定	稳定
生产管理	复杂	简单
使用范围	单件小批量	大批大量或成批

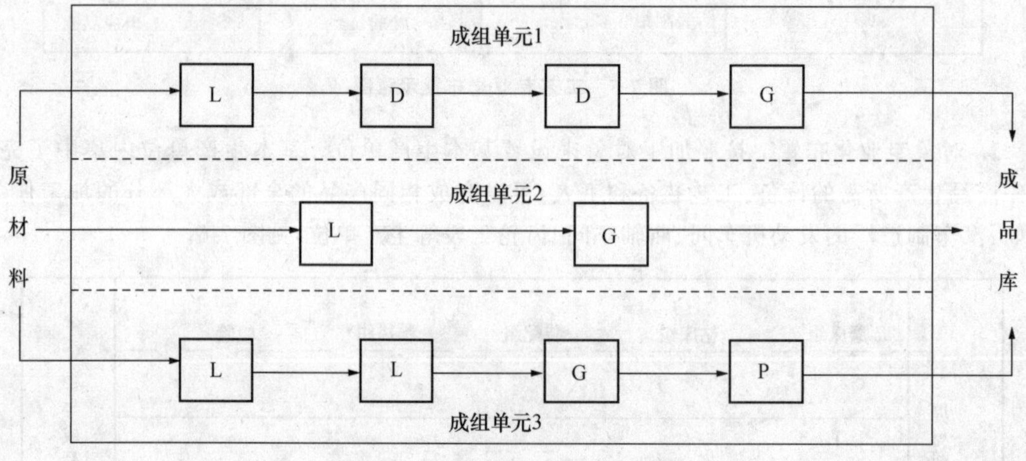

图 7-7　成组制造单元布置示意图

4. 混合式布置　综合利用工艺专业化布置和对象专业化布置设置生产单位。这种布置实际上是最常见的，它吸取了工艺专业化和对象专业化布置的长处，这种布置形成的生产单位，既对产品品种变化有一定适应能力，又能缩短物流路程，达到提高效率、降低成本、缩短生产周期的目的。例如在制造业中，零部件生产采用工艺专业化布置，装配车间采用对象专业化布置。

5. 固定布置　将加工的对象如产品、零部件的位置固定不变，而人员、设备、工具岁产品所在的某一位置而移动，并在该处进行加工制造的一种设施布置方式。这种布置与对象专业化布置正好相反，是一种特殊的布置方式，主要适用于体积大、重量也很大、难以移动的产品。

如重型机床、船舶、飞机、机车、锅炉、发电机组等。大型建设项目如建筑房屋、修水坝、筑路、钻井等都常用固定布置方式来进行生产。

(四)生产过程的时间组织

生产过程的时间组织是指在时间上对劳动对象在车间之间、工段之间及工作地之间的运动配合与衔接进行合理的安排和设计。表现为产品/零件在加工过程中的移动方式,主要有3种典型形式:顺序移动方式、平行移动方式、平行顺序移动方式。

1. 顺序移动方式　指一批零件在上道工序全部加工完后,才整批地转移到下道工序继续加工的方式。零件全部加工完成的生产周期计算公式如下:

$$T_{顺}=n\sum_{i=1}^{m}t_i \tag{7-1}$$

式中:n 为零件加工批量;t_i 为第 i 工序的单件工序时间;m 为零件加工的工序数。

【例 7-2】　如图 7-8 所示,已知 $n=4$,$t_1=10$ 分钟,$t_2=5$ 分钟,$t_3=15$ 分钟,$t_4=10$ 分钟。

则 $T_{顺}=n\sum t_i=4\times(10+5+15+10)-160$(分钟)

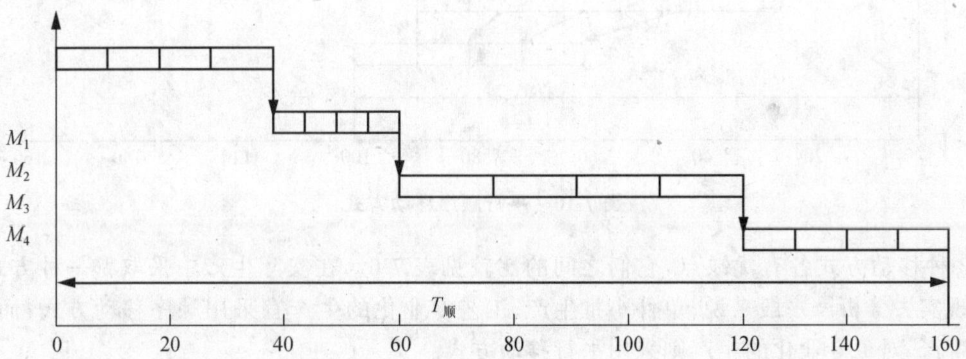

图 7-8　顺序移动方式

2. 平行移动方式　指每个零件在前道工序加工完成后,立即转移到后道工序继续加工的方式。零件全部加工完成的生产周期计算公式如下:

$$T_{平}=\sum_{i=1}^{m}t_i+(n-1)t_L \tag{7-2}$$

式中:t_L 为最长的单件工序时间,其余符号同前。

3. 平行顺序移动方式　是顺序移动方式和平行移动方式结合起来的,进行优势互补的方式。即在整批零件尚未全部完成前道工序的加工时,就先将其中部分已经完成的零件转入下道工序。往下道工序转移的提前时间,以能维持下道工序对该批零件的连续加工为准。具体做法是:

当 $t_i<t_{i+1}$ 时,零件按顺序移动方式转移;

当 $t_i\geqslant t_{i+1}$ 时,以 i 工序最后一个零件的完工时间为基准,往前推移 $(n-1)\times t_{i+1}$ 作为零件在 $(i+1)$ 工序的开始加工时间,见图 7-10。零件全部加工完成的生产周期计算公式如下:

$$T_{平顺}=n\sum_{i=1}^{m}t_i+(n-1)\sum_{j=1}^{m-1}\min(t_j,t_{j+1}) \tag{7-3}$$

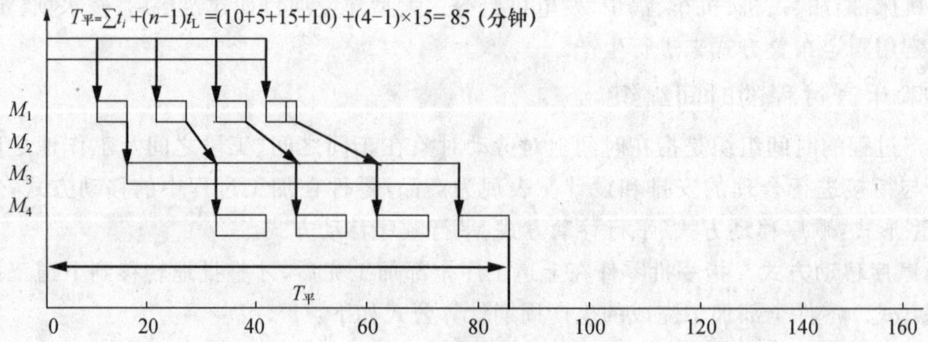

图 7-9　平行移动方式

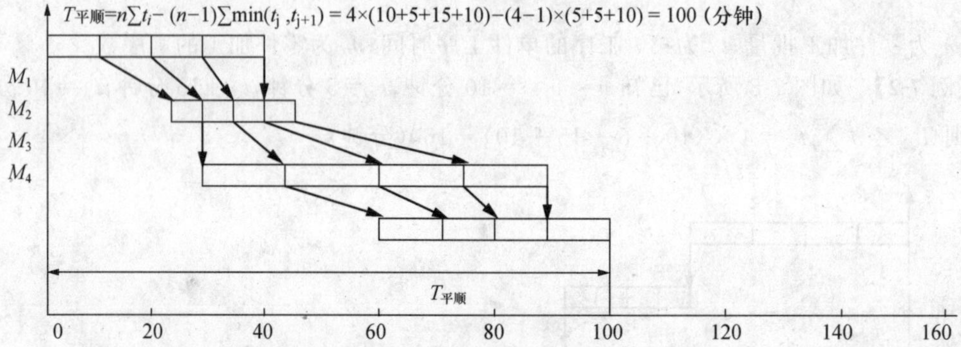

图 7-10　平行顺序移动方式

3 种移动方式各有优缺点,它们之间的比较见表 7-6。在实际生产中采取哪一种方式,要结合现实去分析。一般来说,单件小批生产、工艺专业化的生产宜采用顺序移动方式;而大批大量生产、对象专业化的生产则采用平行移动方式。

表 7-6　3 种移动方式的比较

比较项目	顺序移动	平行移动	平行顺序移动
生产周期	长	短	中
运输次数	少	多	中
设备利用	好	差	好
组织管理	简单	中	复杂

【知识链接】7-2　麦当劳的流水生产方式

自 20 世纪初,亨利·福特开发了第一条流水线大量生产汽车之后,流水生产就改变了人类的生产和生活。所谓流水生产,是指劳动对象在生产过程中,按照规定的工艺路线和统一的生产速度,连续地、有节奏地进行生产。流水生产把对象高度专业化的生产组织和劳动对象的平行移动方式有机地结合起来,成为一种先进的生产过程组织形式

麦当劳成功的秘诀之一在于:不断推进生产速度,同时又不牺牲产品的一致性,使“吃”的味觉成为可以预测的体验,为此,麦当劳建立了完整的生产和服务体系,把一切过程标准化,从而保证无论何时、何地、何人,只要进入金色拱门,就知道可以期待的具体而确切的色、香、味以

至笑容是什么。

从三明治装配线到汉堡大学先进的管理培训，麦当劳通过把一切过程标准化，并由此建立了一个体系。一本研究美国标准化工作的书《快餐，快谈》对麦当劳的经营程序作了很好的概括。作者罗宾·雷德纳(Robin Leidner)用“绝对标准化的典范”来形容麦当劳的特征。事实上，麦当劳一直有一本600页的《操作和训练手册》指导生产。照片布局说明汤汁应该放在小面包的什么地方，每片泡菜的厚度有特别规定，麦当劳店里的所有设备都必须从许可商那里购买，从里到外的建筑设计都有严格的管理。正如麦当劳的新加坡总经理罗伯特·夸恩(Robert Kwan)提出的那样：“麦当劳出售的是体系，而不是产品。”它的目的是创立一套标准化的内容，使在新加坡、西班牙、南非尝到的味道一样，麦当劳体系的核心特点是，把工作转移到一系列任务中去，这些任务可以由经最少训练的普通工人来完成。麦当劳店里没有厨师，遵照亨利·福特推广的运营模式，汉堡和薯条在流水线上生产。

第三节 生产系统的运行

要进行生产，首先要编制生产计划和生产作业计划。然后，组织制造资源，保证计划的实施。在实施中，要以计划为标准，对实际生产进度和库存进行控制。本节阐述生产计划的层次和策略，生产能力的核定，库存管理的基本要求，独立需求和相关需求库存管理，以及生产控制等方面的内容。

一、生产计划

生产计划是生产运营活动的核心，是企业在计划期内(年、季、月)应完成的产品生产任务和进度的具体安排。它具体规定了企业在计划期内应完成的产品品种、质量、产量、产出时间等系列指标，并为实现这些指标进行能力、资源方面的协调和平衡。

(一)生产计划的层次

从生产管理的层次上看，生产计划可以分为计划层生产计划和执行层生产计划，见图7-11。

其中计划层生产计划包括综合计划(aggregate planning)、产品交付计划(master schedule，MS)和主生产计划(master production schedule，MPS)。综合计划不涉及具体产品型号、规格，它以假定产品为计划对象，这样便于对中期生产能力进行全面决策。产品交付计划和主生产计划以具体产品和工矿配件为计划对象。

执行层生产计划，也成生产作业计划，一般分成厂级生产作业计划和车间级生产作业计划，厂级生产作业计划的对象为原材料、毛坯和零件，又称为零件级作业计划，车间级生产作业计划的对象为工序，也称为工序级生产作业计划。

(二)生产能力核定

生产计划编制的一个主要任务就是要使任务和生产能力协调。生产能力是生产系统在一定时间内可以实现的最大产出量。对制造企业而言，生产能力是指在一定时期内，在先进合理的技术组织条件下所生产一定种类产品的最大数量。对服务业来讲，生产能力可以表现为一定时间内被服务的顾客人数。

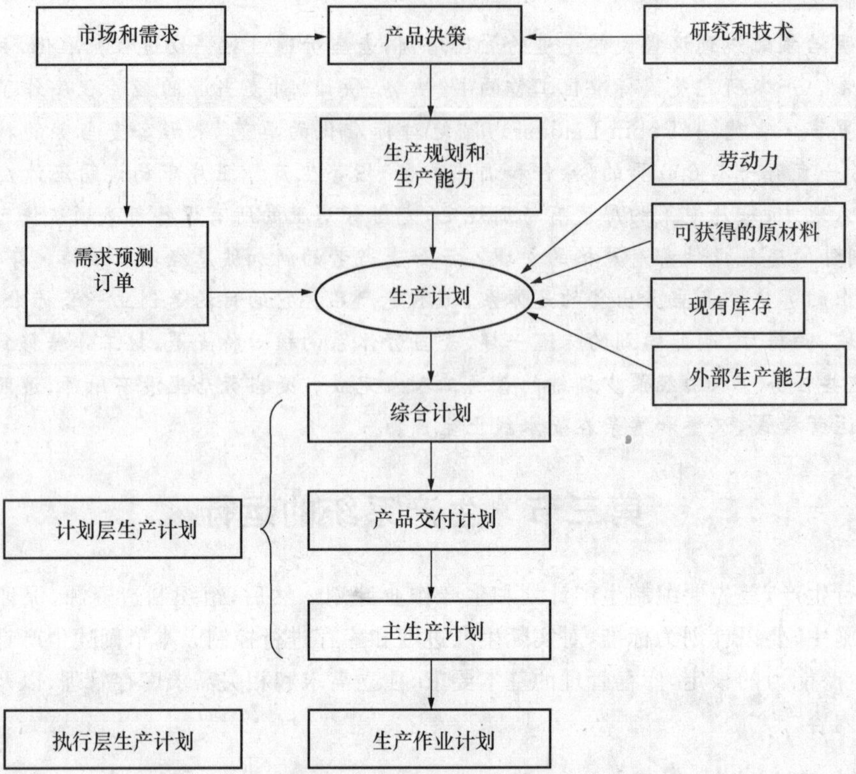

图 7-11　生产计划系统图示

生产能力可以分为设计能力、查定能力和现实能力。设计能力，是指新建或改建企业在设计任务书和技术文件中规定的正常条件下达到的生产能力。查定能力，是企业生产了一段时期以后，或由于技术变革，对原设计能力重新调查、分析、核定下来的生产能力。现实能力，是指企业在计划年度内，依据现有的生产技术组织条件，以及计算年度内能够实现的技术组织措施实际达到的生产能力。

生产能力核定是指对企业、车间、班组或设备在一定时期内的生产能力进行计算和确定。从企业生产的产品类型上，可以分为单一产品条件下的生产能力核定和多品种条件下的生产能力核定。

1. 单一产品条件下的生产能力核定　考察企业生产单一产品的生产能力，一般可以从设备组和流水生产线两种方式进行测算。

在一组设备生产一种产品时，设 M 为设备生产能力（台、件），t 为单位产品台时定额（机器设备完成单位产品加工的时间消耗量标准），F 为单位设备有效工作时间，s 为设备数量，则该组设备的生产能力为 $F \cdot s/t$。

在流水生产线生产一种产品时，设 M 为流水线生产能力（台、件），F 为流水线有效工作时间，r 为流水线的节拍（流水线上连续出产前后两件产品的时间间隔），则流水线的生产能力为 F/r。

2. 多品种条件下的生产能力核定　对于企业生产多种类型产品的生产能力核定，通常采用代表产品法和假定产品法。

（1）代表产品法。代表产品是结构与工艺具有代表性，且产量与劳动量乘积最大的产品。

具体操作步骤如下所示：

①按照产品反映工厂专业方向、产量和耗费劳动量较大、工艺过程具有代表性的原则选择一种产品为代表产品。

②将选出的产品按照单一品种生产能力的核算办法计算出该种产品的生产能力。

③分别计算其他产品与代表产品的换算系数。设 K_i 为产品 i 的换算系数，t_i 为产品 i 的单位产品台时定额，$t_{代}$ 为代表产品的单位产品台时定额，则 $K_i = t_i / t_{代}$。

④将其他产品的计划数量换算为代表产品时的数量，并计算出产品的总数量。设产品 i 的计划产量为 Q_i，则换算为代表产品的产量是 $K_i Q_i$。

⑤计算各种产品的生产数量占总产量的比重。设产品 i 的产量比重为 D_i，$D_i = K_i Q_i / \sum K_i Q_i$。

⑥计算出各种产品的生产能力。设产品 i 的生产能力为 M_i，则 $M_i = D_i \times M_{代} / K_i$。

【例 7-3】 某设备组共有加工设备 18 台，加工甲、乙、丙、丁 4 种产品，计划产量分别为：1 000、900、1 800、400 台，各产品单件加工时间分别为：10、30、20、25 台时，两班制生产，每班工作 8 小时，一年工作 300 天，设备停修率为 10%，试计算该设备组的年生产能力。

现以丙为代表产品，设备组的生产能力为：

$$M_{代} = \frac{F \cdot S}{t_{代}} = \frac{300 \times 8 \times 2 \times 0.9 \times 18}{20} = 3\ 888（台）$$

甲、乙、丙、丁换算系数 K 值分别为 0.5、1.5、1、1.25，换算后的产量为：

$$Q = \sum_{i=1}^{n} Q_i K_i = 1\ 000 \times \frac{10}{20} + 900 \times \frac{30}{20} + 1\ 800 + 400 \times \frac{25}{20} = 4\ 150（台）$$

甲、乙、丙、丁的产量比重 D 分别为：0.12、0.32、0.43、0.12，则 4 种产品的生产能力分别为：933、829、1 672、373（台）。

（2）假定产品法。假定产品时按各种具体产品工作量比重构成的一种实际上不存在的产品。适用条件为：当工厂生产的产品品种复杂且各种产品的结果、工艺和加工劳动量相差巨大，难以确定工厂的代表产品时，采用假定产品法核定工厂的生产能力，操作步骤如下：

①计算假定产品的台时定额。设 $t_{假}$ 为假定产品台时定额，t_i 为产品 i 的台时定额，q_i 为产品 i 的产量比重，n 为产品品种数，则 $t_{假} = \sum_{i=1}^{m} t_i \cdot q_t$。

②计算假定产品的生产能力，具体为使用单一品种生产能力的核算方法计算出假定产品的生产能力。

③计算各具体产品的生产能力。设假定产品的生产能力为 $M_{假}$，产品 i 的生产能力为 M_i，则 $M_i = q_i \times M_{假}$。

【例 7-4】 某设备组共有 16 台设备，两班制生产，每班工作 8 小时，一年工作 300 天，时间损失率为 10%，生产 A、B、C、D 4 种产品，年计划产量分别为：750、600、1 200、450 台，各产品单件工时分别为：20、25、10、40 台时。用假定产品法求生产能力。

假定产品的台时定额为：

$$t_{假} = 20 \times \frac{750}{3\ 000} + 25 \times \frac{600}{3\ 000} + 10 \times \frac{1\ 200}{3\ 000} + 40 \times \frac{450}{3\ 000} = 20（台时）$$

假定产品的生产能力为：

$$M_{假}=\frac{F\cdot S}{t_{假}}=\frac{300\times 8\times 2\times 0.9\times 16}{20}=3\,456(台)$$

A、B、C、D的生产能力分别为：864、691、1 382、518 台。

(三)处理非均匀需求的生产计划策略

由于产品的市场需求不断波段，而企业又需要均衡生产，面对这个矛盾，需要制订有效的生产计划，达到需求和生产能力大致平衡，并使整个计划期间成本最小。

处理非均匀需求可以通过市场营销的办法，如变动价格、促销、推迟交货等；也可以通过生产运作的办法，如加班加点、改变库存等。因而处理非均匀需求的生产计划策略可以分为两大类：改变需求策略和调整生产能力策略，见表 7-7。

表 7-7　处理非均匀需求的生产计划策略

生产计划策略	具体措施	有利因素	不利因素
改变需求策略	改变价格转移需求	充分利用生产能力，通过价格差别，折价吸引更多顾客	需求存在不确定性，很难准确保持供求平衡，只适合需求价格弹性大的产品和服务
	推迟交货	避免超时工作，使产量稳定	顾客需要等待，有损失销售额和失去顾客的风险
调整生产能力策略	改变库存水平	人力资源变化较小或不变，生产波动小	存在库存成本，需求上升时，短缺导致销售受损，破坏了生产的准时性
	改变劳动力数量	避免了其他选择的成本	聘用或解雇及培训成本较大
	加班加点和培训结合	维持稳定的职工队伍和增加职工收入，培训提高技能水平	过多的超时工作使职工厌倦，工作效率和质量降低，甚至引发安全事故
	利用非全日制雇员	较全日制雇员节省成本且具有弹性	培训成本高，质量下降，计划较难制订
	转包	有一定的弹性，企业产出平衡	失去质量控制，减少利润，未来市场受损

二、库存管理

库存是制造业和服务业都经常遇到的问题，库存控制是生产管理的一个主要问题。一般来说，库存是为了满足未来需要而暂时闲置的资源，不仅包括各种原材料、毛坯、工具、半成品和成品，而且包括银行里的现金、人才的储备、信息的存储等。

一方面库存会占用大量的资金，同时还需要一定仓储保管费用；另一方面库存又能起到缩短订货提前期、稳定需求波动、分摊订货费用、防止短缺、防止生产中断等积极作用。因此库存管理的目标是在保证一定服务水平的基础上，不断降低库存。

(一)有效库存管理的要求

要建立库存物资跟踪系统，无论在库还是在途的物资，都要有准确的信息。还要做出何时发出订货和一次订多少的决策。为了有效地进行库存管理，有以下一些基本要求。

1. 库存记录系统　要进行库存管理，需要掌握各种物品的库存数量，以便有效做出发出订货和订货批量的决策，这需要库存记录系统。库存记录系统可以是周期性（周或月）系统，也可以是及时的（连续的）系统。

采用清仓盘点、物资进入记录、自动记录物资变动（利用通用产品条形码和读码机）等方法，使得库存记录系统能够随时提供现有库存情况，从而提高库存管理水平。

2. 可靠的需求预测　库存控制系统不可控的因素主要有两个：需求和供货提前期。二者均为随机变量，难以准确计算，如果预测不准，采用的控制策略就会失效。因此，要提高需求预测的可靠性，尽可能掌握全面信息，利用科学方法判断需求变化幅度及趋势，降低变化幅度过大带来的库存或缺货的风险。

3. 费用　与库存有关的费用，既包括维持库存进行仓储保管发生的费用，也包括每次订货发生的各种费用，此外还有可能出现由于缺货带来的损失费等。只有明确了这些费用，才有可能进行库存控制优化。

4. ABC 分类　意大利经济学家帕累托（Pareto）在统计社会财富的分配时，发现占人口总数 20%左右的人占有社会财富的 80%左右，提出了"关键的少数和次要的多数"的结论，后来逐步发展为 20-80 定律。物资管理的 ABC 分类法正是在这一规律的指导下，对物资进行分类，以找出占用大量资金的少数物资，并加强对他们的控制与管理。一般而言，将占用了 65%～80%的价值的 15%～20%的物品划为 A 类；将占用了 15%～20%价值的 30%～40%的物品划为 B 类；将占用了 5%～15%的价值的 40%～55%的物品划为 C 类，见图 7-12。

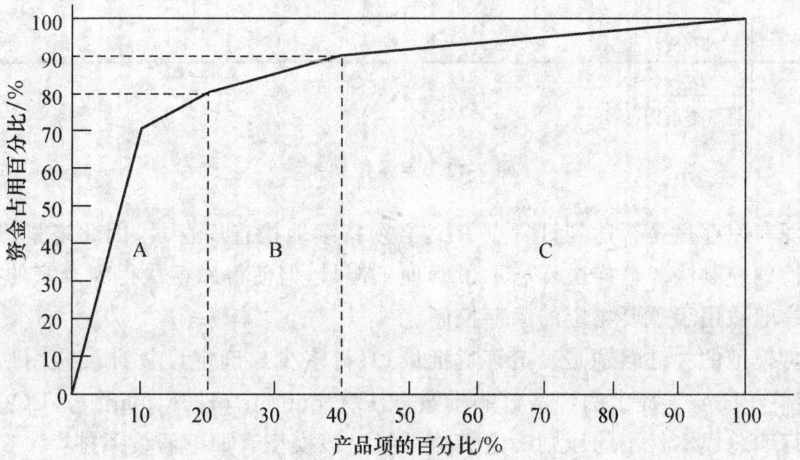

图 7-12　物资的 ABC 分类

A 类物资，应施以尽可能紧的控制，包括最完整、精确的记录，最高的作业优先权，高层管理人员经常检查，小心精确地确定订货量和订货点，紧密的跟踪措施以使库存时间最短；对于 B 类物资，正常的控制，包括做记录和固定时间的检查，只有在紧急情况下，才赋予较高的优先权，可按经济批量订货；C 类物资，简单的控制，如设立简单的记录或不设立记录，可通过半年或一年一次的盘存来补充大量的库存，给予最低的优先作业次序等。

（二）独立需求库存与相关需求库存

来自用户的对企业产品和服务的需求称为独立需求，其最明显的特征是需求的对象和数量不确定，只能通过预测方法粗略地估计。对企业内部物料转化各环节之间所发生的需求称为相关需求，也称非独立需求。

这两类需求库存问题存在较大的差异，解决独立需求库存问题的决策模型主要有定期订货模型和定量订货模型，而非独立需求库存问题是物料需求计划（material requirement planning，MRP）的主要研究内容。下面我们分别加以介绍。

（三）独立需求库存模型

在现实的库存管理中，应用解决独立需求库存的模型可分为两种：一种是定量订货模型，通过连续观察库存数量是否达到再订货点来实现；另一种是定期订货模型，通过周期性地检查库存水平来实现对库存的补充。

1. 定量订货模型（fixed-order quantity models，Q 模型） 定量订货模型的基本原理为当库存控制系统的现有库存量降到订货点（reorder level，*RL*）及以下时，库存控制系统就向供应厂家发出订货，每次订货量均为一个固定的量 *Q*。经过了提前期（lead time，*LT*），所发出的订货到达，库存量增加 *Q*，见图 7-13。

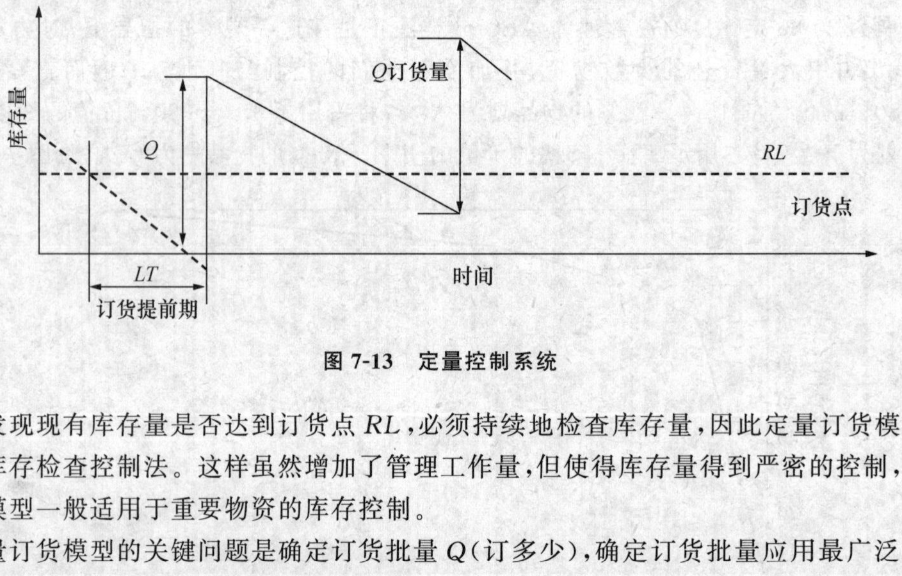

图 7-13 定量控制系统

要发现现有库存量是否达到订货点 *RL*，必须持续地检查库存量，因此定量订货模型也称为连续库存检查控制法。这样虽然增加了管理工作量，但使得库存量得到严密的控制，因此定量订货模型一般适用于重要物资的库存控制。

定量订货模型的关键问题是确定订货批量 *Q*（订多少），确定订货批量应用最广泛的方法是 1915 年 F. W. Harris 提出的经济订购批量方法（economic order quantity，EOQ）。EOQ 原理是采用年订购总成本最小的原则确定订货批量。该模型有如下假设条件：

- 年需求量已知且在整个时期内保持已知。
- 单位产品的价格固定，与订货批量无关；库存成本以平均库存计算；每批订货成本或生产准备成本固定。
- 订货提前期已知，且为常量。
- 因为需求和提前期确定，可以准确确定订货时间避免缺货或延期交货。
- 补充率无限大，全部订货一次交付。

在以上假设条件，定量订货模型表现为标准的“锯齿形”，见图 7-14。

根据假设条件和图 7-14，可以得出年库存成本结构中各组成成本的计算公式：

订货次数 $=D/Q$ (7-3)

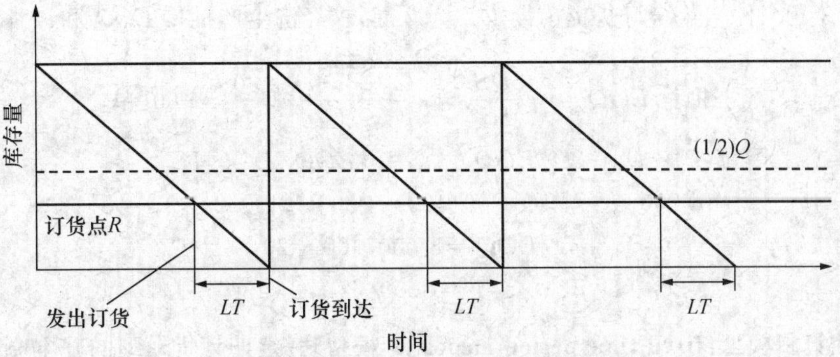

图 7-14　经济订货批量假设条件下的库存量变化

订货成本 $= S \times D/Q$　　(7-4)

平均库存成本 $= H \times Q/2$　　(7-5)

库存物品采购成本 $= P \times D$　　(7-6)

总成本＝采购成本＋订货成本＋持有成本 $= PD + SD/Q + HQ/2$　　(7-7)

以上，单位货物的库存费用为 H；每次订货成本为 S；产品单位成本为 P；每次订货批量为 Q；每年货物需求量为 D。

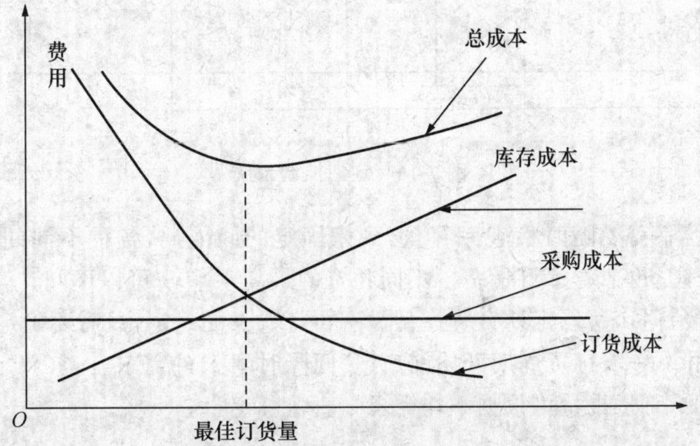

图 7-15　库存成本曲线

图 7-15 表示了各组成成本与订货批量以及总成本与订货批量之间的关系，最佳经济订货批量(Q^*)对应着总成本曲线的最低点。因此，要求得使总成本最小的最佳订货批量，只要对公式 7-7 求 Q 的导数并令其为 0 即可。

$$Q^* = \sqrt{\frac{2DS}{H}} \tag{7-8}$$

【例 7-5】　A 公司以单价 10 元每年购入某种产品 8 000 件。每次订货费用为 30 元，资金年利息率为 12%，单位维持库存费按所库存货物价值的 18%计算。若每次订货的提前期为 2 周，试求经济生产批量、最低年总成本、年订购次数和订货点。

解：已知单件 $p=10$ 元/件，年订货量 D 为 8 000 件/年，单位订货费即调整准备费 S 为 30 元/次，单位维持库存费 H 由两部分组成，一是资金利息，二是仓储费用，即 $H=10\times12\%+$

$10\times 18\%=3$ 元/(件·年)，订货提前期 LT 为 2 周，求经济生产批量 EOQ 和订货点 RL。

$$\text{经济批量 } EOQ=\sqrt{\frac{2DS}{H}}=\sqrt{\frac{2\times 8\,000\times 30}{3}}=400(\text{单位})$$

最低年总费用为：$P\times D+(D/EOQ)\times S+(EOQ/2)\times H$

$$=8\,000\times 10+(8\,000/400)\times 30+(400/2)\times 3=81\,200(\text{元})$$

年订货次数：　　$D/EOQ=8\,000/400=20$

订货点　　$RL-(D/52)\times LT=8000/52\times 2=307.7$(件)

2. 定期订货模型(fixed-time period models,P 模型)　定期订货模型的基本原理为每经过一个相同的时间间隔 t，发出一次订货，这是库存量降到 L_1，为将现有库存补充到一个最大库存量 S，订货量为 $S\text{-}L_1$，经过一段时间(LT)到货，库存量增加到 S，见图 7-16。

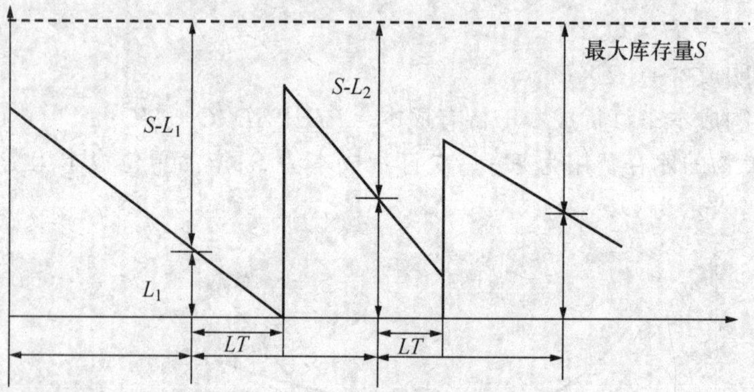

图 7-16　定期控制系统

定期控制系统不需要随时检查库存量，到来固定的间隔期，各种不同的物质可以同时订货，这样简化了管理，也节省了订货费。不同物资的最高水平 S 可以不同。

由于固定时段订货，所以定期订货模型没有再订购点的确定，只需要确定订货批量以保证订货提前期 LT 和下一次订货周期开始前(订货间隔时间 t)的需求。

当需求稳定时，订货批量可根据平均需求量直接确定：

$$Q=\overline{d}(LT+t)-A \tag{7-9}$$

式中：Q 为订货批量，$\overline{d}$ 货物平均需求量(日、月或周)，LT 为订货提前期，t 为订货时间间隔，A 为再订货时现有库存。

提前期内需求不确定时，为了预防由于实际需求波动引起的缺货风险，需要建立安全库存以便在需求变化的情况下也能保持库存水平，则在保持无缺货概率 $1-\alpha$ 条件下的再订货点为：

$$Q=\overline{d}(LT+t)+z_\alpha\sigma_{(LT+t)}-A \tag{7-10}$$

式中：$z_\alpha\sigma_{(LT+t)}$ 即为安全库存，z_α 为无缺货概率 $1-\alpha$ 下的标准差个数，查标准正态分布表可得，$\sigma_{(LT+t)}$ 为订货提前期($LT+t$)内的需求标准差。

(四)物料需求计划

物料需求计划(material requirement planning,MRP)处理的是相关需求库存问题。MRP 起源于 20 世纪 60 年代初的美国，是当时库存管理专家们为解决传统库存控制方法的不足，不断探索新的库存方法的过程中产生的，是一种将库存管理与生产进度计划结合为一体的计算机辅助生产管理系统，用来计算物料需要量和需要时间，从而降低库存量。

1. MRP 的基本思想　MRP 的基本思想是围绕物料转化组织制造资源，实现需要准时生产。制造性企业的生产是将原材料转化为产品的过程。如加工装配式生产，工艺顺序如图 7-17 所示。

图 7-17　从原材料到产品制造的生产过程

按这种生产流程，如果确定了产品的需求数量和需求时间，就可以确定产品装配数量和装配时间。确定了产品装配数量和装配时间就可按产品的结构确定产品所需的零部件的出产数量和出产时间，进而可以确定出零部件的投入数量和投入时间，直至原材料需要的数量和需要的时间，汇总得出所需的制造资源的需要数量和需要时间，见图 7-18。

可见，MRP 是以物料为中心来组织生产，通过对原材料、毛坯、零件、部件的相关需要的处理，完成各种生产作业计划的编制。

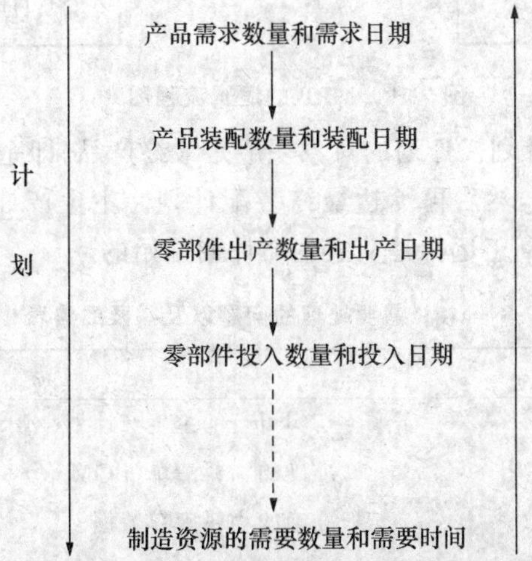

图 7-18　制造资源需要数量和时间

2. MRP 系统　MRP 的基本原理就是由产品的交货期展开零部件的生产进度日程与原材料、外购件的需求数量和需求日期，即将产品主生产计划转换成物料需求表，并为编制能力需求计划提供信息。

如图 7-19 所示，MRP 的处理逻辑是：通过主生产计划明确“我们要制造什么？”要制造必须有相应的物料，因此通过物料清单明确“我们需要什么？”而需要的物料可能有些已经存放着，因此，要通过库存信息了解“我们有什么？”，根据 MRP 处理，可以运算出生产作业计划和采购供应计划。

具体地，MRP 需要处理的问题以及所需要的信息见表 7-8。

通过上述的 MRP 的处理逻辑，可以看出 MRP 涉及 3 个输入信息：主生产计划(MPS)、物料清单(BOM)和库存状态文件。

主生产计划是根据生产规划、销售订单与销售预测的数据得到的，是确定每一个具体产品

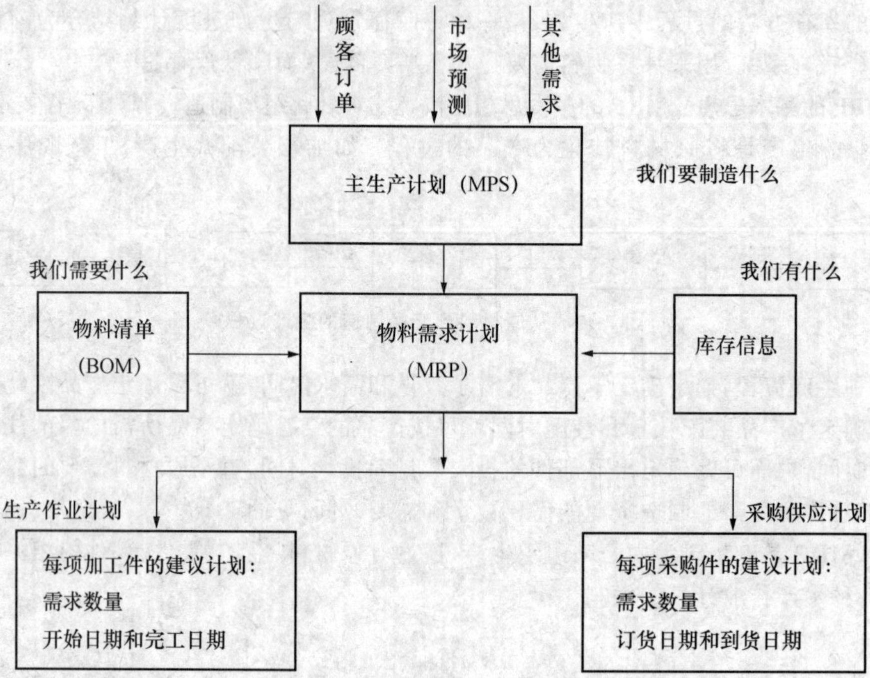

图 7-19 MRP 的逻辑流程图

在每一个具体时间段的生产计划。计划的对象一般是最终产品，即企业的销售产品，但有时也可能先考虑组件的 MPS 计划，然后再下达最终装配计划。主生产计划是一个重要的计划层次，可以说 MRP 系统计划的真正运行是从主生产计划开始的。

表 7-8 MRP 需要处理的问题以及需要的信息

处理的问题	所需信息
生产什么？生产多少？	切实可行的主生产计划(MPS)
要用到什么？	准确的物料清单(BOM 表)
已具备什么？	准确的物料库存数据
还缺什么？何时需要？	MRP 的计算结果(生产计划和采购计划)

物料清单(bill of material，BOM)：是生产产品所需配件、成分和材料的数量目录。

库存状态文件：包括当前库存量、计划入库量、订购(生产)批量、安全库存量。这些数据必须绝对正确，否则会影响 MRP 的计算结果。

3. MRP 的发展 MRP 的发展经历了从 MRP 发展到闭环 MRP(图 7-20)，再到 MRPⅡ和 ERP 的阶段。

(1)闭环 MRP。与 MRP 的最大区别在于闭环 MRP(closed-loop MRP)增加了能力计划平衡功能。在 MRP 中，已经形成车间主生产计划和采购计划，但其可执行性很大程度上取决于车间生产能力的约束以及采购仓储的限制。

在闭环 MRP 中，主生产计划及物料需求计划计算后，要通过粗能力计划和能力需求计划等模块进行生产能力平衡和计划调整，它还能收集生产活动的执行情况，作为制订下一周期计划或调整计划的依据，这样形成计划—执行—反馈的生产管理循环。

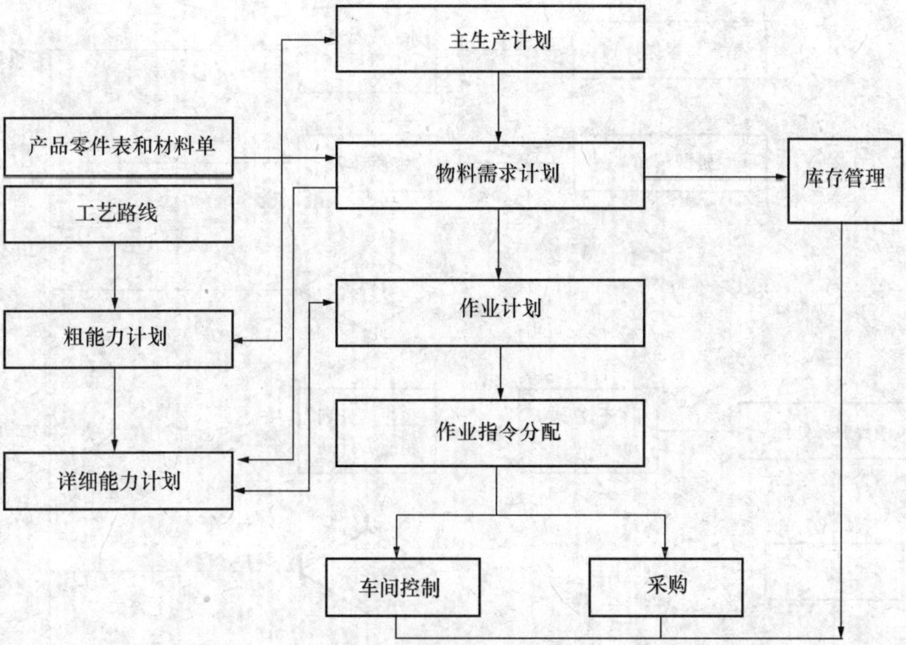

图 7-20　闭环 MRP

(2)MRPⅡ。制造资源计划(manufacture resources planning,MRPⅡ)于 20 世纪 60 年代初在美国问世,在闭环 MRP 基础上,进一步扩展,将其与经营、财务相结合,形成一种综合计划管理系统的通用软件包,在世界各国的制造企业得到广泛应用。

MRPⅡ的基本思想就是把企业看作一个有机整体。MRPⅡ实际上从横向和纵向两个角度体现了其管理思想。在纵向上,一方面,向下体现出:从决策层、计划层到控制执行层对企业经营计划的层层分解,迅速下达,并具体落实到车间和班组,责任明确;另一方面,通过向上反映,从控制执行层、计划层到决策层的计划执行情况信息的及时反馈,为计划的及时调整提供依据。在横向上,体现出企业的核心业务——“计划控制系统与财务系统集成关系”,它们之间的联系桥梁是信息的管理——生产基础数据的管理。通过信息系统将基础数据的集成一体,实现企业各部门业务活动的沟通与联系,形成了一个资金流、物流、人员流和信息流的集成系统,见图 7-21。

(3)ERP。企业资源计划 (enterprise resource planning,ERP)是在 MRPⅡ的基础上,由美国的 Gartner Group 公司于 20 世纪 90 年代初提出的一个概念,通过反馈的物流、信息流和资金流,把客户需要和企业内部的生产经营活动以及供应商的资源整合在一起,体现完全按用户需要进行经营管理的一种全新的管理方法。ERP 将企业的运营流程当作是一条紧密连接的供应链,对供应链上所有环节集成为一体化系统,实施有效管理,见图 7-22。

三、生产控制

生产控制是组成闭合的高效运作生产系统的最后一个环节,是对生产过程的有效调节和控制,在生产计划执行过程中,对生产作业活动和产品生产的数量和进行所进行的控制,其主要任务是通过各种有效的协调措施和调控方法,预防或制止生产过程中可能发生的或已经发

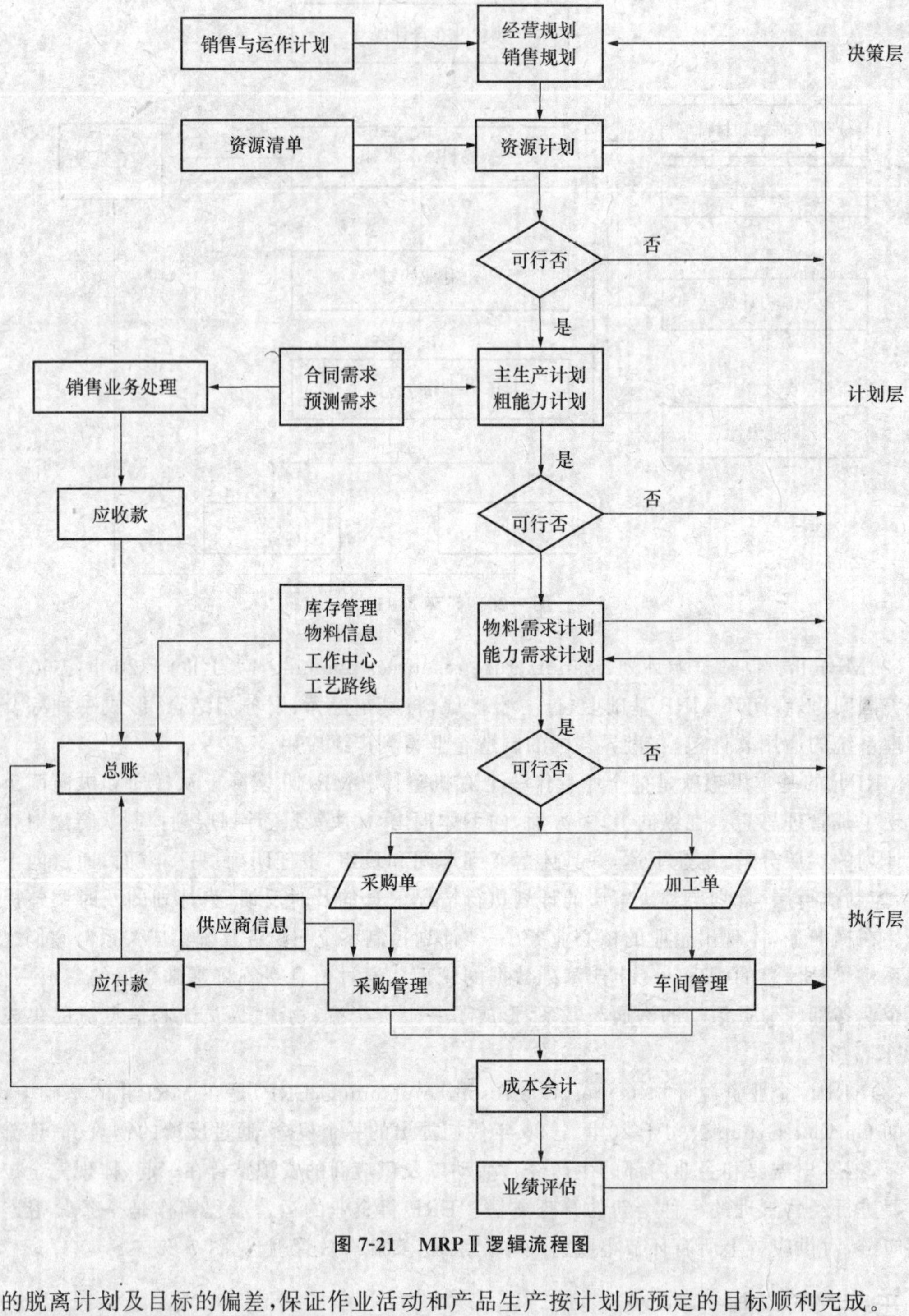

图 7-21　MRPⅡ逻辑流程图

生的脱离计划及目标的偏差，保证作业活动和产品生产按计划所预定的目标顺利完成。

生产控制是保障生产系统运行的重要手段，包括生产进度控制、在制品控制、生产过程中的成本控制、质量控制及人员控制等，贯穿于生产准备开始到生产运行结束为止的全部过程。

从生产控制的内容来看，主要包括 3 个方面：①标准，即制订生产作业计划及其依据的各种标准；②信息，即取得实际执行结果同原有标准之间将要生产或已经产生偏差的信息；③措

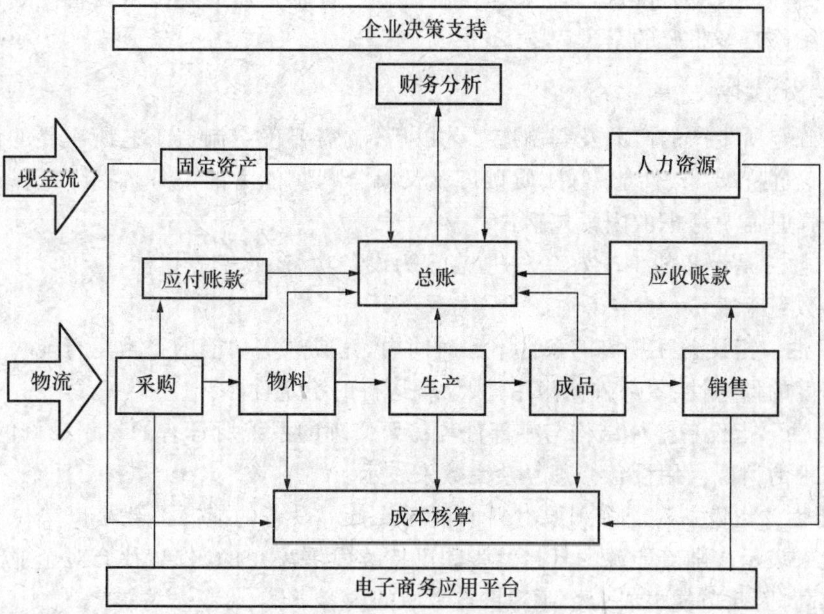

图 7-22　ERP 的基本特征

施，即对将要产生或已经产生的偏差，做出解决偏差的措施。

从生产控制的程序上看，包括 4 个步骤：①拟定控制标准，安排并确定各项生产措施标准；②衡量成效，检测执行结果与标准进行比较；③纠正偏差，找出偏差产生的原因，拟定措施进行纠正偏差；④信息反馈。

第四节　生产系统的维护和改进

生产系统只有通过正确的维护和不断改进，才能不断适应市场的变化，持续地为用户提供合格产品和满意服务。本节将要讨论设备管理、现场环境管理和准时化生产方式等问题。企业生产是通过一定的设施和设备来完成的，没有可靠的设施和设备，生产系统就不能有效地运行，只有不断开展现场环境管理，才能为生产运作提供优质的生产环境，准时化生产管理为生产系统的不断创新和改进提供了正确的思路和方法。

一、设备管理

设备是企业用以生产产品和提供服务的物质基础，对设备和设施的维护和管理的好坏将直接影响企业竞争能力和经济效益。

（一）设备和设备管理的概念

设备指在企业的生产过程中可以反复用于改变生产对象的状态并在使用过程中保持原有实物形态的生产资料，是企业的有形资产。包括生产性设备、动力设备、传导设备、交通运输设备、仪器仪表、管理和公用设备等。

设备管理是指为了追求设备综合效率与寿命周期费用的经济性，通过技术、经济、组织措施，对设备的物质运动和价值运动进行全过程管理。设备寿命周期指从设备规划、购买、安装调试到使用维修直至报废的全过程。

（二）设备选择

企业在确定所生产的产品及其制造工艺以后，就需要确定制造工艺所需要的设备。企业为了获得符合工艺要求、性能良好、质量可靠又符合购买能力的设备，需要对设备进行选择。在对设备选择时需要考虑的因素包括：

1. 生产性 是设备的生产效率，一般表现为设备功率、效率等指标，也可以用单位时间内生产的产品数量来表示。

2. 可靠性 指设备在规定的条件下和时间内，完成规定功能的正常运行能力。反映了设备性能或精度的保持性、零部件的耐用性、设备运行的稳定性。

3. 维修性 指设备整体结构与零部件等需要修理的系统所具有的易于维修的程度大小，以及可否修理的情况。用设备修理复杂系数来表示。

4. 节能性 指设备对能源和原材料的消耗要低。设备的能源消耗是以单位开动时间的能源消耗量来表示。随着能源的日趋紧张和可持续发展思想的兴起，社会对企业节能降耗的要求越来越高，因此节能也成为企业需重点考虑的内容。

5. 安全性 指设备在使用过程中保证生产安全和人身安全的程度。

6. 互换和配套性 企业购买设备时应尽可能使新设备和原有设备配套，并在零部件供应、维护、操作等方面相同或相似，这样可使得设备的维护和培训资源共享，节约设备购置成本。

7. 适应性 指设备具有灵活地适应不同工作条件、加工不同产品的能力。

（三）设备使用

设备的合理使用是设备管理工作的重要环节，机器设备的使用寿命，生产效率和工作精度，固然取决于设备本身的结构和精度性能，但在很大程度上也取决于设备的使用情况。为了保证设备的合理使用，企业应在如下几个方面做好工作。

1. 为设备配备合理的操作人员 对于新设备应根据设备的操作技术要求配备相应等级的技术工人。操作工人不仅要具备相应的技术知识，还应参加针对该设备的培训，要用好、管好、会使用、会保养、会检查、会排除故障，防止因操作不当而造成设备的损坏。

2. 为设备合理安排生产任务 企业在安排生产任务时应将生产任务和设备合理匹配，避免“大机小用”、“精机粗用”等现象，避免设备超负荷运转。

3. 为设备使用健全管理规章制度 建立健全设备使用规章制度是管好、用好设备的重要保证。设备使用管理体制及规章制度主要包括使用规程、设备维修规程、操作人员职责、班组生产制度等。

4. 为设备创造良好工作环境 良好的工作环境有利于设备精度和性能的保持。现代设备尤其是高精密设备，对温度、湿度、尘埃、振动等都有一定的要求。根据不同的设备的要求，企业应安装必要的环境保障装置，配备必要的控制仪器，为设备创造良好的工作环境。

（四）设备维护

对设备进行清扫、检查、清洗、紧固、调整和防腐等一系列工作总称为设备维护或设备保养。设备维护管理的目标就是以低的费用维护设备，减少因设备停产和产品质量缺陷造成的损失。

1. 设备磨损和故障规律　由于设备在使用过程中不断磨损并发生故障，因此，企业生产需要掌握设备磨损规律和故障规律。

(1)设备磨损规律。设备的磨损规律：设备在使用或闲置的过程中都会发生磨损，必须研究机器设备的磨损规律，然后根据规律进行合理地设计、购买、维护、淘汰设备。

设备在使用过程中会产生两种磨损，即有形磨损和无形磨损。设备在使用(或闲置)过程中发生的实体磨损或损失，称为有形磨损或物质磨损，如使用过程中因震荡、摩擦、腐蚀、疲劳或在自然力作用下造成的设备实体损耗。无形磨损也称为经济磨损或精神磨损，由非使用或非自然力作用引起的机器设备价值的损失，如由于劳动生产率的提高，新技术的发明和应用，导致设备贬值。

设备的有形磨损一般分为三个阶段，见图 7-23。

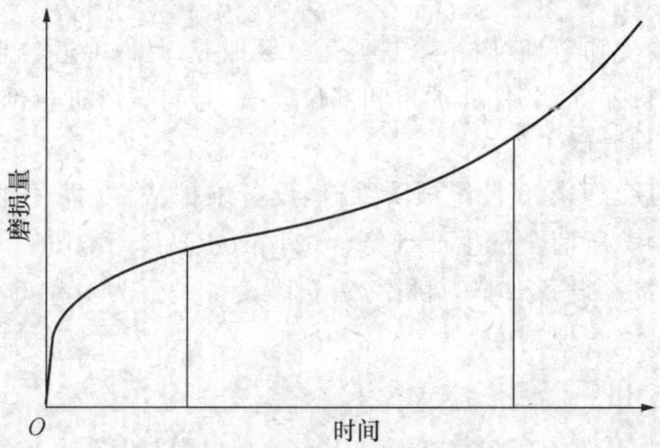

图 7-23　设备磨损规律

第一阶段，初期磨损阶段。磨损速度快，时间跨度短，对设备无危害。

第二阶段，正常磨损阶段。处于最佳运行状态，磨损速度缓慢，磨损量下，曲线呈平稳状态。

第三阶段，急剧磨损阶段。磨损速度非常快，丧失精度和强度，事故概率急升。

(2)设备故障规律。与设备磨损规律相对应，为设备故障规律。设备故障发生率与设备使用时间和设备磨损阶段有关。设备故障发生率有 3 个阶段，见图 7-24。

第一阶段，初始故障期，故障率由高而低，由材料缺陷、设计制造质量差、装配失误、操作不熟练等原因造成的。

第二阶段，偶发故障期，故障率低且稳定，由维护不好或操作失误造成。

第三阶段，耗损故障期，故障率急剧升高，磨损严重，有效寿命结束。

2. 设备维护和保养的内容　设备的维护和保养是保持设备正常运转，延长设备使用寿命的积极而有效的措施。设备维护保养的内容是保持设备清洁、整齐、润滑良好、安全运行，包括及时紧固松动的紧固件，调整活动部分的间隙等，即是整齐、清洁、润滑、紧固、调整和安全 12 字。

设备的保养，按工作量大小和保养间隔时间等的不同，可分为 3 类：第一类是日常保养，由操作者每天对设备进行的例行保养，一般是在班前班后对设备进行检查、擦拭、润滑和紧固等；第二类是一级保养，是在专职修理人员指导下，以操作人员为主，定期对设备的局部和重点零

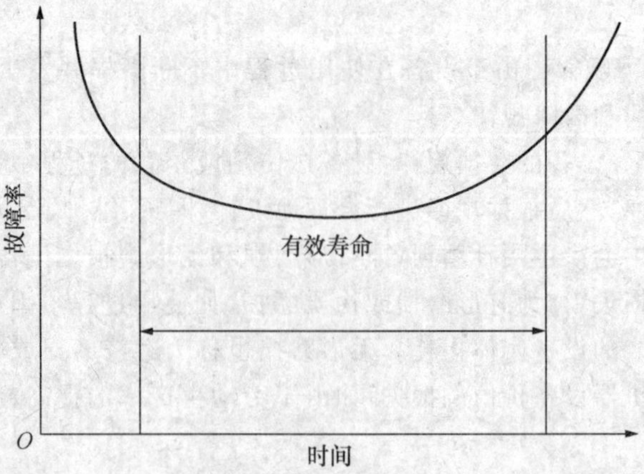

图 7-24　设备故障规律

部件进行拆卸、检查、清洗和定期维护；第三类是二级保养，是以专职修理人员为主并由操作人员协助，定期对设备进行保养，其保养项目和部位较多，是对设备进行部分解体、检查和局部修理、全面清洗的一种计划检修工作。

经历了 19 世纪事后维修、20 世纪预防维修，设备维护从 20 世纪 40～80 年代，发展形成了全员生产维修的观念。所谓全员生产维修（total productive maintenance，TPM），也称为全面生产维修制度，是以提高设备效率为目标，建立以设备一生为对象的生产维修全系统，实行全员参加的一种设备维修管理制度。

（五）设备的改造和更新

1. 设备的寿命　由于设备存在着有形和无形磨损，所以设备的寿命按其性质可分为物质寿命、技术寿命和经济寿命 3 种。其中物质寿命是设备从开始使用到不能再用而报废所经过的时间；技术寿命是从设备开始使用，到因技术落后而被淘汰所经过的时间；经济寿命是从设备开始使用，到继续使用其经济效益显著下降所经过的时间。

2. 设备的改造和更新　设备改造是利用先进的科学技术成就来提高原有设备的性能、效率，进行现代化改造的过程，是设备在质上的提高。设备改造由于可以充分利用设备的原有基础，相对于设备更新而言，具有投资少、时间短、收效快等优点。

设备更新是以新的、效率更高的先进设备去替代那些物质上不能继续使用、经济上不宜继续使用、技术上落后的旧设备。设备更新能使企业更快地形成新的生产能力，增强企业的市场竞争力。

二、现场环境管理

企业现场环境是指企业员工工作时所处的一组条件，这些条件包括有关心理的、社会的因素，也包括温度、湿度、清洁度、噪声、粉尘和震动等物质因素。

现场环境管理，是企业生产现场重要生产要素之一，又是其他要素充分发挥作用的条件。现场环境管理的任务，就是要为生产现场各种要素的结合即生产活动创造和保持一个整洁、有序、安全、美化的环境，使生产力得以充分发挥。现场环境管理对于提升员工士气、预防减少生产事故、提高生产效率和产品质量、保护员工身体健康等具有重要意义。我们从 5S 管理和目视管理两个方面介绍现场环境管理的方法。

（一）5S 管理

现场 5S 管理是源自日本企业的一种管理模式，指在组织内部持续开展整理（SEIRI）、整顿（SEITON）、清扫（SEISO）、清洁（SEIKETSU）、素养（SHITSUKE）5 个项目，因在日语中这 5 个单词的罗马拼音的第一个字母都是 S，日本和欧美企业管理界将这 5 项活动统称为 5S 管理。5S 中 5 个方面的含义及目的如表 7-9 所示。

表 7-9　5S 管理含义和目的说明表

管理项目	含　义	目　的
整理	区分“要”与“不要”，现场只保留必须的物品	◆改善和增加作业面积 ◆提高工作效率 ◆消除管理上的混放、混料等事故 ◆有利于提高库存量，节约资金
整顿	必需品依规定定位、定方法摆放整齐有序，明确标示	◆不浪费时间寻找物品，提高工作效率和产品质量 ◆保障生产安全
清扫	清除现场内的脏污、清除作业区域的物料垃圾	◆消除“脏污”，保持现场干净、明亮
清洁	将整理、整顿、清扫实施的做法制度化、规范化，维持其成果	◆认真维护并坚持整理、整顿、清扫的效果，使其保持最佳状态
素养	人人按章操作、依规行事，养成良好的习惯	◆提高“人的品质”培养对任何工作对认真对待的人

（二）目视管理

目视管理（visual management）是一种利用形象直观、色彩适宜的各种视觉感知信息来组织企业现场生产活动，达到提高劳动生产率目的的一种管理工作。它以视觉信号为基本手段，以公开化为基本原则，尽可能地将管理者的要求和意图让大家都看得见，借以推动自主管理、自我控制。

目前，目视管理已被各行各业广泛应用，如在生产现场不同区域地面上，刷成不同颜色，就能马上发现物品、设备和人员是否在正常区域。目视管理的主要作用包括：

1. 形象直观、简单方便，提高工作效率高　目视管理充分利用各种符号、色彩、标识牌、信号灯等形象直观、色彩适宜的视觉感知信息来发出视觉信号，快速地传递信息，将潜在问题和浪费现象都显现出来。

2. 有助于体现管理的客观、公正和透明　透明度高，便于现场人员互相配合、监督和促进，发挥激励与协调作用，使违反劳动纪律的现象不容易隐藏，管理更客观化，促进员工养成良好的习惯。同时还能够科学地改善生产条件和环境，产生良好的生理和心理效应。

3. 有助于促进企业文化的建立和形成　目视管理通过介绍企业愿景、使命、价值观、发展方向和发展规划，展示员工合理化建议、优秀事迹、先进员工表彰，以及公开讨论栏等各种内容，能使所有员工形成一种非常强烈的凝聚力和向心力，有助于企业建立和形成优秀企业文化。

三、准时化生产方式

准时化生产方式（just in time，JIT）是日本丰田公司在 20 世纪五六十年代提出和开始实施的生产管理方式。JIT 的目标在于缩小批量，缩短处理时间，降低安全库存，缩减员工，减少原材料的移动、变化和缺陷。一般地，JIT 适用于订货性生产 MTO。如今，JIT 已经成为许多企业开展商务的有效手段之一。

(一)JIT 的哲理

JIT 是一种生产管理的哲理。按其概念，需要的时间，需要的地点，按需要量生产所需的产品。其基本思想是严格按用户需求生产产品，尽量缩短生产周期、压缩在制品占有量，从而最大限度地结余资金，提高效率，降低成本，增加利润。

JIT 哲理包括 3 个方面：准时生产、消除浪费和持续改善。

按需生产是组织生产过程的基本出发点，准时性是组织生产过程的基本要求，不仅生产过程中的物料而且供应商供应的原材料和外购件都要求准时地离开和达到指定的地点，没有任何等待和脱节。要做到准时生产，必须追求零库存、零缺陷、零调整准备时间和零浪费。

在 JIT 的哲理中，凡是超过生产产品所绝对必要的最少量的设备、材料、零件和工作时间的部分，凡是超出增加产品价值所必需的绝对最少的物料、机器和人力资源的部分，均为浪费。消除浪费降低生产成本，进而获得价格竞争优势，增强了企业提供产品和服务的价值。

消除浪费是通过持续改善逐步实现的，改善需要全体员工的努力，因此必须对员工授权，使他们完全投入工作，充分承担起日常工作的众多职责。企业不仅要培训员工，进行多技能培训，同时要利用培训形成的优势来使工作内容丰富化。

特别地，JIT 认为库存是恶魔，因为它不仅占用大量的资金、造成修建仓库、保管或变质处理等一系列不增加价值的活动，造成浪费，而且还将许多管理不善的问题掩盖起来，使问题不能暴露，就像水掩盖了水中的石头一样。例如机器经常出故障、设备调整时间太长、设备能力不平衡、缺勤率高、备件供应不及时等问题，由于库存水平高，不易被发现，见图 7-25。JIT 就是要通过不断减少各种库存来暴露管理中的问题，以不断消除浪费，进行持续的改善。

图 7-25　库存水平高掩盖的问题多

(二)JIT 生产方式实施的条件

要使这个 JIT 生产方式能够顺利实施，必须要关注流程设计、全面质量控制、均衡计划、供应商合作关系、零库存、改进产品设计和看板管理等 7 个方面，见图 7-26。

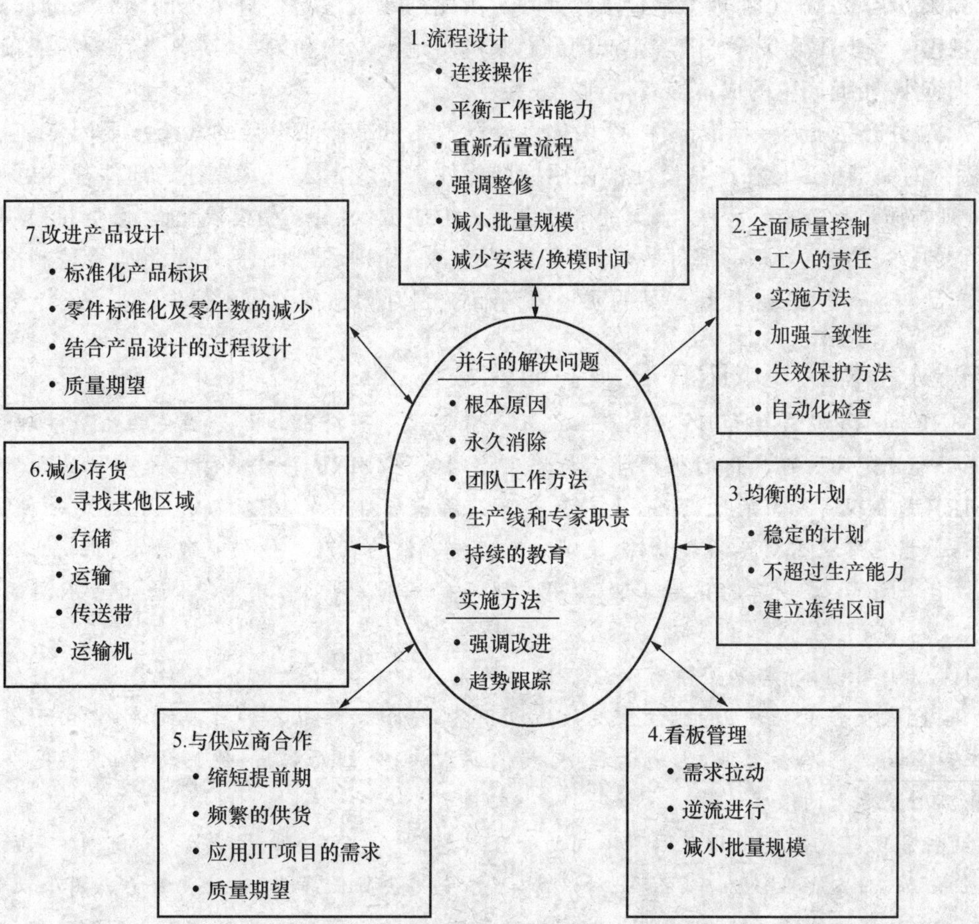

图 7-26　JIT 生产方式实施的条件

1. 流程设计　实施 JIT，要求工厂布局的设计应该能够保证均衡工作流，并具有最小化的自制品库存，意味着无论实际的生产线是否存在，都要把每个工作站（或工作中心）看成是生产线的一部分。因此，JIT 的设计必须把内部和外部的物流系统的各方面与工厂布局的联系清晰地显示出来。

2. 全面质量控制　制造工艺的每一步都要确保产品质量，而不是通过检验来确保质量，所有员工必须对自己的工作质量完全负责，实现全面质量控制。

3. 均衡计划　为了实现 JIT 的均衡生产，企业需要一个能够在较长时间跨度内保持稳定的均衡计划，均衡计划的条件是生产能力预留，以替代库存的缓冲作用。

4. 看板管理　看板管理是在大量重复性生产中实现 JIT 的一种简单而有效的方式。看板是传递生产计划与控制的工具，可以直接使用装载零件的容器、循环通知单或指令卡替代，起传递指令信号的作用。看板一般分为两种，生产看板和传递看板。生产看板用于指挥生产，规定了各工序应该生产的零部件种类及其数量。传递看板则用于指挥零部件在前后两道工序之间的传递，即适时适量地将容器内的自制品传递到下游工序。

5. 与供应商合作　在 JIT 系统下，供应商愿意且能够按看板要求进行小批量供应高质量的零部件，从而保证JIT系统平滑的工作流运行。

6. 减少存货 JIT的理念是追求零库存。为此，JIT方法是促进生产问题的充分暴露，在解决过程中逐步减少存货。随着生产问题越来越多地被发现和解决，对各类存货的依赖性也就越来越小，由此产生的成本浪费得到有效控制。

7. 改进产品设计 标准部件、模块化设计以及质量是产品设计的3个重要因素，它们是JIT系统的关键。尽量在产品设计中使用标准部件意味着工人需要处理的部件种类更少，采购、处理与质量检查能够程序化，大大降低生产人力成本；尽量采用模块化设计，通过模块化设计，大大减少了需要处理的部件数，简化了装配、采购、处理和培训等；尽量将质量控制措施设计到产品与生产过程中，提高产品的质量，降低因产品质量造成的成本损失。

【知识链接】7-3 MRP和JIT的比较

MRP和JIT是美国和日本在20世纪五六十年代分别提出和开始实施的生产管理方式。JIT和MRP是两种现代化的生产计划与作业控制系统，MRP的作业管理是一种“推动式”系统，MRP是在现有物料的情况下，决定制造产品所需零部件的数量。而JIT则是一种“拉动式”系统，根据客户需要产品数量，来决定制造所需零件的数量。他们服务于共同的管理目标，即提高生产效率、减少库存浪费和改善用户服务。同时，它们各有特点，适用于不同的生产环境。

JIT出现于日本，与其国情有十分密切的关系。日本国土面积小，人口密度大，自然资源贫乏，因此在生产管理中，特别注意有效地利用各种资源，杜绝各种可能的浪费；由于土地昂贵，工厂布局要求尽量合理，占地面积小；物流通常快，仓储面积省；他们认为，库存是一种浪费，废品则是更大的浪费。

两种管理模式体现了两个国家不同的管理思想，对待库存、批量、质量、提前期不同的处理方式。例如，日本企业认为库存是一种浪费，竭尽全力去降低库存，为此要努力采用小批量、缩短准结时间、降低成本。美国虽然也很重视库存控制，防止产生不必要的多余库存。但他们认为，必要的、一定的库存量一种保护措施，是维持生产稳定的一个因素。又如JIT利用看板的“拉动”系统，不断促进操作者降低在制品库存、缩短生产提前期。而在MRP系统中，则假定提前期是一个已知的定值，系统根据设定的提前期计算和制订作业计划。不过实际生产操作的提前期，是随车间的负荷量大小、作业的优先顺序等因素而变化的，与MRP假定的情况不相符合。MRP系统还要求各加工中心按作业计划的要求完成作业，不鼓励操作者提前完工。这样，就不能发挥操作者的积极性去缩短提前期，这是MRP的一个主要缺点，也是它受到批评最多的一个方面。

对于中国企业而言，无论是选择应用MRP还是JIT系统，或将两系统相结合应用，需要综合考虑企业生产过程的特点，并根据企业生产类型采用适宜的管理方法。例如在美国出现的Micro Kanban就是将看板引入已经实施的MRP的生产管理系统中，用MRP计划采购、发出订单和交货，用微机看板系统产生生产看板和取货看板，进行现场作业控制，见图7-27。

本章小结

本章从生产系统的角度介绍了企业生产管理相关理论和内容，首先介绍了生产的概念、类

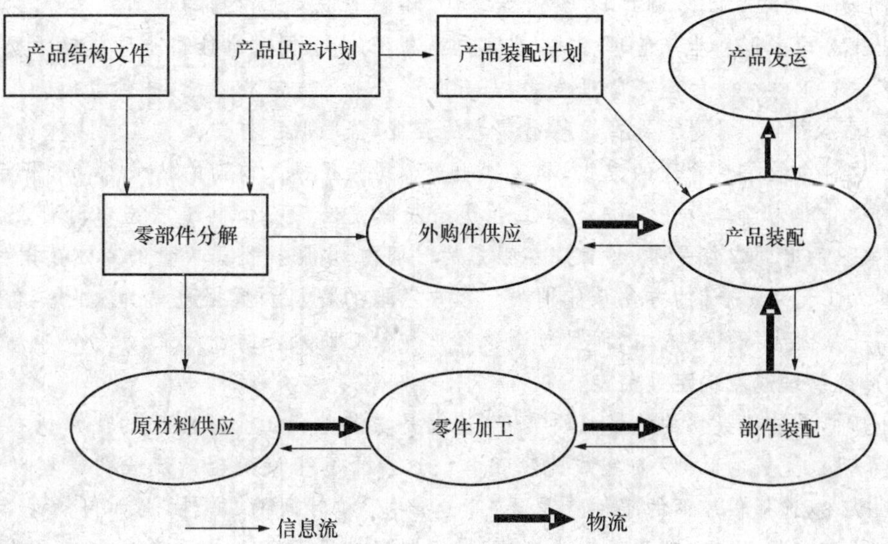

图 7-27　MRP 与看板的结合

型，生产管理的概念、目标和研究内容；介绍了生产系统设计中的生产设施选址、生产过程的空间组织和时间组织等内容；从生产计划的层次和策略、生产能力核定、库存管理（独立需求库存和相关需求库存）、生产控制等方面分析了生产系统的运行；介绍了设备管理、现场环境管理和准时化生产方式等内容，为生产系统的维护和改进提供思路和方法。通过本章的学习，旨在使读者对企业生产管理有一个全面的理解。

复习思考题

1. 什么是生产？生产有哪些类型？
2. 生产过程的空间组织和时间组织包括哪些内容？
3. 独立需求库存模型有几种？
4. 什么是设备磨损规律和设备故障规律？
5. 什么是 5S 管理？包括哪些内容？
6. 什么是准时化生产方式？

【案例分析】　富士康生产管理两三点①

一、信息化管理令客户更近

像 UPS 和 FedEx 这样的物流企业，会在货物包装上加上信息条码，客户可以实时掌握货物抵达的时间和地点。这样的方法同样应用在了富士康的生产线上。早在 2000 年，富士康公司就开发出了“新生产管理系统”。该系统实施后，任何一个客户，只要坐在自己的办公桌前，打开电脑，通过账号登入富士康的生产管理系统，就可以直接查到他所要的工件目前正在哪部

① 摘自：http://www.huaxia.com/tslj/qycf/2013/10/3569195.html，题目自拟，内容有删减。

机器上加工，由哪位加工者制作，已经开始多久，还剩下多少工作量等信息。

富士康公司采取新生产管理方式，让客户提高了效率，同时也让富士康能够轻松自如地直接回复客户。这样先进的生产管理方式，与500强企业的发展相匹配，并且也代表了供应商的实力。跨国公司也非常愿意选择这样有实力的企业，强强联手打造品牌。

对于这种电脑信息管理的方式，其实富士康公司除了投入前期的技术力量和资金以外，现场人员的操作非常简单。任何一个加工者开始或做完任何一个制造联络单时都必须告诉电脑，告诉电脑的时间仅仅是10秒钟。在很短的时间内，电脑提供了大量的有效数据。

那些人工记录、统计的方法从此消失。客户获取的资料和数据也更加及时。电脑信息化管理让富士康大大降低了成本，而且与全球客户和供应商紧密结合起来。

二、产能管理速度决定效益

富士康总是能以最快的速度赢得客户，这也是与其他代工企业相比的优势所在。他们总是能在“不可能完成的时间”内完成此项工作。这源于富士康对生产流程的管理以及时间管理。比如戴尔，选择供应商的条件就是要“高速产能”和时间的“弹性”。如何满足客户需求？富士康把物流和信息中心建到了客户身边，缩短与客户的距离，也就是缩短与市场的距离。富士康把这个物流信息中心称作“e-Hub”。一方面给客户提供快速服务，另一方面客户自己不用增加备料的负担，要用时，就直接由富士康快速提供，降低成本。Hub虽然属于富士康公司，它其实也是客户的发货中心和仓库。客户享受到的最大好处之一是：能够不承担零组件库存的风险，而只享受其成本下降的好处。

Hub里的CPU、内存等关键零组件的价格非常昂贵，跌价也狠，如果管理不善，亏损就会很严重。富士康是如何控制好这个仓库的呢？于是，富士康又投资大量资金建立了信息平台，并且自己开发了软件。用“E化”来预测库存，掌握进货进度，使库存决不超过两天。不仅如此，富士康还靠近客户建立研发中心，提高产品设计能力和样品快速提交能力，甚至参与客户研发设计。

富士康的时间管理也非常独特，为了追赶速度，富士康员工的工作近乎疯狂。富士康建立了全球48小时远程互动设计体系。通过互联网，利用时差，使美国和大陆的工程师以接力赛的形式完成设计。比如美国工程师白天进行的一个设计，到了美国时间的晚上正值中国大陆的白天，这个设计就会像接力棒一样转到大陆设计师手中继续进行。所以富士康才敢向客户承诺48小时完成设计。这种疯狂设计速度，恐怕无人匹敌。富士康的生产管理、运转管理随着企业的发展壮大而不断完善，最重要的是，这种管理方式可能是最适合代工企业的。

三、用IE管理做事更精确

富士康企业内非常推崇工业工程管理(industrial engineer，IE)。事实上，在富士康的发展历程中，已经摸索出自己的一套管理规律，并且非常适用于这样的代工企业。但是郭台铭依然对IE管理非常器重，他深知，在进入微利时代的今天，任何技术都会很快被模仿，竞争的本质无非在于设计、创新、制造和服务的效率。

IE管理的实质就是成本分析，其作用就是降低时间和人力成本，提高效率，用有限的资源去做更多的事。所以富士康希望将IE管理融合进企业的经营绩效管理中。IE管理会分析：是否该做、做事的先后次序是什么，并对投入和产出的效率进行预计和评估。其实这也就是成本分析的过程。大到研究、设计、开发等，小到员工的衣食住行，都是IE管理可以发挥的作用。

“人人要IE,事事要IE”是富士康内部提倡的原则。达到的目标是:从投入到产出,一定要划算,要得到有形的经济效益和环境效益以及无形的文化效益和社会效益。

所有富士康的高层员工都接受了IE管理培训。富士康的管理进程紧跟时代发展脉搏,对现代企业在竞争中的有利条件及优势总是能快人一步地精准定位,并立即采取行动。

思考题:富士康的生产管理给你带来了什么启示?

第八章　企业质量管理

【引例】哥伦比亚航天飞机失事与质量管理

航天事业是高端科技领域，所以航天飞机是高科技产品，载人航天飞机的标准更是一流的、严格的。但2003年2月1日发生了震惊世界的美国“哥伦比亚”航天飞机着陆前爆炸事件，7名宇航员全部遇难。

事后的调查结果令人惊讶，造成此灾难的凶手竟是一块脱落的隔热瓦，“哥伦比亚”航天飞机有2万多块隔热瓦，能抵御3 000℃高温，避免航天飞机返回大气层时外壳被融化。但就一块脱落的隔热瓦，0.5%的差错就葬送了价值连城的航天飞机，还有无法用价值衡量的7条宝贵生命。

此事件发生后美国航天负责人为此辞职，美国航天事业一度受挫。

我国的卫星发射也经历过很多失败，有一次只是因为配电器上多了0.15毫米的铝物质，而正是这点小小的东西使卫星的发射失败，使科研人员的努力白费，所以质量管理不可小觑。

第一节　质量和质量管理

质量一词与每个人的生活、工作息息相关，不同人会从自己关心的视角对产品、服务甚至生活本身，做出质量好或质量差的评价。本节内容以质量概念为切入点，明晰其内涵，探寻质量管理发展历程。

一、质量

(一)质量含义

根据ISO 9000族标准，质量是指一组固有特性满足要求的程度。该定义抽象地表述了质量的特性，概括了质量的内涵，同时没有对质量的载体做出界定，说明质量存在于一切事物之中。质量的理解要点包括：

(1)“固有的”是指在某事或某物中本来就有的，尤其是那种永久的特性。

(2)特性是指可区分的特征，如物理方面的特征、感官上的特征、组织或行为特征、功能性的特征等。

(3)要求是指明示的，也有隐含的或必须履行的。通常“隐含的要求”是指组织、顾客和其他相关法的惯例或一般做法，所考虑的需求或期望是不言而喻的。

(二)质量相关术语

1. 产品质量　产品是与质量联系最紧密的概念之一。产品质量就是产品的固有特性满足使用要求的程度。产品质量一般包括性能、寿命、可靠性、安全性、经济型和外观质量等。

2. 质量特性　ISO 9000族标准对质量特性的定义：产品、过程或体系与要求有关的固有特性。既有技术性的(理化性的),又有时间的、安全的、社会的、魅力的、必需的等方面的质量特性,通过数值或量值加以反映。

3. 服务质量　就是服务的固有特性满足要求的程度。这里的服务主要指服务性行业提供的服务,比如金融、交通、通信、餐饮、娱乐、医疗等组织提供的服务。服务通常是无形的,往往以有形产品为载体。

4. 过程质量　ISO 9000 族标准将过程定义为:一组将输入转化为输出的相互关联或相互作用的活动。根据质量的定义,过程质量可定义为过程的固有特性满足需要的程度。包括开发设计质量、制造过程质量、营销过程质量、使用过程质量、服务过程质量。

5. 工作质量　工作质量是产品质量的基础和保证,覆盖了所有的工作、所有的工作人员。工作质量是工作内在特性的总表述,其重要的特性包括:准确、高速、经济、有效。

6. 大质量观　美国质量管理专家朱兰(J. M. Juran)指出,用户满意的质量,必须包括以下 4 个方面的特性,即大质量观念:

(1)狭义的产品质量特性,指产品的性能、可靠性、寿命、安全性、经济性、维修性等。

(2)成本价格有关的特性,强调产品质量,必须与其经济性联系起来。

(3)量、交货期有关的特性,这里的量是指生产量和销售量。

(4)产品出厂以后的质量保证和服务。

实践表明,如果产品没有质量,就进入不了市场;质量好,即使能进入市场,但没有一定的经济规模和数量,就不能降低成本,也不能占领和扩大市场;质量好、批量大,但如果无法按期交货,售后服务跟不上,贸易往来也不能持久。因此,企业要提高竞争力,在市场竞争中求得生存和发展,必须树立“大质量”观念。

二、质量成本

(一)质量成本的概念

20 世纪 50 年代,费根鲍姆提出质量成本的概念,将质量、成本和企业经济效益联系起来。质量成本是企业为达到和确保所规定的质量水平所支付的费用,包括以下 4 类:

1. 预防成本　指为了预防质量缺陷的发生所发生的各种费用,如培训费、质量改进措施费、质量评审费、质量管理人员的工资及福利等。

2. 鉴定成本　为鉴别产品质量是否达到规定的质量而进行试验、检验和检查等所支出的费用,如检验费、质监部门的各种费用(办公费、人员工资费等)、检验设备维修及折旧费等。

3. 内部损失成本　指产品交付顾客前,由于生产不合格零部件或服务而造成的成本,以及为处理缺陷所发生的费用,如报废损失费、返修费、停工损失费、产品质量事故处理费等。

4. 外部损失成本　指产品或服务交付后,因不符合规定的质量要求所发生的全部费用,如索赔费、退货损失费、保修费以及信誉损失等。

(二)质量成本模型

四类质量成本存在着此消彼长的因果关系,即预防、鉴定费用的发生就是为了保证产品达到预定的质量标准,从而减少内、外部损失成本;而允许一定量的内、外部损失成本,又是为了防止预防、鉴定费用的支出太多而得不偿失。

质量成本模型构建的思路是:寻求质量损失成本(内部和外部损失成本)和预防与鉴定成

本的均衡点，使得总成本达到最小，见图 8-1。

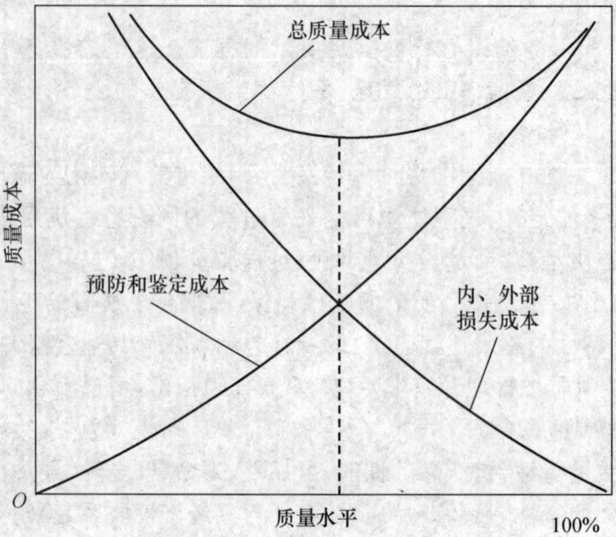

图 8-1　质量成本模型

三、质量管理

(一)质量管理概念

ISO 9000 族标准对质量管理的定义为“在质量方面指挥和控制组织的协调活动”，意为：确定质量方针、目标和职责并在质量体系中通过诸如质量策划、质量控制、质量保证和质量改进，使其实施的全部管理职能的所有活动。

企业组织的基本任务是向市场提供能符合顾客和其他相关方要求的产品，围绕着产品质量形成的全过程实施质量管理是组织的各项管理的主线。所以，质量管理是组织各项管理的重要内容，通过深入开展质量管理能推动组织的其他专业管理。

(二)质量管理包括的内容

质量管理主要包括 6 个方面的内容：质量方针、质量目标、质量策划、质量控制、质量保证、质量改进，它们之间的关系见图 8-2。

(1)质量方针是由组织的最高管理者正式发布的该组织总的质量意图和质量方向。通常质量方针与组织的总方针相一致并为制定质量目标提供框架。

(2)质量目标是在质量方面所追求的目的。质量目标通常依据组织的质量方针制定。通常对组织的相关职能和层次分别规定质量目标。为了使质量总目标落到实处，就必须按照系统的要求，将质量目标分解构建质量目标管理体系，使之落实到每个部门、每个岗位。

(3)质量策划是质量管理的一部分，致力于制定质量目标并规定必要作业过程和相关资源实现质量目标。编制质量计划可以是质量策划的一部分。

(4)质量控制是质量管理的一部分，致力于满足质量要求。质量控制的范围涉及产品质量形成的全过程。通过一系列作业技术和活动对全过程影响质量的人、机、料、法、环诸要素进行控制。

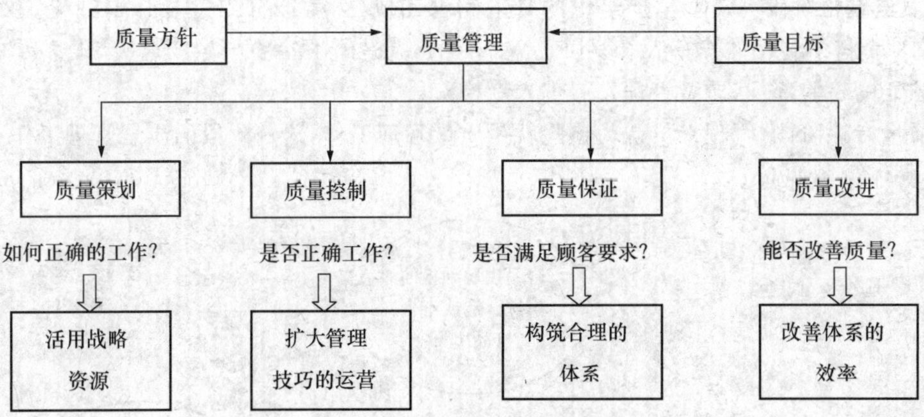

图 8-2　质量管理包含的内容

(5)质量保证是质量管理的一部分,致力于提供满足质量要求的信任。质量保证与质量控制是相互关联的,质量保证以质量控制为基础,进一步引申为提供“信任”的目的。企业的质量保证分为内部质量保证和外部质量保证两类。内部质量保证是向企业最高管理者提供信任。外部质量保证是向顾客或第三方提供信任。

(6)质量改进是质量管理的一部分,致力于增强满足质量要求的能力。改进的对象涉及质量管理体系、过程和产品。

(三)质量管理发展阶段

质量管理体系从无到有、从有到全,历经了长期发展过程。质量管理的发展过程可以分为5个阶段,具体内容见图 8-3。

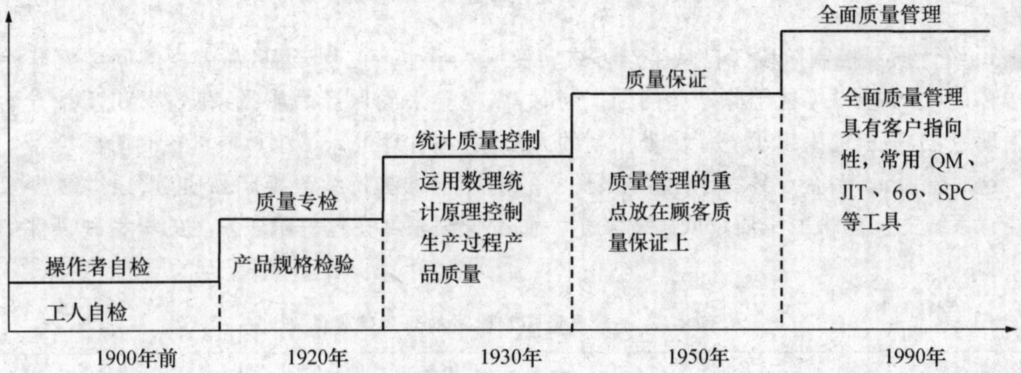

图 8-3　质量管理发展阶段示意图

从质量管理活动初期,以“要保证质量,就要进行彻底的检验”的思考模式为主流的时代,发展到现在的“需要开展能在总体上满足客户的质量活动”的意识,质量管理活动的概念和领域不断扩张。

1. 操作者自检阶段　在 20 世纪之前,生产分工粗糙,生产方式主要是小作坊形式,产品质量由工人、工匠或者手工艺人自行检验和控制。当劳资双方遇到矛盾或意见不统一时,又或者操作者技术水平或责任心较差时,产品质量就有可能出现问题。

2. 质量专检阶段 随着生产组织的日趋完善和成熟，生产分工逐步开始细化。20世纪20年代初期，科学管理的奠基人泰罗(F. W. Taylor)提出了检验与生产分工，设立专职检验人员和独立的检验部门，质量管理发展进入专检阶段。

在质量专检阶段，管理人员认为检验就是质量管理工作，这一阶段的质量管理工作存在许多不足，具体见图8-4。

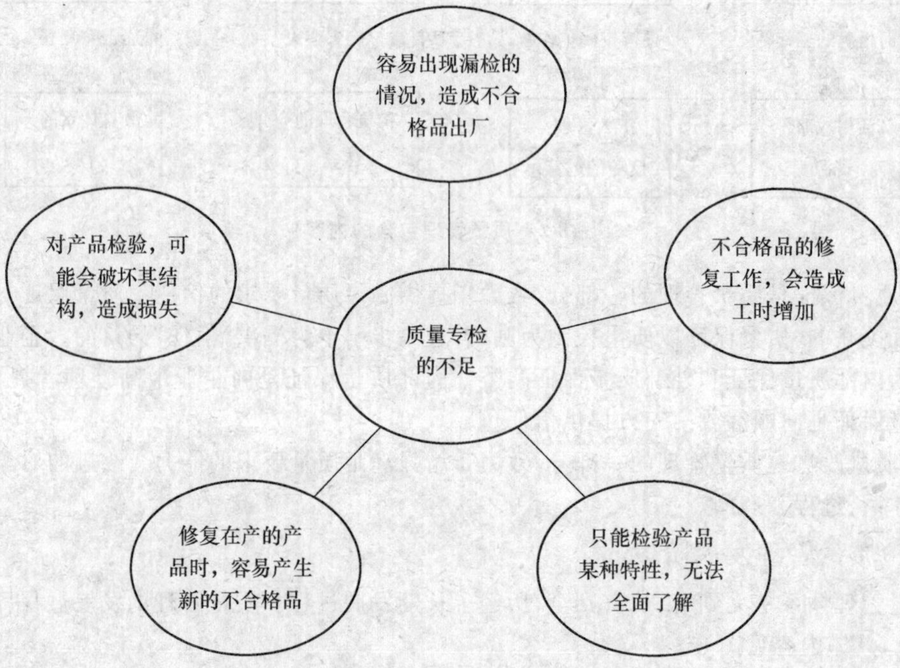

图8-4 质量专检阶段质量管理工作的不足

3. 统计质量控制阶段 自从生产方式转变成大量生产之后，不良品方面的问题就开始逐渐增多，但是全检并不能消除这些问题。同时，靠检验来确保产品质量，在效率和效益方面都不太理想，于是就催生出了统计质量控制的方法，质量管理进入了统计质量控制阶段。

这一阶段，许多企业致力于用系统、科学的统计学方法持续改善产品质量、通过减少生产和经营系统的问题来减少质量问题的发生。质量管理领域在这一阶段发生的里程碑事件如表8-1所示。

表8-1 统计质量控制阶段的里程碑事件

年代	里程碑事件
1924年	◆ 美国贝尔研究所的休哈特(W. A. Shewhart)针对质量检验方法缺乏预防性的特点，运用数理统计原理提出在生产过程中控制产品质量的理念，并且首创过程扩至理论、控制图法，形成统计过程控制(SPC)的理论基础
1929年	◆ 道奇(H. F. Dodge)和罗米尔(H. G. Roming)提出来抽样的概念和抽样方法，并设计了可以运用的"抽样检验表"，用于解决全数检验和破坏性检验所带来的问题

续表8-1

年代	里程碑事件
20 世纪 40 年代	◆ 美国贝尔电话公司应用统计质量控制技术取得了良好的业绩 ◆ 第二次世界大战结束后，以军需产业为中心，利用统计方法的质量管理技术得到快速发展及普及，特别是管理图法和抽样检验理论；美国在军需物资供应商中推进统计质量控制技术的应用，并制定了三项战时质量控制标准
20 世纪 50 年代	◆ 戴明(W. E. Deming)系统、科学地提出了用统计学的方法进行质量持续改进的观点。形成了对质量管理产生重大影响的"戴明 14 法"
1958 年	◆ 美国制定了 MIL-Q-9858A 等系列军用质量管理标准，提出了"质量保证"的概念，在西方工业社会影响重大

从质量专检阶段发展到统计质量控制阶段，质量管理的理论和实践都发生了一次飞跃，从"事后把关"变为预先控制，并很好地解决了之前的质量管理问题。但是，由于过多地强调了统计方法的作用，忽视了其他方法和组织管理对质量的影响，使人们误认为质量管理就是统计方法，而且这种方法又高深莫测，让人们望而生畏，限制了其推广发展。同时，统计质量控制只通过改善制造工作无法从根本上解决质量问题，特别是由设计问题造成的质量缺陷靠后期的过程控制很难改善。

因此，人们开始构建质量管理系统来改进质量，开始摸索进行新质量管理时代的质量保证措施。

4. 质量保证阶段　20 世纪 50 年代，为了给顾客带来"产品或服务能满足质量条件"的信赖感，企业纷纷在质量体系内开展所有能实行的具有计划性、体制性的活动，这一时代在质量管理发展史上叫作质量保证(quality assurance，简称 QA)阶段。

虽然通过过程管理能够减少不良发生率并提高质量稳定性，但是当产品存在设计缺陷，以及当产品上市后，消费者在使用过程中出现质量故障时，对内部进行的质量管理就毫无作用。

在这一阶段，企业将质量管理的重点逐渐放在顾客质量上，对购买产品的顾客做出质量保证成为有效的销售策略。但是，只依靠过程管理并不能消除新产品开发过程中技术和设计的欠缺，因此，人们开始强调设计过程中的质量保证工作。

5. 全面质量管理(TQM)阶段　20 世纪 50 年来以来，随着生产力的迅速发展和科学技术的日新月异，人们对产品质量的追求从注重产品的一般性能发展为注重产品的耐用性、可靠性、安全性、维修性和经济性等，这就要求企业在生产技术和企业管理中运用系统的观点来研究质量问题，于是逐渐形成了全面质量管理体系。全面质量管理阶段的里程碑事件如表 8-2 所示。

表 8-2　全面质量管理阶段的里程碑事件

年代	里程碑事件
20 世纪	◆ 朱兰(J. M. Juran)、费根鲍姆(A. V. Feigenbaum)提出来"全面质量控制(TQC)"的理论，该理论被日本企业普遍接受并应用

续表8-2

年代	里程碑事件
60年代初	◆ 日本企业为了有效推进全面质量控制，创造了质量管理的7种工具，即直方图、分层法、帕累托图、因果法、检查表、散点图和控制图
20世纪70年代	◆ 全面质量控制（TQC）在日本急速发展，极大提高了日本企业的竞争力；创造出"全公司性质量管理（CWQC）"、QCC品质圈、特性要因图、方针管理、全员生产维修（TPM）、质量功能开展等方法 日本质量专家石川馨、田口玄一对全面质量管理理论和方法的发展做出了巨大的贡献
20世纪80年代	◆ 许多国家开始开展质量运动，中国、美国等开设国家质量管理奖项，TQM作为一种战略管理模式进入企业 ◆ 1987年，ISO 9000系列国际标准问世 ◆ 20世纪80年代之后，日本以满足顾客要求提高质量的经营方式，开始普及到全世界
20世纪90年代	◆ 20世纪90年代末，TQM成为世界500强企业成功获得核心竞争力的管理战略，质量的概念从"符合规范"发展到"顾客满意"

【知识链接】8-1　源远流长的质量管理

质量管理的起源很早，可以说自从历史上有了手工业生产的产品以来，就有了质量管理的实践，我国公元前403年的东周战国时代，周礼《考工记》上曾有明确的记载，《考工记》中命百工审五库器材的质量，所谓百工主要是金工、皮革工、设色工、打磨工等。这是我国古代重视产品质量的明确记载。

在世界古代史上，巴比伦的古城市尼浦尔（Nippur）的姆拉修的儿子们在公元前429年开设的原始工场，对他们的产品做质量保证。

但是，质量管理作为一门科学，还是近代的事，不足百年的历史。质量管理的概念也是随着现代工业生产的发展逐步形成、发展和完善起来的，国际标准化组织和一些工业国家都有各自的定义。他们都想用一句话来概括质量管理工作的含义，虽然用语措辞不同，但大同小异，不外乎强调3个基本点：第一，质量既指产品也指服务；第二，质量必须满足用户要求；第三，质量必须以最经济的手段取得。

第二节　全面质量管理

全面质量管理起源于美国，20世纪60年代在日本开始推行，并在实践运用中取得了丰硕的成果，引起世界瞩目。20世纪80年代后期以来，全面质量管理得到了进一步的扩展和深化，逐渐由早期的TQC(total quality control)演化成为TQM(total quality management)，其含义远远超出了一般意义上的质量管理的领域，而成为一种综合的、全面的经营管理方式和理念。

一、全面质量管理的概念

1961年美国GE公司费根鲍姆出版 *Total Quality Control* 一书，指出全面质量控制是为了能够在最经济的水平上，并考虑充分满足用户要求的条件下进行市场研究、设计、生产和服务，把企业内各部门的研制质量、维持质量和提高质量的活动构成一体的有效体系。费根鲍姆的全面质量控制的核心思想是在一个企业内将企业控制扩展到产品寿命循环的全过程，强调全体员工都参与质量控制，并首次提出了质量体系问题，提出质量管理的主要任务是建立质量管理体系，具有划时代的意义。

日本质量管理专家石川馨，将日本企业开展的全面质量管理描述为“全公司的质量控制”(company wide quality control，CWQC)。他认为 CWQC 在于整个公司从上层管理人员到全体职工都参加质量管理。

全面质量管理是一种由顾客的需要和期望驱动的管理哲学，ISO 8402 标准对全面质量管理下了一个国际化的定义：一个组织以质量为中心，以全员参与为基础，目的在于通过让顾客满意和本组织所有成员及社会收益而达到长期成功的管理途径。

二、全面质量管理的指导思想

全面质量管理要求全体成员树立“质量第一”思想，这个思想体现在“预防”、“服务”、“科学”和“改进”这几个方面。

(一)预防——以预防为主

产品质量是设计和制造出来的，而不是检验出来的。统计资料表明，产品质量缺陷的70%是由设计阶段决定的，剩下的 30%是由制造等其他环节造成的。因此在全面质量管理中，要求把质量管理工作的重点从“事后把关”转移到“事先预防”，从管结果转变到管过程，实行“预防为主”的方针。

(二)服务——以顾客为中心

全面质量管理以顾客为中心，坚持“用户至上”和一切为顾客服务的思想，从顾客的角度制定并审视所有的质量管理策略，做到质量管理始于顾客的需要。这里的顾客既包括内部顾客(包括企业内部各从业人员，如下道工序是上道工序的顾客等)和外部顾客(直接或间接影响企业经营活动的非本企业的个人和组织，如消费者、供应商、银行等)。

(三)科学——用事实和数据说话

全面质量管理的过程是科学分析和坚持实事求是的过程。对可以量化的特性要保持数据的及时、准确和完整，充分利用科学分析的结果；对不能量化的特性，要及时、准确地记录特性的全部信息，供相关人员分析。

(四)改进——持续改进

全面质量管理强调一个组织的长期成功，而不是短期的效益或市场效应。因此，需要企业持续地寻求改进，致力于质量技术创新，致力于追求卓越，不断提高经营管理水平，持续改进产品及质量管理体系。

三、全面质量管理的特点

基于全面质量管理的基本思想，全面质量管理的特点可归纳为“三全一多”，即全员质量管理、全过程质量管理、全方位质量管理、多方法的质量管理。

(一)全员的质量管理

产品和服务质量是企业各方面、各部门、各环节工作质量的综合反映。企业中任何一个环节、任何一个人的工作质量都会不同程度地直接或间接地影响着产品质量或服务质量。因此，产品质量人人有责，人人关心产品质量和服务质量，人人做好本职工作，全体参加质量管理，才能生产出顾客满意的产品。要实现全员的质量管理，应当做好 3 个方面的工作：一是做好全员的质量教育和培训；二是制定各部门、各级各类人员的质量责任制；三是开展多种形式的群众性质量管理活动。

(二)全过程的质量管理

全过程是指为使产品满足顾客和其他相关方要求所需的全部过程。包括市场调研、产品开发和设计、生产制造、检验、包装、物流、销售和售后服务，直到产品使用生命周期结束为止的全过程，他们对于产品质量的产生、形成和实现都是必不可少的。实现全过程的有效载体是质量管理体系，组织应通过建立体系，对所确定的全部过程进行系统管理。

(三)全方位的质量管理

全方位要求企业要从纵、横两个方向开展质量管理，从纵向的组织管理层次来看，质量目标的实现有赖于企业的高、中、基层管理者和一线操作者的通力合作，其中高层管理者起着决定性的作用；从横向的组织管理职能间协作来看，要保证和提高产品质量，必须使企业研发职能、制造职能、营销职能，以及支持性的财务职能、人力资源职能的所有活动构成为一个有效的整体。

(四)多方法的质量管理

影响产品质量的因素既包括组织外部的经济、政治、法律、社会文化、技术、产业环境等因素，也包括组织内部的人、机器、原材料、资金、信息等因素，要把分析如此之多的因素的影响程度，单靠数理统计方法是不够的，还需借助多种多样的现代化管理方法和措施加以综合管理、科学决策，才能更为全面地保证和提高产品质量。

四、全面质量管理的基本方法

全面质量管理的基本方法有很多，在此重点介绍 PDCA 循环和朱兰三步曲。

(一)PDCA 循环

1. PDCA 循环的基本内容 PDCA 循环是全面质量管理的基本方法，是美国质量管理专家戴明提出的，故又称为“戴明循环”。PDCA 由英文的计划(plan)、执行(do)、检查(check)、处理(action)4 个单词的第一个字母组成，它反映了质量管理必须遵循的 4 个阶段。

(1)计划阶段(P)。包括制定质量方针、目标和活动计划、管理项目等。

(2)执行阶段(D)。按照计划的要求，努力贯彻和实施计划目标和任务。

(3)检查阶段(C)。把执行的工作结果与预定目标对比，检查实施过程中出现的情况和问题。

(4)处理阶段(A)。根据检查的结果采取相应的措施，巩固成绩，吸取教训，以利再干。

上述 4 个阶段，可以分为 8 个方面，具体内容见图 8-5。

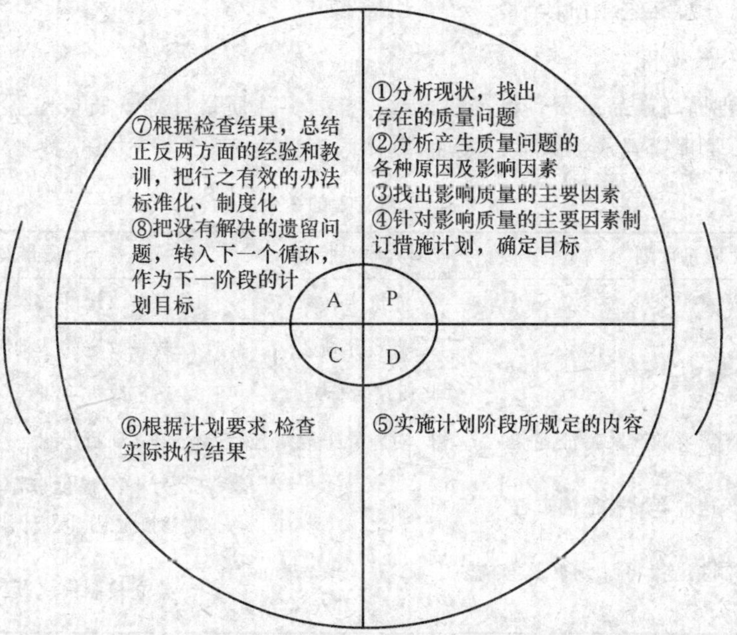

图 8-5　PDCA 循环的 8 个步骤

2. PDCA 循环的基本特点

(1)大环套小环,互相促进。PDCA 循环作为质量管理的一种科学方法,适用于企业各个方面的工作。整个企业的工作要按 PDCA 循环进行,企业各部门、车间、班组直至个人的工作,也要根据企业的总目标、总要求,具体制定出自己单位和个人的 PDCA 工作循环,形成大环套小环,一环扣一环,互相制约,互为补充的有机整体,见图 8-6。

(2)PDCA 循环是不断上升的循环。PDCA 循环并不是简单的周而复始的循环,而是爬楼梯式的循环上升。每经过一次循环,都有新的内容和目标,或者每经过一次循环,都应解决一批质量问题,因而使工作质量、管理水平和产品质量不断提高,见图 8-7。

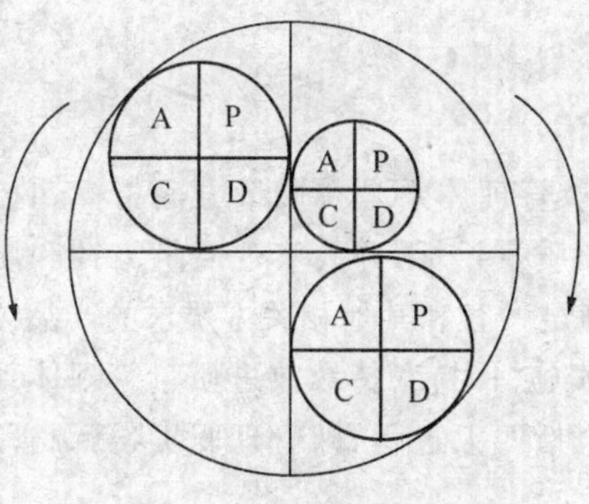

图 8-6　大循环套小循环示意图

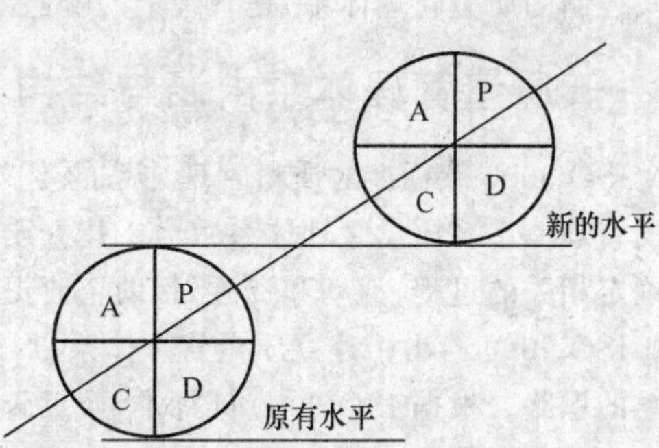

图 8-7　PDCA 循环逐级上升图

(3)A 阶段是上、下循环的结合点,A 阶段是关键。A 阶段的主要工作是总结。所谓总结,就是总结经验,肯定成绩,纠正错误,提出新的问题转入下一个循环,这是 PDCA 循环之所以能上升和前进的关键。如果只有前 3 个阶段,没有将成功经验纳入有关标准、制度和规定中,就不能巩固成绩;没有吸取经验教训,就不能防止同类问题的再度发生。因此,推动 PDCA

循环，一定要抓好总结这个阶段。

(二)朱兰三步曲

朱兰认为要提高产品质量，就应破除传统观念，抓住质量计划—质量控制—质量改进 3 个主要环节，这一管理模式成为朱兰三步曲，具体内容见表 8-3。

表 8-3　质量管理的 3 个阶段

质量计划	质量控制	质量改进
1. 设定质量目标	1. 评价实际绩效	1. 提出改进的必要性
2. 辨识顾客	2. 将实际绩效与质量目标对比	2. 做好改进的基础工作
3. 确定顾客的需要		3. 确定改进项目
4. 开发应对顾客需要的产品特征	3. 对差异采取措施	4. 建立项目小组
5. 开发能够生产这种产品特征的过程		5. 为小组提供资源、培训与激励，以便诊断原因和设计纠正措施
6. 建立过程控制措施，将计划转入实施阶段		6. 建立控制措施以巩固成果

在质量管理的"三部曲"中，3 个阶段相辅相成，质量计划明确了质量管理索要达到的目标以及实现目标的途径。质量计划是质量管理的前提和基础；质量控制确保事物按照计划的方式进行，是实现质量目标的保障；质量改进则意味着质量水准的飞跃，标志着质量活动是以一种螺旋式上升的方式在不断攀登和提高。

第三节　质量管理体系

当前市场竞争异常剧烈，各类组织为了降低成本，提高产品质量，都在不断规范或改造组织原有的管理模式，建立既能够实现质量目标，达到顾客满意，又使产品的整个生产过程得到有效控制的质量管理体系，是管理上的普遍要求。

一、质量管理体系内涵与结构

ISO 9000 族标准对质量管理体系的定义是："质量管理体系是在质量方面指挥和控制组织的管理体系。"质量管理体系致力于建立质量方针和质量目标，并为实现质量方针和质量目标确定相关的过程、活动和资源，帮助企业提供持续满足顾客和其他相关方要求的产品。

ISO 9000 给出了建立质量管理体系，形成文件、实施、保持和持续改进质量管理体系有效性总的思路。根据 ISO 9000 族标准，质量管理体系包括四大过程，即管理职责、资源管理、产品实现和测量分析改进，具体内容构成见图 8-8。

组织为了建立并实现质量方针和质量目标，经过质量策划将这四大过程有机地组成一个整体，构成质量管理体系。组织建立质量管理体系不仅要满足在经营中顾客对组织质量管理体系的要求，预防不合格产品发生和提供使顾客和其他相关方满意的产品，而且应该站在更高层次，追求组织优秀的业绩来保持不断改进、改善质量管理体系。因此，组织应定期评价质量管理体系，开展内部质量管理体系审核和管理评审，按质量体系或者优秀的管理模式进行自我

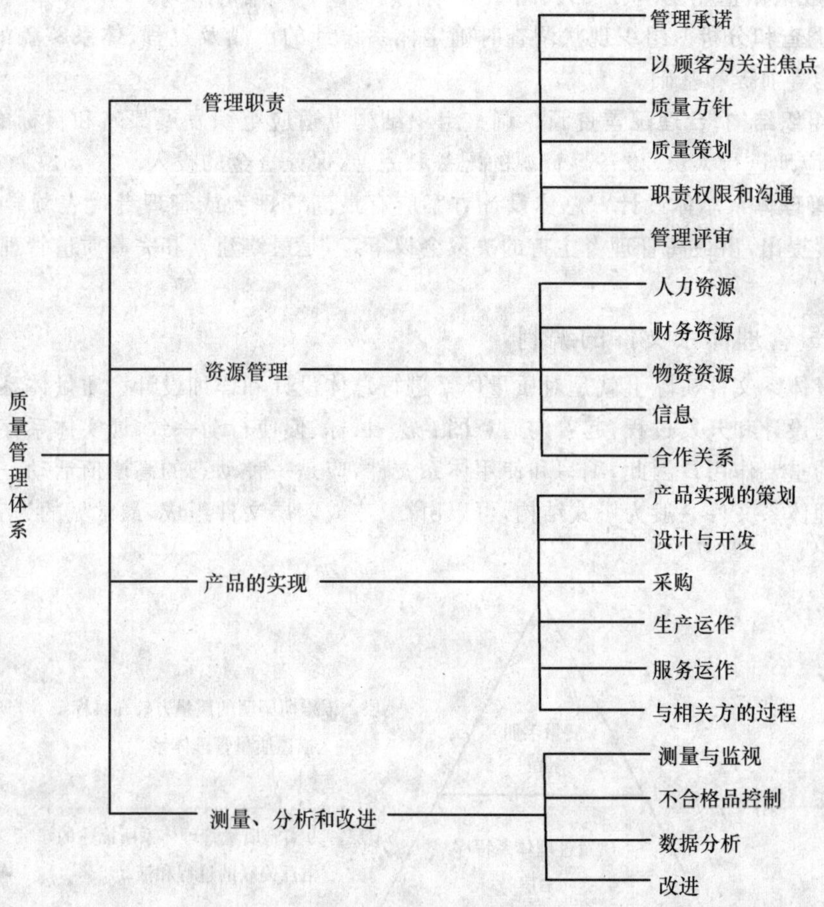

图 8-8　质量管理体系的结构

评定，以评价组织的业绩，识别需要改进的领域，持续提高质量管理体系水平。

质量管理体系的建立一般要经历质量管理体系的策划与设计、质量管理体系文件的编制、质量管理体系的试运行及改进 3 个阶段。

二、质量管理体系的建立

(一)质量管理体系的策划与设计

质量管理体系策划是质量策划的重要组成部分，是质量管理体系总体设计，以及最终编制质量管理体系文件并加以实施的前提，是对企业最终建立并完善质量管理体系所进行的系统、全面的谋划。只有通过精心的策划，才能建立有效的质量管理体系，才能最终实现质量目标。质量管理体系策划与设计的步骤如下：

1. 教育培训，统一认识　教育培训是质量管理体系建立的起点，也是提高认识、统一认识的过程。在体系策划和总体设计阶段，培训的重点应该是组织的决策层和管理层。

2. 制定质量方针和目标　质量方针和目标的确定直接关系到组织建立一个什么样的质量管理体系，最高管理者应积极参与质量方针和目标的制定。

3. 组织落实，制订计划　建立统一规划、分级负责的组织结构是建立和完善质量管理体系的关键，一般根据企业规模、产品及组织结构不同可以有不同的形式。

4. 现状调查和分析 组织现状调查时确定体系设计的产品及过程、体系覆盖的范围、体系文件的结构等前提和基础。

5. 调整组织结构，合理配置资源 调整组织结构以适应组织发展战略和目标的要求，与此同时，需相应地进行人员、设备等资源的配备和完善，保证资金的投入。

6. 质量管理体系总体设计 总体设计方案应有最高管理者或管理者代表领导下的体系设计小组负责提出，由最高管理者主持的决策会议审定，是最终建立和完善质量管理体系的大纲和指南。

（二）质量管理体系文件的编制

编制质量体系文件实际上就是对质量体系进行总体设计和详细设计。质量体系文件体现了质量体系的设计和开发过程，起着沟通意图、统一目标、促使行动一致、证实体系存在及保证其运行效果的重要作用。因此，编写和使用体系文件，应是一种动态的高增值活动。

质量管理体系文件一般为塔式结构，可以由二、三或四层文件组成，最常见的为三层，见图8-9。

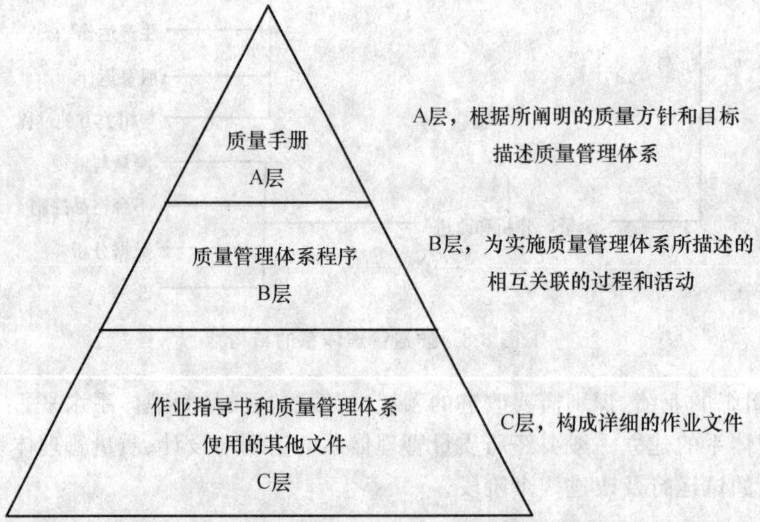

图 8-9 典型的质量管理体系文件结构示意图

质量管理体系文件通常包括：质量方针和质量目标、质量手册、程序文件、作业文件、质量计划、表格、规范、外部文件和记录。下面介绍其中最重要的几种质量体系文件：

1. 质量手册 向组织内部和外部提供关于质量管理体系的一致信息的文件，是组织质量管理的纲领性文件。

2. 程序 是质量管理体系程序的简称，是描述质量管理体系过程所要求的质量活动如何开展的文件，应有力地支持质量手册的各项内容。

3. 作业文件 是程序的支持性文件，描述关键的活动，并足以对活动进行控制，详细规定某些质量活动和具体管理活动应怎样开展。

4. 质量计划 是针对某一特定情况应用的质量管理体系过程和资源做出规定的文件，也是针对某一产品、项目或合同，规定专门质量措施、资源和活动顺序的文件。

5. 表格　制定和保存表格是为了记录有关的数据，以证实满足了质量管理体系的要求。

(三)质量管理体系的试运行及改进

编写的文件是否有效，体系运作是否协调，都需要通过试运行来检验。经过试运行，暴露出诸多的矛盾和问题，采取改进和纠正措施，进一步修改和完善体系文件，改进体系。在体系运行中不断改进，在不断改进中运行体系。主要抓好以下4个方面的工作：

1. 试运行阶段的培训重点在执行层　举办各种形式的质量管理体系文件培训班，以及岗位职责培训班等，特别是重点培训与体系运作有关的人员。

2. 重视信息的管理　做好信息的搜集、分析、传递、反馈及处理，完善文件化的质量管理体系信息网络系统。

3. 质量管理体系的审核和评审　质量管理体系文件体现了对质量管理体系的策划和设计。它决定了组织的固有管理能力，是指导质量管理活动的具体依据。因此对体系文件进行评审，可以确保其发挥应有的作用，达到预期的增值效果。评审需要以编制文件应遵循的基本原则为尺度，评价质量管理体系文件在有效性和适应性方面还有欠缺，以便更改，从而优化文件的编制和修订过程。

4. 采取纠正和预防措施　针对体系运行中已发生的或潜在的不合格及其原因进行调查分析，采取纠正和预防措施，防止不合格品再发生或发生的活动。

三、ISO 9000族质量管理体系标准

(一)质量管理体系标准的产生和发展

国际标准化组织ISO(International Organization for Standardization，ISO)成立于1947年2月，是目前世界上最大的也是最权威的国际性标准化的专业机构。1979年，ISO根据英国标准委员会BSI(British Standards Institution，BSI)的建议，成立了质量管理和质量品质技术委员会(TC 176，ISO的第176个技术委员会)，专门负责制定质量管理和质量保证标准。1986年，TC 176发布了第一个标准ISO 8402《质量——术语》标准，1987年发布了ISO 9000《质量管理和质量保证标准——选择和使用指南》、ISO 9001《质量体系——设计开发、生产、安装和服务的质量保证模式》、ISO 9002《质量体系——生产和安装的质量保证模式》、ISO 9003《质量体系——最终检验和试验的质量保证模式》、ISO 9004《质量管理和质量体系要素——指南》等6项标准，统称为“ISO 9000族标准”。

ISO标准的编号格式是：ISO＋标准号＋(“－”＋分标准号)＋冒号＋发布年号，如ISO 9001：2008，为2008年版的ISO 9001标准。

为了使ISO 9000族标准更加协调和完善，ISO/TC 176于1994年、2000年和2008年对标准分别进行了修订。当前ISO 9000族标准最新版本，为2008年11月15日，ISO发布的第四版，即ISO 9001：2008版，2008年12月30日中国发布了GB/T 19001—2008版，于2009年3月1日开始实施。2008版ISO 9000族标准主要由4个核心标准、支持性标准和文件组成，其中4个核心标准的主要内容见表8-4。

表 8-4　2008 版 ISO 9000 族标准的核心标准

标准/文件	名称	发布日期	简介
ISO 9000:2005	质量管理体系——基础和术语	2005 年 9 月	表述了 ISO 9000 族标准中质量管理体系的基础，并定义了相关术语
ISO 9001:2008	质量管理体系——要求	2008 年 11 月	规定了对质量管理体系的要求，供组织需要证实其具有稳定地提供顾客要求和适用法律法规要求产品的能力时应用
ISO 9004:2009	追求组织的持续成功——质量管理方法	2009 年 11 月	通过质量管理的途径，提供指南以帮助所有在复杂、严格以及不断变化的环境下的组织取得持续成功的成就
ISO 19011:2011	管理体系审核指南	2011 年 11 月	提供了管理体系审核的指南，包括审核原则、审核方案的管理和管理体系审核的实施，也对参与管理体系审核过程的人员的个人能力提供了评价指南

(二)质量管理体系的八项原则

八项质量管理原则是 ISO/TC 176 在总结质量管理实践经验的基础上，用高度概括、易于理解的语言所表述的质量管理最基本、最通用的一般规律。组织要开展质量管理，就应该用八项原则作指导思想，任何一个管理项目或管理要求都要符合八项原则要求。

1. 以顾客为关注焦点　组织依存于顾客，因此，组织应当理解顾客当前和未来的需求，满足顾客要求并争取超越顾客期望。为此，组织应调查识别并理解顾客的需求和期望；确保组织的目标与顾客的需求和期望相结合；确保在整个组织内沟通顾客的需求和期望；测量顾客的满意程度并根据结果采取相应的活动或措施；系统地管理好顾客的关系；确保以平衡的方式使顾客和其他相关方(所有者、员工、供方、金融机构、当地社区和社会等)满意。

2. 领导作用　领导者应确保组织的目的与方向一致，他们应当创造并保持良好的内部环境，是员工能充分参与实现组织目标的活动。为此，领导应考虑所有的相关方的需求和期望；为本组织的未来描绘清晰的愿景，确定富有挑战的目标；在组织的所有层次上建立价值共享、公平公正和道德伦理观念；为员工提供所需的资源和培训，并赋予具职责范围的自主权；激发、鼓励和承认员工的贡献。

3. 全员参与　各级人员都是组织之本，唯有其充分参与，才能使他们为组织的利益发挥才干。为此，组织应让每个员工了解自身贡献的重要性及在组织中的角色；以主人翁的责任感去解决各种问题；使每个员工根据各自目标评估其业绩；使员工积极地寻找机会增强他们自身的能力、知识和经验。

4. 过程方法　将活动和相关资源作为过程进行管理，可以更高效地得到期望的结果。为此，组织应需开展的活动包括：为了取得预期的结果，系统地识别所有的活动；明确管理活动的职责和权限；分析和测量关键活动的能力；识别组织职能之间与职能内部活动的接口；注重能改进组织的活动的各种因素，诸如资源、方法、材料等；评价各项活动给顾客、供方和其他相关方带来的风险、结果以及影响。

5. 管理的系统方法　将相互关联的过程作为体系来看待、理解和管理，有助于组织提高实现目标的有效性和效率。为此，组织需开展的活动包括：建立一个体系，以最佳效果和最高效率实现组织的目标；理解体系内各过程的相互依赖关系；更好地理解为实现共同目标所必需的作用和责任，从而减少职能交叉造成的障碍；理解组织的能力，在行动前确定资源的局限性；设定目标，并确定如何运作体系中的特殊活动；通过测量和评价活动持续改进体系。

6. 持续改进　持续改进总体业绩应当是组织的永恒目标。为此，组织需开展的活动包括：在整个组织范围内使用一致的方法持续改进组织的业绩；为员工提供有关持续改进的方法和手段的培训；将产品、过程和体系的持续改进作为组织内每位成员的目标；建立目标以指导、测量和追踪持续改进；对改进给予承认和奖励。

7. 基于事实的决策方法　有效决策建立在数据和信息分析的基础上。成功的结果取决于活动实施之前的精心策划和正确的决策。基于事实的决策方法主要包括：确保数据和信息足够精确和可靠；让数据/信息需要者能得到数据/信息；使用正确的方法分析数据；基于事实分析、权衡经验与直觉，做出决策并采取措施。

8. 与供方互利的关系　组织与供方相互依存，与供方互利的关系可增强双方创造价值的能力。对互利的供方关系的措施包括：在对短期收益和长期综合平衡的基础上，确立供方的关系；与供方或合作伙伴共享专门技术和资源；识别和选择关键供方；清晰与开放的沟通；对供方所做出的改进和取得的成果进行评价并给予鼓励。

（三）质量管理体系认证

1. 质量认证　质量认证是随着商品生产和交换的发展而逐步发展起来的。其原动力在于购买方（用户）对所购产品质量的信任的客观需要。质量认证是指第三方认证机构依据程序对产品、过程或服务符合规定的要求给予书面保证（认证证书）。理解质量认证这一概念，必须明确以下几点：

（1）质量认证对象是产品或质量管理体系。

（2）质量认证的依据是标准、有关的法律法规。

（3）质量认证是独立的、系统的、有权威的第三方从事的活动。

（4）质量认证的证明方式是认证证书和认证标志。

2. 质量认证的类型

（1）型式检验。按规定的检验方法对产品的样品进行检验，以证明样品符合标准或技术规范的全部要求，检验所需样品的数量由认证机构确定，取样地点从制造厂的最终产品中随机取样。

（2）质量管理体系检查评定。这种认证制度是对组织按所要求的技术规范生产或服务的质量管理体系进行检查评定，批准认证后对该体系的保证性进行监督复查，通常称为质量体系认证。国际标准化组织发布的 ISO 9001：2008《质量管理体系——要求》，可作为质量认证中检查评定组织质量管理体系的依据。

（3）监督检验。是从组织的最终产品中或者从市场抽取样品，由认可的独立检验机构进行检验。有 4 种方式：型式检验加认证后监督——市场抽样检验（从市场上购买样品或从批发商、零售商的仓库中抽样检验）；型式检验加认证后监督——供方抽样检验（从生产厂发货前的产品中抽验进行检验）；型式检验加认证后监督——市场和供方抽样检验（前述两种认证的综合）；型式检验加组织质量管理体系评定加认证后监督——质量管理体系复查加供方和市场抽验检验(是当前最完善的产品质量认证制度,也是 ISO 向各国推荐的认证制度)。

(4)监督检查。是对认证产品的组织的质量保证能力进行定期复查,使组织坚持实施已经建立起来的质量管理体系,从而保证产品质量的稳定。

3. 产品质量认证 产品质量认证是指依据产品标准和相应的技术要求,由产品认证机构对某一产品实施合格评定,并通过颁发产品认证证书和认证标志,以证明某一产品符合相应标准和技术要求的活动。

产品认证分为安全认证和合格认证。安全认证属强制性认证的范畴,合格认证一般是自愿的,如 ISO 9000 认证。

强制性产品认证制度,是政府为保护广大消费者人身安全、保护动植物生命安全、保护环境、保护国家安全,依据有关法律法规实施的一种对产品是否符合国家强制标准、技术规则的合格评定制度。主要通过制定强制性产品认证的产品目录和实施强制性产品认证程序,对列入目录中的产品实施强制性的检测和审核。凡列入强制性产品认证目录内的产品,没有获得指定认证机构的认证证书的,以及没有按规定施加认证标志的,一律不得进口、不得出厂销售、不得在经营服务场所使用。中国强制性产品认证标志名称为"中国强制认证",英文名称为"China Compulsory Certification",简称"CCC"(3C)。

4. 质量管理体系认证 质量管理体系认证是指依据质量管理体系标准,由质量管理体系认证机构对质量管理体系实施合格评定,并通过颁发体系认证证书,以证明某一组织有能力按规定的要求提供产品的活动。

ISO 9000 质量管理体系认证是根据国际标准化组织颁布的 ISO 9000 族质量管理体系国际标准,经过认证机构对企业的质量管理体系进行考核,并以颁发认证证书的形式证明企业的质量管理体系和质量保证能力符合相应的要求,授予合格证书并予以注册的全部活动。

质量管理体系认证是通过第三方质量管理体系审核活动完成的。所谓第三方质量管理体系审核,是指由独立并被国家认可的第三方组织——质量管理体系认证机构,依照规定的程序,对受审核组织进行的独立、系统的审核活动。其内容包括:审核质量管理体系文件及各要素的活动是否符合所选定的标准模式要求;审核质量管理体系文件中的各项规定是否得到有效贯彻并达到质量管理标准。

【知识链接】8-2 网购商品质量任重道远①

2015 年 1 月 23 日,国家工商总局公布了 2014 年下半年网络交易商品定向监测结果,此次监测共完成 92 个批次的样品采样,其中有 54 个批次的样品为正品,正品率为 58.7%。监测结果显示,手机行业正品率仅为 28.57%;淘宝网正品率最低,仅为 37.25%。

此次监测抽查了淘宝网、京东商城、天猫、1 号店、中关村电子商城、聚美优品等平台,以电子产品、儿童玩具、汽车配件、服装、化妆品和农资等为重点监测种类,以高知名度商标、涉外商标等为重点取样商品品牌。

分行业来看,化肥农资正品率最低,为 20%,涉及杜邦康宽和史丹利两个品牌;手机行业正品率为 28.57%,假货、翻新产品、山寨产品等伪劣产品现象比较严重,涉及小米和三星两个

① 内容源自中国质量新闻网:http://www.cqn.com.cn/news/cjpd/998040.html,题目自拟,内容有删减。

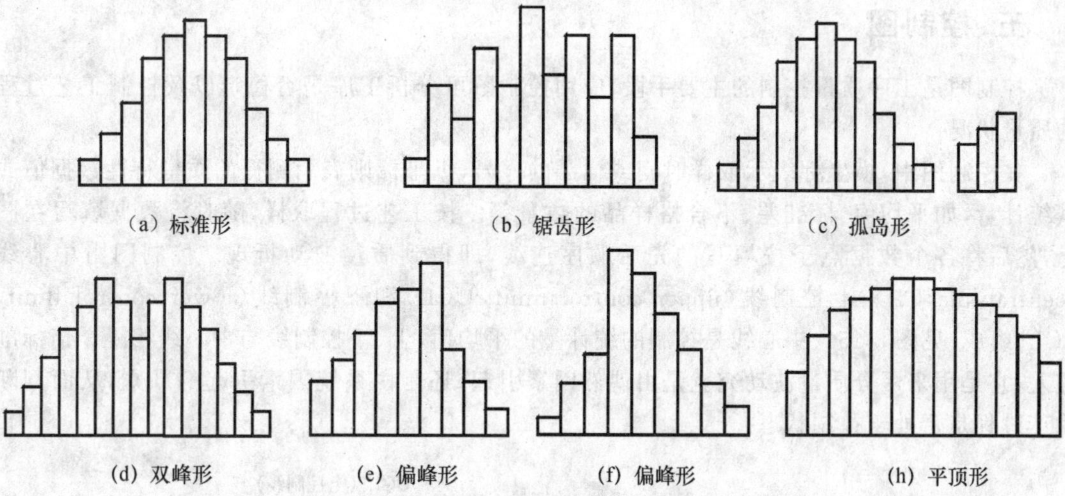

图 8-13　不同形状的直方图

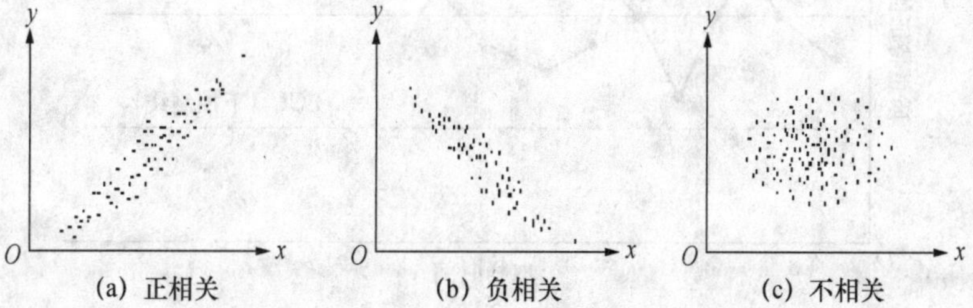

图 8-14　不同形状的散布图

(二)作图步骤

1. 确定研究对象　研究对象的选定，可以是质量特性值与因素之间的关系，也可以是质量特性值之间的关系，或因素与因素之间的关系。

2. 收集数据　一般需要收集成对的数据 30 组以上，同时要记录收集数据的日期、取样方法、测定方法等有关事项。

3. 画出横坐标 x 与纵坐标 y，标出特性值刻度　一般横坐标表示原因特性，纵坐标表示结果特性。

4. 根据数据画出坐标点　按 x 和 y 的数据分别在横、纵坐标上取对应值，然后分别引出平行于 y 轴和 x 轴的平行线，其交点即为所求的坐标点。

(三)计算相关系数

散布图只能定性分析两个变量之间的相关关系。如果需要更确定地进行相关判断，需要计算相关系数。相关系数用 r 表示，计算公式如下：

$$r=\frac{\sum_{i=1}^{n}(x_i-\overline{x})(y_i-\overline{y})}{\sqrt{\sum_{i=1}^{n}(x_i-\overline{x})^2\cdot\sum_{i=1}^{n}(y_i-\overline{y})^2}}$$

五、控制图

控制图是工序质量控制的主要手段,应用控制图可分析工序是否稳定以及控制工艺过程的质量状况。

在控制图中,横坐标表示取样时间或样品的序号,纵坐标则表示测得的质量特性数据值或其统计量,如平均值、标准差、不合格样品的数量等。按工艺过程取样,随时将数据填写在图上,然后将各个数据点子按填写的先后顺序连线,即得到质量波动折现。控制图由中心线(central line,CL)、上控制线(upper control limit,UCL)和下控制线(lower control limit,LCL)组成,见图 8-15。中心线是控制的统计量的平均值,上、下控制线与中心线相距 3 倍标准偏差,它是用来区分质量波动究竟是由偶然因素引起,还是由系统因素引起的准则,从而判断生产过程是否处于控制状态。

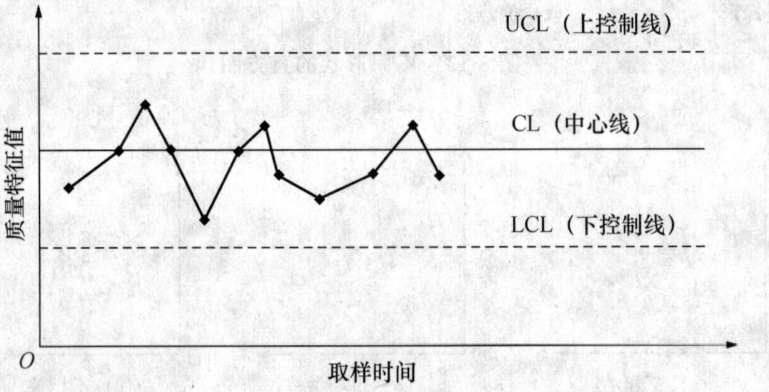

图 8-15　控制图

用控制图可识别生产过程的状态,根据样本数据形成的样本点位置以及变化趋势进行分析和判断生产过程是处于受控状态还是失控状态。

1. 受控状态　如果控制图上所有的点都在控制界限以内,而且排列正常,说明生产过程处于统计控制状态。

其中排列正常表现为:

(1)所有样本点都在控制界限之内。

(2)样本点均匀分布,位于中心线两侧的样本点约各占 1/2。

(3)靠近中心线的样本点约占 2/3。

(4)靠近控制界限的样本点极少。

2. 失控状态　生产过程中处于失控状态的明显特征是有一部分样本点超出控制界限,除此之外,如果没有样本点出界,但样本点排列和分布异常,也说明生产过程状态失控。典型失控状态有以下几种情况:

(1)连续 7 点或 7 点以上出现在中心线一侧。

(2)连续 7 点上升或下降。

(3)样本点周期性变化。

(4)样本点分布的水平突变。

(5)样本点的离散程度较大。

如果工序处于稳定状态，则受控状态下的控制图可以用于以后的工序控制，失控状态则要查明原因，采取措施。

本章小结

本章首先介绍了质量和质量管理的概念及相关内容，归纳了质量管理发展的 5 个阶段，围绕着全面质量管理，分析了其指导思想和特点，重点介绍了其基本方法：PDCA 循环；质量管理体系的建立包括质量管理体系的策划与设计、质量管理体系文件的编制、质量管理体系的试运行及改进 3 个阶段；为统一推进世界范围质量管理体系的建设，ISO 于 1987 年颁布了 ISO 9000 族标准，其后进一步协调和完善，当前使用的是 2008 年颁布的第四版；常用的质量管理统计方法包括：排列图法、因果分析图法、直方图法、散布图法和控制图法等。

复习思考题

1. 什么是质量？企业为什么必须强化质量管理？
2. 什么是质量成本？简述质量成本模型的基本内容。
3. 质量管理经历了哪几个发展阶段？
4. 什么全面质量管理？简述 PDCA 的步骤。
5. 质量管理体系包括几个方面的内容？
6. 2008 版 ISO 9000 族标准的核心标准有哪些？

【案例分析】富士康质量管理四观念①

如何保证质量？富士康有四项质量管理观念，它们融合在公司上下各个环节中。

第一，轿子观念。做好一个产品，需要产品设计、制造、营销各单位紧密配合。营销单位设立的海外据点仔细了解客户的真正需求，产品设计单位彻底了解真正的问题所在，制造单位把客户的需求转化成产品，这是一个环环相扣的过程，需要团队协同运作。郭台铭将此比作抬轿子。开发单位的人员在轿子前面抬，制造单位的人员在后面抬，前后互相搭配，一起上山、下山。遇到绊脚石，前面的人抬脚不告诉后面的人，后面的人看不到，就可能被绊倒。郭台铭认为，富士康犯了很多的错误，主要原因就是因为未利用团队的力量来做事：制造单位未了解客户的真正需求在哪里，营销、设计单位了解了但未及时告知制造单位。所以，首先要弄清客户的需求，在不清楚客户的需求前，制造单位不要接单，否则只会造成客户的抱怨。

第二，傻瓜观念。新产品开发出来后，就进入了量试到大量生产阶段。为了确保品质稳定，制造单位把作业规范、检验规范完全书面化，进而制定成可以控制的作业系统，由此来控制质量运行。

什么是可以控制的作业系统呢？比如成型机开机后，模温如果达不到规定的温度，成型机就不能生产；成型生产条件一经确定，在制程中达不到或有变化，成型机就会自动停止。由此

① 内容节选自徐明天，徐小妹《富士康真相》，题目自拟，引用有删减。

确保无论谁去操作都是一样,从而保证质量。郭台铭要求把控制作业系统设计成像傻瓜相机一样。手动照相机的时代,一般人不经过培训是不会使用的,照相时要先调好光圈与焦距,有时调了半天,照出来的仍是模糊的相。随着傻瓜相机的问世,使用就方便了,没有接触过相机的人,也能照出清晰亮丽的照片来,人人都能操作。富士康就是用这个理念来改善成型条件的控制,只要给成型机配备一台电脑,就可以控制机台压力、水、模温等。成型条件达不到规定要求,电脑便自动要求停止。此外,还可以配备自动照相机显影设备来进行检测。为了精确检查产品外观及尺寸,富士康的设备可以精确到小数点后三位。

第三,纪律观念。郭台铭举了一个案例:日本有一家非常有名的饼干公司,每天有大量观光的客人来参观。饼干生产特别强调制造过程的环境卫生,但客人们出于对该厂产品的羡慕或好奇,都会禁不住去触摸产品,有时候上完厕所后经过生产线也要摸一下产品。这就产生了一个困扰——由于日本冬天洗手很冷,很多客户不洗手就出来接触产品,肯定会造成产品品质的问题。怎么办?刚开始,这家工厂雇人督促客人洗手,但是不行,因为总会有百密一疏的时候。后来,这家工厂想出了一个妙招,在水龙头和厕所门上安装了一个光系统,不洗手就无法开门出去。这样,就杜绝了饼干的触摸污染。对于一家像富士康这样庞大的工厂,彻底依靠系统、标准管理产品品质是难以做到的。虽然有标准,但是80%以上的质量事故还是由人为原因造成的。有的产品第一批没有问题,到第六批时突然出了问题,就是因为有人没有按标准来做。执行标准,必须依靠纪律。因此,郭台铭常说:“走出实验室,没有高科技,只有执行的纪律。”

第四,智慧观念。富士康要求公司主管成为知识工作者,用脑子做事、用思想做事、用知识做事。知识即权力,知识即财富,知识即希望。郭台铭认为,一个人只掌握书本知识还不够,那只是一名知识工作者,还要不断提升自己的实际动手能力,快速掌握最先进的技术;在工作中遇到挫折与失败不要气馁,要注意积累经验,吸取教训,举一反三,锲而不舍地追求新知。知识+技术+经验+毅力=智慧。富士康的干部应该成为智慧型工作者。质量管理还要依靠工作现场全体员工的智慧。

富士康广泛地开展了 QCC(quality control circles)质量管理小组活动,很多问题就是由QCC 发掘的。因为现场人员最清楚问题出在什么地方,领导匆匆到现场看过一遍难以看出问题,品质管理员在现场巡视,也不能看出全部问题,只有生产线上的员工才能把问题找出来,也一定能找到解决问题的方法。比如,一个人肚子痛,痛在什么位置,痛到什么程度,只有他自己最清楚。但他可能不知道是什么病,该吃什么药,该怎么治。要靠所有的现场活动把问题发掘出来,然后大家集思广益,去改善和解决问题。

思考题:结合富士康质量管理理念,谈谈你对质量管理的认识。

第九章　企业营销管理

【引例】没有淡季的市场，只有淡季的思想

海尔首席执行官张瑞敏先生认为，海尔能从当初的一个濒临倒闭、资不抵债的集体小厂发展成现在的世界白色家电十强，主要靠两点：一是创新，当时什么都没有，但通过创新来创造资源，一切都围着市场转。二是以变制变，因为你不可以期望市场不变，与其不变，不如变到市场前面去。海尔认为企业的经营目标应紧贴市场，最重要的是开发市场，创造新市场，从而引导消费来领先市场。

例如，洗衣机到夏天销量非常小，一般厂家到这时就减产。海尔通过分析市场开发出"小小神童"洗衣机，外形尺寸不到普通全自动洗衣机的 1/3，洗涤 1.5 kg 衣物水电用量相当于全自动洗衣机的 1/3，以"内衣、外衣分开洗，夏天衣服即时洗"的独特优点，开创了人们即时洗衣的新时尚，做大了市场蛋糕。另外，海尔根据用户售后维修反馈，开发出针对农村市场的"大地瓜洗衣机"，针对龙虾店经营者推出的"洗虾机"等洗衣机产品，无一不体现了海尔"没有淡季的市场，只有淡季的思想"的经营理念，企业的运作一切围绕着市场转，发现市场需求，抓住市场需求，满足市场需求，企业就能够成功。

第一节　营销管理概述

营销是一个包含从产前至售后的全面管理过程，要成为合格的营销者，就必须知道什么是营销，营销管理工作的内容，以及营销管理工作的基本指导思想。

一、营销及其核心概念

为了准确地理解营销管理的内容，首先要认识营销的一些核心概念。这些概念有着内在的逻辑关系，如图 9-1 所示。营销的起点是需求，顾客的需求决定了企业提供什么样的供给物。顾客在众多供给物中选择的依据是哪一种可以给他们带来最大的价值，满意的顾客则会再次购买。当人们希望通过交换来满足需求时就产生了营销，对交换关系和交换双方的认识界定了市场和营销的概念。

(一)需要、欲望和需求

人类的需要是构成营销最基本的概念。需要(needs)是人类感到不满足或缺乏而在生理或心理上反映出来的一种状态。当存在具体的商品来满足这些需要的时候，需要就变成了欲望(wants)。当有能力购买这些商品时，欲望就变成了需求(demands)。企业不仅要知道有多少人需要这些商品，更重要的是要测算出有多少人实际上能够买得起。

(二)营销供给

企业通过提供实际的供给物(marketing offerings)来满足顾客的需要。营销供给物可以是实体产品、服务、信息和体验的某种组合。例如，星巴克提供给顾客的不仅是一杯咖啡，也不

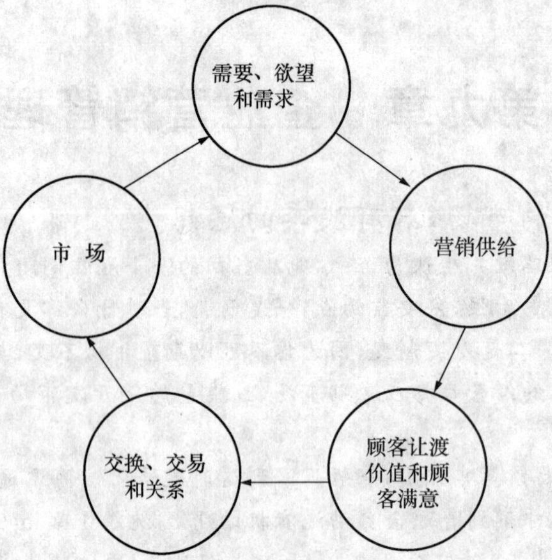

图 9-1　核心营销概念

仅是现场制作咖啡的服务，而是通过桌面和墙纸上的诗歌，在煮咖啡机器后面的自信的表演者，以及店内舒适的氛围营造出的“第三空间”给顾客带来的独特的情感体验。

（三）顾客让渡价值和顾客满意

顾客让渡价值是顾客总价值和顾客总成本之间的差额。顾客总价值是指顾客购买某一实体产品与服务所期望获得的一组利益，它包括产品价值、服务价值、人员价值和形象价值等。顾客总成本是指顾客为获得该产品所耗费的时间、精神、体力以及所支付的货币资金等，包括货币成本、时间成本、精神成本和体力成本等。企业为在竞争中战胜对手，吸引更多的潜在顾客，就必须向顾客提供比竞争对手具有更多顾客让渡价值的产品。

顾客满意是顾客对产品的实际表现与自己的期望进行的比较。如果产品的实际表现低于期望，顾客就是不满意的。如果相等，顾客就是满意的。如果超出了期望，顾客就会非常高兴。顾客满意是对消费者未来购买行为的关键影响因素，也是企业赢得竞争、占领和扩大市场、获得满意利润的关键。

（四）交换、交易和关系

交换（exchange）是通过提供某物作为回报，从别人那里获得所需之物。交易（transaction）是指双方的价值交换。如你需要付 4 000 元来获得一个苹果手机。越来越多的企业认识到与顾客建立和保持长期关系的重要性，今天的企业不仅重视通过提供优质的顾客价值来吸引新顾客，而且重视通过传递顾客满意来保持和发展当前的顾客。

（五）市场

传统的观念认为市场是商品交换的场所。经济学家认为市场应该是“对某一特定产品或一类产品进行交易的买方和卖方的集合”。营销者把卖方的集合看作行业，把买方的集合看作市场。菲利普·科特勒指出：市场（market）是由一切具有特定欲望和需求并且愿意和能够以交换来满足这些需求的潜在的顾客所组成。有时，营销者也会谈及需求市场（如纤体市场）、产品市场（减肥茶市场）、地区市场（中国市场）或其他市场，如考研市场、捐赠市场、劳动力市场等。

(六)营销和营销管理

菲利普·科特勒认为:营销是个人和集体通过创造,并同他人进行交换产品或价值,以获得其所需所欲之物的社会和管理过程。图 9-2 描绘了市场营销中的这种交换关系。买方和卖方通过 4 个流程彼此连接在一起。卖方把产品、服务传递给市场,并与市场进行信息沟通(促销);买方交付货币以得到产品、服务,并表达购物的信息(消费者的态度、意见等)。

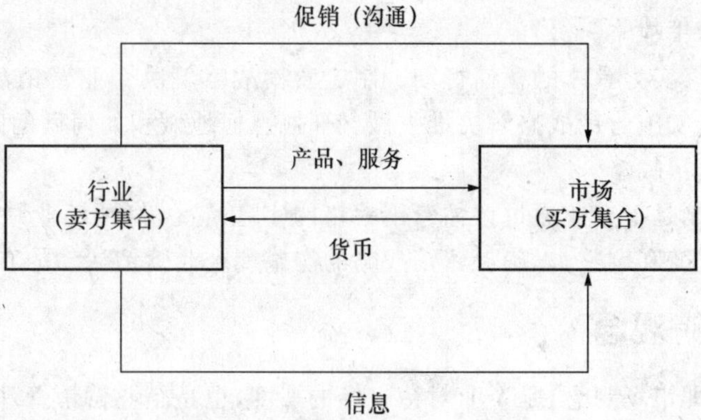

图 9-2 简单的营销系统

从管理的角度来看,营销管理是指为了创造能满足个人和组织目标的交换而对供给物的构思、定价、促销和分销进行计划、组织、实施和控制的过程。

二、营销管理的范畴和内容

营销是涵盖整个企业的活动,不仅仅局限于流通领域,而是一个包含从产前至售后的全面管理过程,如图 9-3 所示。通过生产前的市场调研、需求分析和预测、目标市场的选择和定位,营销部门能告诉工程师、设计师和制造部门:顾客需要什么样的产品,他们愿意以什么价格来购买,他们何时何地需要这些产品。通过产品出售后的质量跟踪、信息反馈、售后服务等,营销部门发现顾客还有哪些未满足的需求,为企业所有部门在各自领域的创新明确方向和目标。通过对这些活动的计划、组织、实施和控制,企业最终实现产品交换,获取利润。

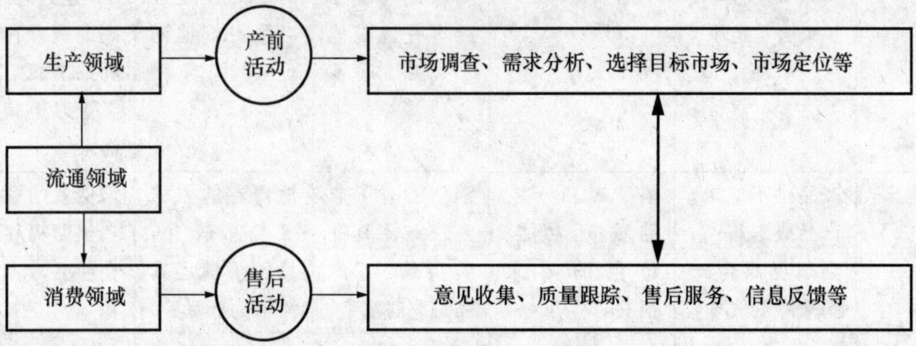

图 9-3 营销管理的范畴

营销管理的具体内容包括:

第一步,分析营销机会。

营销通过满足顾客需求来达到企业目标，因此企业的营销活动首要的在于识别、预测顾客的需求。借助市场调研和预测的方法及工具，企业能够有效地对企业的内外部营销环境、竞争者、顾客及其需求进行分析，从中寻找并发现营销机会。

第二步，制定营销战略。

企业营销战略的制定是指企业在环境分析、竞争者分析和顾客需求分析的基础上，选择市场机会最大的那些细分市场作为自己的目标市场，进行有效的市场定位和制定营销组合策略。

第三步，实施营销战略。

营销战略必须落实为具体的营销行动。制定营销战略解决企业营销活动要做什么，为什么要这样做的问题，实施营销战略解决谁去做、何时做、何地做和如何做的问题。

第四步，控制营销战略。

营销战略的控制是指企业通过评估营销战略的实施情况，将预期业绩和实际业绩进行比较，并做出必要的改变和调整，以确保营销战略的实施和企业营销活动的有效性。

三、市场营销观念

市场营销观念即市场观念，是企业对待市场的态度，也是企业营销管理工作的基本指导思想，对企业的兴衰成败具有决定性作用。表 9-1 阐述了随着社会生产力和商品经济的发展，企业的营销观念发生的深刻变化。

表 9-1 市场营销观念的演变

观念演变	生产观念	产品观念	推销观念	营销观念	社会营销观念
产生年代	19 世纪末至 20 世纪初	19 世纪末至 20 世纪初	20 世纪初至二战前	二战后至 20 世纪 70 年代	20 世纪 70 年代以来
供求格局	供<求	供<求	由供<求向供>求转变	供>求	供>求
营销着眼点	产品	产品	产品	顾客需要	消费者、企业和社会利益三者兼顾
营销重心	提高生产效率、实现低成本和扩大分销范围	生产优质产品、不断改进产品	用各种推销技巧来寻找潜在顾客并说服他们购买	正确理解顾客需求并比竞争对手更好地满足顾客需求	正确理解顾客需求，并以保护或提高消费者和社会福利的方式，比竞争者更好地满足顾客需求
适用情况	产品供不应求，产品成本很高，必须提高生产率来降低成本	消费者对于产品质量、功能、特色的要求很高	消费者对于非渴求产品具有购买惰性；产品过剩时	消费者的需求日趋多样化，只购买满足其需求的产品	消费者的短期需要和长期福利之间存在冲突
营销程序	从企业内部开始向外进行			从市场开始规划企业活动	

【知识链接】9-1 全方位营销观念

1. 全方位营销 全方位营销观念是以开发、设计和实施营销计划、过程和活动为基础的，但同时也深刻地认识到上述营销计划、营销过程和营销活动的广度和彼此之间的相互依赖性。全方位营销观念包含4个主题：关系营销、整合营销、内部营销和绩效营销。

2. 关系营销 今天营销意味着管理营利性的顾客关系。关系营销就是要与关键的利益相关者建立起彼此满意的长期关系，以赢得和维持业务。在关系营销中，包括4个关键的利益相关者，分别是顾客、员工、营销合作伙伴(渠道、供应商、分销商、经销商和代理商)、财务团体(股东、投资者和分析者)。通过与这些利益相关者建立起高效的关系网络，尊重和满足利益相关者的需求，利润会随之而来。

3. 整合营销 整合营销通过设计营销活动和全面整合营销计划，为消费者创造、传递和交付价值，实现各项营销活动的综合效果的最大化。企业应用整合营销传播战略，选择使用电视、广播、印刷广告、公共关系、网络传播等多种传播方式，并使之发挥相互强化、相互补充的作用。同时，企业还必须制定整合渠道策略，评估每个渠道的选择对产品销售和品牌资产的直接影响，以及与其他渠道的交互作用会产生什么样的间接影响。

4. 内部营销 内部营销是指通过有效地招募、培训、激励、沟通以及挽留等活动，促使员工树立顾客意识，并为顾客提供满意的服务。一般而言，内部营销可以确保组织中的所有成员都坚持适当的营销准则，尤其是高层管理人员。企业中的每一个人都需要理解、认识并支持营销活动，共同努力来实现顾客目标。

5. 绩效营销 绩效营销要求了解市场营销活动和方案为企业和社会带来的财务回报和非财务回报。高层管理人员不仅要重视销售收入，还应该关注营销计分卡，通过市场占有率、顾客流失率、顾客满意度、产品质量等营销指标对于利润的贡献来判断其投资回报水平。此外，还要考虑市场营销活动和方案对法律、道德、社会和环境等的影响，也就是在社会营销观念的指导下开展营销活动。一些企业开始把社会责任作为把自己与竞争对手区分开来，影响顾客偏好、获得收入和利润的重要手段。

资料来源：菲利普·科特勒，凯文·莱恩·凯勒，营销管理(第14版·全球版)，中国人民大学出版社，2012。

第二节 市场调查与分析

企业开展营销活动受其所处的政治、经济、社会、科技、自然等宏观环境的影响，并且在微观层面上受其上游供应商、下游销售商、行业竞争者、政府、顾客等利益相关者的影响，因此企业必须有效地对企业的内外部营销环境、竞争者、顾客及其需求进行分析，从中寻找并发现有利的营销机会，为制定营销战略提供决策依据。

一、市场调查分析的内容

(一)宏观环境调查分析

企业必须在大范围内跟踪调查人口、经济、社会文化、自然、技术和政治法律6种环境因素的相互作用给企业带来的机会和威胁。

1. 人口环境 主要调查分析一个国家或地区的人口数量及其发展趋势,人口的年龄、性别、种族、地理分布、职业、教育水平、家庭结构、地理迁移等人口特征导致消费者需求有哪些方面的差异,帮助企业更好地识别差异化的顾客需求,选择合适的目标市场。

2. 经济环境 主要调查分析国家和地区的经济发展水平、经济发展速度、一段时间的经济发展状态(如经济繁荣或经济危机)、消费者的收入和支出情况等。因为市场不仅需要人口,还需要购买力。消费者的现行收入、价格、储蓄、负债与信贷条件等,对消费者的购买力都会产生巨大的影响。

3. 社会文化环境 主要调查分析特定社会的核心文化价值观和亚文化价值观对于人们的消费观念、消费需求、购买行为的影响。核心文化价值观如伦理道德、风俗习惯、价值观念、语言文字等具有高度的继承性,影响人们的消费习惯和传统。亚文化价值观更容易发生变化,尤其体现在社会时尚、消费流行等方面。

4. 自然环境 主要调查分析影响企业生产经营的自然资源、生态环境及其保护等情况。原材料的短缺、能源成本的增加、污染的加重和政府对环保问题的干预等,都促使企业承担起环境保护的社会责任,以及发现环保中的市场机会,推出绿色产品,开展绿色营销。

5. 技术环境 主要调查分析与企业产品经营管理相关的技术变革情况,包括新技术的应用及其发展趋势。新的技术创造了新的市场和机遇。当旧产业与新技术抗争或忽视新技术时,旧产业的业务就会下降直至衰退。因此,企业需要密切关注技术环境。

6. 政治法律环境 主要调查分析国家和国际的政治形势,国家和地方政府的5年发展规划,相关政策和法律法规等。人口政策、产业政策、能源政策、物价政策、财政金融与货币政策等对消费需求和企业营销活动产生重要的影响,《专利法》《商标法》《反不正当竞争法》《公司法》等法律法规等对企业的营销行为起到了规范作用。

(二)微观环境调查分析

企业还要在微观层面调查分析那些直接影响自身营销活动的各种组织与个人,主要包括企业本身、供应商、顾客、竞争者、社会公众等。

1. 企业本身 主要调查分析企业自身开发产品和开拓市场的资源和能力。企业管理者的市场意识是否正确,企业是否具备了必要的人力、物力、财力、信息、技术等资源,企业营销部门与其他部门之间的合作和协调程度等都对企业开展有效的营销活动起到了非常重要的作用。

2. 供应商 主要调查分析企业供应商的生产经营规模、供货能力、企业信誉、供货质量、供货价格、订货条件、地理位置等情况。供应商供货的及时性和稳定性、价格水平和质量水平都会直接影响企业产品的生产和信誉。企业应选择与那些信誉良好、货源充足、价格合理、交货及时的供应商合作。

3. 营销中介 主要调查分析与企业合作的营销中介的经营实力、信誉、合作条件、地理位置等情况。企业的营销中介机构主要包括营销服务机构、中间商、实体分配机构和金融机构等。企业的营销活动离不开这些机构的支持与合作,企业必须与他们建立和保持良好关系。

4. 社会公众 主要调查分析社会公众对企业及其产品、品牌的整体印象情况。社会公众主要包括金融公众、媒体公众、政府公众、市民团体、地方公众、一般公众、内部公众等。企业在社会公众中的形象对于企业寻找合作伙伴、开展营销活动有重要的影响。企业要与公众建立和保持良好的关系，树立良好的公众形象。

5. 竞争者　主要调查分析企业竞争者的类型、数量、经营规模、行业进入和退出的条件，以及竞争者的营销策略和竞争战略等情况。根据顾客的需求类型，竞争者通常有愿望竞争者、一般竞争者、产品形式竞争者和品牌竞争者。通过对竞争者的调查分析，帮助企业制定相应的竞争战略或联盟战略以赢得顾客。

6. 顾客　主要调查企业面临的5类顾客市场的特征。这5类市场包括消费者市场、生产者市场、转销商市场、非营利组织市场、国际市场。企业的产品和服务可能会同时销售给不同类的顾客市场，每类顾客市场都有特征，企业需要仔细研究以制定针对不同类市场的营销战略。

（三）顾客购买行为调查分析

调查分析顾客的购买心理和购买行为对于企业开展正确的营销活动至关重要。企业需要调查顾客购买本企业产品行为的影响因素，以及顾客购买本企业产品的决策过程，从而更好地理解顾客到底买什么、为什么买、何时买、何地买和如何买等问题，更好地识别和满足顾客需求。

1. 消费者购买行为调查分析　消费者市场是个人或家庭为了生活消费而购买产品或服务的市场。消费者对于产品和服务的需求以及购买行为受到多种因素的影响。

（1）影响消费者购买行为的因素。消费者的购买决策及购买行为受到文化、社会、个人和心理因素的强烈影响，如图9-4所示。

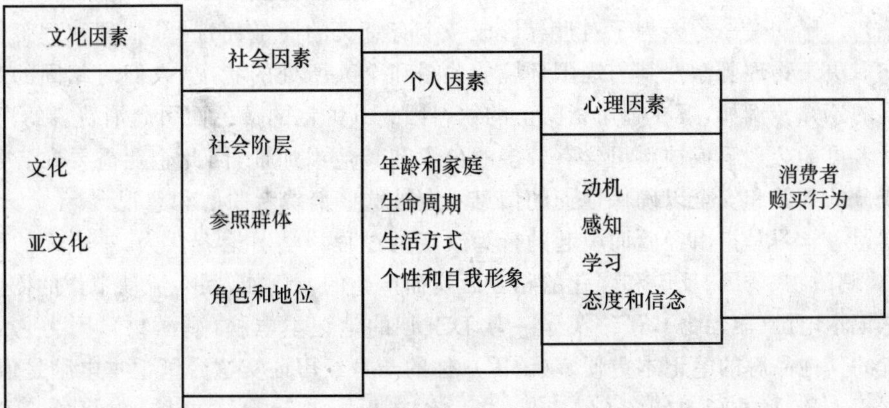

图 9-4　影响消费者购买行为的因素

①文化因素。文化、亚文化和社会阶层等因素对消费者行为的影响最为广泛和深刻。文化是人类欲望和行为的基本决定因素。每个文化都包含更小的亚文化，即一群享有共同生活经历和状态为基础的价值系统的人，如民族群体、宗教群体、地理区域群体等。许多的亚文化构成了重要的细分市场，每个主要的亚文化又由许多更小的亚文化构成，而每个更小的亚文化都有自己的偏好和行为习惯。

②社会因素。消费者的购买行为还受到一系列社会因素的影响，如社会阶层、参照群体、家庭、社会角色和社会地位。

社会阶层是在一个社会中具有相对同质性和持久性的群体，他们按等级排列，每个阶层的成员具有类似的价值观、兴趣爱好和行为方式。

参照群体是那些直接或间接影响其成员看法和行为的所有群体。参照群体包括主要群体(如家庭成员、亲戚朋友、同事、同学等)、次要群体(如宗教组织、职业协会、社会团体等)、向往群体和回避群体几种类型。参照群体会迫使个人接受新的行为和生活方式,影响个人的态度和自我概念,还会制造从众压力,促使人们的行为趋向一致性,从而影响个人对某些产品和品牌的选择。

人们的购买行为往往与其社会地位和他们在社会中实际扮演或渴望扮演的角色相关。营销者必须意识到产品和品牌有可能成为地位的象征。

③个人因素。消费者的购买决策也受到个人特征的影响,包括年龄和生命周期阶段、职业、经济状况、个性和自我概念、生活方式和价值观等。消费者对产品的品味通常与年龄有关,还受到家庭生命周期和家庭成员数量、年龄和性别的影响。个性是一个人特有的心理特征,会导致对环境刺激做出相对一致和持久的反应。生活方式是一个人在世界上的生活模式,表现为其活动、兴趣和看法。今天营销者为品牌赋予个性,并竭力寻找其产品与拥有不同生活方式的群体之间的关系。

④心理因素。主要包括动机、感知、学习和信念态度 4 个方面的内容。

• 动机　人有多种需要,当需要达到一定强度而迫使个体采取行动时,需要就变成了动机。弗洛伊德认为一个人不可能完全理解自己的动机,因此动机研究者会使用各种心理投射技术来发掘由产品引发的各种不同的和更深层次的动机。马斯洛认为最重要、最迫切的需要才影响人的行为,当一个重要的需要被满足后,次要的需要就会凸显。

• 感知　感知是一个人为了对世界形成一个有意义的图像而选择、整理和理解信息的过程。感知取决于物理刺激及其与周围环境的关系和个人所处的状况,人们对相同的刺激可以形成不同的感知。例如,摆在超市货架上的饮料因为其鲜艳的颜色而引起消费者的注意,但是有的消费者可能会理解成饮料里含有较多的色素和其他添加剂,因此企业需要在广告中不断强调其成分的天然和安全以确保他们的信息不会被这些消费者曲解和忽视。

• 学习　学习是指由经验而引起的行为改变的过程。学习论者认为,一个人的学习是通过驱动力、刺激物、诱因、反应和强化的相互影响而产生的。例如,因为流动工作的需要你去选购一台笔记本电脑(驱动力),最终买了一款 DELL 的笔记本电脑(刺激物),因为它的价格较相同配置的其他品牌的笔记本更便宜(诱因),你的亲身经历证实这台笔记本电脑是值得的,因此你对 DELL 有了很好的印象(反应)。之后你想再买一台台式电脑,你可能会再次选购 DELL 品牌(强化)。

• 信念和态度　信念是指一个人对某些事物所持有的描述性想法。消费者对特定产品的信念往往组成了产品和品牌形象的一部分。例如,不少中国人认为进口的产品比国产的好,往往把进口产品看得比较高档,因此进口产品在中国市场往往能获取很高的溢价。态度是指一个人对某些事物或观念长期持有的好与不好的认识上的评价、情感上的感受和行动倾向。态度一旦形成是很难改变的,因此企业应该将自己的产品与既有的态度相一致。

(2)消费者的购买决策过程。消费者的购买决策过程包含 5 个阶段:引起需要、收集信息、评估方案、决定购买和购后评价(图 9-5)。

①引起需要。购买者的需要可以由内部刺激引起,也可以由外部刺激引起。企业要调查分析消费者产生需要的原因、类型和迫切程度,采取适当的措施唤起和强化消费者的需要,使

图 9-5　消费者的购买决策过程

其产生购买动机。

②收集信息。通常情况下，引起的需要不是马上就能满足的，消费者需要寻找有关的信息。消费者的信息来源主要有 4 种：个人来源（家庭、朋友、邻居等）、商业来源（广告、销售人员、网站、包装说明、商品陈列等）、公共来源（大众媒体、公共组织）、经验来源（听过、看过或者使用过产品）。企业要调查分析消费者的信息来源，设法扩大对自己有利的信息传播。

③评估方案。在收集一定量的信息后，消费者就会采用一定的评估方法和评估标准在竞争性品牌中进行评估并决定取舍。产品在消费者心目中通常表现为一系列属性的组合，这些属性能为自己带来某些特定的利益。消费者根据产品不同属性的组合以及各属性的重要性程度进行综合评价以判断产品是否能够满足自己的需要。企业要调查分析消费者对本企业产品的属性和利益认知以及与竞争品牌的比较。

④决定购买。在评估阶段消费者对可供选择的品牌进行排名然后阐述购买意向。当消费者决定购买时，还要进一步做出购买的子决策，如购买内容决策（品种、品牌、规格、数量）、购买时间决策、购买地点和购买方式决策等。但是，消费者即使完成了品牌评估，在购买意向和决定购买之间，他人的态度、未预期的情境因素、感知的风险等都会影响最终的购买决策。企业要调查分析消费者购买子决策的内容以及购买意向和购买行为之间的相关程度。

⑤购后评价。消费者购买和使用产品后，消费者会将感知到的产品性能与之前的期望相比较，从而产生某种程度的满意或不满意感。如果对产品感到不满意，消费者会丢弃或退还该产品，或寻求能证明产品高价值的信息以减少失调感。消费者也可能会采取公开行动，如向公司抱怨、找律师或向媒体抱怨，也可能会采取私人行动，如以后不再购买并告诫朋友。企业要调查分析消费者使用产品的情况和消费者的满意程度，倾听消费者的抱怨、建议等以便采取相应措施。

2. 组织市场购买行为调查分析　组织市场包括所有购买产品和服务用以生产其他产品和服务以出售、出租或提供给其他组织为目的的组织。组织市场主要包括 3 种类型：生产者市场、中间商市场、非营利性组织市场。组织市场的购买需求和购买行为同样受到多方因素的影响。

(1)组织市场购买行为的影响因素。影响组织市场购买决策的因素主要包括环境因素、组织因素、人际因素和个人因素等四大类，如图 9-6 所示。

(2)组织市场的购买决策。组织购买者在进行一项采购的过程中会面临许多决策。决策的数量取决于待解决问题的复杂程度、购买要求的新奇程度、涉及的人数以及要求的时间。

组织购买类型可分为 3 种：直接重购、修正重购、新任务采购。组织购买者在直接重购中所做决策最少，在新采购任务中所做决策最多。随着时间的推移，新采购任务会变成直接重购和日常采购行为。组织的购买决策要经过 8 个阶段，如表 9-2 所示。

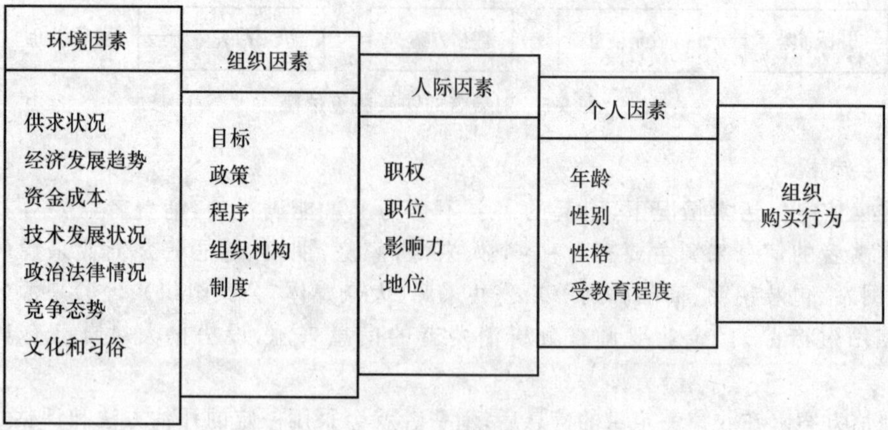

图 9-6　影响组织购买决策的因素

表 9-2　与购买类型相关的购买决策过程

决策过程	购买类型		
	新任务采购	修正重购	直接重购
1. 问题识别	是	可能	否
2. 确定总需求	是	可能	否
3. 确定产品规格	是	是	是
4. 寻找供应商	是	购买阶段可能	否
5. 征集供应信息	是	可能	否
6. 选择供应商	是	可能	否
7. 发出正式订单	是	可能	否
8. 评估履约情况	是	是	是

二、市场调查分析的方法和步骤

(一)市场调查分析的方法

1. 文案调查法　文案调查又称间接调查，是指通过搜集已有的信息，对调查对象进行分析研究的一种方法。文案调查的资料来源主要有内部资料来源(如企业的业务资料、内部统计报表、财务报表等)和外部资料来源(如统计年鉴、政府法规、统计报告、报刊、学术论文、会议文件、在线数据库等)。文案调查要求文案资料具有全面性、针对性以及时间性。

2. 实地调查法　实地调查又称直接调查，是调查人员深入现场搜集第一手资料，并加以整理、分析的一种方法。实地调查法主要有观察法、实验法、调查法、焦点小组访谈、行为资料分析法等。

①观察法。观察法是指研究者根据一定的研究目的、研究提纲或观察表，用自己的感官或辅助工具去直接观察和记录调查对象的行为以获取有关信息的一种调查方法。

②焦点小组访谈。焦点小组访谈是由研究人员基于人口统计特征、心理统计特征和其他

因素等，谨慎地挑选和召集 6～10 人，由训练有素的主持人根据事先拟好的提纲，就某个专题组织被调查者进行讨论以获取有关信息的一种调查方法。

③问卷调查法。问卷调查法是指研究人员事先设计好调查问卷（由被调查者需要回答的一组问题所构成），设计抽样方案，然后选取适当的被访者，组织实施面访调查、电话调查、网络调查等以收集足量的问卷并对问卷信息进行统计分析的一种调查方法。

④行为资料分析法。行为资料分析法是指通过商店的扫描数据、目录采购记录和顾客数据库等记录消费者采购行为的数据来分析以获得有关信息的一种调查方法。

⑤实验法。实验法又称实验观察法，是指通过实验设计和观测实验结果而获取有关信息的一种调查方法。实验法需要选出参与实验的配对小组，给予不同的处理，控制外生变量，然后检查所观测变量是否具有统计意义上的显著差异。

（二）市场调查分析的步骤

市场调查是由一系列步骤组成的，一般按如下程序进行，如图 9-7 所示。

图 9-7　市场调查步骤

1. 确定营销问题和识别调查内容　市场调查的目的是收集和分析资料以帮助企业制定营销决策，因此市场调查的第一步就要求营销人员和调查人员界定明确、具体而清晰的营销问题，从而识别调查的具体内容，限定调查的范围，以确保所收集的资料对于企业来说是有用的。

2. 编制调查计划　市场调查的第二步是编制支出最少、效率最高的收集所需信息的调查计划。设计调查计划需要对资料来源、调研方法、调研工具、抽样计划和访问方法等内容进行决策。

3. 收集信息　市场调查的数据收集阶段支出昂贵、容易出错。营销人员和调查人员要确保数据收集的真实性和有效性。实地访问可能会遇到被访者不在家，被访者拒绝合作或回答不真实等情况而导致无法获得真实有效的数据。网络调查可能会因为缺少互动，被访者缺乏耐心等情况导致获得的数据也缺乏真实性和有效性。

4. 分析信息　市场调查的第四步是将收集回来的信息加以整理，编制出统计表或统计图以方便阅读统计结果。还可以进一步应用高级的统计技术和决策模型，来对整理的数据进行分析，以检验假设和理论之间的差别，检验假设和结论的信度等。

5. 得出调查报告　市场调查的最后一步是编写调查报告。调查人员需要展示整体的分析结果，并将数据和信息转化成思考和建议，为管理部门的营销决策提供参考。

第三节　目标市场的选择和定位

企业的资源是有限的，任何一家企业都不可能满足所有消费者的需求，也不可能满足消费者的所有需求，企业在面对组织市场时也同样如此。大多数企业通过市场细分，找到最适合自己和利润率最高的细分市场作为自己的目标市场，然后进行有效定位，并在此基础上开发相应的营销组合策略以实现企业的目标。

一、市场细分

(一)市场细分的概念

市场细分是指按照购买者需求的不同,将整个市场划分为不同的购买者群体的过程。一个细分市场由一组具有相似需求的购买者组成。通过市场细分,企业可以把巨大的、异质的市场分解为小型的细分市场,从而使它们的产品或服务更快捷、更有效地满足特定顾客的需求。

(二)市场细分的标准

1. 消费者市场细分标准 市场细分要依据一定的标准来进行,营销者应综合使用多种变量进行市场细分。消费者市场细分标准主要包括地理变量、人口变量、心理变量和行为变量4类,见表9-3。

表9-3 消费者市场的主要细分变量

细分变量	项目	细分市场举例
地理因素	地理区域	欧洲;亚洲;中国大陆;中国香港;中国澳门;日本;英国
	城市规模	不到5 000人;5 000～20 000人;20 000～50 000人;50 000～100 000人……
	人口密度	城市;郊区;农村
	气候	北方;南方
人口统计因素	年龄	不到6岁;6～11岁;12～17岁;18～34岁;35～49岁;50～64岁;65岁以上
	性别	男性;女性
	家庭规模	1～2人;3～4人;多于5人
	家庭生命周期	年轻,单身;年轻,已婚,无子女;年轻,已婚,最小子女低于6岁;年轻,已婚,最小子女6岁或以上;年长,已婚,有子女;年长,已婚,子女均超过18岁;年长,单身;其他
	收入	X元以下、X～Y元、Y元以上
	职业	技术人员;经理;官员;手工艺者;退休;大学生……
	受教育程度	小学;中学;大学;大学以上
	宗教	无宗教;基督教;佛教;天主教……
	种族	黑人;白人;华裔;印度裔;非洲裔
	年代	70后;80后;90后……
	国籍	中国;美国;法国;日本
心理因素	社会阶层	如工薪阶层;白领阶层等
	生活方式	如朴素型;浪漫型;追求社会地位型等
	个性	内向与外向;独立与依赖、保守;自由、激进

续表9-3

细分变量	项目	细分市场举例
行为因素	行为场合	普通；特殊
	利益偏好	质量；服务；经济；方便
	使用者状况	从未使用过；曾经使用过；可能使用；第一次使用；经常使用
	使用频率	轻度；中度；重度
	忠诚度	没有；中等；强烈；绝对
	准备阶段	不知道；知道；以了解；感兴趣；渴望；准备购买
	对产品的态度	热情；积极；不关心；消极；敌对

2. 组织市场细分标准　组织市场也可以用地理因素、人口统计因素(行业、公司规模)、利益偏好、使用者状况、使用频率以及忠诚度等变量来细分，但是还要使用其他变量，如：经营变量、购买方式、情境因素、个人特征(表 9-4)。

表 9-4　组织市场的主要细分变量

细分变量	项目	细分市场举例
人口统计因素	行业	我们应该服务于哪些行业？
	公司规模	我们应该服务于多大规模的公司？
	地点	我们应该服务于哪些地理区域？
经营因素	技术	我们应该把重点放在客户重视的哪些技术上？
	使用者或非使用者的状况	我们应该服务于重度使用者、中度使用者、轻度使用者还是未使用者
	客户能力	我们应该服务于需要大量服务的客户还是需要少量服务的客户？
购买方式	采购职能组织	我们应该服务于拥有高度集中采购组织的公司还是分散采购组织的公司？
	权力结构	我们应该服务于工程导向、财务导向还是其他导向的公司？
	现有关系的性质	我们应该服务于和我们有牢固关系的公司还是简单地追求最理想的公司？
	总体采购政策	我们应该服务于喜欢租赁、签订服务合同、进行系统采购还是要求封闭式投标的公司？
	采购标准	我们应该服务于追求价格、质量、功能还是服务的公司？
情境因素	紧急性	我们是否应该服务于需要快速和随时交货或提供服务的公司？
	特定应用	我们是否应该关注于我们产品的特定应用而不是所有应用？
	订单规模	我们应该着重于大订单还是小订单？

续表9-4

细分变量	项目	细分市场举例
个人特征	购买者-销售者相似性	我们是否应该服务于那些人员、价值观和我们相似的公司?
	对风险的态度	我们应该服务于喜欢风险的公司还是规避风险的公司?
	忠诚度	我们是否应该服务于对其供应商表现出高忠诚度的公司?

(三)市场有效细分的条件

虽然细分市场的方式有很多,但并不是所有的细分都是有效的。例如,食盐的购买者可以通过性别来进行细分,但是男性和女性在食盐购买上的需求并没有什么差异,因此这种细分对企业来说毫无意义。为了保证细分市场的有效性,企业应抓住以下5点关键指标。

1. 可测量 细分市场的规模、购买力和特征可以测量。有些细分变量是很难测量的,比如全中国有多少左撇子,人口统计中并没有这样的数据。

2. 足够大 细分市场的规模和利润大到足够盈利的程度。例如,专门为身高2米以上的人生产床,对于家具制造商来说不合算。

3. 可进入 细分市场可以被有效地触及和服务。例如,考研辅导机构的宣传点应该选择设在大学校园内而不是中学校园内。

4. 可区分 细分市场在概念上是可区别的,并且对于不同营销组合因素和方案的反应是不同的。例如,男性和女性对于纯净水的需求并无实质性区别,按性别来区分纯净水市场就没有必要。

5. 可操作 能明确指定有效的方案以吸引和服务细分市场。例如,一家小广告公司能够划分8个细分市场,但是它的员工太少,资金不够,不能为每个细分市场设计不同的营销组合。

二、目标市场选择

(一)目标市场的评估

在评估不同的细分市场时,企业必须考虑两方面的因素:细分市场的总体吸引力;企业的目标和资源。某个细分市场内的现有竞争者数量和规模,现有或潜在替代产品的存在,顾客的购买力,以及供应商在价格或产品质量上的控制能力等因素,都会影响该细分市场的吸引力。即使细分市场具有吸引力,企业还必须考虑自己的目标和资源。细分市场必须与企业的长期目标相吻合,企业也必须有服务于该细分市场的资源,如足够的资金、人员、研发能力等等。

(二)目标市场的选择

企业对不同的细分市场进行评估后,就得决定选择为哪些细分市场服务。目标市场是企业决定进入的那些细分市场,是公司确定为之服务的、具有相同需求或特征的购买者群体。最理想的情况是销售者能够把每一个购买者当作独立的目标市场来看待,为购买者提供定制化的产品或服务。但是大多数企业考虑到个人细分市场的规模太小,所以会寻找更为广泛的购买者细分市场。

企业在对不同的细分市场进行评估后,可考虑以下几种目标市场选择的模式,如图9-8所示。图中P_1、P_2、P_3表示不同类型的产品,M_1、M_2、M_3表示不同的细分市场。

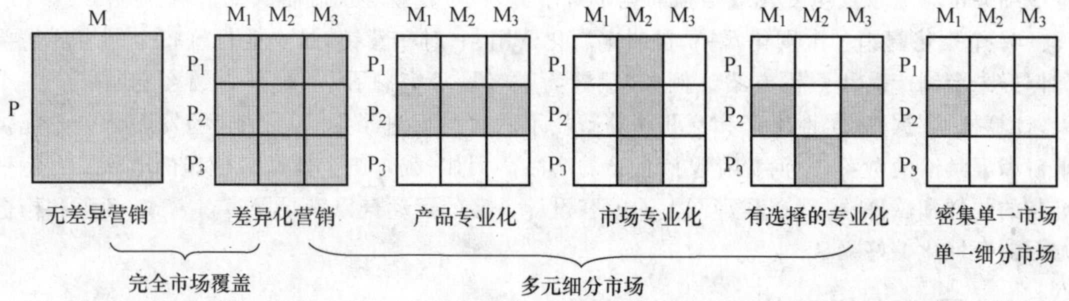

图 9-8　目标市场选择的模式

1. 完全市场覆盖　覆盖整个市场意味着企业试图为所有消费者提供所需要的产品或服务。只有当企业有非常强大的生产和营销能力时才可以这么做。企业有两种完全覆盖方法：无差异化市场营销和差异化市场营销。

(1)无差异化营销。指企业致力于购买者需求的相同之处，不进行市场细分，仅推出一种产品来服务整个市场。企业设计一种产品和一个营销方案，通过大众分销渠道和大众传播出售给最广泛的购买者。当年福特推出单一的黑色 T 形福特车时，就是采用了无差异化营销。但是随着市场的不断分裂和营销渠道、传播渠道的不断增加，通过一种产品或品牌来迎合所有消费者变得越来越困难。

(2)差异化营销。指企业为多元细分市场服务，并为每个细分市场设计不同的产品，采取不同的营销活动。采用差异化营销策略，企业可以有针对性地满足不同顾客群体的需求，提高产品的竞争力并能树立良好的企业形象，吸引更多的购买者。海尔集团通过向市场推出各种电器来满足家庭对电器产品的各种需求，采取的就是差异化营销。

差异化营销明显比无差异化营销创造了更多的销售额，但是也增加了商业成本。因此，在决定是否采用差异化营销战略时，企业必须对增加的销售额和增加的成本进行权衡。

2. 多元细分市场专业化　多元细分市场专业化是指企业选择多元细分市场的若干子集，为之提供产品或服务，设计相应的营销组合和营销活动。多元细分市场专业化又可以分为以下 3 种：

(1)产品专业化。指企业将某种产品卖给若干不同的细分市场。这种方式有助于企业提高产品质量和帮助企业在特定产品领域树立良好的口碑。但是潜在的风险在于，一旦该产品需求下降，该企业就会面临危机。

(2)市场专业化。指企业为某一特定细分市场提供多种产品以满足该细分市场的多种需求。如果该企业在某一特定细分市场获得了良好的口碑、渠道，则可以向该市场提供其他产品。但是也存在风险，该企业的细分市场可能会缩小预算或者缩减规模，则企业利润会下降。

(3)有选择的专业化。指企业选择若干细分市场，并为每个细分市场提供不同的产品。各细分市场之间很少或没有联系，但每个细分市场企业都有可能盈利。

3. 集中于单一细分市场　集中于单一细分市场的企业只向一个专门的细分市场进行营销。因为该细分市场非常小，大的竞争对手可能不会重视，竞争者很少，因此对于资源有限的企业是非常有吸引力的。通过集中的市场营销，企业可以深入了解细分市场的需求，通过生产、分销的专业化来建立牢固的市场地位和获取利润。但是由于该细分市场可能过于狭窄，一旦该细分市场需求发生变化或很强的竞争对手进入，企业就会面临很大的危机。

4. 个别化营销 个别化营销，也叫定制化营销、一对一营销，是企业根据每个顾客的需要和偏好来定制产品和营销方案。例如，裁缝为顾客量身定制服装，鞋匠为顾客定制鞋子。今天，计算机、数据库、柔性生产和互联网等新技术的运用促进了“大众定制”的发展。企业提供平台和工具给消费者，由消费者设计自己的产品。例如，戴尔给个体顾客配送的电脑装有特别定制的硬件和软件；耐克在其官网上让顾客设计自己的运动鞋以满足顾客在款式、颜色和构造方面的个性化偏好。

三、目标市场定位

（一）市场定位的概念

市场定位是指企业建立产品或品牌特色并使之在目标顾客脑海中占据一个有价值的位置的过程。没有一家企业可以依靠与其他公司相似的产品和服务取得成功，因此企业必须积极筹划并阐明产品的特定属性、品牌的独特利益，从而为产品赋予特色，为企业确立个性鲜明的形象，形成竞争优势。

（二）市场定位的程序

市场定位要求营销者定义和传播该品牌产品与竞争者品牌产品之间的共同点和差异点。市场定位包括以下几个步骤：识别所有可能的竞争优势；确定适当的竞争优势；传播确定的竞争优势，见图 9-9。

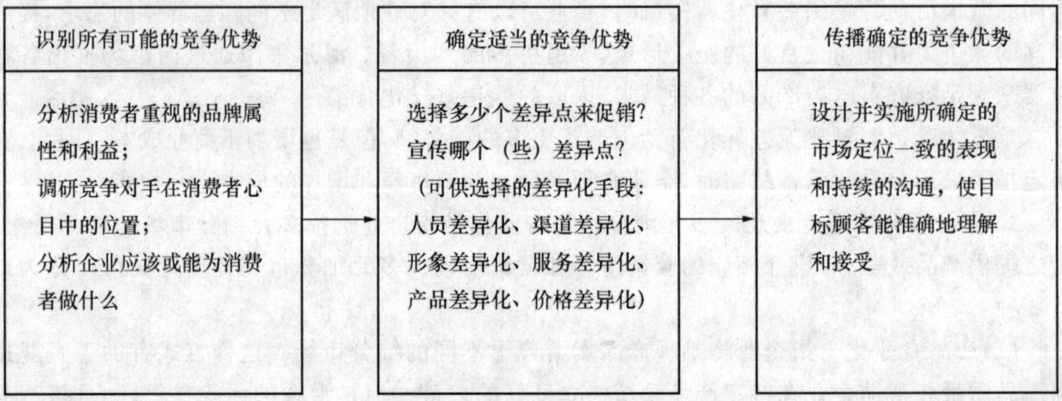

图 9-9 市场定位的程序

（三）市场定位策略

企业在寻找自己特定属性或特定利益点的时候，可以从价格、产品特征、产品使用时间或场合、服务、人员、渠道、品牌形象、消费者类型等多种角度入手寻找自己的产品和品牌的特定属性和利益，进行有效定位。

1. 档次定位 依据产品或品牌在消费者心中的价值高低进行档次定位。例如，针对工薪阶层的大宝；被誉为冰激凌中的“劳斯莱斯”的哈格达斯。

2. 独特卖点定位 依据消费者所需的其他品牌产品无法提供的独一无二的利益定位。例如，“白加黑”感冒药——“白天吃白片，不瞌睡；晚上吃黑片，睡得香”；王老吉凉茶——“怕上火，喝王老吉”。

3. 使用者定位　利用产品、品牌的身份象征性定位。例如，朵唯女性手机、学生电脑。

4. 情景定位　依据消费者消费场所或时间定位。例如，餐饮业划分“早餐”“午餐”“下午茶”“晚餐”“夜宵”等不同时间段。

5. 比附定位　让企业产品或品牌附着在最具影响力的产品、品牌或其他事物之上，从而获得一个相近的特色。例如，蒙牛刚启动市场时，第一块广告牌子上写的是“做内蒙古第二品牌”；宣传册上闪耀着“千里草原腾起伊利集团、蒙牛乳业……我们为内蒙古喝彩”；在冰激凌的包装上，蒙牛打出了“为民族工业争气，向伊利学习”的字样。

6. 逆向定位　保持与第一产品或品牌完全相反的特色。例如，五谷道场方便面的广告语“非油炸，更健康”。农夫山泉在 2000 年独家向媒体宣布：经实验证明纯净水对健康无益，“农夫山泉”从此不再生产纯净水，而只生产天然水。

7. 文化定位　注入某种文化内涵于品牌之中，形成品牌文化上的差异。例如，星巴克塑造的超越一般餐饮业所提供的“第三空间”（消费者除了家、公司以外最常去的第三个地方）的生活方式。

第四节　市场营销组合策略

选择好目标市场后，企业就要主动地采取措施，有效地运用一些工具来满足目标市场的需求。影响市场需求的工具或要素有很多，企业要对这些要素进行有效组合，即设计市场营销组合策略。

一、4P 市场营销组合理论

市场营销组合（marketing mix）是指企业为满足目标市场需要，实现营销目标而对企业可控制的营销变量进行的选择、搭配、优化组合和综合运用。1964 年鲍顿（Neil Borden）教授提出 12 个重要的营销变量：产品规划、定价、品牌化、分销渠道、人员、广告、营业推广、包装、售点展示、售后服务、物流管理、调研和分析。

美国营销学家杰罗姆 · 麦卡锡在鲍顿营销组合思想的基础上，把这些市场营销组合要素概括为 4 类，即产品（product）、定价（price）、分销（place）和促销（promotion），也就是著名的 4P 组合，见图 9-10。4P 营销组合理论是至今为止影响最大的影响组合理论，后来的营销组合理论都是在 4P 理论基础上的延伸和拓展。

二、产品策略

产品是企业满足顾客需求的最基本的营销要素，是顾客需求物化的结果。产品策略不仅包括产品的效用、质量、外观、式样、品牌、规格和包装，还包括服务、体验和质量保证等因素。

（一）产品整体概念

产品整体概念是指能给消费者带来有形利益和无形利益，能满足购买者一定需求与欲望的多层次组合整体。产品整体可以被细分为不同的层次，每个层次都增加了更多的顾客价值。

1. 三层次产品整体概念　三层次产品整体概念包含 3 个层次：核心产品、形式产品和附加产品，如图 9-11 所示。核心产品规定了产品的核心利益，是消费者购买某种产品所追求的

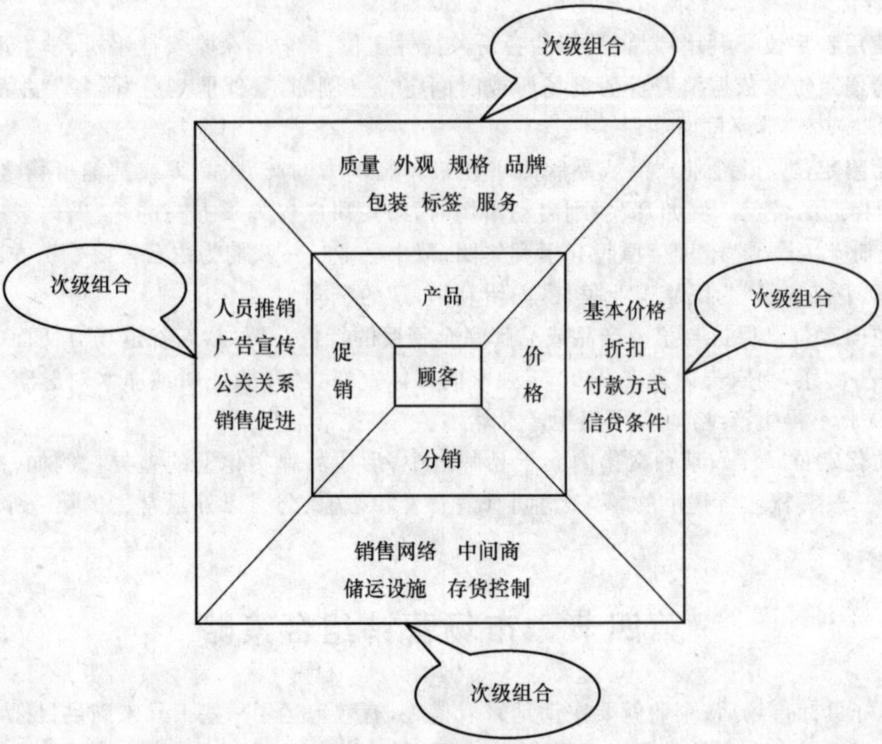

图 9-10 4P 营销组合

功能和效用。产品的基本效用必须通过某些具体的形式才得以实现,形式产品是核心产品借以实现的传递形式。附加产品是对产品内涵的延伸,是消费者购买产品时获得的附加利益或附加价值。

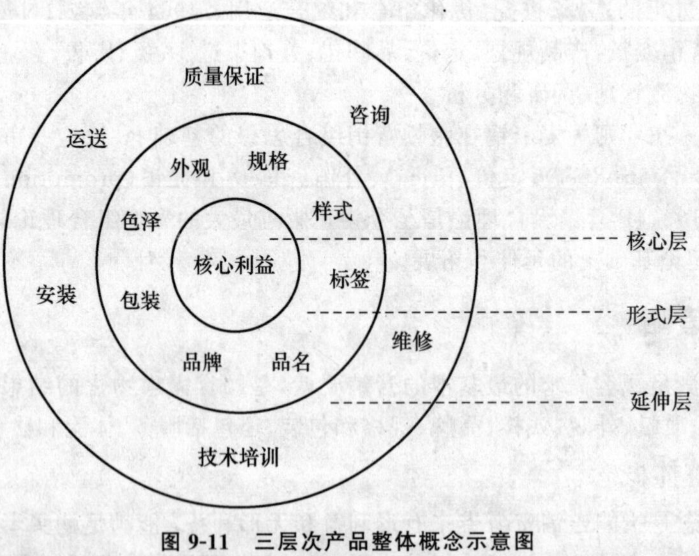

图 9-11 三层次产品整体概念示意图

2. 五层次产品整体概念 五层次产品整体概念包含 5 个层次:核心产品、基本产品、期望产品、附加产品、潜在产品,如图 9-12 所示。核心产品是顾客真正购买到的服务或利益,企业必须把这种核心利益转化为基本产品，企业还需要了解顾客在购买时对产品的期望，并且要准备一个超出顾客期望的附加产品。此外，企业还应考虑到现有产品未来可能的演变趋势和前景，设计潜在产品以满足顾客，并使自己的产品差异化。

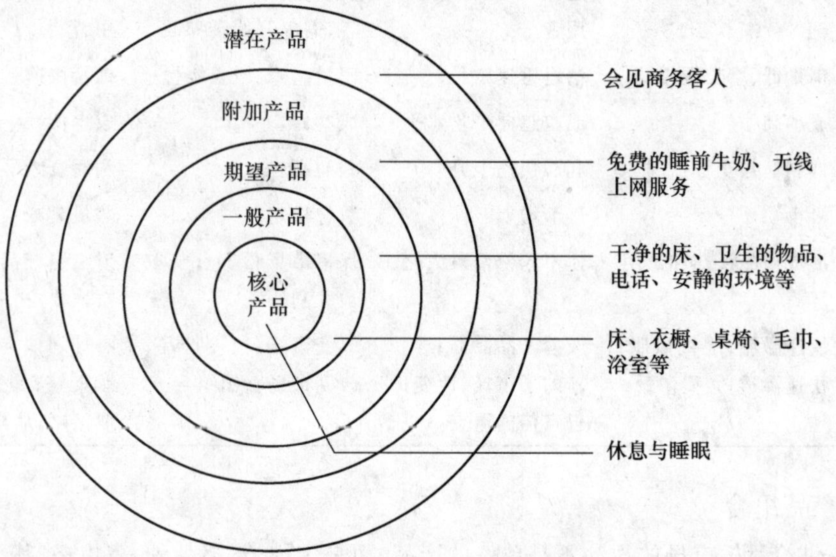

图 9-12　五层次产品整体概念示意图

(二)产品生命周期

产品生命周期是指新产品从投入市场直至被市场淘汰的整个销售历程，它描述的是一个产品的市场寿命。图 9-13 显示了一个典型的产品生命周期曲线，划分为进入期(投入期)、成长期(增长期)、成熟期(饱和期)和衰退期 4 个阶段。

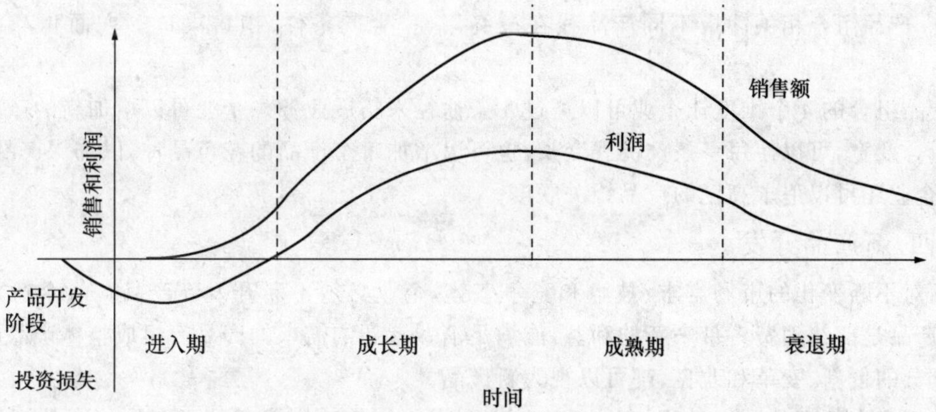

图 9-13　产品生命周期示意图

在现实市场上，不是所有产品的市场寿命都完全符合上述理论形态，或表现明显的 4 个阶段。表 9-5 阐述了产品处于市场生命周期不同阶段的特点、企业相应的营销目标和策略重点。

表 9-5　产品生命周期各阶段特点、营销目标和策略

生命周期	进入期	成长期	成熟期	衰退期
顾客	少、早期采用者	逐渐增加、早期采用者	多至饱和、中期采用者、需求开始转移	逐渐减少退出、后期采用者
销售	销量低、增长缓慢	销量迅速增长	销量高峰、增长缓慢	销量快速下降
成本	成本高	成本趋向平均水平	成本低	成本低
利润	低利润甚至亏损	利润快速上升	利润高	利润衰减
竞争者	极少	逐渐增加	数量稳定、开始减退	数量衰减
营销目标	形成产品认知和试用	使市场份额最大化	保持市场份额 、获取最大利润	对衰退产品削减支出、挤取收益、上新产品
营销策略	快速撇脂；缓慢撇脂；快速渗透；缓慢渗透	改善产品品质；寻找新的子市场；改变广告宣传的重点	改变市场；改变产品；改变市场营销组合	有计划地上新产品；连续策略；集中策略；榨取策略；放弃策略

（三）产品组合

企业提供给目标市场的往往不是单一的产品，而是多种类、多品种、多规格，甚至多品牌的产品。产品组合（product mix）由一个销售者生产或销售的所有产品线和产品项目组成。其中，产品线（product line）是具有同类功能或能满足同类需求的密切相关的一组产品。产品项目（product item）指产品线中规格、颜色等不同于其他产品的一个品种。

企业的产品组合有一定的宽度、长度、深度以及相关性。产品组合宽度指公司拥有的产品线的数量。产品组合长度指每条产品线内所有产品项目的总数。产品组合深度指产品线中每种产品有多少个类型。例如，某种服装有 4 种面料、5 种款式、2 种颜色，则深度就是 $4\times5\times2=40$。产品组合相关性指不同产品线在最终用途、生产条件、销售渠道等方面相互关联的程度。

产品组合的 4 个维度让企业可以通过 4 条途径来拓展业务。企业可以增加新的产品线使产品组合变宽，可以使每一条产品线变长，也可以增加每个产品的花色品种，以加深产品组合。最后，企业还可以追求高度的产品线关联度。

（四）新产品开发

面对不断变化的市场需求、技术和竞争态势，企业必须不断开发新产品。从企业角度来说，新产品是能给消费者带来新的利益，能满足消费者新的需求的产品。组成整体产品的任何一个部分的创新、变革和改良，都可以视为新产品。

营销者在新产品开发过程中扮演着十分重要的角色。他们有助于产品创意的识别和评估，并在产品开发的每一个阶段都与研发人员和其他部门的员工进行合作。图 9-14 阐述了新产品开发的整个过程。

（五）包装、标签、担保和保证

包装是产品的外在形象，指盛放并保护商品的容器、材料及包扎商品的活动。设计优良的包装能够吸引消费者，并提升产品的附加价值。设计包装首先要明确产品的销售对象，根据目

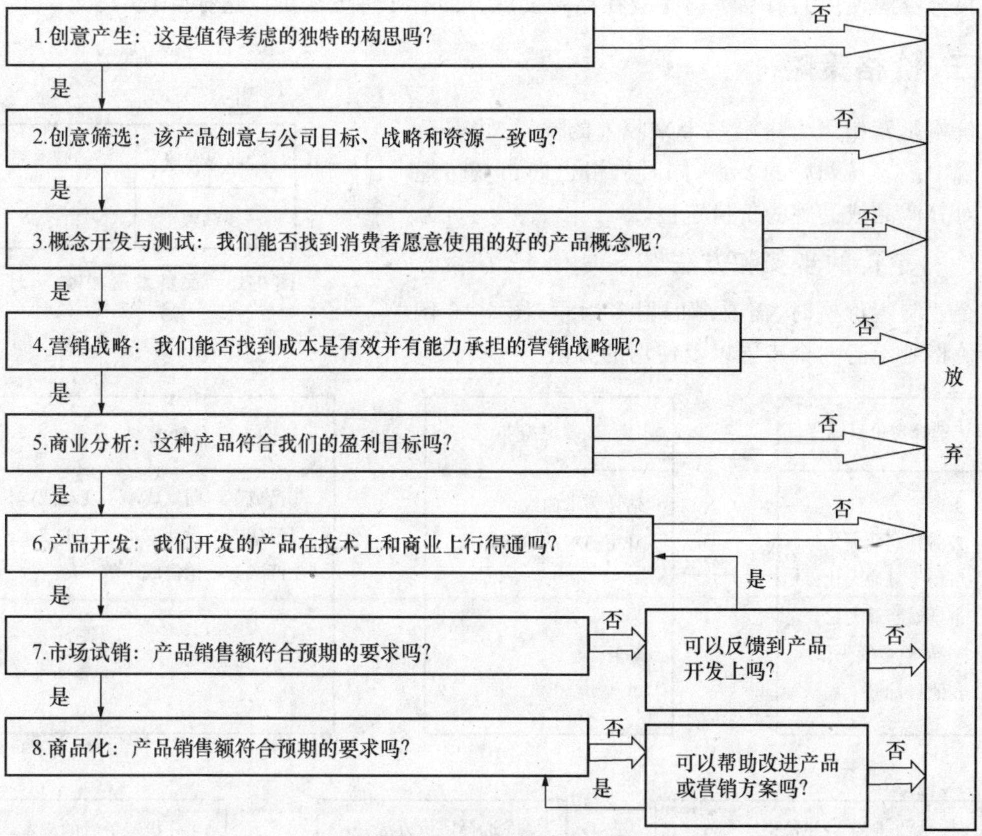

图 9-14　新产品开发的过程

标市场的需求和产品特性正确地选择包装材料，做好包装的结构、造型和装潢设计。企业还可以经常更新产品包装或重新设计包装，使得品牌更现代化，更切合需求，或者更实用。

标签指附在商品或包装上的说明性的文字、图形、符号以及其他说明物。标签上的文字说明要求准确、真实、简明、易懂，内容完整、明确。

担保是生产商对产品性能的正式陈述。有担保的产品可以被退回给生产商，或者拿到指定维修中心接受维修、更换或者退款。当生产商或者产品没有什么名气时，或者当产品的质量优于竞争对手的产品质量时，担保对企业销售商品是很有帮助的。

(六)品牌

品牌是识别不同生产经营者的产品或服务，并使之与竞争者的产品或服务区分的标志，包括可读的名称部分和不可读的标识、图标、标记、标志字、标志色等部分。

企业可以根据产品的属性来定位品牌，也可以根据产品能给顾客带来的期望的利益，以及通过赢得顾客的情感认同来定位品牌。例如，某有机食品企业可以强调其原材料独特的种植过程和种植环境，如“喝豆浆长大的茶叶”，也可以强调其食品的安全和营养，还可以将其与乐活、低碳、环保的生活方式联系起来以触及人们的情感。

产品制造商或服务提供商在品牌使用上有 4 种选择。推出的产品或服务可以使用自己的品牌(生产者品牌)，也可以使用销售者的品牌(中间商品牌)，还可以使用许可品牌，或者两家企业集合资源使用共有品牌。企业在品牌发展方面有 4 种方法可以选择(图 9-15)。

三、价格策略

价格是营销组合中唯一带来收入的要素,也是营销组合中最容易调整的要素,同时价格也向市场传递企业对其产品或品牌的价值定位。

品牌名称 \ 产品类别	已有	新
已有	产品线延伸	品牌延伸
新	多品牌	新产品

图 9-15　品牌发展战略

(一)定价的步骤和方法

企业制定价格时,需要考虑很多因素,图 9-16 阐述了价格制定的 6 个步骤以及使用的方法。

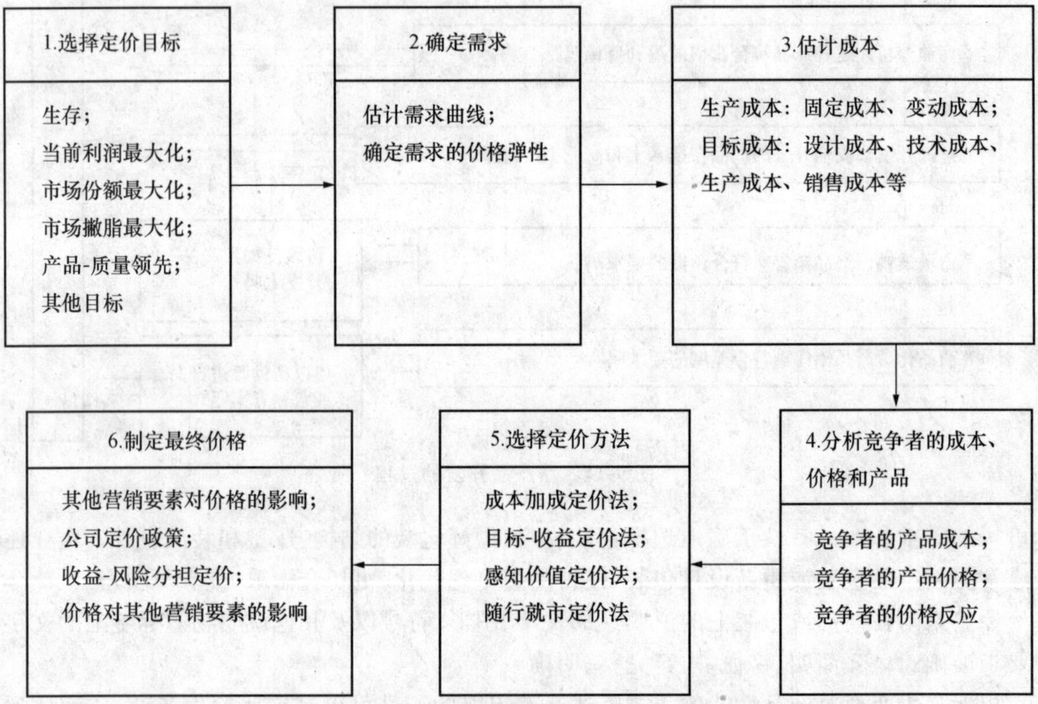

图 9-16　定价决策的步骤

(二)定价的策略

企业会针对不同的产品类别、产品生命周期的不同阶段、产品成本和需求的变化,以及购买者和购买环境的差异等因素制定不同的价格和调整价格。定价策略主要包括以下几种:

1. 新产品定价策略　新产品定价通常有撇脂定价、渗透定价和满意定价 3 种定价策略。撇脂定价是指企业以较高价格将新产品投入市场,以便在短期内获取厚利,尽快收回投资,然后再逐渐降价的策略。渗透定价是指企业以较低价格将新产品投入市场,以吸引大量的购买者,尽可能快速打开销路,然后等产品被市场认可后再逐渐提高价格的策略。满意定价是指企业将新产品投放市场时,规定一个适中水平的价格,兼顾生产者、中间商和消费者的利益,使各方都感到满意。

2. 产品组合定价策略　在产品组合定价中,企业会寻求一组价格,使得整个组合的利润最大化。常见的几种产品组合定价有:①产品线定价:指企业根据一条产品线里的不同产品的层次来制定不同的价格。②可选择的产品定价:是指为企业主要产品提供可选的产品、特色和服务制定相应的价格。③互补产品定价:是指对那些需要配套使用的互补产品的定价,企业通常对购买频率低的主件的价格定得较低,而对配套使用的购买频率高的辅件或易耗品的价格定得较高。④捆绑定价:指卖方将几种产品组合在一起,售价低于分别购买这些产品的总价格。

3. 产品价格调整策略 企业通常要修订它们的基本价格,以适应顾客的差异以及环境的变化,表 9-6 总结了常见的几种价格调整策略。

表 9-6 价格调整策略

策略	描述	具体方法
折扣定价	降低价格以回报提前付款的行动或促销商品	数量折扣(按购买数量的多少给予折扣)、现金折扣(给予按期付款顾客的折扣)、业务折扣(按各类中间商在销售中的作用给予折扣)、季节折扣(对于过季、淡季商品给予折扣)
促销定价	暂时性地降低价格以提高近期销售量	亏本出售定价法、特殊事件定价法、特殊顾客定价法、低息贷款、较长付款期限、担保和服务合同、心理折扣
心理定价	调整价格以产生心理上的效果	尾数定价(产品价格以零头数结尾,满足便宜、定价精确的心理)、声望定价(产品定价较高满足象征身份、社会地位需求的心理)、习惯定价(依据消费者的价格习惯心理制定价格)、招徕定价(产品定价较低以满足顾客求廉心理)
差别定价	调整价格以反映在顾客、产品、地点、时间等方面的差异	顾客细分市场定价、产品样式定价、渠道定价、位置定价、时间定价
地理定价	按照顾客地理区域的不同调整价格	FOB 原产地价(按出厂价出售产品)、CIF 到岸价(卖方承担出厂价以及送货到买方前的运输保险费)、区域定价(不同区域实行不同的价格)、统一交货价(不论地区远近实行同一价格)、基点价(按厂价加从基点城市到顾客所在地的运费来计价)

4. 价格反应策略 企业在制定了自己的价格策略后,还要经常主动改变价格或对竞争者的价格变动做出反应。

一是企业主动降价。企业在几种情况下会考虑降价。第一种情况是工厂产能过剩;第二种情况是面对强有力的价格竞争,希望通过降价来保住或夺取市场份额;第三种情况是企业希望通过低成本来主导市场。

二是企业主动提价。企业提价的原因主要有两种情况。一种情况是由于通货膨胀、物价上涨导致的企业成本增加,企业试图把增加的成本转嫁给顾客,一般而言企业涨价的幅度会超过成本增长的幅度。提价方式主要包括:推迟报价定价;在合同上规定调整条款;原来产品的某些部分分开定价;减少折扣;取消低利产品;降低产品质量,减少产品特色和服务。另一种情况是需求过度,当企业的供应无法满足所有的顾客时,它就会提高价格、限量供应或两者兼用。提价方式包括:取消价格折扣,在产品大类中增加高价项目,或者直接提价。

四、分销策略

(一)分销渠道的作用

分销渠道(distribution channel)指协助生产者将产品或服务转移给消费者的所有商业组织和个体。分销渠道上的成员包括了位于渠道起点的生产企业、渠道终点的消费者,以及连接渠道起点和终点的中间机构。其中,买卖中间商(如批发商和零售商)买进产品、取得产品的所有权,然后再出售。代理商(如经纪人、制造商代理人和销售代理人)寻找顾客或代表生产厂商同顾客谈判,但不取得产品所有权。辅助机构(如运输公司、独立仓库、银行和广告代理商等)支持分销活动,但它们既不取得产品所有权,也不参与买卖谈判。

分销渠道创造了时空效用,帮助生产商更有效地将产品和服务推向目标市场。分销渠道的成员执行了一系列重要的职能,如表 9-7 所示。

表 9-7　渠道成员的职能

收集市场中的顾客、竞争者及其他参与者的信息;
设计和传播具有说服力的广告信息来刺激购买;
在价格和其他事项上达成协议使得对所有权的转移产生影响;
向制造商下订单;
获得资金,为分销渠道不同层级下的存货提供资金;
评估开展渠道工作涉及的风险;
提供连续的存货和实物产品的搬运;
为购买者的付款提供银行或其他金融机构服务;
监督组织或个人之间的实际所有权转移

(二)分销渠道的设计

1. 分析顾客需求　消费者会根据产品价格、产品品种、便利程度和购物目标(经济的、社会的或经验的)等来选择喜欢的渠道。即使是同一个消费者也可能在一次购买过程中选择不同的渠道完成不同的功能。例如,一位消费者先在一家电脑城看中了一台笔记本电脑,后来在苏宁易购网上下单,接着到他所在城市的苏宁实体店亲自去提货。如同产品细分一样,企业也必须细分顾客在购买过程中的不同需求,如实体或非实体渠道的偏好、单次购买的批量大小、对等候和交付时间的要求、空间上的便利性、产品多样性的要求和服务支持等要求。

2. 分析渠道设计的影响因素　在设计渠道时,企业要分析自己的资源与条件,全方位考虑产品、中间商、竞争者以及环境等影响因素(表 9-8),选择最佳的分销渠道。

表 9-8　影响渠道设计的主要因素

产品因素	顾客因素	中间商因素	企业因素	环境因素
单价高低	顾客类型	销售能力	企业声誉	宏观经济
体积重量	顾客多少	经营范围	企业财力规模	政治、法律
时尚季节性	顾客分布	地理位置	控制渠道愿望	竞争者规模及其

续表9-8

产品因素	顾客因素	中间商因素	企业因素	环境因素
易毁易腐性	顾客购买量	信誉	销售经验	渠道策略
技术性	顾客购买频率	市场覆盖面	产品组合	
适用性		成本费用		
生命周期阶段		管理水平		
		合作性		

3. 设计主要渠道方案

(1)确定渠道的结构模式。确定渠道的结构模式主要是在渠道类型(直接渠道或间接渠道)、渠道长短、渠道宽窄和渠道模式等方面进行选择。

渠道长短指的是产品从生产商向消费者或用户转移的过程中经过的中间营销机构的层次或流通环节的数量多少。层次和环节越多,则渠道越长,如图 9-17 和图 9-18 所示。一般来说,工业品的分销渠道相对于消费品的分销渠道而言较短。

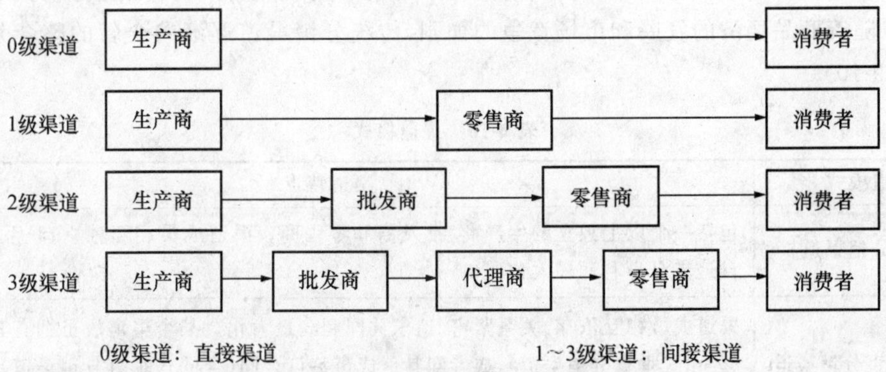

图 9-17　消费品的渠道类型及渠道层级(长短)

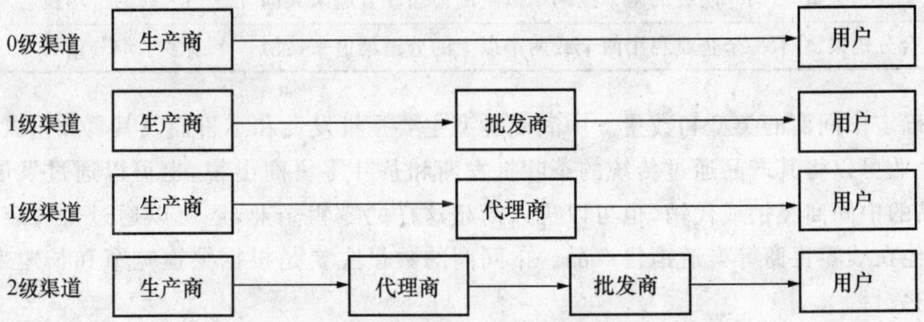

图 9-18　工业品的渠道类型及渠道层级(长短)

渠道宽窄指的是企业在每个渠道层次或流通环节中使用的同类中间商的数量多少。在市场上有 3 种宽度不同的分销渠道,分别是密集性分销渠道、选择性分销渠道和专营性分销渠道,如表 9-9 所示。

表 9-9　分销渠道的宽窄

类型	密集性分销	选择性分销	专营性分销
渠道目标	方便顾客随处购买，迅速扩大市场	提高产品声誉，塑造企业良好形象	满足顾客高质量服务，塑造企业良好形象
渠道宽度	宽	较宽	窄
市场覆盖面	宽	较宽	由窄至宽
中间商数目	使用尽可能多的中间商	有选择性的使用有限数目的中间商	仅仅使用一个中间商
适合商品	便利品、标准件	选购品、特殊品	多种类、新品、名牌、特殊品
渠道控制及渠道合作	不易	较容易	容易
成本	高	较低	较低

渠道模式是指一个企业产品所使用的分销渠道的结构，以及分销渠道上各成员之间的相互关系。随着商品经济的发展和市场竞争的加剧，传统分销渠道逐渐向全新的整合分销渠道转变（表 9-10）。

表 9-10　渠道模式

<table>
<tr><th colspan="2">渠道模式</th><th>渠道特点</th></tr>
<tr><td colspan="2">传统分销渠道</td><td>包括一个以上独立的生产商、批发商和零售商。渠道成员相互独立、联系松散、各自追求自身利润最大化</td></tr>
<tr><td rowspan="3">整合分销渠道</td><td>垂直分销渠道</td><td>渠道成员相互依存、关系紧密、追求共同利润最大化。某个渠道成员拥有其他成员（公司式垂直分销渠道），或者同其他成员签订合同（合同式垂直分销渠道），或者拥有某种权力而使其他成员乐于协作（管理式垂直分销渠道）</td></tr>
<tr><td>水平分销渠道</td><td>同一层级的两个或两个以上的公司联合起来共同开发一个新的市场机会</td></tr>
<tr><td>复合分销渠道</td><td>一个企业利用两个或两个以上的分销渠道来接触一个或多个细分市场</td></tr>
</table>

（2）确定中间商的类型和数量。中间商类型主要是批发商和零售商及其具体形式。例如，某茶叶企业可以将其产品通过传统的茶叶批发商和茶叶零售商出售，也可以通过发展经营本公司产品的中间商经销或代销，也可以进入商超这样的零售企业，还可以通过公司店铺、公司官网、其他在线零售商等渠道销售产品。中间商的数量主要是根据渠道宽窄和长短来确定渠道成员的数目。

（3）界定渠道成员的权利和责任。在选择好中间商后，必须界定渠道成员的权利和责任，主要包括以下几个方面：价格政策（给中间商的价格、折扣、补贴明细等）、销售条件（中间商的付款条款、制造商担保条款）、分销商地区权利（确定分销商的管辖地区并规定允许其他分销商进入的条件）、双方的服务和责任（制造商对分销商的支持和协助、分销商对制造商的配合等）。

4. 评估主要渠道方案　每一个渠道方案都需要对经济性、可控性和适应性进行评估。经济性评估指评价渠道实现预定销售目标的能力（销售量）、成本费用、营利能力。可控性评估指评价对渠道成员之间的关系及其在价格、销售区域、服务水平等方面的控制程度。适应性评估指评价渠道与企业战略、市场环境、产品特性等方面的适应性。

(三)分销渠道的管理

企业在确定了渠道方案之后,必须对渠道中的每个中间商进行选择、培训、激励和评价。企业选择中间商时一般会考察中间商的合法经营资格、目标市场、地理位置、财务状况、销售能力、合作态度、信誉等因素。公司需要明确中间商的需要,为其设计合适的渠道产品,详细计划并执行培训项目、市场研究及其他建设性项目以激励中间商并提高其绩效。企业还要定期按一定标准衡量中间商的表现,如销售配额完成情况、平均存货水平、交货时间、对损坏和遗失商品的处理,以及与公司促销和培训计划的配合情况。此外,随着时间的推移,企业还要根据市场的变化调整渠道设计和安排。

五、促销策略

现代营销不仅需要企业开发出一个好产品、为其制定一个诱人的价格,并让它出现在人们身边,还必须向其利益相关者和大众进行有效传播,即做好促销或营销沟通。

(一)促销的实质和作用

促销是促进销售的简称,即通过一定方式向目标顾客传递企业的产品和品牌信息,以引发顾客需求使其产生购买行为的活动。促销的实质是企业与目标顾客间的沟通过程,企业向目标顾客展示如何、为何要使用这个产品,谁来用、在哪里用、何时用等信息。促销使消费者能够了解产品及企业、品牌的价值主张,能够帮助企业在消费者记忆中树立品牌形象,增加产品销售额,提高市场占有率,建立竞争优势。

(二)促销组合

企业根据产品的特点和营销目标,通常会同时使用多种方式、工具或媒介来促销产品。表9-11显示了企业促销组合包含的主要传播方式。

表 9-11 促销组合

广告	销售促进	事件和体验	公共关系和宣传	直销和互动营销	口碑营销	人员销售
印刷和广播广告	竞赛、游戏、抽奖、彩票	体育 娱乐	新闻发布会 演讲	产品目录 邮件	人对人 聊天室	销售陈述 销售会议
外部包装说明书	奖金和礼物 样品试用	节庆 艺术	讲座 年报	电话销售 电视购物	博客	激励计划 样品
电影院 宣传手册	交易会和贸易展	公益 参观工厂	慈善捐赠 出版物	传真 电子邮件		交易会和贸易展
海报和传单	展览	公司博物馆	社区关系	语音信箱		
目录	示范	街头活动	游说	公司博客		
广告复印本	优惠券		身份媒介	网站		
广告牌	返点		公司杂志			

续表9-11

广告	销售促进	事件和体验	公共关系和宣传	直销和互动营销	口碑营销	人员销售
售点展示	抵换折让					
DVD	继续订货					
	搭售					

（三）促销决策

有效的促销可以为企业带来巨大的回报，图 9-19 展示了企业促销决策的 8 个步骤。

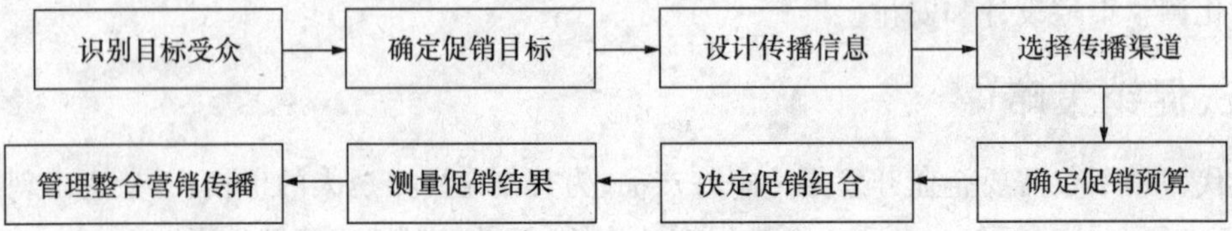

图 9-19 促销决策的过程

1. 识别目标受众 促销从一开始就必须有清晰的目标受众，即明确对谁说，可能是企业产品的潜在购买者或目前的使用者，或那些做出购买决定或影响购买决定的人，也可能是个人、团体、特殊公众或一般大众。目标受众对于企业制定决策，诸如说什么、怎么说、何时说、何地说等，有关键影响。

2. 确定促销目标 目标受众可能会处于六个购买者阶段中的一个，这些阶段包括注意、了解、喜欢、偏好、说服、购买。相应地企业的促销目标也要与购买者所处的阶段相对应，介绍产品用途，创建品牌知名度，构建品牌态度，促进品牌购买意愿的形成。

3. 设计传播信息 设计信息传播需要明确 3 个问题：信息内容（说什么）、信息结构和格式（如何说）和信息源（谁来说）。企业需要回顾品牌定位以确定一个能够导致预期反应的诉求或主题，可能是理性诉求（展现产品质量、经济性、价值或性能的信息），可能是感性诉求（展现与产品无关的优点、形象或积极的情感诉求以激发购买意愿），也可能是道德诉求（展现社会公德、传统伦理等激发人们去做或不去做一些事情）。

4. 选择传播渠道 传播渠道可以是人际的，也可是非人际的。人际传播渠道允许两个或两个以上的人员以面对面或一人对多人的方式，通过电话、信件或电子邮件与目标受众进行沟通，包括人员销售、直销和互动营销及口碑营销等。非人际（大众）传播渠道是针对多人进行的传播，包括广告、销售促进、公共关系以及事件和体验等。

5. 确定促销预算 企业确定促销预算通常有 4 种方法可以选择：基于公司财力的量力而行法，基于目前销售额或预测销售额的特定比例的销售百分比法，基于要完成的目标确定成本的目标任务法，或者基于竞争对手的促销预算的竞争对等法。

6. 决定促销组合 公司必须将促销预算在 8 种主要的方式上进行分配：广告、销售促进、公共关系和宣传、事件和体验、直销、互动营销、口碑营销以及人员销售。表 9-12 显示了各种促销方式的基本特点。

表 9-12　促销方式的基本特点

广告	销售促进	事件和体验	公共关系和宣传	直销和互动营销	口碑营销	人员销售
普遍性	引起注意	相关性强	可信度高	定制化	影响力强	人际互动强
表现力强	利益诱惑	参与度高	减少受众戒备	及时性	私人性	培养人际关系
针对性强	刺激行为	含蓄性	戏剧性	互动性	及时性	及时反应和反馈

7. 测量促销结果　在执行传播计划之后，企业还必须测量传播的效果。他们要询问目标受众对于传播信息的识别和回忆，对信息的感觉，对于产品和企业以前和现在的态度，以及受众的反应行为，如有多少人购买了产品、喜欢产品、向别人提及产品等。

8. 管理整合营销传播整　合营销传播主张把企业一切的营销和传播活动，如产品开发、包装、不同的促销方式等整合重组让消费者从不同的信息渠道获得对企业、企业产品、品牌的一致信息，以增强品牌诉求的一致性和完整性。通过对信息资源实行统一配置、统一使用，以提高企业资源的利用率。

【知识链接】9-2　市场营销组合理论的发展

1. 7P 组合　1981 年，布姆斯(B. H. Booms)和比特纳(M. J. Bitner)在《服务企业的市场营销战略与组织》一文中，在原来 4P 的基础上增加了 3 个服务性的 P：参与者(participants，也称之为人 people，即作为服务提供者的员工和参与到服务过程中的顾客)、过程(process，指构成服务生产的程序、机制、活动流程和与顾客之间的相互作用与接触沟通)、物质环境(physical evidence，指服务生产的环境和能力，包括有助于服务生产和与顾客沟通的有形物质，也包括现有顾客对服务的无形体验和将顾客满意度传达给潜在顾客的能力)。

2. 6P 组合　1986 年，菲利普·科特勒在《大市场营销》中提出大营销(mega marketing)概念，指出企业为进入被保护的市场时，为冲破政治壁垒和公众舆论的障碍，需要增加两个 P，即权力(power，指为了进入和在目标市场上经营，向产业官员、立法人员和政府官僚们提出自己的主张，为了获得其他利益集团的预期反应和关注，运用审慎的院外活动和谈判技巧)和公共关系(public relation，指通过大众性的沟通技术来影响公众的观点，在公众心目中树立良好的产品和企业形象)。

3. 10P、11P 组合　更进一步地，他在大市场营销的基础上，逐渐形成了其战略营销的观点和理念，提出在制定 4P 战术营销组合之前应制定 4P 战略营销计划。

4P 战略营销计划的步骤：探查(probing，即市场营销调研)、划分(partitioning，即市场细分)、优先(prioritizing ，即目标市场的选择)、定位(positioning，即市场定位)。做好这 4P 营销战略后，再制定 4P 战术组合，即战略营销的 8P。加上前面所说的政治权力(political power)和公共关系(public relations)两种营销技巧，就组成了扩大的大市场营销组合的 10P。

最后，科特勒吸取了服务营销的成果和观点，加进了第 11 个 P——人(people)。至此，营销组合已经从 4P 发展到了 11P，完成了从战术到战略的提升，建立起了一个比较完整的营销管理理论分析框架。由于它仍是在原有立足点上的扩展，难免一直带有卖方市场的痕迹。

4. 从 4P 到 4C 的飞跃　1990 年，美国营销学家罗伯特·劳特伯恩(R. Lauterborn)在

《广告年代》上发表《4P 退休，4C 登场》一文，提出了从顾客角度出发来考虑企业营销活动的4C 营销组合理论，即消费者需求(consumer wants and needs)、消费者愿意付出的成本(cost to satisfy wants and needs)、便利(convenience to buy)、沟通(communications)。

本章小结

本章按照企业从事营销管理工作的基本步骤来展开本章内容。首先，企业的管理者必须认识什么是营销，营销管理工作的具体内容，以及从事营销管理工作的基本指导思想——市场营销观念。然后，在制定营销战略之前，企业必须借助市场调查的工具和方法来调查分析企业的宏观营销环境和微观营销环境，以及顾客的购买行为以找到对自己有吸引力的市场机会。接着，企业通过市场细分、选择目标市场、市场定位三部曲来确定对自己最有吸引力的市场机会，即制定目标市场营销战略。最后，企业为选择好的目标市场开发 4P 营销组合策略。

复习思考题

1. 什么是营销？营销管理的基本内容有哪些？
2. 企业从事营销管理的指导思想是什么？
3. 影响企业开展营销工作的外部宏观环境有哪些？
4. 影响消费者购买行为的因素有哪些？
5. 企业如何选择自己的目标市场？
6. 企业营销组合策略包含哪些内容？

【案例分析】小米手机营销探析①

从手机正式发布到销量突破百万台，小米仅仅用了不到一年时间，这对大部分国内手机制造企业来讲简直就是天方夜谭。作为互联网公司起家的小米科技，依靠米聊、基于 Android 的 MIUI 操作系统以及对供应链的高效整合，小米迅速实现了从互联网公司向手机硬件制造与销售商的蜕变。

小米手机的成功，首先要归功于雷军对小米手机的精确定位。小米手机不是要针对所有的细分市场，并不是要蓝领、白领、学生、老板通吃，而是一群特定的消费者，用雷军的话来说："就是喜欢玩机的那群人，他们懂性能，喜欢折腾，就是手机控。"

从 2010 年 8 月 16 日到现在，小米一共发布了 100 多个新版本，平均每周升级一次。这就意味着 2 天搜集客户需求、2 天开发、2 天发布。用 6 天时间把所有的事情都做完，这就是一种创新。即便是应用软件要做到每周升级都是有相当难度的。据了解，小米在米聊论坛建成了一个"荣誉开发组"，从几万人的论坛中抽一批活跃度相当高的用户，大概 200～300 人，他们会和小米内部同步拿到软件更新的版本。最后，内部和外部的人一起同步测试，发现问题随时修

① 资料来源，http://finance.sina.com.cn/leadership/myxcl/20120411/132411797650.shtml 和 http://abc.wm23.com/brick/268257.html，引用时有删减。

改。这样一来，小米就很好地借助了外力，把复杂的测试环节很好地解决了。小米手机通过互联网与消费者进行互动沟通，并根据用户反馈修改产品设计以及软件的独特运作方式为其迅速赢得了大批拥趸，这正是小米手机能够在外资品牌林立的手机市场中仅仅依靠单一的网络渠道销售便取得百万台销售业绩的重要原因。

在产品方面，小米手机以高性价比的明确定位成为市场上硬件配置最具竞争力的“品牌手机”，1.5 GHz 双核处理器着实让人印象深刻，而其背后的供应商团队也为其产品品质提供了保障。资料显示，夏普、三星、东芝、高通、LG 等厂商是小米 100 多家供应商中的主体部分，他们为小米手机“长大”提供了“粮食”。

在价格上，小米科技创始人雷军表示，此前在为小米定价时，他曾想疯一把，把手机的价格定在 1 499 元甚至最好是 999 元。可是最后仔细核算了成本之后，他还是无奈将价格放在了 1 999 元，但即便如此，这已经是市场上性价比较高的智能机了。

在销售渠道上，小米坚持选用电子渠道作为其唯一的销售渠道，而当前随着中国联通、中国电信定制机的相继问世，小米也真正实现了流通渠道的多元化。但不可否认的是，单纯依靠网络销售的模式的确为小米省下了不菲的渠道营销费用，而这种多频次“饥饿营销”的模式又放大了其渠道的相对优势。从小米手机 2011 年 9 月 5 日开始首批预订到 2012 年 1 月 11 日第三轮开放购买，小米手机的线上销量堪称“业界奇迹”：首轮开放购买 3 小时售出 10 万部，第二轮开放购买 3.5 小时售出 10 万部，第三轮开放购买 9 小时售出 30 万部。

在促销上，小米手机也充分运用了互联网这个广阔的平台，开展粉丝营销。小米的微博阵地有两个，一个是雷军本人的，利用自己在 IT 产业的影响力不断发声，目前已有粉丝 500 多万，也就是雷军每一次发声有 200 多万的人在收听！另一个是小米手机的官网微博，目前有粉丝 100 多万，同样是一个庞大的数字。与手机产品销量快速增长相伴随的是米粉数量的快速激增。小米公司负责电商业务线的副总裁黎万强透露，目前小米手机论坛的注册用户已经突破 200 万，日独立访客超过 55 万，日 PV 超过 660 万，发帖总数超过 3 400 万。为了能够通过论坛的形式发展用户，除此之外，小米会经常举办一些线下的活动，比如“2012 小米手机爆米花全国行活动”，就是小米在全国各地举办所谓的“米粉同城会”，通过这种线下活动来跟消费者互动，“靠活动来吸引人，靠气氛来留住人”可以说是一个真实的写照。

就在小米手机一路高歌猛进的时候，一个个问题也接踵而至，其中最值得关注的就是售后服务电话难以打通、网点过少、维修费偏高以及快递返修的时间成本过高等。而对此，小米手机在 3 月 1 日公布，“将在年内投入两亿元，用于加强网购售后服务体系的搭建，涉及物流、仓储及维修等多个环节”，重金铺展维修点以“补课”售后服务现状的意图十分明显。

思考题：

1. 请分析一下小米手机产品的核心优势。
2. 你认为小米手机开展饥饿营销的前提是什么？
3. 你如何理解小米手机的粉丝营销？

第十章　企业技术管理

【引例】你用的产品技术功能如何？

大家在日常生活中经常会遇到这样的情况，物品在正常使用到报废时，发现该物品虽然不能用了，但是却还有许多零部件的技术功能仍然十分完好。比如，一双鞋的鞋底破了，但是鞋面却还十分结实。再如，家庭装修时使用12毫米厚的木地板，实际上6～8毫米厚的木地板就可以满足技术要求。第三种情况是许多产品使用到报废时，有些技术功能还从未用过，比如手机和许多电器产品都有类似的问题存在。

按照技术管理，尤其是价值工程的分析，前两种情况是产品或消费存在着过剩功能，后一种情况则是产品存在不必要的功能。显然，产品存在过剩功能和不必要功能，无论从生产方面分析还是从使用方面讲，都会有资源的多余消耗问题存在。虽然有些产品的过剩功能或不必要的功能在单件产品上反映出资源的多余消耗不是很明显，但是，如果该产品的生产消费数量十分大的话，那么其余功能带来的资源消耗或者环境影响就是一个相当巨大的数字。企业的技术管理要求企业提供给市场合适功能的产品和服务，为此需要进行技术评价、技术创新、价值分析等管理工作。

第一节　技术管理概述

技术在推动社会进步上功不可没，企业的技术投入越来越大，从技术发明到商业化运用的周期越来越短，对企业竞争、经济贡献的影响越来越大，成为重要的管理对象。

一、技术与技术管理

(一)技术

技术通常指根据生产实践经验和自然科学原理总结发展起来的各种工艺操作方法与技能。技术不仅蕴含在产品中，而且蕴涵在形成新产品或推出新服务的流程或方法中；当技术和创新结果相关联时，技术就成为商品。

技术是有生命周期的，即技术从萌芽、成长、成熟直至衰退的全过程，如图10-1所示。在萌芽期，新技术刚刚出现，技术可能的应用领域已经被发现，但企业如何将其应用到实际的生产或服务领域还没有明确的概念。通过学术界或者基础研究工作者的努力进一步将新技术的知识领域进行扩展，并将技术逐步推进到成长期。在新技术的成长期，技术潜在的应用价值已经明显地显露出来，企业投入更多的资源对新技术进行研究，从实验室开始对产品技术进行开发和扩张。当技术进入成熟期后，技术进步的速度开始下降，与新技术有关的知识开始被大多数企业认可并学习，技术溢出的速度加快。技术进入衰退期时，在技术或工艺上的改进几乎全部完成，此时技术很容易被模仿，或被其他技术替代。

技术的生命周期是动态的，企业通过制定相应战略可以延长或缩短技术生命周期的长度，

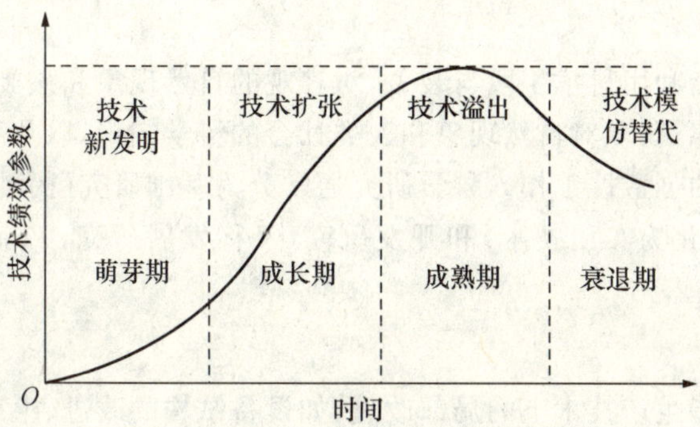

图 10-1 技术生命周期

使企业在竞争中获得更多的优势。

(二)技术管理

技术管理(management of technology, MTO)一词最早出现于 20 世纪 80 年代,出现了注重规划、注重创新、注重战略等不同内容的技术管理概念。纵观国内外对技术管理的研究,可以将企业技术管理定义为:依据科学技术工作规律,对企业的科学研究和全部技术活动进行的计划、协调、激励、控制等方面的管理工作。

技术管理是对科研技术活动全过程的管理,亦即对技术活动中技术的产生、成长、成熟和转移这一全过程的管理,与技术生命周期密切相关。对技术活动全过程的管理,需要管理者关注技术生命周期各阶段的特征,确定明确的管理对象,在大的政治、经济、社会、文化、自然、竞争等环境条件下,采用恰当的管理方式,应对各阶段出现的问题。

在企业管理领域中,技术被视为把科学知识转化为产品的手段。企业技术管理是整个企业管理系统的一个子系统,包含了企业的技术开发、产品开发、技术创新、技术合作以及技术转让等一系列管理活动。企业技术管理的目的,是按照科学技术工作的规律性,建立科学的工作程序,有计划地、合理地利用企业技术力量和资源,把最新的科技成果尽快地转化为现实的生产力,以推动企业技术进步和经济效益的实现。

二、企业技术管理的相关概念

(一)工艺规程

工艺规程是企业根据原料质量情况和产品质量标准,在国家技术政策指导下,根据自身的生产技术条件所制定的工艺性技术文件,主要包括工艺流程和技术数据。工艺流程,就是将一系列的机器、设备和工序组合起来,对原、辅材料按一定的产品质量标准进行加工、处理的生产工艺过程。技术数据是指各种不同性能的作业机械,在加工不同品质原、辅材料的情况下,为达到预定的产品质量标准而规定的生产技术参数。

(二)技术测定

企业的技术测定就是对本企业产品生产过程中各个作业机械的处理(加工)量与其质量,以及它们的相互关系进行系统检查、检测和分析研究的工作。测定内容主要有物料流量测定、成品与半成品的质量测定、机械设备的工作参数测定等。

(三)科学研究

科学研究一般是指利用科学手段与装备,对客观的自然现象和人类社会的奥秘进行探索,揭示其内在联系和规律,获取对自然现象和人类社会的科学知识,以及利用这些知识去发明新的技术而进行的系统的创造性工作。科学研究通常分为基础研究(揭示新理论)、应用研究(新理论用于特定目标,转化为实用技术)和开发研究(又称发展研究,将前两类研究用于生产实践,转化为生产力)3类。

(四)技术革新

技术革新通常是指生产技术上的局部改进,如设备结构的改进、生产工艺和操作方法的改进、原材料的节约等。技术革新一般仅是局部工艺、个别设备的改进。

(五)技术引进

技术引进是一个国家为了发展本国的经济、科学、技术水平,通过各种方式,从国外取得先进的技术成果,包括各种工艺、设备制造的技术资料、关键设备或成套设备。

(六)技术改造

技术改造是指在坚持技术进步的前提下,把科学技术成果应用于企业生产的各个领域(产品、设备、工艺),用先进技术改造落后技术,用先进工艺和设备代替落后工艺和设备,达到提高产品质量、节约能耗、增加经济效益的目的。

(七)技术档案管理

技术档案是企业在生产、建设和科学研究活动中所形成的具有保存价值,并保存起来以备查考的图纸(产品图纸、工艺图纸、基建图纸)、各类说明书、实验记录和专题、研究论文、有关的照片、影片录像、录音等技术文件材料。技术档案管理指对技术档案的收集、整理、分类、保管、鉴定、统计和服务等一系列活动的管理过程。

三、企业技术管理的任务

企业技术管理的任务主要是对相关科学技术问题进行有效管理,推动企业产品、工艺流程、服务过程、工作绩效等的进步,不断提高企业的劳动生产力和经济效益。

(一)执行国家技术政策

技术政策是国家根据企业生产的发展和客观需要,根据科学技术原理制定的,是指导企业各种技术工作的方针政策。企业许多技术问题和经济问题的解决都离不开国家有关技术政策。我国关于企业的技术政策有很多,主要包括产品质量标准、工艺规程、技术操作规程、检验制度等,其中,产品的质量标准是最重要的。执行好国家技术政策有利于企业进行技术的预测与管理,在遵循国家技术政策的基础上进行创新,能在很大程度上保持企业的技术活力。

(二)加速科技成果转化

企业的科学技术研究应包含基础研究、应用研究和开发研究,重点是应用研究和开发研究。通过应用与开发研究,企业不断地利用新的技术原理,使其转化为新产品、新材料、新工艺、新装备,使科研成果不断转化为现实生产力。为了使新产品在老产品进入衰退期前能及时投入市场,使新老产品相互交替、衔接,就必须缩短科技转化为生产力的周期,不断满足用户需求,开拓新市场,这是企业得以生存和发展的关键。

(三)构建有效技术秩序

企业技术管理应力求与建立良好的生产与服务技术秩序,以保证企业经营的顺利进行。企业要通过技术管理,使各种机器设备和工具经常保持良好的技术状况,为生产和服务提供先进合理的工艺规程,并要严格执行生产技术责任制和质量检验制度,及时解决生产和服务中的技术问题,从而保证企业的生产和服务顺利进行。技术最终要靠人的运用才能发挥功效,因此企业要提高人员的技术素质,充分发挥技术人员和工人的作用,建立技术更新秩序链,对生产设备、工艺流程、操作方法等不断进行革新和改造,加强企业的市场适应性。

(四)加强企业技术储备

技术储备是产品不断更新换代和企业在生产技术发展中处于领先地位的根本保证。国际、企业间的经济竞争,很大程度上是技术的竞争。而争夺技术的优势,又常常是经济竞争的核心。企业要快速发展经济,并在竞争中取胜,就必须具备众多的技术人才、丰富的科学知识和先进的技术装备,也就是要有充足的技术储备。企业有了技术储备,就相当于拥有了市场竞争的最后王牌,取得"家有余粮,心中不慌"的效果,所以技术储备的质量至关重要,应能有效应对生产者市场和消费者市场的变化。

第二节　技术评价与选择

随着技术的发展,企业技术选择的空间越来越大,技术评价也显得越来越重要。技术评价通过对某种技术可能带来的影响进行定性、定量的全面研究,指出其利弊得失,可以帮助决策者能做出合理选择,从而提升企业技术管理效果。

一、技术评价

(一)技术评价的内涵

业界和学界用得较多的技术评价界定是,将技术开发、应用或推广过程中可能带来的经济、社会及环境等方面的各种有利和不利的影响进行系统的识别、分析和评定,以确定技术发展的可行性,为企业技术开发管理提供决策依据的活动。

(二)技术评价的程序

技术评价的基本程序可分为明确评价目的、掌握技术概要、了解问题和社会环境、分析潜在影响、查明非容忍影响、制订改良方案等,如图 10-2 所示。

1. 明确评价目的与范围　根据委托人的要求,确定评价报告最终使用者的需要,弄清用户所关心的问题;在明确目的基础上,限定评价内容范围。从评价内容上看,技术评价的范围主要涉及表 10-1 所示内容。对这些内容的评价是将来技术选择的前提。

2. 掌握技术概要　掌握技术概要包括:①技术性质,主要是技术形态、技术涉及的基础学科领域;②产品结构、工作原理、使用方法;③制造过程的设备、工艺、资源消耗、输入输出情况;④服务方式的基本原理、使用装置、操作方法;⑤厂房设施、建设方法、周围环境、结构和功能;⑥其他,如开发方法、开发人员、费用负担、试验方法等。

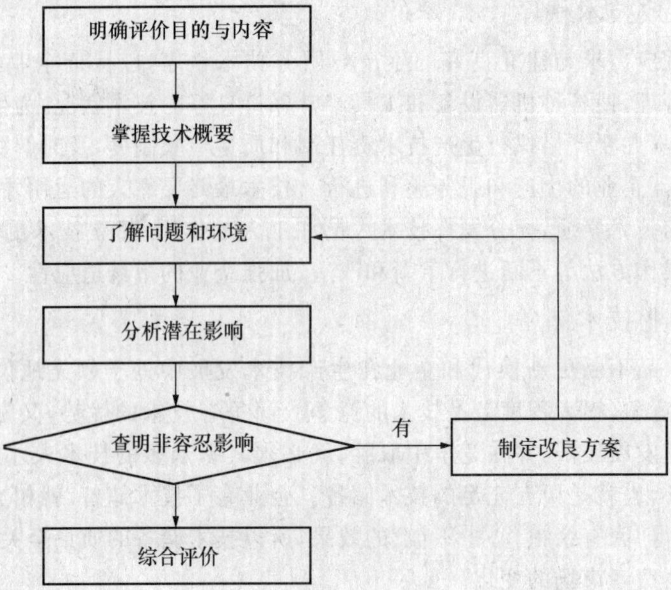

图 10-2　技术评价的程序

表 10-1　技术评价的内容范围

技术评价范围	技术因素	经济因素	社会因素	环境因素
具体评价内容	先进性 可接受性 连续性	长期经济效益 短期经济效益	对国家的贡献 对社会的影响	污染控制 资源利用 生态保护

3. 了解问题和社会环境　描述技术存在的各种问题，弄清问题产生的原因以及与技术的相互关系、可能产生的后果及其解决措施，即可能采用的技术方案。还要说明技术及其存在的问题对于更大的社会环境的影响。在了解社会环境影响时，特别要注意各种不同意见和技术应用的限制因素，了解由于认识价值上的冲突造成的观点和看法的差异。要在仔细了解后，进行客观分析。

4. 分析潜在影响　首先，明确影响发生在哪方面。技术本身的发展可能会引起的产品使用价值的变化、接受该技术的社会状态的演变、人们价值观的改变等。其次，分析和整理影响，包括单个影响的分析和影响间相互关系分析。单个影响分析主要是为了掌握影响的性质、程度、产生原因、作用对象、作用范围、作用频度。影响间相互关系分析是通过研究各影响之间的因果关系，了解其相互作用方式与过程，以确定对策范围。

5. 查明非容忍影响　在影响分析基础上，寻找非容忍影响——存在致命后果、有巨大危害的负面影响（如导致事故等）。为此，首先要选择评价指标，这是对影响进行筛选的依据。其次，指标分析，判断其所处的地位。评价指标应量化，能定量地表示某项技术的特性参数，规定基准点，将其作为定性评价的标准。最后，据指标分析论证，即根据指标对技术各项参数进行评价，并进行综合性整体分析。通过最后的综合分析，要判定各影响的性质是正还是负，找出可能带来危害的非容忍影响，分析非容忍的影响程度。

6. 制定改良方案　找出了非容忍影响，即找出了技术的致命问题，接着必须制定改良方案，采取对策消除非容忍影响。通常考虑的对策有改良该项技术（即修正开发方向）、补救技术的开发、限制使用、教育使用者、中断开发或停止使用等。然后进一步了解问题与环境情况，分析改良方案的潜在影响，查出是否还有非容忍影响，以便进一步做出改进。

经过以上工作，就可以综合评价一项技术可能带来的一切影响，包括正影响和负影响，并对非容忍影响采取针对性措施，管理者可据此权衡利弊，决定应采取的技术方针。

（三）技术评价的方法

技术评价方法有很多种，常用方法有五大类（图 10-3）。以下介绍几种主要方法。

- 技术评价方法
  - 实验法
    - 直接实验法
      - 定性实验法
      - 定量实验法
    - 模拟试验法
      - 物理模拟试验法
      - 功能模拟试验法
  - 专家评价法
    - 评分法
      - 加法评分法
      - 连乘评分法
      - 加乘评分法
      - 加权评分法
      - 概率评分法
    - 轮廓模型法
      - 折线图
      - 竖线图
      - 圆形图
      - 方格图
    - 检查表格法
    - 实数法
  - 经济分析法
    - 指标公式法
    - 费用效益分析法
  - 运筹学评价法
    - 线性规划法
    - 动态规划法
    - 模拟法
    - 相关树法
  - 混合评价法（以上方法的部分组合使用）

图 10-3　技术评价方法分类

1. 实验法　实验法是根据一定的研究目的和计划，利用科学仪器、设备等物质和手段，在人为控制、变革或模拟自然现象的条件下，获取科学事实的一种技术评价方法。

【知识链接】10-1　实验法的特点

实验法具有如下特点：

第一，可信度较高，通过实验得到的技术评价结果一般较准确，可靠度较高。当然，技术实践中影响技术效果的因素很多，可能由于非实验因素不可控制，而在一定程度上影响着实验效果。

第二，可以对关注的某些技术指标进行专门测度。实验法在人为控制或模拟自然条件、干预或变革研究对象的情况下进行，可以根据需要专门测量某些技术细节性能等，如在评价汽车技术中，可以通过实验测定其抗震性能、安全性能等特性。

第三,实验法具有更强的计划性和目的性。根据实验的目的,可以通过对实验条件与研究对象的控制,有计划地展开各种形式的实验。

第四,实验法需要运用一定的仪器和设备。这需要企业提前准备好实验所需的仪器设备,仪器设备较好的适用性和先进性可提高实验评价的可信度。

实验法包括直接实验法和模拟实验法。直接实验法是直接对客观对象进行实验考察和研究,实验的主体和客体建立直接的物质联系,实验手段直接同研究对象发生相互作用的方法。模拟实验又称间接实验,是利用实验手段模拟事物发展的一些现象和过程,研究事物发展规律的一种方法,即用模型研究原型的方法。在模拟实验中,实验手段不是和研究对象直接发生作用,而是先设计与研究对象有一定相似关系的模型,通过对模型的实验研究间接获得原型的性质和规律。

在技术评价中,实验法主要适用于对硬技术的评价,而不适用于对软技术的评估。在运用实验法时,应遵循客观性、全面性、系统性、辩证性的原则,以一定的科学理论作指导,在实验过程中处理好实验活动和理论思维的关系,谨慎客观地评价与处理实验结果。

2. 专家评价法 专家评价法是以评价者的主观判断为基础,受评价者学识、经验、智慧等的约束。这是一种以一定的评价标准为依据,对评价对象的各种技术性能和客观效果进行评估的方法,通常以“分数”或“指数”等作为衡量尺度,又可分为评分法、轮廓模型法、检查表格法和实数法。

(1)评分法。首先根据评价对象的具体情况和特征选定评价内容项,对每个评价内容项均定出评价标准,用分值表示这些等级标准的含义,然后依据标准,由专家组对评价对象进行分析和评价,评定各内容项的分值,最后经过一定的运算求出各方案的总分值和平均分值,将方案得分情况与标准进行对比,决定该方案的取舍,在多方案评价时,按分数高低,排出优序,以此决定技术方案的优劣和取舍。

(2)轮廓模型法。这是利用不同形式的轮廓图评价技术方案或研究开发课题的一种方法。其特点是简单直观,易于实施。但评价精度不高。按表达的轮廓图形的差别,可分为竖线图、折线图、圆形图、方格图等。竖线图(图 10-4)和折线图(图 10-5)表示方法基本相似,将竖线图中各相邻评价值(得分平均值)连起来就形成了折线图。圆形图(图 10-6)最外圈表示评价内容,射线表示分值刻度,分别在射线上标示出各项评价内容的得分值,将各点连线构成技术评价轮廓图。方格图(图 10-7)只需勾出各评价项的得分,然后求出分值和,比较各方案的总分,从中选优即可得出技术评价结果。

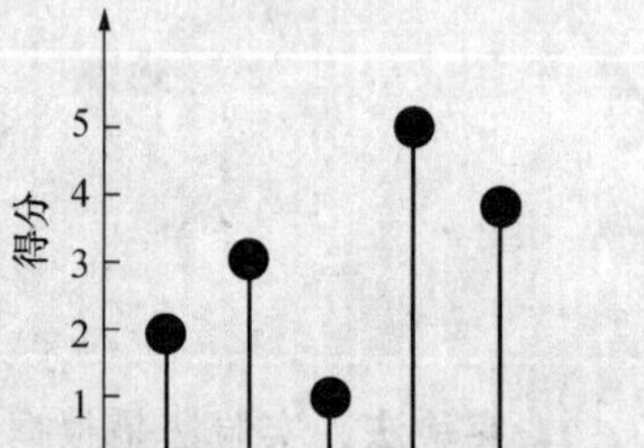

图 10-4 技术评价竖线图法

(3)实数法。这种方法是根据年度销售额、利润率、技术开发投资额、开发时间、开发所需人数等值来判断评价对象优劣的一种方法。这种方法通常与专家评价法中的其他方法配合使用。

以上几种专家评价法具有使用简单、直观性强的特点。主要适用于研究与开发项目的事前评价,是一种粗略的评估。这种方法的主观性较强,理论性和系统性不足,其评价结果的灵敏度和准确性不高。

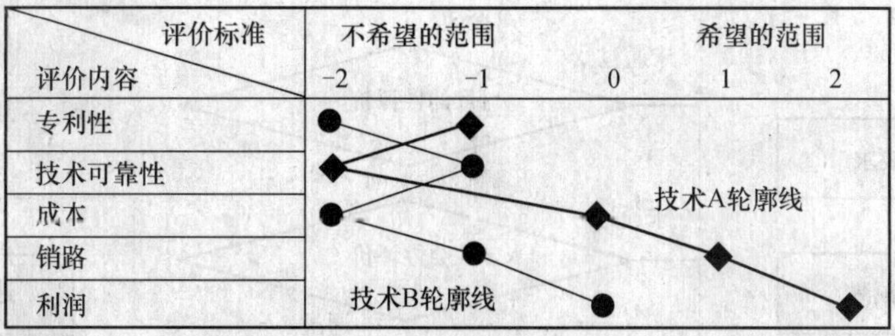

图 10-5　技术评价折线图法

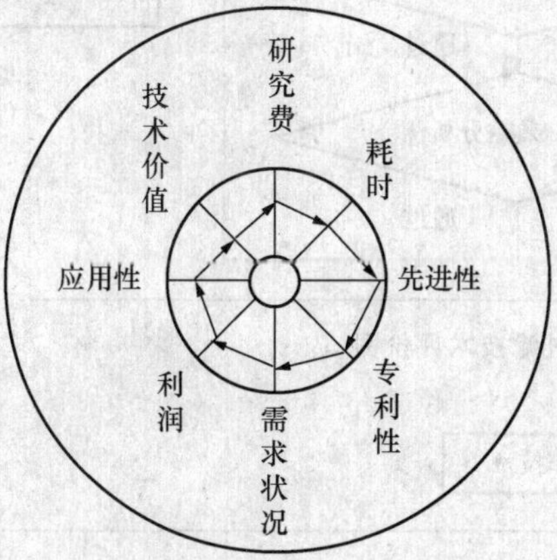

图 10-6　技术评价圆形图法

	评价得分			
	-2	-1	1	2
研究费			✓	
应用性		✓		
技术价值				✓
可行性	✓			
需求状况			✓	
利润		✓		

图 10-7　技术评价方格图法

3. 多级过滤法　将社会影响、环境生态等作为制约因素，制定一最低标准，把技术方案与各项标准相比较，进行层层筛选，在满足最低要求的前提下，最后以费用效益分析作为决策依据(图 10-8)。这种方法的优点是简单、易行、通用性大。但在多方案比选时，因为是用最低标准筛选，所以用这种方法评定的方案，不一定是综合最优的方案。

4. 相关树法　相关树法能系统评价具有连锁关系的技术整体，其基本思想是根据技术系统的子系统或各组成部分发展趋势，来综合估计技术系统的发展。相关树的基本评价原理是，如果整体系统需要达到某一目标(特性参数)时，必定要求各子系统都要达到相应的目标，可以通过对各子系统的评价找出薄弱环节，加以改善，提高整体性能(图 10-9)。衡量一种技术的发展水平常需要考虑它的多种技术特性，往往涉及一系列具体的技术问题，只有综合地考虑与分析各种具体技术的发展情况，才能对技术系统的发展做出评价。

5. 混合评价法　技术评价中的混合评价法，是将实验法、专家评价法、经济分析法、运筹学法等进行不同方式的组合而形成的评价方法。由于组合方式的差异，混合评价法是多种多样的。根据评价对象的技术特性、使用范围和目的的差异，可选取不同的混合评价方法。

二、技术选择

技术评价是技术选择的前提，在对相应技术进行有效评价后，就可以根据企业需要进行技术选择了。

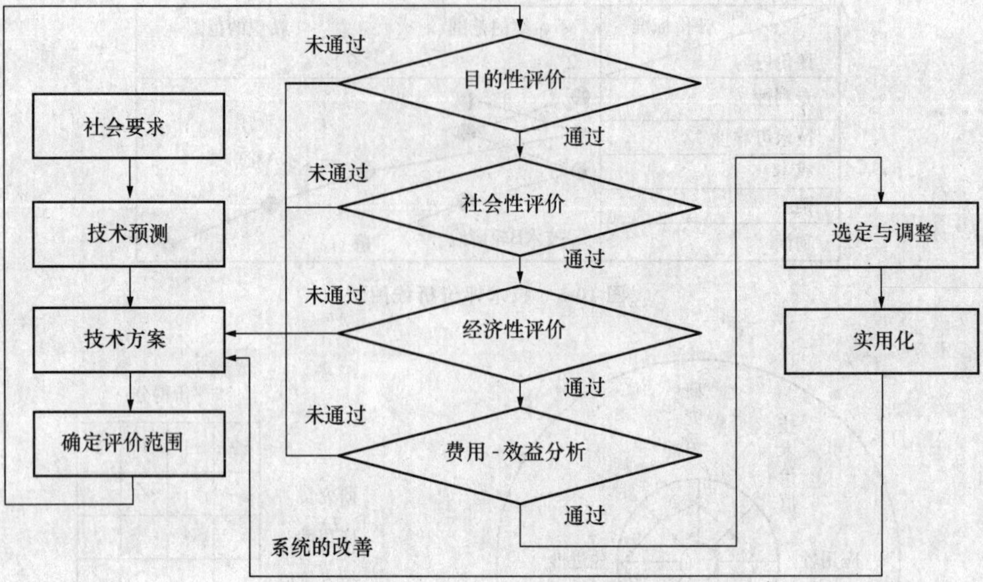

图 10-8　多级过滤技术评价图

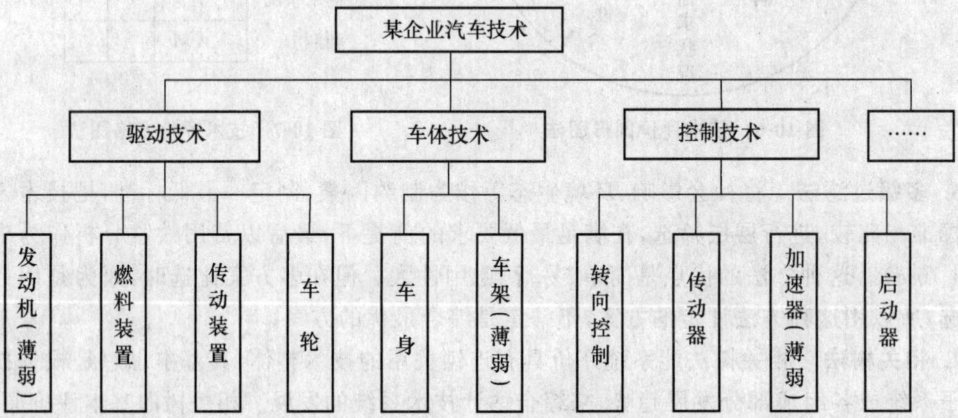

图 9-9　技术评价相关树法

(一)技术选择的含义

技术选择是管理者为了实现一定的经济技术和社会目标，以技术评价的结论为依据，对多种技术路线、技术方针、技术措施和技术方案进行比较选优的过程。技术选择是一个多层次、多因素的动态决策过程。包括三层含义：第一，技术选择不仅是生产装备、生产手段和工艺的选择，也是技术方针、原则和政策的选择；第二，技术选择不仅是技术的经济效益的比较，而且包括社会效益、环境效益、区域效益的比较；第三，技术选择不是寻求某种具体问题的权宜性措施，而是为达到一定目标，选择适合于一定社会、经济、生态环境甚至能引领经济发展的技术类型和技术结构及技术方案。技术选择具有动态性特征，即技术选择具有较强的时间性和地域性，随时间、地点的不同而不同。

(二)技术选择的原则

技术选择也是一个社会经济活动过程,应符合一国经济技术发展状况、社会需求、企业实现条件。技术选择的原则包括以下几个方面。

1. 技术进步原则　技术进步对经济增长和企业发展的贡献越来越大,技术选择应以技术进步为首要依据,选择有利于进步的技术,淘汰不利于进步的技术。同时也要考虑适用性问题,选择先进性与适用性结合得较好的技术。先进性是一个相对的概念,是指一定时间和一定空间范围内居于领先水平。适用性是指适合于本企业资源状况和采用条件。先进技术对经济发展具有强大推动作用,在技术选择中应充分估计到技术发展的速度和方向,注重技术的先进性,特别是对作用时间长、影响范围大的技术项目和一些大型项目,都应该把技术的先进性放到重要位置。另一方面,实现技术的效能,还取决于企业对技术的吸收消化能力,包括投资能力、使用能力(科研水平、使用者素质)、生产条件、配套能力等。因此,选择技术时,应对技术的先进性与适用性进行统一论证,使二者达到最大限度的一致。

2. 经济效益原则　经济效益是技术选择的基本原则。从技术经济效益的内涵及技术进步与经济效益的关系可知,技术进步是提高经济效益的重要手段或途径,提高经济效益是技术进步的基本目标,因此技术选择不仅应考虑技术进步,关键应看是否有利于经济效益的提高。一般地说,技术进步与经济效益是成正比的,没有技术进步就没有经济效益(其他条件不变),但并非技术越先进,经济效益就越高。当二者不一致时,应以经济效益高低为基本原则。当然,这个经济效益提高应是宏观经济效益与微观经济效益的统一,近期经济效益与长期经济效益的统一。

3. 社会效益原则　在技术选择中只考虑技术进步和经济效益是不够的。一些技术虽然水平较高、效益较好,但对人类健康、生态环境、资源质量等产生不利的影响,即产生负的社会效益,这样的技术是不应该选择的。为了趋利避害,使技术真正造福于人类,对技术的选择不仅要考虑技术及经济效益,而且要注重客观的社会效果;不可只顾眼前和局部利益,而要服从长远利益和整体利益;不仅看到技术的直接效果,还要注意分析技术的负面影响。

4. 权宜应变原则　技术类型是多种多样的,不同技术类型的特点及适用范围是不同的,因此在技术选择中必须遵循权宜应变原则,即因地、因时、因人、因事选择合适的技术。否则,不考虑现有技术水平和人员素质,盲目选择高精尖技术;不考虑人力资源充裕的特点盲目选择人力节约型选择;等等,是不会取得好的技术进步效益的。

(三)技术选择的战略与战术

技术选择一般分为宏观技术选择与微观技术选择,对于企业而言,所关注的主要是微观技术选择,即技术选择建立在技术预测和技术评价的基础上,对影响范围较小的技术方案、技术措施的选择,如产品技术、制造技术、工艺及设备、检测技术的选择。技术选择要求仔细评估技术与市场因素,找到一组合适的技术开发目标。由于技术的功能不仅体现在近期效果上,如改进产品可使销售增加,改进工艺可提高质量、降低成本;技术的功能还体现在为企业战略目标的实现创造条件上,如成功的新产品开发使企业成功地实现规模扩张,在市场上占据更重要的位置,因此技术选择往往要在战略层和战术层(操作层)两个层面上分别进行分析和决策。

1. 技术的战略选择　技术的战略选择主要是对技术选择涉及的企业总体和长远发展问题做出决策。为此,首先要站在宏观角度分析技术发展的规律和趋势,分析研究市场的潜在需求容量、国家和行业部门的经济技术政策及发展规划；其次，要研究企业的经营环境和企业的技术开发能力、吸收消化能力和创新能力以及企业的生产能力。一般而言，技术的战略选择要把握好以下3种定位。

(1)行业定位。技术选择的行业定位是指所选择的技术用于什么行业或在什么行业选择技术。企业的技术选择行业定位有两种基本选择，一是企业现在所处的行业，二是新行业。

(2)市场定位。技术选择的市场定位是指确定选择的技术用于什么市场，确定利用该技术开发的产品的目标用户。技术选择的市场定位有两种基本取向，其一是企业现在所处的市场，其二是新市场。

(3)技术定位。技术选择中的技术定位是指对技术类型、技术水平层次等所做的基本选择，如表10-2所示。

技术定位是技术战略选择的落脚点，也是企业技术战略的关键环节，其有效性、准确性直接影响企业技术创新模式的选择、技术源的选择以及技术投资的规模和强度。

表10-2 技术定位选择

技术形态	技术性质	技术特征	技术水平	技术属性	技术生命周期
专利技术	产品技术	单一技术	国际领先	基础技术	萌芽期
专有技术	工艺技术	交叉技术	国际先进	关键技术	成长期
设计图纸		复合技术	国内领先	实验中技术	成熟期
软件			国内先进	研究中技术	衰退期
其他			其他		

上述3种定位对于企业技术战略的选择具有十分重要的意义，其定位的成功与否直接决定了战略的成败。一般而言，3种定位存在某种逻辑关系，如图10-10所示。

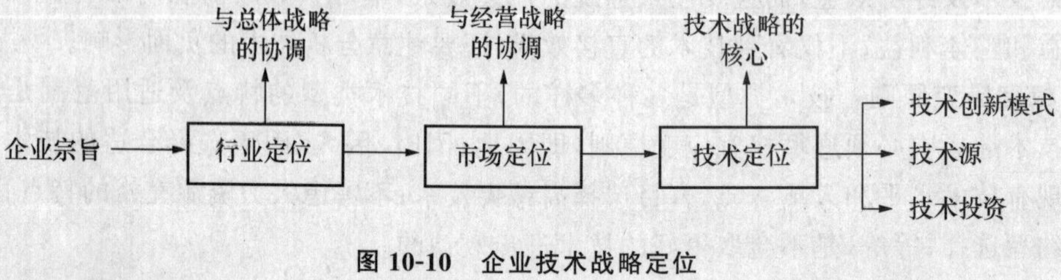

图10-10 企业技术战略定位

2. 技术的战术选择 技术的战术选择主要是企业对技术的功能、可行性、经济性和风险性等方面进行的综合平衡性选择。技术的战术选择主要考虑以下问题。

(1)技术自身因素。技术选择时考虑的技术自身因素，应根据技术因素的评价结果进行权衡选择，主要考虑技术的先进性、可接受性与连续性。一般来说，技术先进性与产品功能有密切的关系，技术越先进则产品功能越强，从而为提高产品竞争力创造了条件；技术先进程度往往还与技术寿命有关，相对较新技术的寿命较长；企业的技术水平还对企业的形象有较大的影响，先进的技术往往能改进企业的形象。

技术的可接受性是企业应用和消化吸收技术的可能性，技术的可接受性直接决定了技术能否发挥作用和发挥的程度。技术可接受性取决于所选择的技术与企业现有技术的梯度差距和企业技术能力，技术梯度差距越小，企业技术能力越强，则技术的可接受性越好。技术进步梯度与技术先进性有关，因此，技术先进性与可接受性存在一定的矛盾。

技术连续性既包括所选技术与企业现有技术的继承性，又包括所选技术与未来技术的衔接性。一般来说，连续性好的技术的可接受性较好，转换成本较低，但是连续性往往又制约了技术进步的梯度，为此技术突破需要打破原有技术刚性的束缚，在新的技术能级上建立连续性的路径。

因此，企业应根据技术因素评价的结果，结合企业实际情况权衡决策，选择在先进性、可接受性、连续性 3 方面结合得比较好的技术。

(2)技术供给和配套资源条件。技术供给是技术实现的先决条件。技术供给源可来自企业外部，包括国外企业和研究机构、国内企业和研究机构；也可来自企业内部，即企业自行研究开发，一般由企业研发部门承担。技术供给条件、技术转让能力、供给方改进技术和持续开发的能力都会影响技术的应用效果。因此，在技术选择中，选择技术供方是一项必要的工作。

配套资源对技术的实施及应用效果有重要作用，有时其作用具有决定性的意义。在技术选择中，配套资源主要应考虑以下几方面：第一，配套技术，即与所选择技术相配套的软硬件技术及管理技术。第二，技术应用所需的资源，如能源、原材料、零配件供给、交通运输、通信等基础设施的保障，以及资金、设备供给等。第三，产品营销和用户服务配套体系，如新产品市场开发及营销网络、用户使用能力培训及配套技术、设施的配备等。

(3)市场需求与竞争态势。技术选择成功与否的关键在于市场对新产品的接受程度及市场的规模，因此，市场需求是技术选择的主要考虑因素之一。

竞争态势决定了在已有市场规模下企业可能取得的地位，包括行业的市场结构、市场领先者占有率、行业集中度、供求均衡状况、竞争激烈程度及竞争对手的竞争态度等决定了企业的竞争环境。企业只有对这些环境情况有准确的判断，才能进行恰当的技术选择，从而与企业的目标、规模、能力相适应。

(4)经济与社会效益。经济效益是技术应用的归宿，从而是技术选择的最重要的标准。在进行技术选择时，要根据技术的影响力(影响范围广度和时间长度)来考察技术应用的财务效益和长期效益。对于只在局部、近期起作用的技术(常常被称为“短平快”技术)，可着重考察其财务效益；对于影响面大、持续时间长的技术，不仅要看财务效益，还要考察长期效益。

技术的社会效益是“溢出”效益。企业受法律、行政、公众压力的制约及出于企业形象塑造的考虑，在关心企业效益的同时，也要关心社会效益。诸如环境污染、就业等是技术选择时需要考虑的外部因素。

(5)风险。发明与创新之间的界限是个人的独创性与长期宏观经济增长的联结点。通过这个联结点，概念可能发展为产品原型，技术团队可能发展为公司，今天的技术突破能够成为明天的产品、服务或经济基础。然而在企业的技术活动后面隐藏着不可确定的因素，包括技术风险(研究与开发无法成功的风险和产品不能满足对其性能、成本或可靠性要求的风险)、市场风险(产品销售不出去的风险)。由此，企业技术选择必须识别可能存在的风险，弄清风险产生的主要影响因素，并予以有效的规避和防范。

技术战术选择要考虑的因素总结如表 10-3 所示。

表 10-3　技术战术选择考虑因素

技术自身因素	供给源	配套资源	市场需求与竞争	经济与社会效益	可能风险
先进性	外部供给	配套支持技术	需求趋势与规模	财务与长期效益	技术风险
可接受性	内部供给	技术所需资源	竞争程度与趋势	社会溢出效益	市场风险
连续性		用户服务体系			

第三节　技术创新

技术创新是一个科技、经济、社会一体化过程，是技术进步与应用创新共同作用催生的产物，对企业生产、经营和管理会产生重要影响。

一、技术创新的含义

把技术创新作为一个严谨的理论概念提出的是经济学家熊彼特(J. A. Schumpeter)。熊彼特在 1912 年《经济发展理论》中提出了创新理论(innovation theory)，指出创新是把一种从来没有过的关于生产要素的"新组合"引入生产体系。这种新的组合包括：引进新产品；引用新技术，采用一种新的生产方法；开辟新的市场；控制原材料新供应源；实现任何一种工业新组织，例如生成一种垄断地位或打破一种垄断地位。

对于企业而言，技术转化为商业效益才是技术创新的重要内容。因此，企业技术创新是包括了新产品、新过程、新系统和新装备等形式在内的技术通过商业化实现的首次转化。这一定义突出了技术创新在两方面的特殊含义：一是活动的非常规性；二是活动必须获得最终的实现。

二、技术创新的类型

根据技术创新过程中技术变化强度的不同，技术创新可以分为渐进性创新和根本性创新；根据创新对象的不同，技术创新可以分为产品创新和过程创新(图 10-11)。

三、技术创新的基本战略

技术创新有自主创新、模仿创新和合作创新 3 种基本战略思路。

(一)自主创新战略

所谓自主创新，是指企业主要依靠自身的技术力量进行研究开发，并在此基础上，实现科技成果的商品化，最终获得市场的认可。自主创新具有率先性，因为一种新技术或一种新产品的率先创新者只能有一家，而其他采用这项技术，生产这种产品的企业都是创新的跟随者或模仿者。自主创新要求企业有雄厚的研究开发实力和研究成果积累，处于技术的领先地位，否则是做不到率先创新的。

(二)模仿创新战略

所谓模仿创新，是指在率先创新的示范影响和利益诱导之下，企业通过合法手段，如通过购买专有技术或专利许可的方式引进技术，并在率先者技术的基础上进行改进的一种创新形

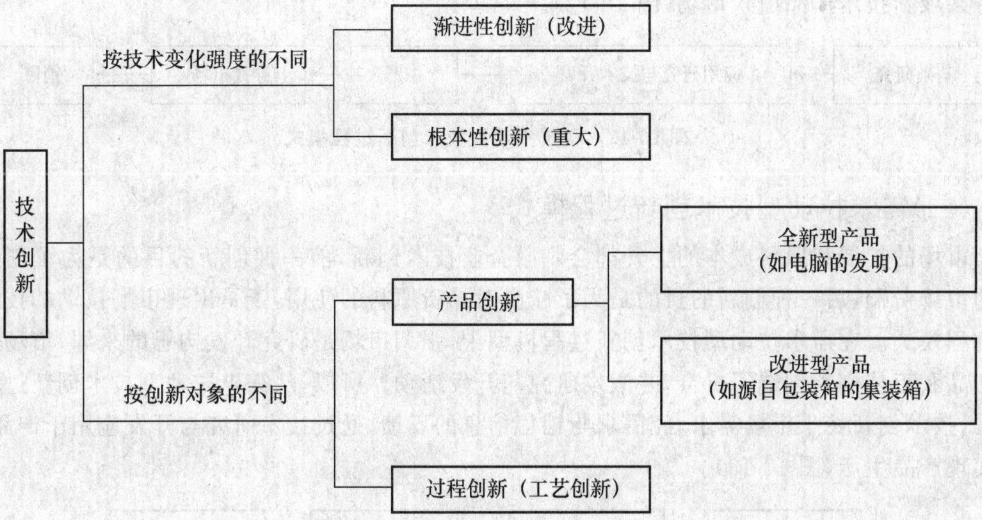

图 10-11　技术创新的类型

式。企业可以先做到高质量的技术模仿，在模仿中再创新。这是对率先进入市场的技术或产品进行再创造，也即在引入他人技术后，经过消化吸收，不仅达到被模仿产品技术的水平，而且通过创新，超过原来的技术水平。模仿创新优势在于可节约大量研发及市场培育方面的费用，降低投资风险，也回避了市场成长初期的不稳定性，降低了市场开发的风险。但是同时难免在技术上受制于人，而且新技术也并不总是能够轻易被模仿的。随着知识产权保护意识的不断增强，专利制度的不断完善，要获得效益显著的技术显然更不容易了。

（三）合作创新战略

所谓合作创新，是指以企业为主体，企业与企业，企业与研究院所或高等院校合作推动的创新组织战略。合作的成员之间可以是供需关系，也可以是相互竞争的关系。一些较大规模的创新活动往往是一个单位难以独立实施的，多个单位进行合作创新，可以充分发挥各自优势，实现资源互补，从而缩短创新周期，降低创新风险，提高创新成功的可能性。合作创新的条件是合作各方共享成果、共同发展。借助合作创新，也能把有激烈竞争关系和利益冲突的企业联合起来，使各方都从合作中获得更大的利益。

四、技术创新过程模式

技术创新是一个将知识、技能和物质转化成顾客满意的产品的过程，也是企业提高技术产品附加价值和增强竞争优势的过程。自 20 世纪 60 年代以来，国际上出现了以下几种具有代表性的技术创新过程模式。

（一）科技推动型技术创新过程模式

人们早期对创新过程的认识是：研究开发或科学发现是创新的主要来源，技术创新是由技术成果引发的一种线性过程。许多根本性创新是来自于科技的推动，对技术机会的认识会激发人们的创新努力，特别是新发现或新技术常常会引起人们的注意，并刺激人们为之寻找应用领域（创造新市场）。如无线电、计算机、人造纤维这类根本性创新就是由技术发明推动的。从科技推动模式看，技术创新过程始于基础研究，经过应用研究与开发，通过生产与寻找市场，最终将某项新技术产品引入市场(图 10-12)。

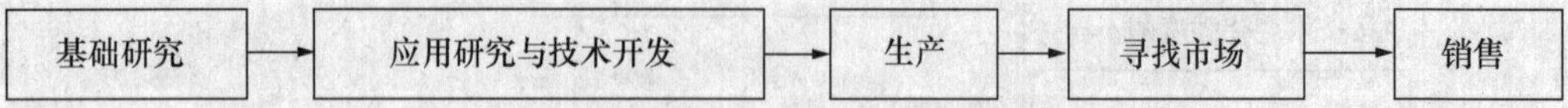

图 10-12　科技推动型技术创新过程模式

(二)需求拉动型技术创新过程模式

市场的扩展和原料成本的上升都会刺激企业技术创新,前一种创新的目的是为了创造更多的市场份额,后一种创新的目的是为了减少对昂贵原料的使用,于是出现市场拉动的技术创新过程模式。在需求拉动型技术创新过程模型中,强调市场是研究开发构思的来源,市场需求为产品和工艺创新创造了机会,并激发研究与开发活动。所以,从需求拉动型技术创新过程模式看,技术创新始于市场需求,经需求与销售信息的反馈,通过技术研究与开发应用于产品,最终实现产品生产(图 10-13)。

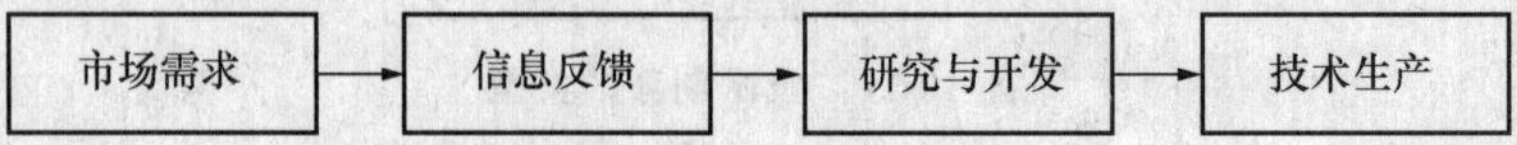

图 10-13　需求拉动型技术创新过程模式

(三)交互作用型技术创新过程模式

交互作用指技术与市场的交互作用,这种技术创新过程模式强调创新全过程中技术与市场这两大创新要素的有机结合,技术创新是技术与市场交互作用共同引发的(图 10-14),技术推动和需求拉动在产品生命周期及创新过程的不同阶段有着不同的作用,单纯的技术推动和需求拉动创新过程模式只是技术和市场交互作用创新过程模式的特例。

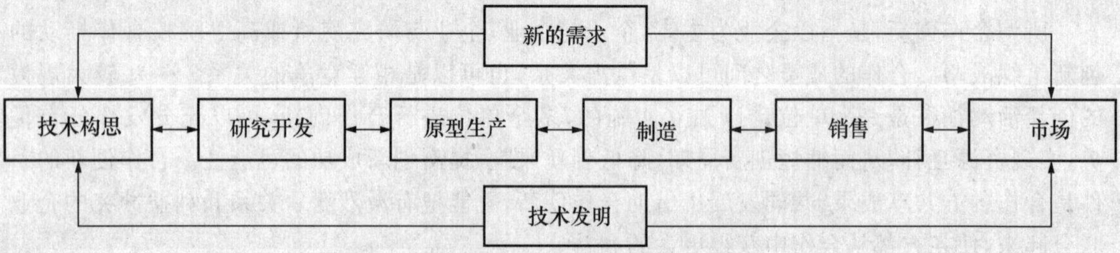

图 10-14　交互作用型技术创新过程模式

(四)一体化技术创新过程模式

一体化技术创新过程模式是将创新过程看作是同时涉及创新构思的产生、研究开发、设计制造和市场营销的并行过程,它强调研究开发部门、设计生产部门、供应商和用户之间的联系沟通和密切合作,形成有效技术创新思路,不断改善,最终产生技术创新型产品(图 10-15)。波音公司在新型飞机的开发生产中采用了一体化技术创新模式,大大缩短了新型飞机的研制生产周期。

此外,还有系统集成网络模式,强调合作企业之间更密切的战略联系,更多地借助于专家系统进行研究开发,利用仿真模型替代实物原形,并采用创新过程一体化的计算机辅助设计与计算机集成制造系统。

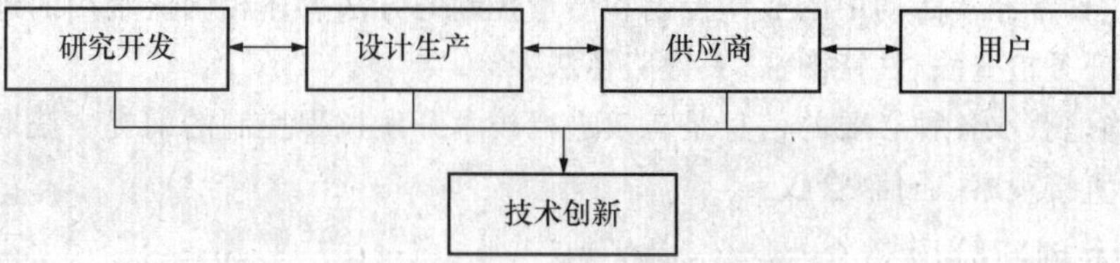

图 10-15 一体化技术创新过程模式

五、技术创新过程管理

技术创新过程管理主要涉及创新计划的制订、开发过程控制以及创新过程的阶段整合等内容。

(一)技术创新计划制定

企业技术创新计划要综合考虑企业的总体目标、内外部环境等,通过对环境条件的分析与预测,弄清问题,发现机会,选择合适的创新方向和路径,明确具体目标,制定切实可行的实施计划。

企业技术创新计划的制定应慎重审视技术创新构思。一般而言,激发技术创新构思的信息源多数时候来自企业外部。市场需求的变化、科研的发展、竞争对手的举动等都是企业技术创新的信息源。技术创新构思就是在综合各方面信息的基础上,通过创新人员的创造性思维形成的。企业要对创新构思进行相关评价,以权衡技术创新产品或项目的费用、潜在效益与风险,对不同的创新构思进行筛选与组合,发现创新构思中存在的问题,对完善技术创新构思提出建议,协调多个不同技术项目的开发进程及创新所涉部门的工作。

企业技术创新计划中还应明确技术竞争领域。企业技术创新最终要落实到市场,所以在形成技术创新构思的基础上,还要关注以下内容:技术和产品的类型和档次;技术和产品的最终用途;技术和产品面向的顾客群;所拥有的产品与技术资源。这几方面因素的各种可行的组合就是技术与产品竞争领域的备选方案集。最终确定技术与产品竞争领域需要综合考虑各种备选方案对企业总体目标的贡献。

(二)技术开发过程控制

技术开发过程控制的主要任务是:制订合理的资源配置计划、开发活动计划和各阶段的开发产出目标;根据项目实施过程中的反馈信息纠正偏差,必要时调整计划和目标;协调各职能部门的活动,消除开发过程中企业内部技术转移的障碍;解决因意外情况出现或影响开发的企业内外部因素变化导致的有关问题。

在开发过程的不同阶段,开发过程控制的重点和控制目标有所不同。对于新产品开发来说,在创新构思形成阶段,过程控制的重点是构思的评价和扩展,目标是产生有开发价值的创新构思;在试验原型形成阶段,重点是产品试制,目标是验证创新构思的可实现性;在工业原型开发阶段,重点是实验室技术向制造部门的转移和产品的市场测试,目标是确认创新产品经济和技术的可行性;在产品的商业化阶段,重点是实现商业规模生产和市场营销,目标是产生显著的商业效果。

开发过程的控制方法取决于开发项目的复杂性和控制不周密可能带来的损失。简单的开发项目的过程控制可以采用简单的方法,复杂项目的控制则需要采用相对复杂的方法。

开发过程控制包括成本控制、质量控制和进度控制。开发活动中的成本控制和质量控制的方法与企业日常经营活动中的成本控制和质量控制的方法大体相同。常用的进度控制方法有以下 3 种:任务检查法、甘特图法、关键路径法。

及时准确地获取各种必要的信息是有效进行技术开发过程控制的前提。获取信息的途径主要有 3 种:直接观察、通信、会议。

(三)技术创新阶段整合

技术创新过程分多个阶段,创新的各个阶段常常由不同的小组或职能部门来完成。小组或职能部门之间存在着明显的界限,因此,技术创新过程中的阶段整合往往成为企业技术创新过程管理中的关键问题。技术创新阶段整合的方式主要有 3 种:串行整合、交叉整合和并行整合,它们的特征如表 10-4 所示。

表 10-4 技术创新阶段整合方式

串行整合	交叉整合	并行整合
技术创新各阶段依次进行	技术创新各阶段交叉进行	技术创新各阶段集成化进行
按部就班推进	工作及人员相互渗透推进	多部门并行推进
阶段划分明显,责任明确	利于部门提前进入工作状态	利于缩短周期和降低成本
存在如何有效衔接及长周期问题	存在一定的协调及责任划分问题	存在如何高度协调问题

第四节 价值工程

价值工程利用对产品成本结构与产品功能结构的分析,指出其关系所在,寻找降低成本、提高成本效能比率的途径,能在很大程度上改进企业产品或工艺的设计,对企业而言意义重大。

一、价值工程的含义

价值工程(value engineering,简称 VE),也称价值分析(value analysis,VA),是一种通过产品的功能分析,正确处理功能与成本的关系,以降低产品寿命周期成本的管理技术。它是研究如何以最低的寿命周期成本使产品具有必要的功能,从而提高产品价值的一种有组织的创造活动。

【知识链接】10-2 价值工程的创始

价值工程 1947 年前后起源于美国,创始人是美国通用电器公司的麦尔斯(L. D. Miles)。当时,麦尔斯在通用电器公司的采购部门工作,他在一次采购紧缺材料的过程中,首先把成本与功能联系起来,从分析采购材料的目的出发,寻找具备相同功能的其他材料。经过努力,终于找到不仅采购容易,而且价格便宜的替代材料予以应用。麦尔斯总结,购买材料的目的是为了获得某种功能而不是材料本身,所以,只要能满足功能,就可以选用购买得到的或较为便宜的材料,代替原设计指定的材料。于是,麦尔斯等总结出了一套在保证同样功能的前提下降低成本的比较完整的管理技术,当时称为价值分析。后来,美国政府决定将这一方法用于船只采购,并称为价值工程。随着价值工程的不断发展,其研究内容和应用领域也不断地扩展,从寻找代用材料,逐步发展到改进设计、改进工艺、改进生产,直至新产品的研究和开发。

价值工程中的"价值"是产品的功能与其成本的比值，同人们常说的值得、合算意思相近，公式表示如下：

$$V=\frac{F}{C} \tag{10-1}$$

式中：V 表示价值，F 表示功能，C 表示成本。

（一）价值

价值工程中的"价值"不同于政治经济学中的产品价值，而是指衡量产品是否"物美价廉"的尺度。一般而言，产品的功能越强、成本越低，其价值就越高。如果把产品的功能看作输出，成本看作输入，那么价值就相当于取得的经济效果，因为：经济效果＝输出（有用效果）/输入（社会劳动消耗）。

（二）功能

对于产品而言，功能是指其用途或作用。顾客购买产品是为了满足某种功能上的需要。因此，价值工程中的功能，是指对用户来说确属必要的用途和作用。产品功能设计中可能产生一些偏向，如产品功能过剩，存在着顾客不需要的功能；或是产品功能不足，不能满足顾客需要。

（三）成本（费用）

价值工程中的成本是指产品整个寿命周期内的费用之和，主要包括生产费用（亦称建设费用）和使用维修费用（简称使用费用）。产品寿命周期指产品从研制、生产、销售、使用，直至报废为止的整个时期。

二、价值分析基本思路

（一）理清寿命周期成本与功能水平的关系

价值分析的目的就在于寻找到最低成本对应的适度产品功能，使产品具有较高的价值。因此应理清寿命周期成本与功能水平之间的关系，找到最佳成本——功能配置点，以实现高价值。一般来说，在一定技术经济条件下，产品寿命周期成本呈马鞍形变化。总体上，产品寿命周期成本（C）中的生产成本（C_1）与产品的功能呈正比关系，使用成本（C_2）与产品功能呈反比关系。图 10-16 展示了这种关系。

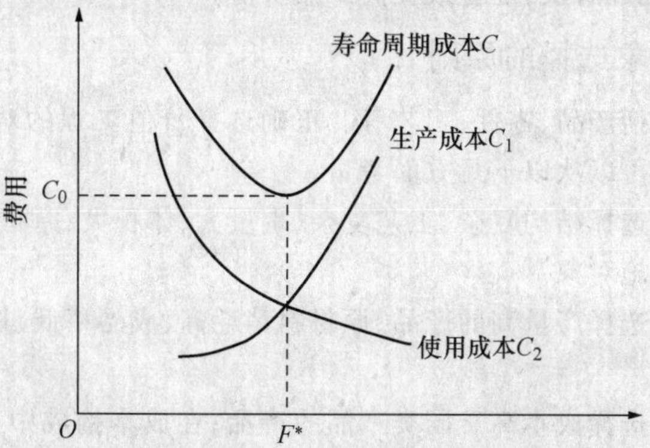

图 10-16　寿命周期成本与功能水平的关系

寿命周期成本有一个最低点 C_0，产品功能有一个最适宜的水平 F^*。产品功能过高时，虽然使用成本 C_2 较低，但生产费用 C_1 过大，寿命周期总费用偏高；反之，功能过低时，虽然生产成本低，但使用成本过大，寿命周期总成本也偏高。因此，只有功能适宜，才能使寿命周期成本最低。

（二）寻找提高价值的最佳途径

提高价值的途径一般有 5 种，企业应根据实际情况选择最适宜的途径。

1. 成本降低，保持必要功能　可以采取不同的措施，降低寿命周期费用，也可以考虑消除研究对象不必要的功能或者采用新技术、新工艺、新材料等各种途径维持必要功能。

2. 成本不变，提高必要功能　如当研究对象的必要功能存在不足时，采取相应措施补充不足的必要功能，从而使寿命周期成本保持不变，最终价值却提高。

3. 功能提高，成本降低　运用高新技术，进行产品创新，既提高必要功能，又降低成本，以大幅度提高价值。一般而言，这是提高价值最为理想的途径。

4. 提高成本，带来功能更大的提高　在保证寿命周期成本增加幅度不大的情况下，使功能提高幅度大于寿命周期成本增加的幅度，从而提高产品的价值。

5. 降低附带功能，大幅降低成本　对现有功能构成情况进行分析，在保证基本功能的情况下，降低附带功能，但带来成本的大幅度下降。

以上 5 种途径的逻辑推导过程：

因为 $V=\dfrac{F}{C}$

所以，通过增大分子 F、减小分母 C 等途径（共 5 种，如下（1）～（5））可提高 V 的值：

（1）$\dfrac{F}{C\downarrow}$　（2）$\dfrac{F\uparrow}{C}$　（3）$\dfrac{F\uparrow}{C\downarrow}$　（4）$\dfrac{F\uparrow\uparrow}{C\uparrow}$　（5）$\dfrac{F\downarrow}{C\downarrow\downarrow}$

注：↑表示提高，↑↑表示大幅度提高；↓表示降低，↓↓表示大幅度降低。

三、价值工程的对象选择

实施价值工程一般要涉及对象选择、功能分析、功能评价、方案创造与评价等内容。开展价值工程活动时，不能把企业的全部产品或零件都作为研究对象，而要有选择地进行，分清轻重缓急，抓住主要矛盾问题解决，以有效提高产品价值。

（一）价值工程对象选择的原则

价值工程的对象包括产品、零件、工艺等。正确选择价值工程的对象，是价值工程能否取得成效的第一步。一般可以从以下几方面考量。

第一，设计方面，应选择结构复杂、工艺复杂、重量大、体积大、原材料比较昂贵、性能差、技术落后的产品等作为实施对象。

第二，制造方面，应选择产量高的产品；原材料消耗高、成品率低、加工效率地、耗时多的产品作为实施对象。

第三，成本方面，应选择成本高于同类产品的产品；在成本构成中某一部分比较大的产品作为实施对象。

第四，销售方面，应选择顾客意见大、亏损、竞争力差、利润少的产品等作为实施对象。

第五，产品发展方面，可以选择有发展前途、正在研制即将投入市场的产品；或处于成熟期末的产品作为实施对象。

企业可以根据内外部环境情况，着重考量设计、制造、成本等某一方面的情况，也可以综合考虑各方面情况，从而选定价值工程的实施对象。

(二)价值工程对象选择的方法

1. 经验分析法　经验分析法是定性分析，主要是根据价值工程活动人员的经验来确定价值工程的对象。实施人员应找出构成功能和成本的主要因素，进行重点分析，对比评价，选出实施对象。

2. 费用比重分析法　也叫百分比法，通过分析产品的若干个技术经济指标所占百分比的相互关系来选择对象。如某公司有 6 种产品，它们的成本和利润百分比如表 10-5 所示，从表中可看出，C 产品的成本占总成本的 15.4%，而利润只占总利润的 7.2%。因此，应选择 C 产品作为价值工程的对象。

表 10-5　产品成本与利润所占百分比

产品名称	成本/万元	成本百分比/%	利润/万元	利润百分比/%
A	160	61.6	54	55.7
B	18	6.9	10	10.3
C	40	15.4	7	7.2
D	12	4.6	5	5.2
E	17	6.5	12	12.4
F	13	5.0	9	9.2
合计	260	100	97	100

3. ABC 分析法　这种方法是把全部零件(或产品等)按成本比重分为 A、B、C 三类，通过主次分类，以“关键的少数”作为价值工程对象。一般而言，将零部件数量占总数的 20%左右而成本却占总成本的 70%左右的零部件划为 A 类；将零部件数量占比 40%左右而成本占比 20%左右的零部件规定为 B 类；其他的则为 C 类(图 10-17)。其中，A 类数量不多，但占成本比重很大，可优先把 A 类选为价值工程的对象。

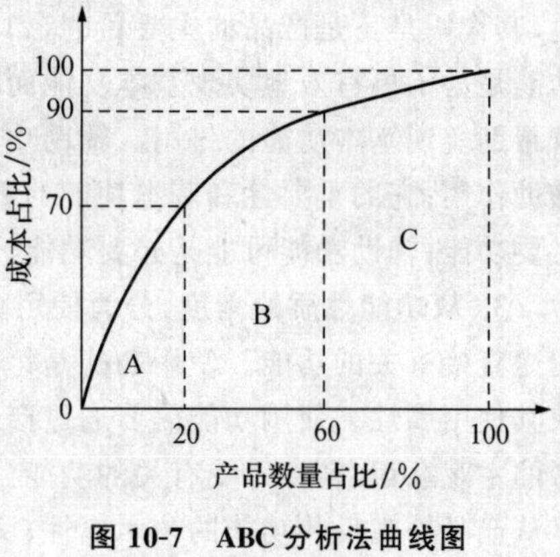

图 10-7　ABC 分析法曲线图

4. 用户评分法　通过用户对产品各项性能的重要程度进行评分，找出应当改进的功能。例如，按用户评分结果，把某产品的功能按重要性进行排序，如表 10-6 所示，从表中可知，用户认为重要的功能是 B、C 两项，因此，产品改进时应充分实现这两项功能。

表 10-6　用户评分表

功能	用户甲评分	用户乙评分	用户丙评分	平均得分	重要性排序
A	10	15	20	15	3
B	40	35	30	35	2
C	35	45	30	37	1
D	15	5	20	13	4

四、价值工程的功能分析

由于价值工程是以功能为中心展开研究的，因此，功能分析是价值工程的核心，其内容包括功能定义、功能分类、功能整理三部分。

（一）功能定义

功能定义是指对产品或零部件所具备的功能，用简明、准确的语言加以描述。通常的定义方法是一个动词加一个名词组成的词组来表达。如灯泡的功能可以定义为“提供光源”。

（二）功能分类

为了确定产品功能的性质和作用，必须对产品的功能进行分类。

1. 从满足用户需求的角度，分为必要功能和不必要功能　必要功能是用户要求的功能，不必要功能是不符合用户要求的功能。用户需要的是必要功能，不必要功能与满足用户需求无关，应予以消除。必要和不必要是相对而言的，因为不同的用户有不同的需求，所以必要功能和不必要功能应从用户的需求出发来加以界定。

2. 从功能重要程度的角度，分为基本功能和辅助功能　基本功能是与对象的主要目的直接相关的功能。对于产品而言，基本功能是满足用户需要的必要功能，不能随意改动。基本功能的分析一般可以从四个方面来确定：基本功能的作用为什么是必不可少的，其重要性如何表达，其作用是不是产品的主要目的，如果作用变化了则相应的工艺、零件是否要改变等。辅助功能是为了更有效地实现基本功能而附加的功能。辅助功能是相对于基本功能而言的，它起着帮助实现基本功能的作用。辅助功能一般可以从两个方面来确定：它是不是对基本功能起辅助作用；它的重要性和基本功能的重要性相比，是不是起次要作用。一般而言，基本功能是必要功能；辅助功能可能是必要功能，也可能是不必要功能，这取决于用户的需求。

3. 从功能性质的角度，分为使用功能和品味功能　使用功能是对象所具有的与技术经济用途直接有关的功能。使用功能是每个产品都具有的使用价值的体现，它从功能的内涵上反映其使用属性。使用功能需要通过产品的基本功能、辅助功能表现出来。品味功能是与使用者的主观意识、精神感受有关的功能。品味功能有不同的表现形式，如美学功能、欣赏功能等，是从产品外观反映功能的艺术属性；又如，贵重功能则反映了功能的价值属性。有很多产品，除了在性能上满足使用者要求之外，还应按用户的需要在造型、图案、色泽、式样等方面加以美化，达到品味功能的提升。

4. 从功能标准化的角度，分为不足功能和过剩功能　不足功能是对象尚未满足用户要求的功能。通常表现为产品整体功能或零部件功能水平低于标准功能水平，不能完全满足用户的需要。过剩功能是对象所具有的、超过使用者需求的功能。功能过剩的表现，可能是超过标准功能水平，或是在功能数量上超过了用户的要求。不足功能和过剩功能的划分取决于用户的需求。

（三）功能整理

功能整理就是在给出全部功能的定义后，从系统分析的角度明确功能之间的逻辑关系，弄清系统内容各功能之间是从属关系还是并列关系，可用图表形式表示出来，如图 10-18 所示。

功能从属关系分上位关系和下位关系，描述的是功能系统中功能之间存在的目的与手段的关系，目的功能称上位功能（图 10-18 中的 F_0），手段功能称下位功能（图 10-18 中的 F_{11}、F_{12} 是实现 F_1 的手段）。并列关系指在一个上位功能之后，有几个手段功能并列存在，它们是实现同一功能的手段，相互之间不存在从属关系，如图 10-18 中的 F_1、F_2、F_3 即为并列功能。

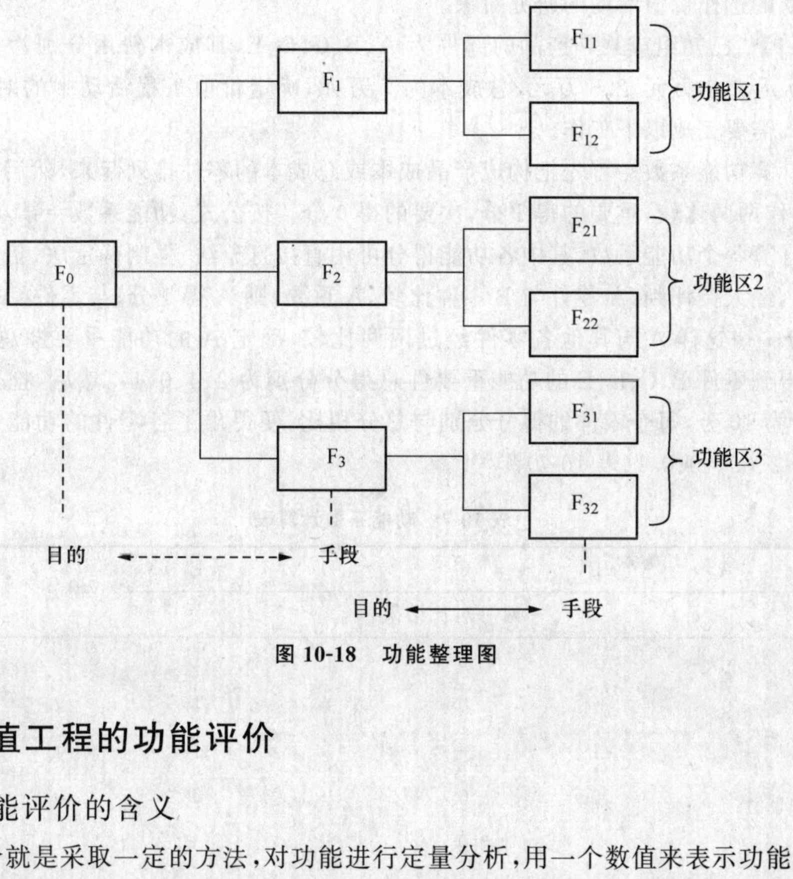

图 10-18　功能整理图

五、价值工程的功能评价

（一）功能评价的含义

功能评价就是采取一定的方法，对功能进行定量分析，用一个数值来表示功能的大小或重要程度，功能评价的目的是探讨功能的价值，找出价值低的功能或功能区域，明确要改进的功能范围。根据目标成本，确定价值工程的重点目标和经济指标。

（二）功能评价的步骤

功能评价可以按照以下步骤进行：

1. 梳理功能　即按照功能定义、功能分类、功能整理的要求，对满足用户需求的功能进行定义、分类与整理。

2. 确定成本　确定实现各功能所需要的现实成本与目标成本。其中，功能的现实成本是某项功能或某个功能区域目前的实际成本，可以通过对产品成本构成的分析来确定。目标成本指企业预期的理想的成本目标值。

3. 功能与成本的比较 将功能与成本进行一定转化(如系数计算)，以便对各功能的价值进行比较，通过对比，进行排序。

4. 改进范围的确定 通过排序情况，结合实际进行价值分析，确定价值工程改进的范围和大致改进方向。

(三)功能评价的方法

1. 价值系数法 也称强制确定法(force decision，简称 FD 法)，可以用于价值工程的功能评价，也可用于对象选择和方案评价中。价值系数法的基本原理是，通过计算功能重要性系数(功能系数)和成本系数，然后求出两个系数之比，即价值系数，根据价值系数大小判断对象的价值，价值低的选作价值活动的研究对象。

【例 10-1】 已知组成某一产品的部件为 A、B、C、D、E，其成本费用分别为 1.8 万元、0.8 万元、0.8 万元、1.1 万元、2.5 万元，总成本为 7 万元，确定价值工程活动中的对象、改进范围与分析顺序，需要完成以下工作。

第一，计算功能系数。首先把构成产品成本或总成本的零件排列起来，然后按照零件功能的重要程度作两两比较，重要的得 1 分，次要的得 0 分。按公式：功能系数＝某功能得分/产品功能总分，计算各个功能系数，其中各功能得分可用直接打分法、强制确定法、倍数确定法等得到。该例中，经人员评判，A 零件与 B 零件比较，A 重要，则 A 得 1 分；与零件 C 比较，C 重要，则 A 得 0 分……这样 A 与其他各零件经过两两比较，确定 A 的功能重要性总得分为 3 分。同理，便可得到零件 B、C、D、E 的功能重要性总得分分别为 2、4、0、1。然后，把这些得分全部加起来合计为 10 分，每个零件的得分分别与总分相比，便得出了各零件的功能重要性系数分别为 0.3、0.2、0.4、0、0.1(表 10-7)。

表 10-7 功能系数计算表

零件名称	A	B	C	D	E	得分	功能系数
	一对一对比结果						
A	—	1	0	1	1	3	0.3
B	0	—	0	1	1	2	0.2
C	1	1	—	1	1	4	0.4
D	0	0	0	—	0	0	0
E	0	0	0	1	—	1	0.1
合计	—	—	—	—	—	10	1

第二，计算成本系数。成本系数是指每个零件的现实成本在产品总成本中所占的比例，其计算公式为：成本系数＝某零件的现实成本/产品现实总成本。各零件的成本系数如表 10-8 之(3)栏所示。

第三，计算价值系数，确定改进范围与顺序。价值系数是指某零件的功能系数与其成本系数之比，各零件的价值系数如表 10-8 之(4)栏所示。价值系数计算结果可能出现以下几种情况：

情况 1：价值系数小于，说明成本水平相对于所实现的功能来说偏高，应该作为价值工程的改进对象。至于成本水平偏高的原因，有两种可能：一是由于存在过剩的功能，耗费了过多的成本；二是没有过剩的功能，但实现功能的条件和方法不佳，致使成本过高。这两种情况都是需要改进的，而且，价值系数比 1 小得越多，越应该优先考虑改进。

表 10-8　价值系数计算表

零件名称	功能系数 (1)	现实成本/(万元) (2)	成本系数 (3)=(2)/7	价值系数 (4)=(1)/(3)	对象选择 顺序
A	0.3	1.8	0.26	1.154	3
B	0.2	0.8	0.11	1.818	4
C	0.4	0.8	0.11	3.636	5
D	0	1.1	0.16	0	1
E	0.1	2.5	0.36	0.278	2
合计	1.00	7	1.00	—	—

情况 2：价值系数大于 1，说明评价对象的功能重要性高，而成本水平相对低。出现这种情况，应该首先分析原因。一种可能是评价对象的功能没有达到要求，这种情况应作为价值工程的改进对象；还有一种可能，是对象在技术、经济等方面具有某些特征，存在功能很重要而需要消耗的成本很少的情况，这种情况一般不应作为价值工程的改进对象。

情况 3：价值系数等于 1，说明该评价对象的功能和成本相当，一般无须改进。

情况 4：价值系数等于 0，表明评价对象不重要，应予以改进，可以取消或合并。

根据表 10-8 中所列的价值系数偏离 1 的程度可以确定价值工程活动的对象的顺序为 D、E、A、B、C，其中 D、E 是优先考虑改进的对象。

2. 功能成本评价法　通过计算实际成本与标准成本的差额来确定功能成本降低绝对幅度差额的方法。计算公式如下：

功能成本降低幅度(K)＝实际成本(C)－ 标准成本(w)，当 K 的结果大于 0 时，该评价对象应作为价值工程活动的对象，K 值即为应该降低的成本数额。

标准成本(w)＝功能系数×产品总成本

承上例，运用功能成本评价法计算结果如表 10-9 所示。

表 10-9　功能成本评价法计算结果

零件名称	功能系数 (1)	现实成本/万元 (2)	标准成本 (3)=(1)×7	功能成本降低幅度 (4)=(2)-(3)	对象选择 顺序
A	0.3	1.8	2.1	−0.3	3
B	0.2	0.8	1.4	−0.6	4
C	0.4	0.8	2.8	−2	5
D	0	1.1	0	1.1	2
E	0.1	2.5	0.7	1.8	1
合计	1.00	7	1.00	—	—

评价结果与前法基本相同。可以综合考虑两种方法，在考察价值系数的基础上，结合成本降低期望值来做综合判断，尤其是价值系数比较接近时，应重点考虑成本降低幅度大的对象进行改进。

六、价值工程的方案创造

方案创造是针对价值工程的具体对象，依据已建立的功能整理图和确定的目标成本，通过创造性的思维活动，提出各种不同的实现功能的方案，以供优选之用。

（一）方案创造要求

方案创造应达到以下两点要求：

1. 方案创造要有创新精神 方案要根据功能定义，积极思考，勇于创新，创造出更多更好的新方案，以便做出满意决策。

2. 方案创造过程要集思广益 方案创造应优先考虑上位功能和价值低的区域功能，这需要群体的智慧，反复论证，才可能提出有效方案。

（二）方案创造方法

1. 头脑风暴法 由创造性思维专家提出的一种加强创造性思维的手段，可以用来产生大量关于解决问题的潜在办法的建议。这种方法通过邀请一定数量（通常5～15位）的人员召开会议，共同对某一问题做出集体判断。会议的主持人头脑清醒，思维敏捷，作风民主，善于启发引导与会者自由奔放地发表自己的见解和设想，鼓励打破原来的旧框框。会上不对所提出的见解进行评论，要求提出的方案越多越好，还可以在别人所提方案的基础上进行补充和改进，会后根据记录进行提案整理。这种方法可使获得的方案新颖、全面、富有创造性，并可以防止片面和遗漏。

2. 模糊目标法 由美国人哥顿提出的，所以也称哥顿法。这种方法与BS法的相同之处在于都是以会议的形式进行，由熟悉业务并有经验的人员参加。与BS法的区别则在于，会议主持人并不把要解决的问题全部摊开，而是把要研究的问题适当抽象，提出一个抽象的功能概要，要求与会者海阔天空地提出各种设想。会议主持人要善于引导，步步深入，待到时机适当，再把问题讲明，以作进一步研究。例如，要研究改进剪草机的方案，开始只是提出“用什么方法可以把一种东西断开？”当提出可以用剪切、烧断、扯断等不同方式之后，再宣布具体研究剪草机的改进方案，这就可能提出用旋转刀片、盘型刀片等各种方案，便于对比选择。

3. 德尔菲法 一种采用通信方式分别将所需解决的问题单独发送到各个专家手中，征询其意见，然后回收汇总全部专家的意见，并整理出综合意见。随后，将该综合意见和所需解决的问题再分别反馈给专家，再次征询意见，各专家依据综合意见修改自己原有的意见，然后再汇总。这样多次反复，逐步取得理想的结果。这种方法依据系统的程序，采用匿名发表意见的方式，即专家之间不互相讨论，不发生横向联系，只与调查人员发生联系，通过多轮次调查专家对问卷所提问题的看法，经过反复征询、归纳、修改，最后汇总成基本一致的看法。这种方法具有广泛的代表性，较为可靠；但由于审查者需要深入细致的研究后，才能提出较为可靠的审查意见，使得解决问题的时间较长。

（三）方案评价

价值工程方案的评价分概略评价和详细评价两种。

概略评价就是对现在设想提出的若干方案先进行一次粗略的初步挑选。目的是选出几个方案，待做进一步的详细研究。详细评价是对初选的方案进行详细调查、研究和经济分析，做出全面确切的评价结果，以作为优选和审批的依据。

方案评价的内容有 3 个方面：一是技术可行性评价，主要评价改进方案的功能对用户需求的满足程度；二是经济评价，主要评价成本指标，也要考虑与经济效果有关的其他指标；三是社会评价，主要评价方案的技术指标与国家的技术政策和科学规划是否一致，经济效益与社会和国家的利益是否一致。

评价通过的方案，企业就可以安排相关资源按方案要求实施价值工程了。

第五节　网络计划技术

网络计划技术是 20 世纪 50 年代末发展起来的一种编制大型工程进度计划的管理技术。起源于关键路线法(critical path method，CPM)和计划评审法(program evaluation and review technique，PERT)。以下以计划评审法为例介绍网络计划技术的一般原理与工作思路。

一、网络计划技术基本原理

网络计划的基本思想是运用数学分析方法，通过时差计算，做好工程安排，以最少的人力、物力和时间完成总目标，以达到最好的经济效益。

计划评审法(PERT)是一种用类似于流程图的箭线图，是将整个计划项目作为一个系统，把组成这一系统的各项作业任务按其先后顺序和相互关系以网络形式统一筹划，计算网络时间，确定关键路径和关键工序，然后利用时差，不断改善网络计划，求得工期、资源与成本的优化方案，从而完成整个系统的预定目标。计划评审法可以清楚地反映出计划中各项作业间的逻辑关系，准确地指出影响全局的关键作业，有利于重点管理。它允许根据客观环境的变化，对计划进行有效控制和调整。

【知识链接】10-3　CPM 与 PERT

1956 年，美国杜邦公司在制定企业不同业务部门的系统规划时，制订了第一套网络计划。这种计划借助网络表示各项工作与所需要的时间，以及各项工作的相互关系。通过网络分析研究工程费用与工期的相互关系，并找出在编制计划及计划执行过程中的关键路线。这种方法称为关键路线法(CPM)。1958 年美国海军武器部，在制定研制“北极星”导弹计划时，同样地应用了网络分析方法与网络计划，但它注重于对各项工作安排的评价和审查，这种计划称计划评审法(PERT)。鉴于这两种方法的差别，CPM 主要应用于以往在类似工程中已取得一定经验的承包工程，PERT 更多地应用于研究与开发项目，较适合企业的技术管理。

二、网络图的构成要素

网络图由作业、结点和路径三要素组成。

(一)作业

计划评审法网络图中的作业也称工序，用一条箭线表示，表明一项有具体活动任务的过程，它需要消耗一定的资源，占用一定的时间。箭线方向表示作业行进的方向，箭线上方标出作业的名称，箭线下方标出完成作业所需要的时间。虚箭线表示一种作业时间为 0 的实际上并不存在的工序，作用是把两个结点之间的多项作业分开，以明确各项作业之间的逻辑关系（图 10-19）。

图 10-19　网络图的作业要素表示

作业时间的计算，关系到全部计划的工期，是确定其他各项时间值的依据。计划评审法的作业时间按 3 种情况进行估计，即预计最快完成时间（t_a）、预计最慢完成时间（t_b）和最有可能完成时间（t_m）。按公式（10-2）求出任一作业时间的平均值 T_e（期望作业时间），作为作业完成时间填入实箭线下方。

$$T_e = \frac{t_a + 4t_m + t_b}{6} \tag{10-2}$$

（二）结点

计划评审法网络图中的结点也称事项、事件，用符号“○”表示，表明前后两项作业的衔接点（作业的开始或完成），不占用时间，也不消耗资源（图 10-20）。一项计划只有一个总开始结点（始点）和一个总结束结点（终点），其他各结点为中间结点，表示中间各项作业的开始和结束。为了便于计算和管理，对每一结点均应规定一个顺序编号。网络图由左向右，规定箭尾结点编号要小于箭头结点编号。

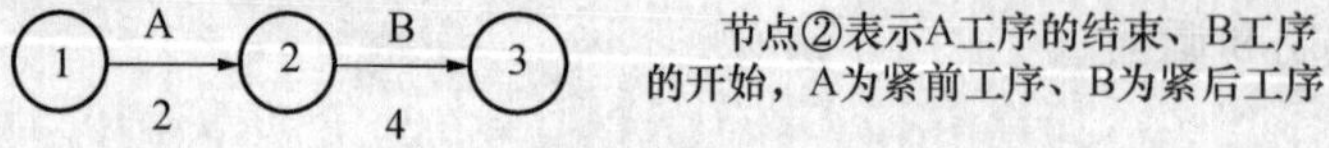

图 10-20　网络图中的节点

（三）路径

计划评审法网络图中的路径，指从始点开始顺箭线方向，连续不断到达终点的一条通路。网络图中可能会有多条路径，如图 10-21 中的①→②→③→④→⑤和①→②→④→⑤，其中所需时间最长的一条路径称为关键路径（关键路径上的工序称关键工序），即该图中的①→②→④→⑤。关键路径决定一项计划的总完工期，是计划评审法所要确定的重要内容。如果采取措施缩短这条路径的完工期，总任务可以提前完成。

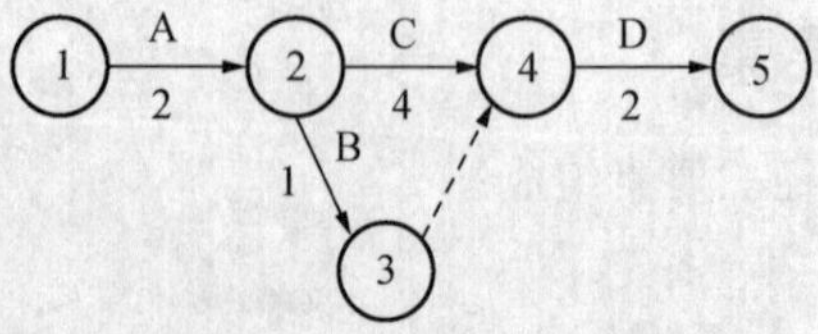

图 10-21　网络图中的多条路径

三、网络图的绘制

网络图的绘制要遵循一定原则，按照既定过程绘制。

(一)网络图绘制的原则

第一，各项作业按顺序排列，从左至右，不能反向。

第二，两个结点之间只能有一个作业工序，紧前工序为后续相邻工序开始之前发生的工序，紧后工序发生于前项相邻工序结束后。

第三，结点编号从左至右，由小到大。

第四，一个网络图只能有一个始点结点和一个终点结点。

第五，虚工序仅表示前后工序的衔接，不占资源和时间。

第六，不能出现回路，即不能有循环现象，否则工序永远无法完工。

此外，绘图的过程中应尽量避免箭线交叉。布局时，尽量将关键路径布置在中心位置，并尽量将联系紧密的工作布置在相近位置。

(二)网络图的绘制过程

网络图的绘制一般要经过任务分解和作图过程两个阶段。任务分解即将一项计划分解为一定数目的工序(作业)，确定各工序之间的相互关系(如紧前工序和紧后工序等)，编制成工序表。作图即根据工序(作业)顺序，在相邻工序衔接处画圈，用箭线连接，工序代号标线上、时间标线下，组成网络图。

例如，绘制某工程项目的网络图，首先要将整个工程计划分解为各项任务活动，然后对每项任务所需时间进行估计，经研究后其作业情况如表 10-10 所示，据此可绘制如图 10-22 所示的网络箭线图。

表 10-10 某工程项目的工序表

作业	A	B	C	D	E	F	G	H	I	J	K
时间(周)	10	6	14	6	3	3	5	5	4	3	1
紧前作业	无	A	B	C	C	C	D,E,F	G	D	I,H	J

从图 10-22 中可找出关键路径为①→②→③→④→⑤→⑦→⑧→⑨→⑩→⑪；关键工序为 A—B—C—D—G—H—J—K，完成该工程需要 50 周的时间。若能缩短关键工序所需时间，就能缩短工程完工时间。故编制网络计划的关键就是在庞大的网络图中找出关键路径。当然关键路径是相对的，在技术组织措施改变后，关键路径可能变成非关键路径，而之前的非关键路径亦可能变成关键路径。

四、网络计划优化

找出关键路径，也就初步确定了完成整个计划任务所需要的工期。这个总工期，是否符合合同或计划规定的时间要求，是否与计划期的劳动力、物资供应、成本费用等计划指标相适应，需要进一步综合平衡与优化。根据资源限制条件不同，网络计划的优化方法有 3 种类型：时间优化、时间—费用优化、时间—资源优化。

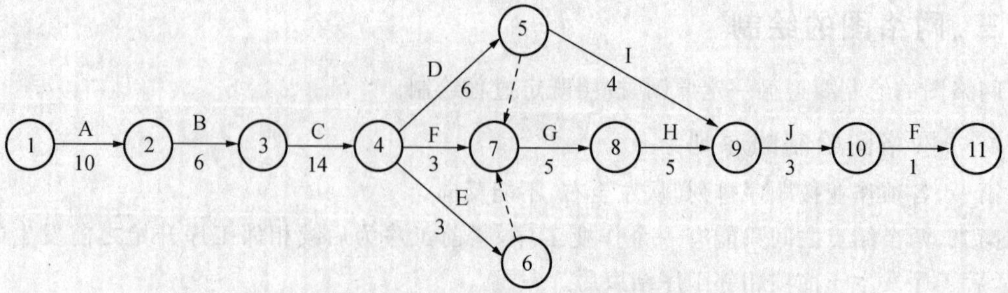

图 10-22　某工程项目网络图

(一)时间优化

网络计划的时间优化就是不考虑人力、物力、财力资源的限制,寻求最短工期。主要方法是压缩关键路径上关键工序的时间。

缩短关键工序时间的途径有:第一,利用平行、交叉作业缩短关键活动的时间,采用技术措施缩短工序作业时间;第二,在关键路径上赶工,在不影响完工的前提下,抽调非关键工序上的人力、物力、财力用于关键工序,缩短总工期。

(二)时间—费用优化

网络计划的时间—费用优化的着眼点是尽可能缩短工期的同时,尽量减少费用。其基本思路是根据计划规定的期限,规划成本;或根据最低成本的要求,寻求最短完工周期。

工程作业的成本由直接费用(与生产有直接关系,包括直接生产工人的工资、材料费、工具费等)和间接费用(与生产无直接关系,包括管理人员工资、办公费等,按工序的作业时间长短分摊到每个工序)组成。一般而言,直接费用会随着工期的缩短而增加,间接费用则会随着工期的缩短而减少。所以,如果赶工一天所需增加的直接费用小于所节约的间接费用,就能通过赶工来缩短工程周期,节约总费用,实现时间—费用的优化。优化步骤:

第一,按正常工期编制网络计划,确定关键路径和总工期,并计算完成计划的直接费用及总费用。

第二,计算用最短工期完成计划时的直接费用,以及缩短单位时间所增加的直接费用,即单位时间直接费用变化率。

第三,根据费用最小原则,找出关键路径中单位时间直接费用变化率最小的工序首先予以压缩。这样使直接费用增加的最少。

第四,计算压缩后的工期和直接费用,并重新确定关键路径。

第五,重复三、四步的内容,直到网络计划中关键路径上的工序都达到最短持续时间不能再压缩为止。

(三)时间—资源优化

即在编制网络计划安排工作进度的同时,考虑尽量合理利用现有资源,并缩短完工周期。若工作内容包含的作业任务众多而复杂,且资源有限,往往无法一次性就把工期和资源利用做出统筹安排,故需经过几次平衡才能获得合理的计划方案。

第一,优先安排关键工序所需资源。

第二,利用非关键工序的总时差,错开各工序的开始时间,拉平资源需求高峰。

第三，在确实受到资源限制，或考虑综合效益的条件下，可适当推迟完工时间。

总之，从以上方法中可以看出，采用 PERT 网络分析法所获结果的质量很大程度上取决于事先对活动时间的预测，若能对各项活动的先后次序和完成时间都能有较为准确的预测，则通过 PERT 网络的分析可大大缩短项目完成的时间。

本章小结

本章介绍了企业技术管理的相关内容，包含了技术管理基本含义、技术评价、技术选择、技术创新、价值工程、网络计划技术等。通过梳理技术管理相关概念，遵循一定程序，使用适当的评价方法可以对技术评价对象进行有效研判；在技术评价的基础上，企业可以根据技术选择的原则，运用一定的战略与战术对技术对象做出相关决策。技术创新是企业管理的重要内容，在了解技术创新概念和类型的基础上，企业应根据自身实际情况选择合适的技术创新战略和过程模式，并加强对技术创新的过程管理，提高企业技术创新效果。价值工程是十分有意义的管理技术，通过对价值工程含义的了解，理清价值分析的思路，遵循一定原则和方法选定价值工程的对象，并进行功能分析、功能评价，提出价值工程方案，从而提高产品价值。网络计划技术对提高企业管理效果和效率贡献很大，通过对网络计划技术基本原理的分析，掌握网络图构成要素是关键，根据绘制原则，对网络计划进行工序分解和绘制网络图，找出关键路径和关键工序，通过一定方式优化网络计划，提高对时间、资源、费用的使用效率。

复习思考题

1. 何谓企业技术管理？
2. 企业技术管理的任务有哪些？
3. 技术评价的基本程序是什么？
4. 企业技术的战略选择与战术选择包含哪些内容？
5. 技术创新过程模式有哪些？
6. 何谓价值工程？价值分析的基本思路是什么？
7. 价值工程的功能评价方法有哪些？
8. 何谓网络计划技术？网络图绘制原则有哪些？
9. 网络计划优化方法有哪些？

【案例分析】苹果公司的技术创新①

1976 年 4 月 1 日，史帝夫·乔布斯和史帝夫·沃兹尼亚克在美国加州库比提诺创办了苹果公司，其核心业务是电子科技产品。苹果公司的产品从 Apple Ⅰ、Apple Ⅱ、Macintosh 计算机、iPod 音乐播放器、iTunes 音乐商店到 iPhone 系列手机以及 iPad 平板电脑等，还获得了 iPhone 机身设计、图像用户界面、柔性电子设备等专利技术，其技术和产品创新另很多人感到

① 案例根据苹果公司官方网站、新浪财经、辽宁经济、搜狐手机等的资料整理而得。

惊奇。

苹果公司 2001 年首次推出 iPod 音乐播放器并不断更新，2007 年开始发布 iPod touch 系列产品，获得了市场极大认可。2003 年推出 iTunes，建立了强大商业模式的优秀软件，使苹果既能从买音乐播放器赚钱，又能从卖音乐中获利（也受到音乐界的欢迎），这证明只要价格合适、界面足够简单，人们实际上是可以为听音乐付费的。从 2007 年开始推出 iPhone 手机，掀起了一场手机革命，此设备将 E-mail、电影、音乐和网站浏览结合到一个 3.5 英吋的移动电话内，采用触屏技术，让人们获得了完全不同的手机使用体验，随后以平均每年推出 1～2 款新 iPhone 的速度向市场展示着其技术创新能力。2014 年苹果公司在中国销售的 iPhone 数量首次超过了在美国本土的销量，这既得益于其产品和技术的创新，也得益于苹果公司与中国本土运营商如中国移动等的合作，使其更了解中国人的手机消费和使用习惯。2010 年初，苹果又推出 iPad 平板电脑，这款新产品采用了和 iPhone 同样的操作系统，外观也像一个放大版的 iPhone，在应用软件方面也沿用了 iPhone APP store 的模式，受到了“苹果粉”的狂热拥护，随后的短短几年时间就推出了 iPad 2、The new iPad、iPad 4、iPad Mini、iPad Mini 2、iPad Air、iPad mini 3、iPad Air 2……多款产品。

苹果公司采用内生性技术创新模式尽量缩短创新周期。在一般的产品周期理论中，大多数企业总是希望使其成熟的产品有一个较长的周期，以便赚取足够的利润来补偿在推出该产品时所做出的努力和经受的风险。而内生性创新从自身的战略出发，进一步加快研发的速度，相对缩短产品生命周期，使消费者对原有产品还来不及厌倦，即进入新产品的生命周期。比如 iPhone 手机，2006 年开始研发第一代（此时 iPod 还在热卖），2007 年发布，以后每年都发布 1～2 款新的 iPhone 手机……产品更新速度之快匪夷所思。同时，在产品系列的创新上，苹果公司也加快速度，如 iPod、平板电脑、mac 家族产品等。

苹果公司十分注重技术创新团队建设。作为一个科技企业，创新性人力资源的支撑至关重要。一般企业主要选择能解决问题的人才，而内生性创新企业则选择那些制造问题、异想天开、不安分守己的人。已故的乔布斯就是这样一个人，同时他还以自身的魅力，将各种奇才聚集在身边，形成一个顶尖的创新团队。在这一方面，体现了一种有效沟通，而这种沟通恰恰就是大多数企业必备的，特别是上下级之间、员工之间等进行合理的沟通。

苹果公司根据用户需要而非技术需求设计新产品。在产品的设计上，首先考虑用户的个性化需求以及操作的简便性。比如 iPod 不是第一款音乐播放器，但却是第一款能够满足用户在欣赏音乐过程中的各种需求的播放器。iPod 开发团队首先对 MP3 播放器为何滞销进行了调查，发现其中一个原因就是存储容量小，当用户想听别的歌曲时不得不将内容一条条地进行替换，不能给用户提供一种良好的体验，因此，iPod 的开发首先就定位在大容量播放器上。在设计上，为了使用户能更方便地操控，一切和音乐无关的硬件尽量避免。此外，iPod 还有一些附加的功能，如录音功能、数码相机伴侣、可以像移动硬盘一样存储非音频格式的数据文件等，方便了用户的工作和生活需求。

苹果公司设法追求顾客未想到的必要产品功能，超越顾客的需求。不仅满足顾客的需求，而且要给他们必定想要的但还没有想到的功能。例如，用户对手机的追求已经不再是简单的通话功能，各种应用程序和良好的移动互联网体验才是现在以及未来用户所关注的焦点，而 iPhone 提前为用户准备好了一切。于是，iPhone 不仅仅是取得了自身的成功，而是将手机市场引入了另一个境界，智能、触控、大屏幕、应用程序，在传统手机市场还没有反应过来时，它已经成为新一代手机市场的领军者。

苹果公司通过审视客户的价值主张，创造出一个新的市场。iTunes Music Store 就是这样一种成功的商业模式。它是苹果开办的在线音乐商店，和第三代 iPod 同时发布，其曲目更新速度往往比唱片出版还快，歌手众多，曲目、专辑信息非常详尽。苹果采用的这种服务模式非常切合消费者的实际需求，在这里，用户可以用 0.99 美元的价格下载新唱片中的任意一首歌，而不必为一两首歌买下整张专辑。并且在唱片公司的授权许可下，用户可以将歌曲刻录成普通 CD，有限制地复制到其他电脑上。另一方面，iTunes Music Store 的销售对于内容提供商来说边际成本很低，即使低价出售也有利润，因此他们有动力为 iPod 提供更多的服务内容。现在，这种方式已经成为突破传统产业模式的一种新型、全方位服务提供模式，它覆盖了硬件、软件、服务和配套产品，可以说是创新和服务的集成。

苹果公司力求采用合适的创新方法推出新技术和产品。苹果公司每周会有两次会议，这两次会议分别运用两种不同的创新方法，第一次为头脑风暴法，第二次为黑帽子思维方法。头脑风暴法，要求所有创意无限穷尽、不批评、不反对，发散思维，要求成员不受任何的条件限制，自由地思考，进行自由创意。要求遵循一二三四原则，一发言：要求每人都要发言，但每次只能一人发言；二追求：追求数量、追求创意；三不许：不许质疑、不许批评、不许打断；四个关键步骤：主持人发言、个人自由发言、小组讨论、小组决策。黑帽子思维方法考虑的是事物的负面、风险，要求尽量从客观与反面的角度分析实施中有可能存在的问题。此方法与头脑风暴法正好相反，要求参会者必须明确每一件事情，前面疯狂的想法是否可能在实际中应用。尽管在这个过程中，重心已经转移到一些应用的开发和进展，但团队还是要尽量多地考虑到其他各个应用的潜在的发展可能。即使到了最后阶段，保持一些创造性的想法做后备选项也是非常重要和明智的。

思考题：苹果公司的技术创新与管理有何特点？

参考文献

[1] 彼得·德鲁克.管理的实践(珍藏版)[M].北京:机械工业出版社,2009.

[2] 王效昭,赵良庆.现代企业管理学[M].2版.北京:中国人民大学出版社,2011.

[3] 尤建新,雷星晖.企业管理概论[M].北京:高等教育出版社,2010.

[4] 王关义,刘益,刘彤,等.现代企业管理.[M].北京:清华大学出版社,2005.

[5] 任荣明,朱晓明.企业社会责任[M].北京:北京大学出版社,2009.

[6] 迈克尔·波特.竞争战略[M].北京:华夏出版社,2005.

[7] 迈克尔·波特.竞争优势[M].北京:华夏出版社,2005.

[8] 拜瑞·J·内勒巴夫,亚当·M·布兰登勃格.合作竞争[M].合肥:安徽人民出版社,2000.

[9] W·钱·金,勒妮·莫博涅.蓝海战略管理[M].北京:商务印书馆,2005.

[10] 徐君,李莉,王冠,等.企业战略管理[M].北京:清华大学出版社,2013.

[11] 罗伯特·卡普兰,大卫·诺顿.平衡计分卡:化战略为行动[M].广州:广东经济出版社,2013.

[12] 郑晓明.人力资源管理导论[M].3版.北京:机械工业出版社,2011.

[13] 戴国良.图解人力资源管理[M].北京:电子工业出版社,2013.

[14] 陈维政,余凯成,程文文.人力资源管理[M].2版.北京:高等教育出版社,2006.

[15] 华通咨询.怎样当好人力资源主管[M].机械工业出版社,2013.

[16] 赵德武.财务管理[M].北京:高等教育出版社,2004.

[17] 道格拉斯·埃默瑞,约翰·芬纳蒂,约翰·斯托.公司财务管理[M].北京:中国人民大学出版社,2008.

[18] 王化成.财务管理教学案例[M].北京:中国人民大学出版社,2000.

[19] 罗斯,韦斯特菲尔德,乔丹.公司理财[M].北京:机械工业出版社,2006.

[20] 荆新,王化成,刘俊彦.财务管理学[M].北京:中国人民大学出版社,2009.

[21] 马士华.新编供应链管理[M].北京:中国人民大学出版社,2008.

[22] 郝晓东.仓储管理实务[M].上海:上海财经大学出版社,2012.

[23] 大野耐一.丰田生产方式[M].北京:中国铁道出版社,2006.

[24] 齐二石.生产与运作管理教程[M].北京:清华大学出版社,2006.

[25] 王关义.现代生产管理[M].北京:经济管理出版社,2005.

[26] 林赛.质量管理与质量控制[M].北京:中国人民大学出版社,2010.

[27] 洪生伟.质量认证教程[M].北京:中国标准出版社,2008.

[28] 马风才.质量管理[M].北京:机械工业出版社,2013.

[29] 徐平国,张莉,张艳芬.ISO 9000族标准质量管理体系内审员实用教程[M].北京:北京大学出版社,2013.

[30] 菲利普·科特勒,凯文·莱恩·凯勒.营销管理[M].14版.北京:中国人民大学出版

社,2012.

[31] 菲利普·科特勒.市场营销原理(亚洲版)[M].北京:机械工业出版社,2006.

[32] 姜含春,市场营销学[M].北京:中国农业大学出版社,2009.

[33] 蒋丽波.工程经济学[M].西安:西北工业大学出版社,2012.

[34] 万君康,蔡希贤.技术经济学[M].武汉:华中理工大学出版社,1996.

[35] 杜跃平,段利民.技术创业、技术项目评价与选择[M].西安:西安电子科技大学出版社,2010.

[36] 赵国杰.技术经济学[M].3版.天津:天津大学出版社,2006.

[37] 邹辉霞.技术经济管理学[M].北京:清华大学出版社,2011.

[38] 边建强,赵洁.特色企业文化实务与成功案例[M].北京:当代世界出版社,2008.